广视角·全方位·多品种

权威·前沿·原创

皮书系列为
"十二五"国家重点图书出版规划项目

东北亚黄皮书

YELLOW BOOK OF
NORTHEAST ASIA

东北亚地区政治与安全报告
（2013）

ANNUAL REPORT ON NORTHEAST ASIA POLITICS
AND SECURITY (2013)

主　编／黄凤志　刘雪莲

社会科学文献出版社
SOCIAL SCIENCES ACADEMIC PRESS (CHINA)

图书在版编目（CIP）数据

东北亚地区政治与安全报告. 2013/黄凤志，刘雪莲主编.
—北京：社会科学文献出版社，2013.6
（东北亚黄皮书）
ISBN 978 - 7 - 5097 - 4663 - 9

Ⅰ.①东…　Ⅱ.①黄…②刘…　Ⅲ.①国际政治关系 - 研究
报告 - 东亚 - 2013　②国家安全 - 研究报告 - 东亚 - 2013
Ⅳ.①D831.02②D731.035

中国版本图书馆 CIP 数据核字（2013）第 102284 号

东北亚黄皮书

东北亚地区政治与安全报告（2013）

主　　编／黄凤志　刘雪莲

出 版 人／谢寿光
出 版 者／社会科学文献出版社
地　　址／北京市西城区北三环中路甲 29 号院 3 号楼华龙大厦
邮政编码／100029

责任部门／经济与管理出版中心（010）59367226　　责任编辑／王婧怡　许秀江
电子信箱／caijingbu@ ssap. cn　　　　　　　　　　责任校对／师旭光
项目统筹／恽　薇　　　　　　　　　　　　　　　　责任印制／岳　阳
经　　销／社会科学文献出版社市场营销中心（010）59367081　59367089
读者服务／读者服务中心（010）59367028

印　　装／北京季蜂印刷有限公司
开　　本／787mm×1092mm　1/16　　　　　　　　印　张／20.75
版　　次／2013 年 6 月第 1 版　　　　　　　　　　字　数／334 千字
印　　次／2013 年 6 月第 1 次印刷
书　　号／ISBN 978 - 7 - 5097 - 4663 - 9
定　　价／69.00 元

本书如有破损、缺页、装订错误，请与本社读者服务中心联系更换
▲ 版权所有　翻印必究

东北亚黄皮书编委会

主　　编　黄凤志　刘雪莲

副 主 编　许　宁

编 委 会　刘清才　刘雪莲　黄凤志　张慧智　张丽华
　　　　　　张景全　沈海涛　郭　锐

主要编撰者简介

黄凤志 男，1956 年 5 月生，政治学专业国际战略学研究方向博士毕业，吉林大学行政学院教授，博士生导师，国际政治系主任。主要从事国际关系的教学与研究工作。曾在美国堪萨斯大学做高级访问学者。主要研究方向：信息化与当代国际关系重大战略问题研究、东北亚地区政治与安全。承担了 2003 年国家社会科学基金项目《信息革命的国际政治效应研究》，2005 年度教育部人文社会科学研究项目《信息时代国际关系中高科技知识与政治霸权关系研究》，2010 年度教育部人文社会科学研究项目《21 世纪初中国东北亚安全利益与战略研究》。曾多次获省级优秀社会科学论文奖、著作奖和优秀教材奖，中国高校国际政治学会理事、中国政治学学会理事、吉林省国际政治优秀教学团队带头人。曾在《世界历史》《现代国际关系》《当代亚太》和《东北亚论坛》等核心学术期刊发表论文 50 余篇，主要学术观点为《历史学年鉴》《中国社会科学文摘》《光明日报》《高等学校文科学术文摘》转载。出版的学术著作多部。

刘雪莲 女，1965 年 1 月生于吉林省吉林市，法学博士。现为吉林大学行政学院副院长，吉林大学东北亚地缘政治经济研究所所长，国际政治系教授，博士生导师。长期从事全球化理论和地缘政治理论方面的研究，曾出版多部著作及论文 50 余篇，其中多篇论文被《新华文摘》，《高等学校文科学术文摘》，人大复印资料《政治学》《国际政治》等转载。论文《论全球问题治理中西方发达国家的责任》获得吉林省第八次社会科学优秀成果奖论文类一等奖。作为项目负责人承担着教育部重点研究基地重大项目、国家社会科学基金一般项目、吉林省产业开发项目等的研究工作。在职期间曾先后去日本关西学院大学、日本东北大学、美国杜克大学做访问学者。2007 年 8 月入选教育部"新世纪优秀人才支持计划",2010 年 5 月获得第十一批吉林省有突出贡献中青年专业技术人才奖,2011 年 9 月入选宝钢教师奖。

张慧智 女,生于 1970 年 12 月 27 日,吉林大学东北亚研究院副院长,吉林大学朝鲜韩国研究所所长,教授,博士生导师。主要研究方向:朝鲜半岛问题和东北亚经济合作。1992 年本科毕业于吉林大学经济学院,获学士学位;1999 年硕士毕业于吉林大学东北亚研究院,获硕士学位;2004 年毕业于韩国庆熙大学经营大学院,获博士学位。曾多次赴朝鲜、韩国、日本、俄罗斯、美国等国家参加国际学术活动。主要成果:①《大国关系中的朝鲜半岛》(专著);②《北韩-神秘的东方晨曦之国》(合著,第一作者);③《朝鲜半岛战略调整与东北亚大国关系互动》,论文,CSSCI;④《朝鲜国家战略调整探析》,论文,CSSCI;⑤《长吉图开发开放先导区建设的周边国际环境》,CSSCI;⑥《朝鲜经济发展方式探析》,论文,CSSCI;⑦《国际社会对朝发展援助探寻》,论文,CSSCI;⑧《朝鲜半岛政治经济形势走向及我国的对应对策》,咨询报告;⑨《我专家认为应高度关注朝未来政权过渡是否平稳》,咨询报告;⑩《"天安"号事件折射各国"心机"我宜妥善应对》,咨询报告。

张景全 吉林大学东北亚研究院国际政治研究所,教授,博士,博士后,博士生导师。2009 年 4 月至 2010 年 4 月,在美国加州大学伯克利分校做访问学者。2012 年 6~9 月,在美国杜克大学做高级访问学者。主要从事国际安全与区域政治、美国对东亚政策、联盟理论与实践等问题的研究。近年来,分别主持国家社会科学基金以及教育部重点研究基地重大项目,发表专著一部,多篇论文在《世界经济与政治》《现代国际关系》《国际问题研究》《当代亚太》《世界民族》等刊物上发表,部分论文被《中国社会科学文摘》《人大复印·国际政治》全文转载。

张丽华 1964 年 5 月出生,辽宁省彰武人,教授,1995 年、1999 年在吉林大学行政学院先后攻读中外政治制度硕士研究生和政治学理论博士研究生，现为法学博士，博士生导师。主要研究方向：国际组织、东北亚区域政治。开设课程有国际组织概论、国际法、东南亚政府与政治、国际组织与国家比较研究、国际安全机制研究。主持三项省社会科学基金一般项目，两项均以优秀结项，一项在研。参加教育部 2009 年度哲学社会科学研究重大课题攻关项目：《中国东北亚战略与政策研究》，教育部人文社会科学重点研究基地重大项目：《东北亚地缘政治新动向与中国的战略选择》。在《政治学研究》等 CSSCI 来源期刊发表学术论文 20 余篇，出版学术专著：《主权博弈——全球化背景下国家和国际组织互动比较研究》。2011 年获得吉林省社会科学基金项目优秀成果奖（论文类一等奖），吉林大学"十一五"社会科学优秀成果奖。

李兴 男，1966 年生，湖北武汉人，北京师范大学政治学与国际关系学院教授，国际关系专业博士生导师，国际问题研究所所长，学院学位委员会主任。曾留学于俄罗斯国立圣彼得堡大学国际关系学系（1997）、乌克兰国立基辅大学国际关系学院（2000～2001）。2005 年评为教育部新世纪优秀人才。社会兼职：教育部高等学校政治学科教学指导委员会委员，中共中央对外联络部当代世界研究中心特邀研究员，中国太平洋经济合作全国委员会专家委员，中国高校国际政治研究会、中国欧亚学会理事，北京市国际政治研究会常务理事。曾任教育部重大攻关项目、国家社会科学基金项目评审专家。主要研究领域：欧亚区域研究、大国关系，中国国内政治与对外关系，中国历史与周边研究。科研成果：独立主持和完成国家、省部级重点项目等 10 项。独立与合作出版著作 10 部，其中独立专著 5 部，主编 3 部。在《国际问题研究》《世界经济与政治》《现代国际关系》《俄罗斯中亚东欧研究》《欧洲》《世界民族》《世界历史》《北京大学学报》《北京师范大学学报》《国际政治研究》，俄罗斯《远东问题研究》、美国《伊斯兰与中东》、乌克兰《基辅大学学报》及哈萨克斯坦、亚美尼亚等国内外重要学术报刊上发表学术论文约 200 篇。

马建光 1964 年生，山西长治人，国防科技大学人文与社会科学学院教授，俄罗斯圣彼得堡大学博士，主要研究方向：俄罗斯对外军事技术合作、俄罗斯军事教育、俄罗斯军事战略，多次出访俄罗斯，曾担任过中国驻俄罗斯大使馆官员。在人民网、新华网军事栏目开设有名家专栏。近年来在俄罗斯和国内出版专著多部，在《外国军事学术》《国际关系学院学报》《人民日报》《解放军报》《科技日报》《环球军事》等报刊上发表涉及俄政治、军事、外交等领域的文章百余篇。

摘　要

中国地处东北亚，东北亚是当代中国和平发展的重要依托之地，也是中国与美日俄战略利益的交会之处。近年来，奥巴马政府全球战略东移，推行亚太"再平衡"战略，重心聚焦于在东北亚地区应对中国崛起。美国的战略意图是维护其在亚太的主导地位，规制中国和平发展，限制中国海洋权益空间。美国借助中国与周边国家的领海主权纠纷，强化军事同盟关系，拓展新伙伴关系，将中国周边国际环境推向险恶。2012 年中日钓鱼岛争端加剧，日本将钓鱼岛国有化的购岛举措严重恶化了中日关系，加剧了东北亚地区局势的紧张。中国以海监船巡航方式打破日本独占钓鱼岛的迷梦，初步实现了在钓鱼岛海域的常态化存在。朝鲜半岛局势南北对立的紧张局势依旧，韩国新国家党领导人朴槿惠在 2012 年总统选举中胜出，成为韩国历史上首位女总统。朝鲜新领导人金正恩继续坚持"自主"与"先军"路线，朝鲜两次发射运载火箭，将"光明星 3 号"卫星成功送入太空。在美日韩遏制态势下，朝鲜继续推行拥核政策，朝鲜半岛安全局势呈恶化趋势。本书以专题形式纵横审视东北亚地区国际政治与安全局势的发展，对东北亚政治与安全问题进行纵向历史透视和横向多维国际战略视野分析，以中国崛起、美国重返东亚、中日关系和朝鲜半岛局势为背景的东北亚政治与安全局势变化为基点，探讨东北亚各国政治与安全战略与政策的特点，分析中国崛起的东北亚地缘政治环境与中国的国家安全利益，提出中国在东北亚应奉行的战略与政策，对于我们全面、准确、理性认识东北亚政治与安全形势提供启迪，为中国东北亚战略与政策提供智力支持。

Abstract

Northeast Asia, where China is located, is an important basis for China's peaceful development and the intersection of strategic interests of China, Russia, and the United States. In recent years, the Obama administration started the process of "pivot to Asia" and launched the strategy of "rebalancing to Asia-Pacific", which are mainly focused on Northeast Asia, and in response to the rise of China. The strategic target of the United States is to maintain its dominance in the Asia-Pacific, regulate China's peaceful development, and limit China's maritime rights and interest's space. Capitalizing on the territorial disputes between China and its neighboring countries, the United States strengthened its military alliances, expanded new partnerships, and deteriorated China's surrounding international environments. In 2012, the Diaoyu Islands Dispute between China and Japan was intensified because the nationalization of the Diaoyu Islands by Japanese government exacerbated the Sino-Japanese relations and increased the tension in Northeast Asia. China has been breaking Japan's illusion of occupying Diaoyu Islands exclusively by cruising of marine surveillance ships, and has preliminarily held the normalized existence in this region. The tension caused by the confrontation between North Korea and South Korea continued, and Park Geun-hye, the leader of the Grand National Party, won the 2012 presidential election, and became the first female president in the history of South Korea. Kim Jong-un, the young new leader of the DPRK, has continued to adhere to the principles of "independent" and "military-first", and carried out two rocket launches and succeeded in sending the "star light 3" satellite into orbit at last. In response to the containment policy held by the US, Japan and South Korea, the DPRK insists on its pursuit of nuclear weapons, and the security situation in the Korean Peninsula is deteriorating. By the special study on the international politics and security situation in Northeast Asia from both historical and multidimensional perspectives, this book analyses the problems and issues of regional politics and security in a vision of international strategy. Based on the research on these special topics including US "pivot to Asia", "strategy of rebalancing in Asia-Pacific", the deterioration of Sino-Japanese relations, and tensions in the Korean Peninsula, the author explores regional countries' security strategies and policies, analyses the geopolitical environment of China's rise, defines China's regional security interests, and proposes strategies and policies China should pursue in Northeast Asia. The purpose of this book is to provide intellectual support for Chinese officials and policy makers in conceiving China's Northeast Asia strategy and policy, and a systemic comprehensive conceptual framework for common readers to understand the changes in politics and security situation in Northeast Asia.

序

　　东北亚是中国和平发展周边环境的重要组成部分，也是当代中国和平发展的重要依托之地，东北亚地区局势稳定与否直接影响到中国的主权安全利益与中国和平发展全局。

　　21 世纪初，东北亚地区在全球经济格局与国际政治体系的地位呈持续提升的发展趋势。日、韩、中、俄经济于 20 世纪中后期以来出现了"接力式"的腾飞，不断改变着世界经济政治格局，2012 年东北亚地区各国国民生产总值已接近全球 GDP 的 1/4。东北亚国家崛起的叠加效应提高了东北亚地区在国际政治体系中的实力地位，使得东北亚地区成为 21 世纪前期国际政治体系中大国"竞合"的重心，东北亚地缘政治的安全困境也日益凸显。

　　东北亚地区国际形势发展是全球经济政治发展的重要组成部分，东北亚地区安全困境是国际形势发展变化的产物。2012 年国际形势发展的突出特点是，全球金融危机的重心在西方发达国家，全球政治与安全动荡的重心在发展中国家，全球经济增长的重心在新兴国家。欧洲国家身受主权债务危机影响，欧盟内部分歧加剧，国际政治影响力下降。美国身受主权债务危机影响，国力相对衰落，维持全球领导地位面临诸多挑战（避开财政悬崖，走出经济低谷，应对伊朗问题、中东乱局问题、朝核问题、中国崛起问题等）。奥巴马政府采取了收缩全球力量，战略重心东移，重点应对中东地区乱局和东亚中国崛起问题。以中国为代表的新兴国家崛起在全球金融危机背景下继续发展，全球经济影响力上升，全球经济发展新格局正在酝酿，欧、美、日发达国家经济复苏乏力，新兴经济体发展平稳，成为全球经济增长的新动力。"新兴经济体要求在国际事务和国际规则的制定中拥有更多的话语权，新老势力围绕分享全球经济治理的权力的博弈正在展开。"①

---

① 曾培炎：《国际形势特点可以归纳为四个"一"》，人民网，http：//finance. people. com. cn/n/2013/0126/c70846 - 20334829. html（上网时间，2013 年 1 月 27 日）。

东北亚地区安全困境在国际体系结构中表现为霸权国与崛起国的矛盾，在地缘政治权力结构中表现为中日关系矛盾。

2012年东北亚地区政治与安全局势出现安全困境加剧的趋势是美国全球战略东移、推行亚太"再平衡"战略的产物。对于奥巴马政府全球战略东移，推行亚太"再平衡"战略的解读目前"众说纷纭"，令人莫衷一是。美国国防部长利昂·帕内塔的释疑表述是"美国已制定一个21世纪的新国防战略，新战略强调灵活性、技术和军力投放。我们已经开始把重点放在未来的挑战和机遇上，而其中很多挑战和机遇显然都在亚洲"。"有些人得出结论，这是针对中国的再平衡。但事实并非如此。再平衡的一个重要组成部分是，与中国军方保持一种健康、稳定和持续的关系，这种关系必须建立在持续对话的基础上，以提高我们的合作能力，并且避免产生误解。"[①] 我国学者朱锋认为，"'再平衡'战略是全面巩固21世纪美国在亚太主导地位的'世纪领袖型'战略"，"美国全球战略中心转移至亚太，以中国为最主要的军事'假想敌'是美国全球战略的重大转折"。[②] 俄罗斯学者弗拉基米尔·波尔加科夫认为，"美国重返该地区开始具有公开制衡'中国崛起'的性质"。[③] 笔者认为，美国亚太地区"再平衡"战略以"促进21世纪亚太地区和平与繁荣"[④] 为名，实则追求21世纪前期美国在亚太地区的主导地位，是一种维持霸权型的战略。其动机既有分享亚太地区新兴国家经济崛起的成果的用意，更有防范中国崛起势力做大、封堵中国崛起地缘政治空间的意图。其方法和手段是通过调整军事部署、巩固盟友关系、扩大"伙伴"队伍、推行价值观外交、设立经济合作与国家行为的"美国标准"与规则等。美国亚太地区"再平衡"战略凸显了美国在东北亚地区战略"平衡手"的地位与作用，在发展变化的亚太地区按照美国利益

①　利昂·帕内塔：《美亚太再平衡战略非"针对中国"》，新华网，http：//news. xinhuanet. com/world/2013 –01/09/c_ 124205112. htm（上网时间，2013年1月28日）。
②　朱锋：《奥巴马政府"亚洲再平衡"战略与中美关系》，载王缉思主编《中国国际战略评论，2012》，世界知识出版社，2012，第10、15页。
③　弗拉基米尔·波尔加科夫：《俄罗斯对美国"重返"亚太地区的评价》，载王缉思主编《中国国际战略评论，2012》，世界知识出版社，2012，第84页。
④　利昂·帕内塔：《美亚太再平衡战略非"针对中国"》，新华网，http：//news. xinhuanet. com/world/2013 –01/09/c_ 124205112. htm（上网时间，2013年1月28日）。

与意志塑造新亚太地缘政治秩序，得到了一些国家的呼应，使中国周边安全形势更趋复杂。但是，我们也应看到美国实现亚太"再平衡"的战略目标也存在很多掣肘。奥巴马政府维护美国全球领导地位的基石是实现美国经济复苏，美国要争取"赚钱的平衡"，避免"赔钱的平衡"。中国和平发展战略与美国亚太"再平衡"战略的折冲将对其形成缓冲与掣肘。

2012 年东北亚地区政治与安全局势出现安全困境加剧的趋势与东北亚地缘政治权力结构矛盾发展密切相关。中日是东北亚地区两个重要国家，中日在美国全球战略重心东移的"再平衡"战略中所处地位的差异，地缘政治"远交近攻"和防范近邻强国的心理魔魇，将中日关系推入不断恶化的窘境，日本否认钓鱼岛主权存在争端和心存挟美抑中的心理，将钓鱼岛"国有化"的挑衅，把中日钓鱼岛争端推入对抗升级状态，使两国关系从"政冷经热"转为"政冷经凉"，两国关系出现了严重恶化的局面，对东北亚地区政治与安全局势产生了重大负面影响。

中日关系出现恶化的症结，导火索是钓鱼岛主权争端，原因极为错综复杂。国际层面的原因是美日同盟。美国在太平洋战争中是重创日本的国家，在战后是占领和控制日本的国家，在国际体系中是最有权势的国家。日本民主党政府执政之初摆脱美国控制的尝试折戟沉沙，表现了美国对日本政局的强大影响力。奥巴马政府推行"再平衡"战略，日本扮演了忠实盟友（亚洲"英国"）的角色，美国对华接触加遏制的两面政策得到了日本的积极响应。从地缘政治学的视角看，中国崛起产生的地缘政治压力困扰着日本。东北亚地区日强中弱的格局维系了百余年后，21 世纪初伴随着中国崛起，东北亚地缘政治格局出现了中日力量对比平衡的新变化，发展趋向是逐渐出现中强日弱的走势，日本联美抑中、防范中国的战略变化势所难免。钓鱼岛主权争端是中日之间国家主权利益、国家安全利益和海洋经济利益的分歧与矛盾，折射着中、日两国民族主义情感的矛盾与对抗，反映了东亚国家兴起进入海洋争端与冲突新阶段。

朝鲜半岛问题在 2012 年依旧举世瞩目。2011 年 12 月 17 日，朝鲜最高领导人金正日逝世标志着朝鲜进入政权更迭期，朝鲜特殊的政治文化为朝鲜新领导人金正恩提供了有效的权力基础。

首先，朝鲜的历史文化、六十余年的政治体制惯性、宣传教育使万景台家族在朝鲜国民心理中形成了神圣的地位和天然的执政合法性，金正恩由于其万景台和白头山血统以及金正日的指定，具备了朝鲜政治体制中其他人难以挑战的权力合法性继承人身份。

其次，朝鲜特殊的政治社会结构为金正恩政权提供了有力保障。朝鲜长期实行计划经济体制，处于有政府无社会的状态。朝鲜社会的封闭性隔绝了美、日、韩等国对朝的渗透和影响，目前朝鲜社会尚未出现意识形态多元化的发展趋势，也尚不存在要改变朝鲜政治体制的激进改革势力。

最后，金正恩体制的构建能够得到中、俄两国有效的支持。金正恩接掌权力是朝鲜人民的选择，朝鲜领导人平稳进行权力交替是朝鲜稳定的前提，支持朝鲜自主对国家领导人的选择与保持朝鲜政局稳定符合中、俄两国的国家利益。

金正恩执政后，朝鲜政治与外交出现的新特点是：坚持"遗训统治"，其内涵是坚决拥护金正恩的领导，坚持主体思想与先军政治，坚持"拥核"立场，继续经济强国建设，发展睦邻友好关系，实现祖国自主和平统一。金正恩执政初年成功地巩固了在朝鲜国内的领导地位，将"拥核"写入《宪法》，两次发射卫星终于获得成功，金正恩政权在对韩美日关系问题上以弱敌强毫不示弱，朝韩军备竞赛呈现出越演越烈的态势。

美日韩敌视朝鲜的政策和美国对朝韩双重标准的做法是加剧朝鲜半岛安全困境的重要推力。美日韩在朝鲜半岛乃至更大地缘政治空间的力量对比优势地位和逼朝就范的遏制政策加重了朝鲜自保求生的抗衡行为，催生了几代朝鲜领导人推行先军政治，极力发展核武器和战略导弹，"拥核"成为朝鲜国家的战略追求目标。金正恩政权将先军政治、航天技术和核开发视为对抗美日韩武力威胁的利器，以此吸引朝鲜民族主义者支持和提高政治威望，巩固新政权。但朝鲜发展核武器的行为却使东北亚地区的安全环境严重恶化，产生核扩散危险，美国以此为由加紧构建东亚反导体系，频繁与日韩进行联合军演。韩国也通过修订"韩美导弹合作指针"使其导弹射程覆盖了朝鲜全境。

2012年安全困境的魔魇困扰着东北亚国家，中国崛起的周边环境日益险恶，中国和平发展的机遇期受到各种冲击，正在出现新的变化。在新的东北亚政治与安全环境中，中国应继续推行和平发展战略，公开申明坚持"以邻为伴、与邻为善"的外交方针和"睦邻、安邻、富邻"的周边政策，努力维护东北亚地区和平环境。

中国在东北亚复杂的地缘政治环境中还应坚持和申明以实力求和平的国家安全战略，中国应向世界坚定表明维护中国在东亚国家利益决心的坚定性与手段的多样性。"我们要坚持走和平发展道路，但决不能放弃我们的正当权益，决不能牺牲国家核心利益。任何外国不要指望我们会拿自己的核心利益做交易，不要指望我们会吞下损害我国主权、安全、发展利益的苦果。"① 随着中国崛起和综合国力的增强，中国拥有与日俱增的实力和手段，中国应有决心运用多种手段坚定维护国家利益，为捍卫国家利益和尊严，随时准备进行有理、有利、有节的斗争。

黄凤志

---

① 习近平：《坚持走和平道路　但决不放弃正当权益》，人民网，http：//he. people. com. cn/n/2013/0129/c192235－18098202. html（上网时间，2013 年 1 月 30 日）。

目录

Ⅶ　专题篇（中国与东北亚安全）

皮书数据库阅读**使用指南**

CONTENTS

Ⅰ General Report

Ⅱ Special Topics (Regional Diplomacy and Security)

Ⅴ Ⅲ   Special Topics
(China and Regional Security in Northeast Asia)

总 报 告

General Report

Ｙ.1

2012 年东北亚地区政治安全
形势与中国的对策

黄凤志[*]

摘 要：

　　东北亚地区是中国和平发展周边环境的重要组成部分，东北亚地区局势稳定与否直接影响到中国的主权安全利益与中国和平发展全局。2012年东北亚地区政治与安全局势的显著特点是：美国重返亚太推行再平衡战略，意在强化美国亚太地区国际秩序主导者的地位，防范中国崛起挑战美国霸权利益；东北亚国家领导人集中处于新旧更替期，美日选举政治效应冲击了美日与中国的关系，日本政坛右翼保守势力对华强硬主张日益抬头，12月17日安倍晋三当选日本首相，日本外交走向引人注目；东北亚地区民族主义发展助推了日韩、日中与日俄岛礁之争升温，日本"购岛"行径引发的钓鱼岛争端使中日关系严重受损；东北亚地区热点之一的朝鲜

* 黄凤志，吉林大学行政学院教授，国际政治系主任。

半岛南北对峙局面依旧，朝鲜新领导人金正恩国内领导地位初步稳固，朴槿惠就任韩国新总统后朝鲜半岛南北关系面临新变数。

东亚地区各国现代化发展进程加快，带来民族主义和海洋意识的提升，引发了海疆主权纠纷，成为美国重返亚太推行再平衡战略的温床，美国推行防范中国崛起的部署与行动，助推了一些国家"挟美抑中"的行径，中国陷入与周边邻国海疆纠纷的旋涡。中国崛起进程中地缘政治安全问题再现，中国与周边邻国海疆纠纷持续高温，中国国民对国家崛起的地缘政治环境与国家安全利益威胁问题关注度升温，中国崛起进程中的东北亚战略与政策问题引人注目。

关键词：

　　东北亚局势　　地缘政治　　重返亚太　　中国崛起　　钓鱼岛争端

一　东北亚地区在全球经济格局与国际政治体系中地位的提升

东北亚地区地处欧亚大陆的东部，战略地位重要，是世界上经济发展最具活力、安全结构最为复杂、国家关系最显敏感的地区。长期以来东北亚地区在全球经济格局与国际政治体系中的地位呈持续提升的发展趋势。

半个世纪以来，日、韩、中、俄经济发展与复兴呈"接力棒"式崛起之势，成为推动世界经济发展重要区域。美、中、日、俄四大国安全战略利益汇集于东北亚地区，各国战略地位与战略目标的差异，使得四国战略关系几度分化组合，彼此间始终无法建构战略利益的和谐关系，东北亚地区安全机制严重缺失。从地缘政治结构的视角看，中、日、俄、韩、朝、蒙地缘政治六国间社会制度和意识形态矛盾的存在，各国间政治互信水平的低下和战略安全利益的敌对认知，使得东北亚地缘政治结构存在着鲜明的非整合性特征，成为新国际冲突的震动源。东北亚地区各国经济发展活力与安全困境的反差，凸显了21世纪初东北亚在全球经济格局中的地位及其对国际政治体系影响力度不断增强的趋势。

（1）东北亚在世界经济格局中地位的提升。

世纪之交，东北亚在世界经济发展中的地位呈持续上升之势。2000 年东北亚地区 GDP 占全球 GDP 的 20%，2012 年上升到 23%。2011 年世界 GDP 排名前 15 位的国家有 4 个出现在东北亚国家之中。中国在 2010 年 GDP 总量跃居世界第 2 位后，综合国力借助于地理、人口大国和改革开放政策效应呈稳步增长态势，2012 年达到 519322 亿元人民币，约合 8.34 万亿元美元。① 2011 年日本国民生产总值达到 5.867 万亿美元，人均 GDP 则达 45774 美元。韩国国民生产总值 2011 年达到 1.116 万亿美元，实现了人均 GDP 2 万美元。俄罗斯国民生产总值 2011 年达到 1.857 万亿美元。2011 年东北亚地区各国（不包括朝鲜）在世界各国 GDP 总和中的比重为 23%。② 日、韩、中、俄经济于 20 世纪中后期以来出现了"接力式"的腾飞，不断改变着世界经济政治格局。如果说 20 世纪 70 年代日本经济崛起曾改变了资本主义世界经济格局，20 世纪 90 年代韩国的经济腾飞反映了发展中国家开始迈入工业化道路，今天中国经济崛起则正在改变全球经济与政治格局。21 世纪初东北亚聚集了全球财富的 23% 左右，约占世界 1/4。中日俄韩经济崛起共同汇聚于东北亚必然带来全球地缘政治与经济结构的新变迁。国际政治体系变迁是世界经济格局演进的产物，东北亚地区继 19 世纪西欧、20 世纪北美扮演了世界经济发展"领头羊"的角色之后，正在成为 21 世纪全球经济发展活力与推力最强的区域之一，东北亚地区在国际政治中的地位与作用也日益引人注目。

（2）21 世纪初东北亚地区在国际政治体系中地位与作用呈提升之势，日益成为世界大国"竞合"的重心之一，安全困境问题严重。

东北亚地区日、韩、中、俄经济"接力式"崛起提升了崛起各国的综合国力与国际影响力，崛起的叠加效应是提高了东北亚地区在国际政治体系中的实力地位，使得东北亚地区成为 21 世纪前期国际政治体系中大国"竞合"的重心，具有世界影响力大国（美国、中国、日本、俄罗斯）的政治与安全战

---

① 中华人民共和国国家统计局：《2012 年国内生产总值（GDP）初步核算情况》，http://www.stats.gov.cn/tjfx/jdfx/t20130119_402867380.htm（上网时间，2013 年 1 月 20 日）。

② 世界银行统计资料：http://data.worldbank.org/indicator/NY.GDP.MKTP.CD（上网时间，2012 年 12 月 25 日）。

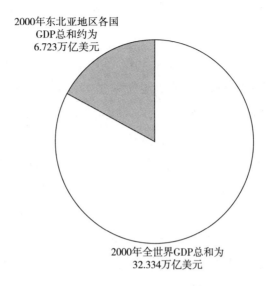

图1　2000年东北亚地区各国GDP在世界各国GDP
总和中的比重为20%（不包括朝鲜）

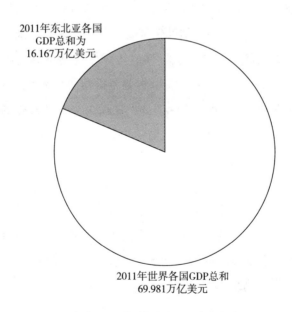

图2　2011年东北亚地区各国GDP在世界各国GDP
总和中的比重为23%（不包括朝鲜）

资料来源：世界银行统计，http：//data. worldbank. org/indicator/
NY. GDP. MKTP. CD。

略在东北亚地区纵横捭阖，"冷战"后国际体系演进中产生的多种矛盾在东北亚地区汇聚，东北亚地区国家在国际体系中的地位和影响力在不断提升的同时，安全困境也在不断深化。

"冷战"后国际体系权力模式的重要特点是美国单极主导与多强并存，中俄在当代国际体系中崛起国的角色使其成为美国霸权规制的重要对象，霸权国与崛起国的矛盾困扰着 21 世纪初的美俄与美中关系。美国在"冷战"结束后的 20 余年期间政治与安全战略的重心发生了三次转移："冷战"结束伊始美国首先进行了"北约东扩"，战略重心旨在遏俄；2001 年"9·11"事件后，美国政治与安全战略的目标转移到进行"反恐战争"，战略重心旨在遏伊（伊斯兰极端宗教势力）；2009 年奥巴马当选美国总统后，面对中国崛起的发展势头，美国政治与安全战略的目标逐渐从"反恐战争"转为"重返亚太"，战略重心名为亚太"再平衡"，实为"维权"与"防中"，美国全球政治与安全战略东移的部署与行动，使得东亚地区正在成为全球政治、经济与安全的重要角逐场。

美国强化东北亚政治与安全战略的部署和行动加剧了东北亚地区地缘政治矛盾，使得东北亚地区成为 21 世纪初亚洲的巴尔干，当代国际体系中令人瞩目的热点地区。中俄战略协作伙伴关系的产生与维系、中日关系从政冷经热到政冷经凉的变化、朝鲜半岛南北双方的对峙、台海两岸分裂格局的延续，都与美国单极主导型权力格局对东北亚的强磁场辐射关联密切。东北亚国家崛起的进行态势提升了各国贸易与资源对海洋依存程度，各国间政治与安全互信的缺失，追求绝对国家利益的民族主义情结高涨，"冷战"制造的国家分裂、民族对抗与意识形态分歧埋下了引发民族冲突乃至国家抗衡的火种。使得东北亚地区存在着严重的安全困境。2012 年东北亚地区安全困境问题以"岛屿争端"为突出特点，韩日独岛争端的风波尚未平息，日本又挑起国家"购岛"争端，中国采取了巡航钓鱼岛和抵制日货的反制措施。钓鱼岛争端激化了中日从民间到国家层面的矛盾，中日战略互惠关系名存实亡，两国国家层面的抗衡与较量已浮现于世。

（3）东北亚地区国际关系蕴涵着中国崛起与美国重返亚洲（强化东北亚主导地位）"双超博弈"、地缘政治格局中日中"双强博弈"的色彩，两种博弈的指向性都是"规制"中国崛起的地理空间，美日中之间的"竞合"博弈

凸显了东北亚地区在当代国际体系中的战略前沿地位。

在大国崛起的历史长河中，东北亚地区出现了非美国盟友——中国崛起与美国战略重心东移的共振效应。日韩的经济崛起符合美国的战略利益，中国日渐崛起的东北亚地缘政治效应是东北亚地区各国力量结构的变化，引起美日等国高度战略关注。中国国力增长遂成为美日等国"中国威胁论"泛滥的沃土，美日韩等国对中国崛起充满了疑虑和戒备，不仅将中国看作潜在竞争对手，而且在国家安全战略层面积极谋划防范措施，美国对华采取了"接触"与"遏制"双轨两面的政策，中日关系战略互惠名存实亡，日本扮演了美国"遏华"先锋的角色。在美国全球战略东移的背景下，2010年以来中美关系紧张，东亚地区频发的岛屿主权争端都有美国的幽灵，都有美国背后鼓动的身影，中国与东亚多个国家出现了关系紧张的局面，陷入周边闹海的困局。

在美国全球战略重心东移的背景下，奥巴马政府推行了强化东北亚政治与安全战略的调整，通过强化军事存在、强化联盟体系、强化应对中国崛起的部署与行动，来实现强化东北亚地区主导地位的战略目标。美国战略重心东移与东北亚政治、安全战略的调整，旨在通过强化美日、美韩同盟两大战略支柱，彰显美国的领导地位；稳定台海两岸分离分治格局，维系对美国单边有利的东北亚格局；"拉蒙、稳俄、抑中、制朝"政策环环衔接，防范中国崛起挑战美国在东北亚、东亚乃至亚太地区的霸权地位。

中、日两国是世界各国GDP总量排序分别居第2位和第3位的国家，两国在东北亚地缘政治结构中存在竞合矛盾，双方都对彼方存在一系列猜忌和疑虑。日本政府将钓鱼岛国有化后，中日两国在政治、外交、经济、文化等领域都处在抗衡状态中，成为举世瞩目的国际热点问题。在东北亚一超三强的地缘政治结构中，日本恢复东亚强国的大国战略与中国崛起共振在东北亚东亚地缘政治的时空中，中日在不同发展轨道的强国梦产生了相互缺乏政治信任的地缘政治效应，使东北亚地区的中日关系出现了结构性安全困境，中国对美日同盟、日本联美抑中、日本右翼保守化发展趋势感到担忧，日本对中国GDP超越日本跃居世界第2位、综合国力发展强盛的未来前景忧心忡忡，日本遇到了百年来中国"首次强大"问题的困扰，对"中国威胁"的认知、判断和忧虑催生了防范与遏制中国的心理和政策举措，采取了强化日美同盟、加快日美军事一体化进程、劝阻欧盟解除对中国的武器禁售、在亚太地区推广"日美澳印价值观联盟"、否认中日在钓鱼岛问题存在主权争议,采取将中国领土钓鱼岛"国有化"政策与措施、鼓动菲越在南海与中国抗衡等抑华战略部署,日本公开与中国抗衡引发两国战略关系困境。

二　美国重返亚太的"再平衡"战略

2011 年 11 月 10 日,美国国务卿希拉里·克林顿在夏威夷檀香山的东西方中心做了 21 世纪是"美国的太平洋世纪"的政策演说,提出要建立"泛太平洋体系",将美国的战略重心转向亚洲,把重返亚洲作为美国 21 世纪的战略任务。2012 年 6 月 3 日,美国国防部长帕内塔正式提出亚太"再平衡"战略,在政治联盟、军事部署和区域经济组织等方面强化美国存在与主导,开始推行应对中国崛起的亚太"再平衡"战略。

(一)奥巴马政府推行亚太"再平衡"战略的背景

奥巴马政府重返亚太推行"再平衡"战略是美国国内与国际环境发生新变化情况下出台的战略重心东移战略。从美国国内出现金融危机与债务危机的视角看,美国经济实力发生了相对下降,减少军费开支势在必行;从国际环境看欧洲盟国陷入经济停滞与债务危机困扰,亚太新兴国家则经济增长迅速,特别是中国经济实力增长有超越美国的发展趋向,美国进行全球战略调整势在必行。

1. 中国崛起与美国的认知

世纪之交,在全球大国崛起的行列中出现了发展中国家中国崛起的身影,中国自走上改革开放道路后呈现了经济迅猛增长和综合国力持续提升的发展势头,国际地位和影响不断提升,外交更加自信,维护领土主权的实力与行动在增强。中国崛起正在改变着东北亚地缘政治格局乃至国际体系的力量结构,中国海洋强国战略与出海态势对东亚地缘政治产生了重大影响。

在中国经济实力发展的同时,中国科技与军事力量也有了显著增长。中国2012 年神舟九号在太空中用手控和天宫一号太空舱对接成功;"蛟龙"号下潜

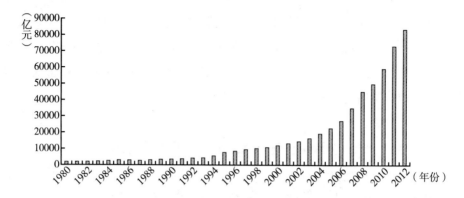

图3　1980~2012年中国GDP增长

资料来源：Data from World Bank，http：//data. worldbank. org/indicator/NY. GDP. MKTP. CD。

突破7000米；中国首台国产CPU千万亿次高效能计算机系统"神威蓝光计算机系统"通过验收；新一代大推力火箭发动机研制成功；可扩展量子信息处理获重大突破；歼-31成功首飞，攻击直升机武直-10与武直-19服役，第一艘航空母舰辽宁号正式服役，歼-15成功在辽宁号起降，北斗卫星导航系统正式提供区域服务，覆盖了亚太地区（约1/3的地球表面）。

环球军力（Globalfirepower）依据5组基本参数，即军队人数、陆军、空军和海军武器装备数量、军费规模对2012年世界各国军事实力进行排行，中国军力居世界第3位。

表1　2012年中国军事实力在世界排名位居第三

单位：位

美国	俄罗斯	中国	印度	英国	土耳其	韩国	法国	日本	以色列
1	2	3	4	5	6	7	8	9	10

资料来源：GlobalFirepower，Country Ranks 10，http：//www. globalfirepower. com/（上网时间，2012年12月30日）。

中国崛起的发展态势引起了美国高度关注。奥巴马政府执政以来，美中关系霸权国和崛起国的矛盾继续深化。中国崛起的步伐与美国受到金融危机和债务危机困扰、经济实力发生相对衰落形成鲜明比照，美国朝野普遍存在着将中国崛起与19世纪的德国、20世纪美国崛起相提并论的看法，认为中国崛起对美国的世纪领导地位存在着很大的不确定性，美国应准备迎接中国的挑战。约瑟夫·奈认为，"中国和美国对于彼此的认知受到了国内政治斗争的很大歪曲，两国之中都有一些人想要将另一方视为敌手"。[①] 2012 年美国总统竞选辩论已经显示，美国两党在对华战略定位上都将中国视为政治上的异类国家，经济上的合作伙伴和竞争对手；军事上的潜在对手，美中互疑已达到空前高度。

2. 美国对中国崛起的忧虑

美国对中国崛起的认知与对中国"集权政体"和"专制国家"的认知相互交织，出于对中国成功崛起将挑战美国全球主导地位、冲击西方发展模式优越地位的忧虑，奥巴马政府推行全球战略重心东移的重返亚洲政策，对中国实行以防范和遏制为主要内容的"再平衡"。

苏联解体和"冷战"结束后，社会主义国家生存在美国主导的单极国际秩序中，承受着美国建构世界新秩序的重压。美国将中国视为一个"专制"和"集权"国家的认知由来已久，"冷战"后美中两国在国家目标、价值观念和国际地位等方面存在差异，助推了美国保守力量关于中国不会成为美国战略伙伴、而是美国潜在敌手的认知。美国在当代国际体系中始终扮演着主导者角色，以警觉的心态注视着中国的崛起。面对非西方国家中国的强盛，美国国内出现了各种看法，其中充满了戒备和非议，认为中国崛起是非民主国家的崛起，中国崛起具有发展成为超级大国的潜能，中国经济发展最终有超过和终结美国世界唯一超级大国地位的可能，中国崛起对国际体系与世界秩序变化的冲击包含许多"不确定性因素"，如同历史上德意志帝国、日本帝国和苏联崛起一样。为防止中国脱轨并演变中国，美国以霸权国的全球政治治理理念和标准，在政治、经济、安全问题上屡向中国发难，进行孤立中国的宣传与部署，使中国的国家主权频遭干涉，国家形象不断受到损害。

美中在国际体系中霸权国和崛起国的矛盾核心在于美国担心中国崛起挑战和终结美国的全球霸权地位。奥巴马政府在高调重返东亚的口号下确立了经济深度融入、外交前沿部署、军事强化存在、制度主导建构等措施的"再平衡"战

---

① 〔美〕约瑟夫·奈：《下一个十年的中国、亚洲与美国》，载《2011 年中国国际战略评论》，世界知识出版社，2011，第 14 页。

略目标,"保持和加强美国在亚洲太平洋地区的领导能力,改善安全,扩大繁荣,促进美国的价值观"。① 奥巴马政府以"前所未有"的努力开展了一系列前沿外交活动,进行防范和遏制中国的部署:强化东亚国家的双边同盟关系,深化同新兴国家的交往,发展同亚太多边组织的接触,拓展与亚太国家的投资和贸易,扩大在亚太地区的军事存在,推进民主和人权,巩固美国在亚太地区的主导地位。

美中关系举世瞩目,陷入霸权国与崛起国博弈的困境。美国的霸权国地位决定了其接纳和容忍中国崛起时表现出无奈、防范和遏制交织的霸权国心态,美国担心和忧虑中国经济崛起必将会带来中国军事崛起和政治崛起,在亚太地区取代美国的主导地位。

3. 东亚国家平衡中国崛起的需要

中国崛起的国际政治效应具有推动国际体系权力结构变异的效能,全球层面世界各国高度关注未来国际政治权力发生转移可能性问题的猜测,中美崛起国与霸权国的矛盾在渐增;地区层面中国崛起对东亚地缘政治权力格局与利益格局现状的影响也在渐增。2012 年中国崛起问题的矛盾焦点聚集在与东亚国家领海主权争端持续高温,日、越、菲等国"拉美制华",为美国重返亚洲和实施亚太"再平衡"战略提供了适宜的东亚地缘政治环境。

美国在亚太地区的权势根基广泛厚重,战略利益分布范围广阔,与日本、韩国、菲律宾、泰国、澳大利亚结有双边军事同盟。奥巴马执政以来,在中国崛起的东亚地缘政治环境中,中、日、俄、韩和东盟间地缘政治的竞争性造成了东亚国家间的安全困境,彼此间相互猜忌与竞争制约了地区安全合作机制的建构,而美国霸权的"离岸性"则减弱了美国的威胁性,辽阔的太平洋地理距离降低了许多东亚国家对美国霸权的恐惧。多年来,美国成功地扮演了"离岸平衡手"的要色。台湾学者张登认为,"'再平衡'政策主要针对大陆崛起","在推动过程中,许多大陆周边国家似乎对美国重返亚洲持相对欢迎态度。这些国家认为大陆的崛起对他们构成压力"。②

---

① Hillary Rodham Clinton, "America's Engagement in the Asia-Pacific", October 28, 2010, http: // www. state. gov. /secretary/rm/2010/10/150141. htm.

② 邹丽泳:《学者:美国落实重返亚洲政策有三大变数》,中国网,http: //news. china. com. cn/ live/2012 – 11/12/content_ 17117654. htm (上网时间, 2012 年 12 月 25 日)。

中国崛起的地缘政治效应是东亚地区权力结构和利益格局的变化，东亚一些国家忧虑中国崛起损害自身安全利益，联美抑中的均势战略思想伴随中国崛起的步伐成为外交战略的主导思维。大多数东亚国家对中美推行"脚踏两只船"的政策，经济、贸易伴中国，政治、安全靠美国，游说美国加强在亚洲的存在，抗衡中国日益增长的影响。2010 年天安号事件、延坪岛炮击事件和日中钓鱼岛撞船事件后，韩日步步靠近美国，以美国为轴心的美日、美韩同盟得到强化，东北亚安全局势走向明显有利于美国。2011 年南海局势风云变幻，菲、越与中国南海主权争端发酵，菲、越、澳、印等向美靠近，奥巴马政府趁机建构以美国为核心的"南海军事同盟"遏制中国。2012 年日本政府将钓鱼岛国有化的举措将中日钓鱼岛争端引爆，中日关系严重恶化。此前，新加坡向美国提供军港和空军基地，东南亚一些国家联合与中国谈判南海准则，中国陷入崛起的"地缘政治困境"。

中国面对领海主权争端问题升温的局面，采取了积极应对的措施，坚定而理性地维护了自己的主权利益。在中菲黄岩岛主权争端、中越南海主权争端、中日钓鱼岛争端中，中国开始寻求破解"我搁置，你抢占"的尴尬困局，采取实际控制黄岩岛、巡航钓鱼岛、设立三沙市、公布一系列法规等举措，加强对我国海洋的管理。中国维权的举措被美国和与中国有领海争议的国家解读为中国"扩张"，美国重返亚洲在东亚针对中国崛起推行亚太"再平衡"战略，得到了中国周边一些有"利己"需求国家的支持，形成了重返亚洲适宜的地缘政治环境。

（二）奥巴马政府推行应对中国崛起的亚太"再平衡"战略

1. 美国强化亚太存在的战略选择

美国是当今世界唯一超级大国，也是当代国际体系的主导者，其政治与安全战略走向对国际关系全局影响重大。20 世纪 90 年代，美国全球战略的重心是在欧洲布局北约东扩，应对区域性问题挑战；21 世纪初"9·11"事件后，小布什执政八年期间美国全球战略重心是全力进行反恐战争。中国和平发展的东亚地缘政治环境相对安定，从美中关系发展看，尽管呈现出起伏波折、危机不断的特点，但总体发展相对平稳，中国崛起问题没有列为美国全球战略的核

心应对问题，东亚也不是美国全球政治与安全战略的重点区域。近年来美国深陷金融危机和主权债务危机的双重困扰，联邦政府财政赤字严重，经济复苏乏力，奥巴马政府面临财政减赤、削减军力和维系美国全球领导地位的挑战，而中国在2010年经济总量超越日本位居世界第2位，2011年中国的国内生产总值超过日韩总和①，是一个正在迅速崛起的国家，美国对中国崛起充满了疑虑。

奥巴马政府在21世纪第二个十年伊始把巩固美国全球领导地位的重心放到了维护亚太地区的主导地位上，并越来越将中国置于"挑战者"和"被遏制者"的"新伙伴关系"角色。奥巴马上台后公开宣称自己是美国第一位太平洋总统。奥巴马总统第一任期间，美国提升美中关系"水平"、强化亚太盟友关系、加强亚太军事存在、深化亚太国家交往。美国全球战略重心东移"重返亚洲"的战略目标是全面巩固美国在亚太地区的领导地位，具有浓厚应对、防范和遏制中国挑战美国主导地位的色彩。

显然，中国崛起的国际政治效应和深刻蕴涵不断触动着美国敏感的神经，致使奥巴马在不同场合多次表态决心护持美国世界唯一超级大国的地位，2010年5月奥巴马政府发布了首份《国家安全战略报告》中宣称："我们将关注中国的军事现代化，并做好准备，以确保美国及其他地区和全球性盟友的利益不会受到负面的影响。"② 2012年1月5日，美国公布了题为《维持美国的全球领导地位：21世纪国防的优先任务》的军事战略报告，开始了"冷战"后美国第二轮军事战略调整。报告提出大部分欧洲国家已由"安全消费国"转变成为"安全生产国"，美国能够削减在欧洲地区的军事存在，增强在亚太地区的军事部署，"我们将加强美军在亚太的军事存在，削减预算不会以牺牲这一重要地区为代价"。③ 美国在亚太地区军事战略的重点开始

---

① 参见世界银行统计数据，2011年中国国内生产总值为7.31万亿美元，同期日本为5.86万亿美元，韩国为1.11万亿美元。http://search.worldbank.org/quickview? name=%3Cem%3EGDP%3C%2Fem%3E+%28current+US%24%29&id=NY.GDP.MKTP.CD&type=Indicators&cube_no=2&qterm=GDP。

② 美国2010版《国家安全战略报告》中文版，第66页。百度文库，http://wenku.baidu.com/view/a840d2c6d5bbfd0a7956738e.html。

③ U. S. Department of Defence, Sustaining U. S. Global Leadership：Priorities for 21st Century Defense, pp. 3，7，http://www.defense.gov/news/defense_ strategic_ guidance.pdf（上网时间，2012年12月25日）。

转为应对中国军力提升和"区域拒止"能力增强带来的挑战，提高美国军事威慑能力。我国学者认为，"美国全球战略重心转移至亚太、以中国为最主要'假想敌'，是美全球战略的重大转折"[①]。2012 年 5 月 18 日，美国国防部发布了《2012 年中国军事与安全发展》报告[②]，报告反映了奥巴马政府高度关注和疑虑中国军事战略目标和中国军力发展，将台湾问题视为美中关系核心和敏感问题。

2. 奥巴马政府"再平衡"战略的基本内容

第一，增强美国对亚太地区的战略关注，增加在亚太地区的军事力量。到 2020 年美国计划将海军舰队 60% 的力量部署到亚太地区，把更多国防预算花在太平洋地区。奥巴马政府还不断扩大美国主导的亚太地区的各种联合军演，2012 年环太平洋联合军演达到了历史最高水平：超过 42 艘战舰和来自 20 多个国家的 2.5 万人参加。美国"投入更多的资源和精力来加强合作伙伴的作战能力，以及美军与该地区国家军队之间的互动能力。我们也在寻找机会深化在信息安全、情报、监视、侦察以及从网络空间到外太空等其他高科技领域的合作"[③]。

第二，增强美国对亚太地区的外交投入，利用东亚地缘政治紧张局势强化与盟国的关系，建构美国领导的亚太地区"新盟友群"，重构亚太地缘政治新版图。奥巴马政府再平衡战略利用中国崛起引起的东亚地缘政治结构变化来实现强化与日本、韩国、菲律宾、泰国、澳大利亚的传统军事同盟关系，与新兴国家创建新的伙伴关系，"新伙伴"包括中国、新加坡、印度尼西亚、马来西亚、越南、印度、新西兰。奥巴马政府高度重视印度的战略伙伴价值，积极推进美国、日本、澳大利亚、印度的战略合作。希拉里在 2011 年发表的《美国的太平洋世纪》讲话中指出，"我们与日本、韩国、澳大利亚、菲律宾和泰国

① 朱锋：《奥巴马政府"转身亚洲"战略与中美关系》，《现代国际关系》2012 年第 4 期。

② Office of the Secretary of Defense, Military and Security Developments Involving the People's Republic of China 2012, May 2012, http://www. lib. utexas. edu/maps/middle_ east_ and_ asia/military_ and_ security_ developments_ involving_ the_ peoples_ republic_ of_ china - 2012. pdf（上网时间，2012 年 12 月 25 日）。

③ 利昂·帕内塔：《美亚太再平衡战略非"针对中国"》，新华网，http://news. xinhuanet. com/ world/2013 - 01/09/c_ 124205112. htm（上网时间，2013 年 1 月 26 日）。

的条约联盟是我们转向亚太略的支点。这些联盟已经确保了半个多世纪的地区和平与安全，为该地区引人注目的经济崛起构建了有利的环境。在安全挑战不断演变之际，它们充分利用我们的地区存在，增强我们的地区领导力"。[1] 美国不断密切与新加坡的军事合作关系，将其变为美国东亚新战略的宣讲地；把印度尼西亚视为具有发展潜力的经济体，大力推进美国与印度尼西亚的全面伙伴关系。2012年美国政府高官还频繁出访亚太国家，把越南、老挝、缅甸和蒙古国等分别逐步纳入构建新伙伴关系的轨道。

第三，奥巴马政府提高了对中国崛起问题的战略关注与应对，对华政策在美国外交政策中越来越成为核心议题。"提升中美关系以使这一关系的范围和水平反映出中国已成为具有日益增长的全球性联系的大国。"[2] 奥巴马任期首年就破例出访中国，访华期间刻意回避中美双方分歧较大的人权与汇率问题，强调共同应对金融危机。奥巴马政府要员也向中国传达信息，肯定中国发展对世界的贡献，积极评价中美关系的发展，"承诺不遏制中国，以期降低中国对美国的战略疑虑，以此换取中国在气候变化、伊朗核问题、朝鲜核问题等方面的合作"。[3] 2009年9月24日副国务卿詹姆斯·斯坦伯格在"新美国安全中心"发表题为"奥巴马政府关于美中关系的设想"的演讲中提出美中两国相互提供"战略保证"，意在通过承认中国崛起的大国地位，换取中国"保证"不挑战美国全球领导地位，做国际体系与秩序的维护者。

然而，美中关系自建交以来始终是在控制矛盾、求同存异中发展的，两国在国际体系中所处地位不同，两国国家战略利益与战略目标存在巨大差异，两国间存在的深层次多层面矛盾难以在短期间内得到解决。奥巴马政府没有超越美国对华"接触"加"遏制"两面性政策的传统，对华"合作"外交被美国

[1] Hillary Clinton, "America's Pacific Century", http：//www.foreignpolicy.com/articles/2011/10/11/americas_pacific_century（上网时间，2012年12月30日）。
[2] 〔美〕李侃如：《美国的亚洲战略》，《中国国际战略评论，2012》，世界知识出版社，2012，第24页。
[3] 余万里、蒋翊民：《奥巴马政府四年对华政策回顾》，中国网，http：//news.ifeng.com/world/special/usa2012/content-1/detail_2012_10/31/18685170_0.shtml（上网时间，2012年12月25日）。

国内鹰派批评为"软弱",没有得到中国友善的回报。约瑟夫·奈认为是中国"误读了美国的善意,低估美国实力"。[①] 2010 年美中关系发生变化,东北亚地区韩日与中国关系紧张,奥巴马政府对华政策转为强硬的围堵外交。2011年美国高调重返亚太,南海地区出现菲越等"南海"事态。2012 年美国亚太"再平衡"战略出台,中日钓鱼岛争端激化,美国一方面表示对钓鱼岛争端最终主权归属不持有立场,另一方面美国参议院表决通过了在 2013 财年《国防授权法案》中附加一项补充条款,规定《日美安保条约》第五条适用钓鱼岛及其附属岛屿。在政治、经济、军事和外交方面采取了"组合拳"式的部署,给中国制造了"崛起困境"。

第四,大力推动亚太地区国家遵守国际规制。奥巴马政府"在发展和引导亚洲多边机制方面变得更加积极"。[②] 美国亚太地区亚太"再平衡"战略的重要用意之一就是要用国际规则约束和引导中国,使中国成为国际秩序的遵守者。奥巴马政府反对中国以发展中国家为由,"不能与美国和欧洲适用同样的规则"。[③] 东亚峰会是一个讨论东亚区域合作的平台,其成立的宗旨在于参与国致力于推动东亚一体化进程、实现东亚共同体的目标。美国 2011 年参加东亚峰会后,极力将政治和安全问题列为峰会议题,力图把东亚峰会改造成为讨论政治与安全问题的地区论坛。

第五,美国亚太再平衡是一个综合性战略,政治层面的内涵是在东亚推行民主与人权的价值观外交。2012 年美国成功地深化了与缅甸政府的交往,推动缅甸政府进行民主改革,对中国与邻国关系具有"离间"和"围堵"意味。在经济层面大力推进跨太平洋伙伴关系(TPP),重塑经济合作机制,扩大美国贸易出口。奥巴马政府在亚太区域经济合作进程中竭力"以我为主",拉拢日本、澳大利亚等国打造 TPP,无非是要设置合作中的"美国标

---

① 余万里、蒋翊民:《奥巴马政府四年对华政策回顾》,中国网,http://news.ifeng.com/world/special/usa2012/content-1/detail_2012_10/31/18685170_0.shtml(上网时间,2012 年 12 月 25 日)。

② 〔美〕李侃如:《美国的亚洲战略》,《中国国际战略评论,2012》,世界知识出版社,2012,第 24 页。

③ 朱锋:《奥巴马政府"亚洲再平衡"战略与中美关系》,载王缉思主编《中国国际战略评论,2012》,世界知识出版社,2012,第 12 页。

准"，以此规范中国，提升美在经济领域全面针对中国及其他国家的贸易竞争优势。①

（三）美国重返亚太推行"再平衡"战略的评析

奥巴马政府重返亚太推行"再平衡"战略的根本出发点旨在维护美国在亚太地区领导权，是全面巩固 21 世纪美国在亚太地区主导地位的"维权逐利"型战略。奥巴马政府重返亚太推行"再平衡"战略动机有以下三个方面。

（1）分享亚太地区新兴国家经济崛起的成果。奥巴马政府将美国全球战略重心东移与亚太地区经济繁荣的地缘经济吸力效应密切相关，寄厚望于对亚太地区的经济与贸易能振兴美国经济，"利用亚洲的增长和活力是美国的经济和战略利益的核心也是奥巴马总统确定的一项首要任务。亚洲开放的市场为美国进行投资、贸易及获取尖端技术提供了前所未有的机遇。我国国内的经济复苏将取决于出口和美国公司开发亚洲广阔和不断增长的消费基群的能力"。②经济实力是美国全球霸权的重要基石之一，近代工业革命以来，西方发达国家始终引领着世界经济的发展，欧美日列强曾经轮番崛起，成为世界经济、科技、军事实力最雄厚的国家，垄断和控制着全球经济、政治的主导权力。21世纪初，新兴国家的崛起和西方国家的停滞改变了失衡的世界经济，21 世纪的第二个十年西方发达国家在全球经济的总量将下降一半的平衡线。据估算"西方发达国家的经济总量 2013 年将首次低于世界经济总量的一半"。③重振美国经济实力是维护美国全球领导地位的基础，亚太地区经济繁荣是美国重返亚太的重要推力，奥巴马要扮演美国历史上首位太平洋的总统，美国要参与讨论亚太未来的建设，更多的参与亚太多边组织，分享亚太地区经济增长成果，提振美国经济。

---

① 朱锋：《奥巴马政府"转身亚洲"战略与中美关系》，《现代国际关系》2012 年第 4 期。

② Hillary Clinton, "America's Pacific Century", http://www.foreignpolicy.com/articles/2011/10/11/americas_pacific_century（上网时间，2012 年 12 月 30 日）。

③ 青木、孙微、纪双城、李珍、陶短房：《发达国家为"GDP 集体衰落"感伤》，新华网，http://news.xinhuanet.com/world/2013 – 01/16/c_ 124239001.htm（上网时间，2013 年 1 月 17 日）。

（2）维护美国在亚太地区的领导地位，应对中国崛起的挑战。奥巴马政府执政后，中国凭借改革开放的政策效能和人口大国的底蕴综合国力增长承袭了 30 余年来不断增强的发展走势，呈现了持续发展的崛起态势，中国崛起的发展趋势正在改变着东北亚地区的地缘政治力量对比结构。美国越来越对中国崛起的能力和意图产生担忧。王缉思和李侃如合著的研究报告《中美战略互疑：解析与应对》中指出："令人担心的是，截止到 2012 年，战略互疑好像在两国均有增长。这种观点一旦发酵，就会使之成为自我实现的预言，导致中美关系呈现全面敌对状态。"为了维护美国在东亚地区的领导地位，应对中国崛起的东亚地缘政治效应，奥巴马政府在亚太推行了"再平衡"战略，剑锋指向性意图在斗而不破的框架结构中维系接触加遏制的政策；强化美国存在平衡中国影响，加深美日、美韩同盟，稳定台海两岸分离分治格局，"拉蒙、稳俄、抑中、制朝"，核心是防范中国崛起挑战美国在东北亚、东亚乃至亚太地区的霸权地位。

（3）利用东亚地缘政治环境新变化实现巩固盟友关系、扩大伙伴队伍、确保美国在亚太地区主导地位的目标，同时也含有封堵中国崛起地缘政治空间的意蕴。奥巴马政府重返亚太实施"再平衡"战略的主要防范对象是中国崛起可能产生的挑战，并进行了相应的军事与外交布局。2010 年朝鲜半岛发生"天安号"事件和"延坪岛炮击"事件，美国成功扭转了美韩同盟弱化的走势；中日"钓鱼岛撞船"事件，美国稳定了日本民主党政府的联美政策，强化了以美国为轴心的美韩、美日同盟，东北亚政治与安全局势朝着有利于美国的方向取得了重大进展。2011 年美国借助南海争端，将东北亚美日、美韩军事联盟南扩至强化同澳大利亚、印度、菲律宾和越南的军事联系，建构以美国为核心的南海联盟围堵中国，"转身亚洲"成为美国亚太战略新特色。美国全球战略历经两年的重心东移实践摸索，到 2012 年奥巴马政府提出了亚太"再平衡"战略，在南海争端和中日钓鱼岛争端中，美国全面强化与亚太地区盟友关系和"新伙伴"关系，俄罗斯与印度等趁机左右逢源，中国则陷入崛起的地缘政治困境中。

奥巴马政府的亚太"再平衡"战略是中国崛起进程中在东亚地区将要面对的霸权国地缘政治战略，认真分析和应对具有重要理论与现实意义。美国亚

太"再平衡"战略是美国全球战略重心东移的产物，其将贯穿21世纪第二个十年或更长时间。美国亚太地区"再平衡"战略以"促进21世纪亚太地区和平与繁荣"[①]为名，实则追求的是21世纪前期美国在亚太地区的主导地位。奥巴马政府亚太"再平衡"战略的特点是：

首先，保持美国在亚太地区的主导地位。美国经济实力下降财力窘迫，被迫削减军费，但亚太地区的军力部署和装备结构不降反增，显示出美国行进在相对衰落的道路上将会以强大军力弥补不足，震慑潜在竞争对手。以美国的综合国力和影响力继续维系在亚太地区的领导地位，在亚太地缘政治棋局的布局上先声夺人，占据有利地位，限制中国的海上利益，挤压中国崛起的战略生存空间，保护美国在南海的自由通航和贸易、能源运输，支持日本、菲律宾和越南等国的主权要求。"美在亚太地区的军事战略重点，已明显开始聚焦于中国军力现代化有可能沿着"拒止战略"的构想而给美带来的挑战。"[②]

其次，在发展变化的亚太地区按照美国利益与意志塑造新亚太地缘政治秩序。在国际体系中美国与欧洲盟国建立了牢固的政治、军事、经济和价值观同盟，形成了维护当代国际秩序利益共同体。亚太地区新兴国家的崛起多为发展中国家，从西方国家殖民地、"冷战"时期的中间地带到21世纪的新兴国家身份的转化，在重塑未来世纪面貌与格局的进程中具有很大的不确定性，美国亚太"再平衡"战略要进一步巩固和更新与亚太地区同盟者的关系，致力于创建新的伙伴关系与新的同盟，从而达到维持与发展美国主导的亚太地区国际秩序，防范和遏制亚太地缘政治中"中国模式"影响力的拓展。

再次，奥巴马政府亚太"再平衡"战略的地缘政治空间涵盖了太平洋和印度洋，具有战略地域广阔、囊括国家众多、战略视野宏大的特点。希拉里在《美国的太平洋世纪》中指出，"亚太地区已成为全球政治的一个关键的驱动力。这个地区从印度次大陆一直延伸到美洲西海岸，横跨太平洋和印度洋两个

---

① 利昂·帕内塔：《美亚太再平衡战略非"针对中国"》，新华网，http：//news. xinhuanet. com/world/2013 – 01/09/c_ 124205112. htm（上网时间，2013 年 1 月 26 日）。

② 朱锋：《奥巴马政府"转身亚洲"战略与中美关系》，《现代国际关系》2012 年第 4 期。

大洋，由于交通运输和战略因素而日益紧密地联系在一起"。① 美国的重返亚太构想和"再平衡"战略出台后得到了日、澳、印、菲、越等国的积极呼应。奥巴马政府非常重视印度在美国亚太"再平衡"战略中的地位和作用，"印度与美国之间的关系是 21 世纪具有决定意义的伙伴合作关系之一，并且基于共同的价值观和利益"。美国"积极支持印度的'东向'（look east）努力，包括与印度和日本的新三边对话"。②

奥巴马政府推行亚太"再平衡"战略对中国的和平发展带来了一定战略压力，使中国周边安全形势更趋复杂。但是，我们也应看到美国实现亚太"再平衡"的战略目标也存在很多掣肘。

首先，美国国内主权债务危机严重，正在受到"财政悬崖"和经济增长速度缓慢问题的困扰，削减军费势在必行，推行亚太"再平衡"战略的财力投入与战略失衡。美国的亚太盟友和安全合作伙伴能在多大程度上为美国的亚太战略提供支持和"埋单"难以预测。

其次，美国建构阻遏中国崛起的地缘战略空间包围圈面临着重重困难。中国是一个正在崛起的国家，GDP 约占美国 50%，③ 中国在亚太地区的经济拉动力已经超过美国，许多东亚国家正在奉行安全依赖美国、经济繁荣仰仗中国的政策。美国经济实力下降发动对华"冷战"不仅面临双方两败俱伤的风险，加速美国经济的衰落，也难以向东亚国家提供替代中国的"大市场"，从而吸引足够的"反华冷战"支持者。美国重返东亚推行亚太"再平衡"战略，布局亚太阻遏中国崛起，意在防范中国挑战美国霸权地位，实现成为亚太政治与东亚经济领导者的双重目标，TTP 的出台反映了美国亚太政策的新思维。奥巴马政府维护美国全球领导地位的基石是实现美国经济复苏，争取"赚钱平衡"，避免"赔钱平衡"，"权钱"双收是美国亚太"再平衡"战略的重要动

① Hillary Clinton, "America's Pacific Century", http：//www. foreignpolicy. com/articles/2011/10/11/americas _ pacific_ century（上网时间，2012 年 12 月 30 日）。

② Hillary Clinton, "America's Pacific Century", http：//www. foreignpolicy. com/articles/2011/10/11/americas _ pacific_ century（上网时间，2012 年 12 月 30 日）。

③ 根据世界银行统计资料和中国《国家统计局关于 2011 年国内生产总值（GDP）最终核实数的公告》计算，网址：http：//data. worldbank. org/indicator/NY. GDP. MKTP. CD，http：//www. stats. gov. cn/tjfx/jdfx/t20130107_ 402864550. htm（上网时间，2013 年 1 月 8 日）。

机，与美国防范、遏制中国并行不悖的另一面是在"接触"中获益。"一个欣欣向荣的美国对中国有利；一个欣欣向荣的中国也对美国有利。通过合作而不是对抗，我们两国均能显著获益。"①

最后，中国和平发展战略与美国亚太"再平衡"战略的折冲将对其形成缓冲与掣肘。从中国外交战略的选择看，中国是一个发展中国家，把争取与维护和平、谋求发展作为对外政策的首要任务。中国和平发展国策要求其"对内求发展、求和谐，对外求合作、求和平"。"同发达国家加强战略对话，增进战略互信，深化互利合作，妥善处理分歧，探索建立和发展新型大国关系，推动相互关系长期稳定健康发展。坚持与邻为善、以邻为伴、睦邻友好的方针，发展同周边国家和亚洲其他国家的友好合作关系，积极开展双边和区域合作，共同营造和平稳定、平等互信、合作共赢的地区环境。"② 美中关系在当代国际体系中虽然存在着霸权国与崛起国的矛盾，但中国和平发展的外交战略目标规制了中国不会与美国争夺亚太地区主导权。美中关系恶性竞争与对抗带来两败俱伤"双输"前景也将制约双方进行零和博弈的政策选择。两国具有通过构建新型大国关系方式维系维护中美关系总体稳定的空间，"宽广的太平洋两岸有足够空间容纳中美两个大国"。③ 中国位居世界第二大经济体的实力地位和发展潜能（英国智库预测 2022 年中国经济规模将可能增至美国 GDP 的83%④）、中国联合国常任理事国的政治地位，中国在东亚地区的地缘优势地位，中国多年来与亚太国家形成的贸易关系，中国通过与亚太国家深化互利合作，努力使和平发展效应惠及周边国家，改善和深化周边关系，化解崛起危机，对美国亚太"再平衡"战略围堵中国意图将形成有力掣肘。同时，中国自信心态欢迎美国亚太地区和平、稳定、繁荣发挥作用，敦促美国尊重亚太各

---

① Hillary Clinton, "America's Pacific Century", http：//www. foreignpolicy. com/articles/2011/10/11/ americas _ pacific_ century（上网时间，2012 年 12 月 30 日）。

② 中华人民共和国国务院新闻办公室：《中国的和平发展》白皮书，http：//www. scio. gov. cn/ zfbps/ndhf/2011/201109/t1000032. htm。

③ 习近平：《太平洋有足够空间容纳中美》，中国国防部网站，http：//news. mod. gov. cn/ headlines/2012－02/14/content_ 4344884. htm（上网时间，2012 年 12 月 30 日）。

④ 《外交学者杂志：英智库预测中国 GDP 十年内难超美国》，国务院新闻办公室门户网站，http：//www. scio. gov. cn/zhzc/2/2/201301/t1266935. htm（上网时间，2013 年 1 月 9 日）。

国国家利益与安全关切，以实力平衡美国刻意加强军事部署、强化军事同盟的
不良用意。

三　钓鱼岛争端与中日关系困境

钓鱼岛问题是日本侵华战争与第二次世界大战结束后未予公正处理的历史
"遗留问题"，中、日两国关于钓鱼岛主权问题的争端由来已久，多次因其引
发两国关系危机。2012 年日本将钓鱼岛国有化的挑衅，迫使中国政府和公众
开始进行有力回击，中日关系出现了重大危机。

（一）钓鱼岛争端问题的由来

钓鱼岛位于中国台湾岛的东北部，距台湾基隆港 102 海里，距日本冲绳岛
240 海里，由钓鱼岛、黄尾屿、赤尾屿、南小岛、北小岛、南屿、北屿、飞屿
等岛礁组成，总面积约 5.69 平方公里。

1. 中国政府的主张

中国政府《钓鱼岛是中国的固有领土》白皮书对钓鱼岛的主权归属问题
做了清晰的表述：中国最先发现、命名和利用钓鱼岛，有史为凭；中国对钓鱼
岛实行了长期管辖，有史记载；中外地图标绘钓鱼岛属于中国，文献翔实。
"至少自 1562 年起，中国已平稳、持续地对钓鱼岛行使适度的主权管辖达数百
年之久。"①

日本从甲午战争开始将钓鱼岛"编入"日方版图。日本以战争方式强迫
中国签订《马关条约》，割占了中国领土台湾全岛，钓鱼岛及附属各岛屿也被
日本强行占领，1900 年，日本将钓鱼岛改名为"尖阁列岛"。

1941 年 12 月，太平洋战争爆发，中国对日宣战，宣布废除中日之间签订
的一切条约。1943 年 12 月，中国政府与美英共同发表的《开罗宣言》规定，
"日本所窃取于中国之领土，例如东北四省、台湾、澎湖群岛等，归还中华民
国。其他日本以武力或贪欲所攫取之土地，亦务将日本驱逐出境"。在《波茨

---

① 管建强：《国际法视角下的中日钓鱼岛主权纠纷》，《中国社会科学》2012 年第 12 期。

坦公告》《盟军最高司令部训令第677号》（明确规定了日本施政权所包括的范围）确定的日本领土范围都不包括钓鱼岛。《开罗宣言》《波茨坦公告》和《日本投降书》等国际法文件规定了日本领土范围，是钓鱼岛归属中国的法律依据。

《旧金山对日和平条约》中国被排除在外，苏联拒签，没有经过美苏英中共同讨论和授权，《旧金山和约》第三条将北纬29度以南的岛屿交由美军托管，这为美国后来私自将钓鱼岛非法划归琉球管辖提供了机会。1952年2月29日琉球列岛美国民政府发布第68号令（即《琉球政府章典》）、1953年12月25日发布第27号令（即关于"琉球列岛的地理界限"布告），中国领土钓鱼岛被挟带划归琉球群岛托管范围。1971年6月17日，美日签署"归还冲绳协定"，钓鱼岛被划入"归还区域"。同年12月30日，中国外交部发表声明"美日两国在'归还'冲绳协定中，把我国钓鱼岛等岛屿列入'归还区域'，完全是非法的，这丝毫不能改变中华人民共和国对钓鱼岛等岛屿的领土主权"。①

2. 日本政府关于钓鱼岛问题的主张

日方关于钓鱼岛主权归属要求集中反映在日本外务省在1972年3月8日发表的《关于尖阁列岛所有权问题的基本见解》文件中，日方主张如下。

（1）钓鱼岛（尖阁列岛）是日本固有领土。在历史上是日本领土南西诸岛的一部分。"自一八八五年以来，日本政府通过冲绳县政府等途径多次对尖阁诸岛进行实地调查，慎重确认尖阁诸岛不仅为无人岛，而且也没有受到清朝统治的痕迹。在此基础上，于一八九五年一月十四日，由内阁会议（'阁议'）决定在岛上建立标桩，以正式编入我国领土之内。"②

（2）《旧金山和平条约》从法律角度上确认了战后的日本领土，"尖阁诸岛不被包含在其第二条规定的我国所放弃的领土之内，而基于其第三条规定，作为南西诸岛一部分被置于美国施政之下。后来又根据一九七二年五月生效的

---

① 中华人民共和国国务院新闻办公室：《钓鱼岛是中国的固有领土》白皮书，http://www.scio.gov.cn/zfbps/ndhf/2012/201210/t1225272.htm（上网时间，2013年1月12日）。

② 日本外务省：《关于尖阁列岛所有权问题的基本见解》，日本驻沈阳总领事馆网站，http://www.mofa.go.jp/region/asia-paci/china/pdfs/r-relations_cn.pdf（上网时间，2012年12月28日）。

《日本国与美利坚合众国关于琉球诸岛及大东诸岛的协定》（《冲绳返还协定》），尖阁诸岛被包含在把施政权归还给日本的地区之内"。①

（3）钓鱼岛不包含在按照 1895 年 5 月签署的《马关条约》中，《马关条约》第二条规定清朝割让台湾及澎湖诸岛给日本不包含尖阁诸岛。"尖阁诸岛根据《旧金山和平条约》第三条被置于美国施政之下，中国对这一事实从未提出过任何异议，""中国没有将尖阁诸岛视为台湾的一部分"。中华民国（台湾）在 1952 年 8 月签署的《日华和平条约》中承认了《旧金山和平条约》。②

（4）"中国政府以及台湾当局在一九七十年代以后才开始有关尖阁诸岛的独自主张，也就是于一九六八年秋联合国有关组织的调查结果公布，即发现东海下面有可能蕴藏石油，并由此尖阁诸岛开始受到人们的关注之后。"③

3. 中国对日方主张的驳斥

多年来围绕钓鱼岛主权争端问题中国从民间到官方发表了大量文献论证钓鱼岛自古以来就是中国领土。

首先，钓鱼岛是无人居住的岛屿不是"无主地"。从历史文献看，中国政府早在明清时期已发现并对钓鱼岛进行了管辖。中国最早记载钓鱼岛、赤尾屿等地名的史籍是 1403 年（明永乐元年）的《顺风相送》。中国国家版图最早将钓鱼岛纳入管辖范围的记载是明朝政府的《筹海图编》。《筹海图编》是明朝浙江总督胡宗宪牵头编写的关于沿海防务的军事图籍，钓鱼岛被明确纳入中国福建省界。当时一些国家的地图也反映出钓鱼岛属于中国领土。法国出版家暨地理学家皮耶·拉比（Pierre Lapie）所绘的《东中国海沿岸各国图》（1809 年），1859 年在美国纽约出版的题为《可顿的中国》（Colton's China）的现代中国地图，以及西班牙人莫拉雷斯（J. P. Morales）所绘日本

---

① 日本外务省：《关于尖阁列岛所有权问题的基本见解》，日本驻沈阳总领事馆网站，http: // www. mofa. go. jp/region/asia-paci/china/pdfs/r-relations_ cn. pdf（上网时间，2012 年 12 月 28 日）。

② 日本外务省：《关于尖阁列岛所有权问题的基本见解》，日本驻沈阳总领事馆网站，http: // www. mofa. go. jp/region/asia-paci/china/pdfs/r-relations_ cn. pdf（上网时间，2012 年 12 月 28 日）。

③ 日本外务省：《关于尖阁列岛所有权问题的基本见解》，日本驻沈阳总领事馆网站，http: // www. mofa. go. jp/region/asia-paci/china/pdfs/r-relations_ cn. pdf（上网时间，2012 年 12 月 28 日）。

与中国的海域疆界图（1879 年由巴塞罗那的曼坦纳塞门公司出版），它们分别以颜色、标注等方式清楚地将钓鱼岛、黄尾屿、赤尾屿表示为中国海域辖区范围或归于中国版图。① 日本也有很多权威史书记载钓鱼岛属于中国。在甲午战争爆发前的 1893 年 10 月，清政府统治者慈禧太后曾下诏将钓鱼岛赏赐盛宣怀为采药用地。大量历史文献表明，钓鱼岛不是"无主地"，钓鱼岛的命名与管辖属于中国。

其次，日本主张拥有钓鱼岛主权的法理依据是《旧金山和约》和《冲绳返还协定》，但从国际法看，《旧金山和约》是美国主导下排除了中华人民共和国签署的对日本和约，这个对日本和约对中国没有法律拘束力，中国政府曾多次发表声明拒绝接受，认为《旧金山和约》是非法、无效的和约，中国政府绝不承认。《旧金山和约》还违反了《联合国家宣言》"绝不单独地与敌国进行停战、媾和"条款规定。中国政府有权根据《开罗宣言》"使日本所窃取于中国之领土，例如满洲、台湾、澎湖群岛等，归还中华民国"的规定，拥有钓鱼岛主权。1971 年美国将钓鱼岛"施政权"私相授受给日本，中国政府发表声明指出此举"非法"。美国政府也曾表示，"把原从日本取得的对这些岛屿的行政权归还给日本，毫不损害有关主权的主张"。②

再次，中国政府始终不承认 1952 年日台之间签署的《日华和平条约》，认为这个和约不是两个主权国家之间的协议。中日两国政府在 1972 年发表的《中日联合声明》中指出，"日本国政府承认中华人民共和国政府是中国的唯一合法政府"。"台湾是中华人民共和国领土不可分割的一部分。日本国政府充分理解和尊重中国政府的这一立场，并坚持遵循波茨坦公告第八条的立场。"③ 台湾当局在中华人民共和国成立后以主权国家订立的和约是无效的。

最后，中国政府从未放弃拥有钓鱼岛主权的主张。中国通过外交途径反对

① 管建强：《国际法视角下的中日钓鱼岛主权纠纷》，《中国社会科学》2012 年第 12 期。

② 中华人民共和国国务院新闻办公室：《钓鱼岛是中国的固有领土》白皮书，http://www.scio.gov.cn/zfbps/ndhf/2012/201210/t1225272.htm（上网时间，2013 年 1 月 12 日）。

③ 《波茨坦公告》第八条规定："开罗宣言之条件必将实施，而日本之主权必将限于本州、北海道、九州、四国及吾人所决定其他小岛之内。"

美日私相授受钓鱼岛，1971 年中国政府外交部声明指出，"钓鱼岛等岛屿自古以来就是中国领土不可分割的一部分"。中国政府还通过国内立法形式明确规定了钓鱼岛及附属岛屿属于中国领土。1992 年中国颁布的《中华人民共和国领海及毗连区法》规定，"台湾及其包括钓鱼岛在内的附属各岛"属于中国领土。2012 年 9 月 10 日，中国政府公布了钓鱼岛及其附属岛屿的领海基线。中国还在钓鱼岛海域保持经常性的存在，进行管辖。①

（二）钓鱼岛争端与中日关系恶化

21 世纪初，钓鱼岛争端犹如悬在中日关系中的达摩克利斯之剑，不断绷紧中、日两国政府和人民敏感的神经，引发两国激烈冲突与对抗，使中日战略互惠关系名存实亡，中日关系困境成为东北亚安全困境的重要组成部分。

2012 年中日钓鱼岛争端矛盾日益激化，造成中日关系出现严重紧张与对抗局面。日本民主党野田政府与右翼势力密切配合，不断制造日本"管辖钓鱼岛"的现实，挑衅两国政府间"搁置主权，共同开发"的默契。2012 年上半年出现了日本议员登岛、日本政府对钓鱼岛的四个附属岛屿命名、石原提出东京都政府"买岛"构想、日本 6 名议员与右翼势力在钓鱼岛海域举行钓鱼比赛等事件。2012 年 7 月，野田政府以维持对钓鱼岛的"稳定管理"为名将其收归日本国家所有。9 月 11 日，野田内阁决定从 2012 年度国家预算的预备费中拨出 20.5 亿日元"购买"钓鱼岛及其附属三个岛屿"国有化"。

日本损害中国国家主权利益的钓鱼岛"国有"政策冲击了中国对日政策底线，严重破坏了中日关系，引起了中日抗衡关系的升级。中国强烈要求日本政府取消购岛行为，遭到日方拒绝。2012 年 9 月 11 日，中国人民对外友好协会、中日友好协会就钓鱼岛问题发表声明，希望日方从中日友好的大局出发，撤回在钓鱼岛问题上做出的错误决定，用实际行动推动两国关系回到正常发展轨道上来。9 月 19 日，习近平会见美国国防部长帕内塔，指出"日本国内一

---

① 中华人民共和国国务院新闻办公室：《钓鱼岛是中国的固有领土》白皮书，http://www.scio.gov.cn/zfbps/ndhf/2012/201210/t1225272.htm（上网时间，2013 年 1 月 12 日）。

些政治势力非但不深刻反省对邻国和亚太国家造成的战争创伤，反而变本加厉、一错再错，演出'购岛'闹剧，公然质疑《开罗宣言》和《波茨坦公告》缺乏国际法效力，激化同邻国的领土争端，等等。国际社会绝不能容许日方企图否定世界反法西斯战争胜利成果，挑战战后国际秩序的行径。日方应该悬崖勒马，停止一切损害中国主权和领土完整的错误言行"。①

日本的"购岛"行为打破了长期以来中日搁置钓鱼岛争端问题的默契，走上了从实际控制到图谋"非法"占有的道路，中国被迫在钓鱼岛采取"维权"行动。中国从日本签署购岛合同后开始进行反制：连续派出海监船在钓鱼岛海域进行"常态化"维权巡航执法行动；中国海洋局公布钓鱼岛及其部分附属岛屿地理坐标；推迟纪念中日邦交正常化40周年活动；中国首次出动海监飞机巡航钓鱼岛领空。中国在钓鱼岛争端的维权反制行动中打破了日本几十年来对钓鱼岛的单方"管控"，使钓鱼岛海域出现中日交叉控制的摩擦局面。

钓鱼岛争端是中日之间围绕国家主权和国家重大战略利益的博弈。长期以来日本不仅事实控制着钓鱼岛，而且图谋使其非法占有拥有法律上的效力，在国家主权、海洋经济利益和安全利益方面多重损害中国重要国家利益。中日钓鱼岛争端积淀多年，与国家利益、民族情绪交织在一起，陷入当前解决互不让步、留待未来又不甘情愿的两难境地。

（三）中日关系困境原因透视

2012年中日关系因钓鱼岛争端处于"政冷经凉"的抗衡状态中，中日矛盾的深层症结就在于双方缺乏政治互信，没有战略合作的共识和目标，双方在战略上相互猜疑，把对方的发展视为己方的威胁。

中日都地处东北亚地缘政治环境之中，日本向正常化国家战略的迈进与中国崛起共同出现在东北亚的时空中，中日沿着不同的轨道发展势必要在提升本国国际地位和作用的目标点上交会，从而使东北亚地区大国关系产生了结构性

---

① 《习近平副主席会见美国国防部长帕内塔》，新华网，http://news.xinhuanet.com/politics/2012-09/19/c_113137558.htm（上网时间，2013年1月10日）。

矛盾。中日是东北亚地区两个最具影响力的国家，两国受各自国情影响和战略利益的牵引，双边关系出现了近年来起伏波折的发展，从"冷战"时期的"战略伙伴"逐渐向"冷战"后的"竞争对手"方向演进，两国安全战略的抗衡性因素也与日俱增，并对东北亚地区安全格局产生了重大影响。

从东北亚地区国际环境看，美国高调重返亚太推行"再平衡"战略提升了日本的战略同盟者地位，日本"与强者为伍"的外交传统和日美同盟的外交战略选择，美国对华推行"隐伏型"的遏制战略，将日本带入了美国隐性遏制中国的战略轨道，中日关系陷入了近年非敌非友的结构性矛盾困境。在美国霸权强磁场的辐射下，日本被吸引到美国战略同盟者的核心圈，推行联美抑华政策，不仅中日战略互惠关系说易做难，而且整个东北亚地区的国际关系都难以得到根本改善和整合，海洋势力与大陆力量隐形对抗的安全困境困扰着所有东北亚地区的国家，钓鱼岛争端成为美国操控东北亚地缘政治局势的"扳手"。

"冷战"后美国在东亚地区的主导地位在于其世界唯一超级大国的实力地位和美国通过美日同盟对日本的掌控，日本任何调整两国关系、改变"美主日从"使之趋于平等的意图和努力都会危及美国在东亚的主导地位，遭到美国的打压。2009 年 9 月日本民主党领导人鸠山由纪夫上台，结束了战后自民党长达 44 年对日本政府的垄断，提出了以日中韩为主的"东亚共同体"构想。日本政坛的地震和鸠山政府"美亚并重""东亚共同体"等一系列新的外交变革理念让美国疑窦丛生。美国以多层次的沟通平台展开"巧实力"外交，最终迫使鸠山政权黯然离去。2010 年 6 月 2 日，鸠山辞职后，菅直人和野田佳彦交替执政，鹰派色彩人物开始填充外交政策的真空，民主党回到了亲美疏华的自民党外交路线，中日战略互惠有名无实重新陷入困境，中日关系危机丛生，美日同盟则步入强化道路。钓鱼岛争端升温扮演了美日关系强化的重要"推手"角色。2012 年 12 月自民党鹰派安倍晋三上台，钓鱼岛争端与中日关系充满未知变数。在中日钓鱼岛争端升温进程中美国扮演了重要角色，美国通过不断散布"日美安保条约适用钓鱼岛"的言论，使得日本在钓鱼岛争端中有恃无恐。

近年来日本社会保守主义抬头，政治右倾化明显，选举政治助推日本政客

处理钓鱼岛问题亢奋冒进，使得"老问题"再度成为牵动两国政府和民众的敏感神经。2012年10月6日和7日，日本《产经新闻》与日本富士电视新闻网（FNN）对日本全国1000位民众联合进行一次舆论调查，接近八成的受访民众对钓鱼岛实施"国有化"方针表示"赞成"。"在1000名参与调查的日本民众当中，有75.1%的人对该方针表示'赞成'，表示反对的仅占12.9%。在被问及'对于中国在钓鱼岛问题上的立场，日本政府是否应当采取更强硬的姿态'这一问题时，回答'应该'的人占到了近8成，为79.5%。"①

从东北亚地缘政治结构的视角看，中国崛起的态势引发了日本的疑虑不安，日本历届政府奉行联美抑中的政策，将中日战略互惠关系推入窘境。中国崛起面临美国强化亚太存在、日本强国地位复兴和东亚国家现代化问题，推动东北亚地缘政治结构变化的要素在堆积发酵，钓鱼岛争端集中反映了中日关系的恶化，会聚了东北亚地缘政治结构的中日矛盾。

四 中国在东北亚地区安全环境的变化

百余年来中国始终为周边地缘政治安全所困，2012年中国在东北亚地区安全环境错综复杂，面临地缘政治安全问题的多重挑战：从全球视角看，美国重返亚太推行"再平衡"战略对中国和平发展具有潜在威胁与挑战；从东北亚地缘政治权力结构看，日本挑起钓鱼岛"国有化"争端使中日关系严重恶化；从东北亚热点地区朝鲜半岛局势看，朝鲜半岛局势持续紧张，"年底效应"持续发酵（2010年底，延坪岛炮击事件；2011年底，金正日突然病逝，朝鲜政坛领导人更迭；2012年底，朝鲜利用"银河2号"火箭将"试验通信卫星光明星2号"成功送入轨道。西方国家指责朝鲜进行卫星发射试验意在试验发射远程导弹。联合国安理会通过主席声明，谴责朝鲜的卫星发射试验违背了安理会第1718号决议）。中国和平发展所处的东北亚地缘政治环境复杂多变，中国和平发展的机遇期在东北亚地缘政治环境中面临考验。

---

① 《日媒调查显示近8成日民众赞成钓鱼岛"国有化"》，人民网，http：//world. people. com. cn/n/2012/1008/c1002 - 19193206. html（上网时间，2012年12月21日）。

第一，从东北亚地缘政治权力结构和大国关系视角看，美国一超主导中日俄三强并行的格局依旧，但美国重返亚太的"再平衡"战略步步推进，对中国和平发展战略和走向海洋强国的战略目标构成威胁和挑战。奥巴马政府为维系美国在亚太地区的主导地位和霸权秩序，依托其超级大国的实力地位、联盟政策、伙伴关系等战略资源，在东北亚地区奉行联日韩、拉蒙古、遏中俄、制朝鲜的政策，调整军事部署，强化东亚反导布局，筑牢"岛链"监控。在美国"再平衡"战略的作用下，东北亚地区美日同盟关系强化，中日关系恶化、俄日关系波动、朝韩关系敌对和朝日关系紧张，东北亚地区乱局背后都有美国霸权的魅影作祟。美国始终坚持"核心挑战是在表现出容纳中国崛起的战略姿态的同时，发出明确的信号——美国不会给中国留下可供填充的地缘政治真空"。① 东北亚地区局势的紧张有利于美国推动美日、美韩同盟轴心关系的强化，对中国崛起形成阻遏之势。东北亚地区处于"亚冷战"状态是中国崛起无法回避的周边地缘安全环境。

第二，美国在全球国际体系中政治、经济、军事和意识形态的主导地位，及其在东北亚地缘政治中的权势影响，规制了东北亚地区政治与安全局势的"亚冷战"状态，使东北亚地缘政治环境的"冷战"遗留问题始终无法解决。东北亚地区大国林立，社会制度和意识形态各异，国家安全战略缺乏互信，造成了东北亚地区安全机制的缺失，冷战思维惯性运行，各国安全陷入难以摆脱的安全困境。朝鲜半岛南北对峙问题；台海两岸统独问题；中日关系首次出现两强并立，两国关系受到历史与领海主权争端问题严重困扰；韩朝、日中、日朝、美朝、美中间"冷战"思维的长期存在并与国家战略利益矛盾相互交织。崛起进程中的中国置身于东北亚地缘政治存在严重安全困境的环境中，面临各种历史遗留问题、现实国家安全利益冲突问题与地区突发事变危机问题的多重困扰。

第三，在东北亚地缘政治环境中出现了中日关系困境。日本在东北亚地缘政治结构中是一个经济力、科技力，军事力和民族内聚力都很强大的国家。近

① Emma Chanlett-Avery, Bruce Vaughn, "Emerging Trends in the Security Architecture in Asia: Bilateral and Multilateral Ties Among the United States, Japan, Australia, and India", CRS Report for Congress, January 7, 2008.

年来，日本国内右翼势力复兴，已不再是一个埋头发展经济的国家，日本联美抑中渴望成为东亚强国的大国欲望非常强烈。在政治大国战略的推动下，日本外交战略正处在一个急剧转变的过程中。美国重返亚太"再平衡"战略的需求与日本想做政治大国和军事大国的战略目标的互动，为日本右翼保守势力及其军国主义势力抬头提供了合适的土壤。日本实现东北亚政治、安全战略目标是日本欲借美国之力，谋求重新建立美日共同主导的东北亚地区新秩序，实现政治大国的夙愿。日本的东北亚安全战略表现在外交形态上，呈现出了追美、遏华、反朝、防俄的特点。在中国综合国力日益增长的情况下，日本越来越认为其在亚太地区的战略生存空间、海洋资源拓展和领海边界安全等方面面临中国崛起威胁，日本对于曾经在近代历史上被自己欺凌的"东亚病夫"出现崛起之势心存嫉妒、疑虑和焦虑的复杂心态。日本在外交战略上跟着美国走，日美联手共同对付中国，使东北亚地区出现了中日抗衡的局面，而日中关系恶化恰恰就是美国扮演离岸平衡手角色所需要的。2012年日本"购岛"引发的钓鱼岛主权争端集中反映了日中关系在东北亚地缘政治结构中的困境，也反映了日本联美抑华的战略意图。

第四，中、日、俄、韩、朝各国间海洋划界与主权争端问题持续升温：韩日独岛争端问题、中日钓鱼岛主权争端、俄日北方四岛争端此起彼伏，造成东北亚地区国际关系紧张，领土纷争引发国家关系紧张。东北亚国家海洋划界与岛屿争端反映了东北亚国家崛起进程中民族主义意识的上升，日韩中经济崛起后开始重视海洋开发与利用，海洋战略将历史沉淀的海疆划界问题提上议程，钓鱼岛问题、竹岛（独岛）争端和北方四岛问题开始发酵，引发东北亚地缘政治局势紧张，中日关系处于"政冷经凉"的国家抗衡状态。东北亚地区各国民族主义处在上升期，使得"民意"正在绑架国家，限制了国家谈判回旋的空间。民族对立情绪与国家利益矛盾不断推动东北亚国家间关系紧张，东北亚有变为亚洲巴尔干的趋势，中国深陷矛盾的旋涡。

第五，朝鲜半岛局势紧张复杂，南北对峙延续、朝鲜与韩美日关系敌对依旧，"六方会谈"处于休眠期。朝鲜半岛位于东北亚的核心地带，是东北亚地缘政治的枢纽和战略要地。朝鲜半岛问题包含了南北对峙问题、朝核问题、朝外关系问题等。2012年朝鲜依然扮演着半岛风云变幻的"主角"，2012年朝鲜新领导人金正恩执政后，继续坚持主体思想与先军政治，经济政策开始注入市场因素，国内人事调整大刀阔斧。在朝鲜半岛南北方"冷战"和对抗的格局中，朝鲜在国力孱弱和四面楚歌的不利地缘政治环境中坚持先军政治和拥核战略，利用中朝唇齿相依的地缘政治关系，千方百计地谋取中国的经济援助，谋取对华经济利益最大化，在外交与安全方面则独立行事，毫不顾忌中国的利益与感受，屡将中国置于外交被动尴尬境地。2012 年朝鲜顶着联合国安理会决议发射卫星之举，加剧了半岛局势紧张。面对国际舆论的普遍谴责，朝鲜仍然我行我素，将"拥核"写入《宪法》，以"拥核国家"自居，威胁将进行第三次核试验。朝鲜政府对中国维护朝鲜半岛和平稳定、实现半岛无核化的主张置若罔闻。中朝之间在东北亚地区国家战略利益存在重大差异，两国政府的外交战略目标与实现手段迥然不同。美国重返亚太推行"再平衡"战略，强化美日、美韩同盟关系，推行遏朝政策，使得朝鲜在国际社会中势孤力单，被美国冠之以"邪恶轴心"的身份和萨达姆与卡扎菲的前车之鉴，加剧了朝鲜的危机感，促使金正恩政权走上拥核自保的道路，力图凭借核力量威慑韩日美。朝核危机起到了加剧了东北亚局势的紧张，为韩国与日本发展核武器提供了借口，具有东北亚地区核扩散效应，损害了中国在东北亚地区的安全环境，破坏了中国在朝鲜半岛无核化的战略目标，陷中国于国际外交压力的困境之中，中国对朝施压更加剧了朝鲜对中国的不信任感和孤立感，更坚定了拥核的目标和决心。朝鲜半岛问题集中体现了东北亚地缘政治的安全困境。

在东北亚安全困境持续存在的环境下中国国家安全利益面临着多维挑战。

第一个维度是中国国家政治与安全利益面临的新挑战。

中国是社会主义国家，中国社会政治与经济制度的鲜明个性是中国共产党领导的社会主义市场经济模式，中国走社会主义特色道路塑造了世界大国崛起历史长河的中国崛起模式。中国是苏联解体后的世界现存为数不多的社会主义国家，中国生存在美国为首的西方国家主导的国际体系中，承受着西方国家实力与规制的多重压力。东北亚地区是中国和平与发展的重要地缘政治环境之一，东北亚地区在 21 世纪国际体系中的地位呈上升之势，日韩中持续半个世纪的接力式崛起产生了东北亚地缘政治结构性矛盾的堆积，历史遗留的朝鲜半岛、台海两岸对峙和东北亚各国领海争端问题建构了东北亚地区的冷战"活

化石"现状，社会制度差异、意识形态分歧和各国国家安全战略利益博弈都在东北亚地区争奇斗艳。中国国家政治安全利益维度面临的最大挑战是缺失政治认同问题。

第二个维度是中国国家主权利益护持面临的挑战。

中国国家主权利益是中国在领土完整和国家统一问题不受域外国家和势力侵略与威胁的安全利益。中国在东北亚与日本和韩国在岛屿和海域划分问题存在矛盾与争端，美日、美韩联盟的强化，日韩联美抑华的地缘战略，都对中国东北亚主权安全利益构成威胁。2012 年以来中日钓鱼岛争端矛盾激化，日本以"国有化"为名图谋非法占有钓鱼岛合法化，在海洋利益与安全利益方面严重损害了中国国家主权利益。中国与日韩领海争端问题积淀多年，争端问题事关国家主权利益和民族感情，利与情的纠葛使各国都陷于进退维谷的困境。以中日领海争端为例，如按日方的"中间线"主张划分东海海域，日本的海洋边界就向中方推进 180 海里，这一海域内蕴藏着丰富的石油与天然气等资源；如钓鱼岛按日方主张归属日本，日本的海防前沿就从冲绳岛大大向前推进，中国的东海海防安全处于日方监控之中受到严重威胁。

第三个维度是中国经济发展利益面临的新挑战。

中国东北亚地缘政治安全环境与中国和平发展利益关联密切。中国改革开放 35 年，经济与社会发展取得了重大进步，呈现出鲜明的大国崛起走势，维护东北亚地区和平、稳定与繁荣，不仅是巩固中国改革开放成果的地缘战略安全环境需要，也是争取和平与发展战略机遇期的需要。中国在东北亚地区与日韩有重要的经济贸易往来关系，"随着中国建立市场经济体制并走向崛起之路，中国国家经济利益与世界各国经济利益发生了不可分割的联系，而中国沿海地理结构存在着一条从韩国、日本、中国台湾、菲律宾一直延伸到印度尼西亚的漫长海上岛链，中国在海洋领土、海洋资源和海洋权益方面与这条岛链上的一些国家存在着争端。美国从冷战时期就开始构建围堵中苏的太平洋岛链，冷战结束后美国继续经营和完善太平洋岛链，剑锋直指对海外贸易与海外资源依赖日增的中国。由此，中国东亚地缘政治中海洋安全利益的护持事关中国崛起的前景"。[1]

---

① 黄凤志、吕平：《中国东北亚地缘政治安全探析》，《现代国际关系》2011 年第 6 期。

第四个维度是美国在亚太地区推行平衡战略带来的威胁。

　　在全球经济持续低迷背景下，新兴国家经济发展势头不减，特别是中国实力增长迅猛，美国逐渐把中国崛起看作是美国全球领导地位最具威胁的潜在挑战国家。霸权是美国的核心国家利益，世界任何国家一旦具有挑战或威胁美国霸权的实力，美国都要采取措施来消除威胁，战后发动"冷战"遏制苏联，通过"广场协议"终结日本经济高速发展。只要中国还在崛起的道路上继续发展，无论中国怎样向美国表达善意，美国都将对华推行"接触与遏制"并行的两面政策。从奥巴马政府推行全球战略重心东移的亚太"再平衡"战略看，要旨在于维护美国的领导地位，目标在于防范中国崛起的挑战，途径在于军力东移、岛链堵遏、盟国参与、伙伴协同、机制规范、TPP 经济整合。"冷战后，美国对华制裁、人权打压、高技术出口限制、贸易最惠国待遇要挟、军售封锁，以及银河号事件、南海撞机事件、炸馆事件、对台军售、岛链包围、施压人民币升值削弱中国出口、支持藏独及疆独和台独等分裂势力、全球战略东移、频繁举行美日韩军演等一系列弱华、遏华、裂华政策与举措，无不显示出防范中国的战略意图。"[①]美中两国在国际体系中的结构性矛盾逐渐凸显、竞敌的认知开始发酵。美国重返亚洲与中国在东亚陷入安全困境凸显了美中霸权国与崛起国的矛盾在积聚发展。

　　第五个维度是中日关系和朝鲜半岛局势紧张对中国国家安全的挑战。

　　在中日建交 40 周年之际，中日两国关系在钓鱼岛主权争端问题上矛盾与分歧不断加深，出现了"政冷经凉"抗衡加剧的局面。中日国家战略利益的矛盾正在推动两国关系逐渐走向"竞争对手"博弈的格局。从中日两国关系恶化的表征看，中日在东海划界和钓鱼岛主权归属问题发生严重争端，争端背后则是两国国家利益关系的严重冲突，两国地缘安全战略的严重分歧，两国民情国意的使然。2010 年 9 月，日本制造了钓鱼岛撞船事件，引发中日矛盾激化，2012 年日本又制造了钓鱼岛"国有化"争端，两国关系迅速步入交恶的轨道。"日本处理钓鱼岛问题的亢奋冒进，不但使得'老问题'再度成为牵动两国政府和民众的敏感神经，更使得如何和平解决钓鱼岛主权争端问题面临'新挑战'。"[②] 2012

---

① 黄凤志、吕平：《中国东北亚地缘政治安全探析》，《现代国际关系》2011 年第 6 期。

② 蔡亮：《中日关系的老问题与新挑战》，新浪网，http：//news.sina.com.cn/o/2012 – 08 – 23/064925019435.shtml（上网时间，2012 年 12 月 23 日）。

年钓鱼岛争端引发了两国民间对立与国家关系紧张，两国存在军事冲突和安全危机升级的可能性。

在朝鲜半岛危机隐患依旧，2012年朝核六方会谈沉寂了，然而美、日、韩、俄、中、朝六方围绕半岛问题博弈的格局与议题却始终没有改变和停息。朝鲜新领导人金正恩承袭父辈的外交遗风，在外交态势上继续保持强硬风格与对手"死磕"，朝鲜半岛南北对峙、朝核问题和朝鲜新政权对外政策问题长期无法解决，成为东北亚重大国际危机的隐患，直接威胁了中国在东北亚地区的国家安全利益。

五 中国对东北亚安全政策的思考

东北亚地区是中国地缘政治安全的重要地区之一，是中国国家主权安全与经济、社会发展的重要区域，维护东北亚地区和平、稳定与繁荣是中国基本国策的要求。中国东北亚安全政策是21世纪中国和平发展战略的重要组成部分，《中国的和平发展》白皮书指出，"中国坚持在和平共处五项基本原则的基础上同所有国家发展友好合作"。①

1. 中国对东北亚地区外交政策的理念

从坚持中国外交政策的宗旨"维护世界和平、促进共同发展"出发，中国东北亚外交政策的理念是，积极推进东北亚地区各国间发展政治方面的互尊互信、平等协商，共同推进东北亚地区国际关系民主化；经济方面发展与东北亚各国间的合作互补关系，努力推动东北亚地区各国经济朝着互惠、均衡、互利、共赢方向发展；文化方面尊重各国文化发展的差异性和多样性，相互借鉴、求同存异；安全方面增强互信合作，减少分歧、化解纠纷，谋取用和平方式解决东北亚国家争端，共同维护东北亚地区和平与稳定。环保方面推进东北亚各国间的相互帮助、共同努力、实现东北亚地区的环境治理合作和环境保护。在东北亚地区环境治理与保护中坚持共同承担和区别对待相结合的责任原

---

① 中华人民共和国国务院新闻办公室：《中国的和平发展》白皮书，http：//www.scio. gov. cn/
zfbps/ndhf/2011/201109/t1000032_ 2. htm（上网时间，2012 年 11 月 25 日）。

则，与东北亚国家合作共同应对区域与全球气候变化。

2. 中国对东北亚地区外交政策的任务

中国外交政策的根本原则是"独立自主的和平外交政策"，中国东北亚地区外交政策在中国外交政策总体任务目标中承载着的重要使命是：在东北亚地区捍卫中国人民自己选择社会制度和发展道路的权力，不允许来自东北亚地区的外部国家和势力干涉中国内政。坚决维护中国在东北亚地区的国家核心利益（国家主权、国家安全、领土完整、国家统一）不受损害和侵犯。坚持和平共处五项原则，同所有东北亚国家发展友好合作。尊重东北亚地区各国人民自主选择社会制度和发展道路的权利，反对强权政治。坚持通过对话协商、和平谈判、合作安全、求同存异的方式寻求解决东北亚地区各国间的矛盾与分歧。树立秉持公道、坚持正义的大国形象，为东北亚地区的和平、安全和繁荣做出贡献。在东北亚地区拓展中国的和平发展利益，考虑和兼顾其他国家的利益需求，寻求和扩展各国共同利益的汇合点，尊重东北亚地区各国维护本国利益的正当权利，反对以邻为壑的损人利己行径。

3. 中国对东北亚地区的安全观

中国外交政策倡导的新安全观是平等、互利、互信、协作，中国外交政策新安全观要求中国在东北亚地区要注重综合安全，追求共同安全，促进合作安全。面对东北亚地区存在的严重安全困境，东北亚地区各国只有"去除冷战思维，摒弃意识形态偏见，树立同舟共济、合作共赢的新理念"①，走多边合作道路来维护和实现共同安全，才能达到防止冲突、避免战争、维护东北亚地区和平与繁荣的目标。走出东北亚地区安全困境的重要途径是要积极推进与东北亚国家间的互信与合作，解放思想，更新观念，推进合作安全解决东北亚和平与安全问题，建立平等公正的东北亚合作安全机制，实现东北亚地区的和平、稳定与繁荣，确保中国东北亚安全利益。

4. 中国与东北亚地区国家关系

在中俄关系方面，继续保持密切的交往，大力推进中俄战略互信。"在涉

---

① 《中国外交部部长杨洁篪在首届"蓝厅论坛"上的讲话（5）》，人民网，http：//world. people. com. cn/GB/157578/13372720. html（上网时间，2012 年 11 月 25 日）。

及国家主权、统一和领土完整等两国核心利益问题上相互支持。""与国际社会携手努力，应对各种全球性挑战，维护国际法准则，积极倡导世界多极化和国际关系民主化，推动建立更加公正、合理、民主的国际政治经济秩序，为推动建立持久和平、共同繁荣的和谐世界而不懈努力。"① 在中国与美日韩关系方面，要加强各国间的战略对话与协商，增进中美、中日与中韩间的战略互信关系，深化与三国的互利合作，妥善处理与三国的矛盾分歧，努力发展和不断探索中美、中日与中韩关系，推动中国与美日韩三国关系平稳健康发展。在中朝、中蒙关系方面，深化传统友好关系，扩大互利互惠合作，真诚援助和拓展投资渠道与领域等方式，帮助蒙、朝两国实现自主发展，鼓励其"积极参与多边事务和全球性问题治理，承担相应国际义务，发挥建设性作用"。②

5. 中国对东北亚地区外交政策的思考

首先，中国在东北亚地区应继续走和平发展道路，在"以邻为伴、与邻为善"外交战略方针的指导下，恪守"睦邻、安邻、富邻"的睦邻政策，通过走和平发展道路探索中国和平崛起模式，增强东北亚地区和平稳定的基础，通过睦邻外交营造东北亚地区平等互利、互信互惠、合作共赢的地缘政治环境，与东北亚地区各国共同走出安全困境，实现东北亚地区的和平、繁荣与稳定。

其次，中国在东北亚地区的军事安全政策应坚持防御性原则，努力实现东北亚地区战略力量的平衡，坚持以实力求和平的方针。为此，中国在和平发展道路上要不断增强军事实力，努力实现国防现代化，实现东北亚地区战略均势，以军事实力增强战略威慑力，以军事威慑力谋求和平；中国在东北亚地区应奉行防御性、自卫性的原则，以有理、有力、有节的方式护持国家安全利益；致力于和平解决东北亚地区各国间领土争端和热点问题，使"睦邻、安邻、富邻"成为现实可能。

再次，逐渐提升经济方法与思维在处理东北亚国家间关系的杠杆和调节作

---

① 中华人民共和国中央人民政府：《中俄关于全面深化战略协作伙伴关系的联合声明》，http：//www. gov. cn/ldhd/2010－09/28/content_ 1712072. htm（上网时间，2012 年 11 月 25 日）。

② 中华人民共和国国务院新闻办公室：《中国的和平发展》白皮书，http：//www. scio. gov. cn/zfbps/ndhf/2011/201109/t1000032_ 2. htm（上网时间，2012 年 11 月 25 日）。

用。中国应促进东北亚地区各国间的平等互利、互信互惠合作，化解矛盾与分歧，实现合作安全和共同繁荣。为维护中国东北亚安全利益、推进东北亚地区和平与繁荣，中国要超越传统外交战略思维，以新安全观统筹总览中国东北亚地缘战略，破解周边国家中存在的政治安全亲美国、经济利益取中国、国家利益损中国的思维与行动，以经济方法调节东北亚国家的竞合关系。

最后，正确定位与调整中美关系是中国和平发展战略的关键。中国在东北亚的困境在于霸权国与崛起国矛盾是一个长期的历史存在，中国同一个强权的美国相处处境尴尬。在东亚的困境在于美、日和中国周边国家始终以疑虑的目光审视中国对外政策的微细变化，接受中国经济崛起是一个无法改变的事实，防范中国军事崛起则不遗余力，并且力图抢在中国军事力量崛起之前完善岛链遏制网络，在领海主权争议区形成事实占有的定局，强迫中国接受"笼中之虎"的现实。

破解中国在东北亚乃至东亚的安全困境与外交困局考验着中国外交应对战略的能力与智慧。当代中国外交政策面临的首要任务是确立合理的崛起外交战略目标和实现目标的途径。①中国在 21 世纪外交战略的目标应与各种国际力量合作，推动国际关系走向多极化。中国崛起的国际政治经济效应是单极世界回归到可能的多极并存。②中国走向崛起道路决定了美中霸权国与崛起国的矛盾，中国在国际体系中的角色不是美国霸权的取代者，只能扮演单极世界改变者的角色。③国际关系多极化的发展趋向建构了霸权国与崛起国矛盾的缓冲时空，而当代世界和平发展的时代主旋律、全球化相互依存的国际关系利益纽带、中国在当代国际体系环境中崛起的受益者身份和中国历史文化的非扩张性则决定了中国走和平崛起道路的选择，决定了当代中美互动进程中低烈度冲突与多领域密切合作交织共存的复杂态势。

Ⅴ.2
东北亚地区的安全形势与挑战

高 科[*]

摘 要：

在国际安全形势与安全秩序中，东北亚地区无疑是地域形势最复杂、局势最为敏感的地区之一。东北亚地区是世界主要大国战略利益的交会点，保有"冷战"的最后遗产。与世界其他地缘区域相比，东北亚地区是典型的异质政治文明的共存地，不同文明、不同意识形态、不同的发展阶段所引发的矛盾、冲突凸显于该地区。异质政治文明与非兼容战略目标的并存，使东北亚地区在政治上表现出鲜明的非整合性特征，它制约了该地区国家间关系的合作化进程，阻碍了国家间政治互信的发展。而政治互信水平的低下也决定着东北亚地区国家在各自安全战略定位与选择上的冲突性。

关键词：

东北亚 "冷战"遗产 安全困境 非传统安全 美国霸权

一 东北亚地区的"冷战"遗产及其对地区安全的影响

"冷战"时期，为了对抗苏联和遏制中国，美国在东北亚地区构筑了以美日、美韩军事同盟为基础的同盟安全体制，在东南亚美国则加强了同泰国、菲律宾和新加坡等国的政治、军事关系，以期对苏联和社会主义中国实施全面包围加封堵。"冷战"时期，以美国为主导的双边同盟体制成为东北亚均势格局稳定不可或缺的力量，实现了美国在东北亚地区的战略利益和战略空间的扩

---

[*] 高科，吉林大学东北亚研究院教授。

展。"冷战"结束后，东北亚地区的地缘政治格局发生了新的变化，美国加强了"冷战"时期延续的同盟关系，把战略防范对象指向中国。在"冷战"后的东北亚地缘战略格局中，"冷战"的遗产与思维依然没有消失：中日之间在钓鱼岛屿主权争端、东海划界以及两国有关历史问题上的认识分歧，俄日之间关于北方四岛归属问题的争执，日韩之间、日朝之间双边关系的困境，朝鲜半岛的南北分裂等一系列问题，都是冷战时期留下的遗产。冷战的遗留问题至今威胁着东北亚地区的和平与发展。

在"冷战"后东北亚政治与安全格局出现微妙变化的形势下，如何清除"冷战"遗产，已成为摆在东北亚地区各国面前不可回避的问题。在东北亚地区冷战时代遗留的众多问题中，中日钓鱼岛屿争端和朝鲜半岛南北分裂两大突出问题具有更大的危险性、爆炸性和突发性特点。"冷战"后，世界以及整个东北亚地区政治安全形势的新变化，以美日为首的西方国家已把崛起的中国作为其对外防范的主要对手，即中日与中美之间的矛盾已成为未来东北亚地区发展中最重要的矛盾。美日已把冷战时期一切为抗衡苏联的国家战略调换了方向，瞄向中国。日韩、日俄之间的领土纠纷、矛盾和冲突，在新的战略背景下，可能暂缓、放下甚至妥协。中日之间的纠纷、朝鲜半岛问题，则可以拿来造事，干扰中国的和平发展环境，阻碍中国的和平崛起，把中国拉向他们主导、设计的全球乃至地区战略中。因此，在中国同周边国家出现矛盾、冲突甚至对抗的背后，我们始终能够看到美国亚太战略大调整、或者美方所说的战略再平衡的影子。美国东亚战略再平衡的本质是要在该地区抑制中国，它可供利用的战略支点是东盟中的诸国，如菲律宾、泰国、越南、缅甸等国，而在东北亚地区则是日本和韩国。

在东北亚地区美日、美韩同盟关系是美国在该地区发挥自身影响力的两条臂膀，而"一个典型的联盟，一定是针对某一特定国家或特定国家集团的"。①"冷战"时期美国同盟战略的目标旨在对付原苏联，而今天其指向已世人皆知。东北亚地区"冷战"遗产的危险性在于该地区所遗留的这一系列问题，可以被政治对手所操控，作为达到其战略目标的棋子任其摆布。东北亚地区国

---

① 〔美〕汉斯·摩根索著《国家间政治——权力斗争与和平》，北京大学出版社，2006，第220页。

家间存在的问题是历史遗留给后代解决的，问题之所以在现在爆发是国内外因素共同作用的结果。国家间有战略竞争，也在战略依存，国家的长远战略不应被眼前的问题所蒙蔽，更不能受其干扰，越是在危机时刻越要冷静应对，要以战略合作化解战略矛盾，它关系到国家生存与发展的根本利益。东北亚地区的国家应该意识到，该地区是国家生存、发展与安全的立足点，国家间的问题、矛盾和冲突应在该地区范围内，通过国家间协商、公平合理地解决问题，不要给外来势力插手该地区事务留下把柄和借口。就日美、韩美同盟关系的实质而言，日、韩两国在政治、经济、军事等诸多层面上并未达到与美国平起平坐的地位，日、韩目前均需要依靠美国提供安全保障。鉴于东北亚地缘政治环境的现时状况，尤其是中日、俄日、韩日、中韩以及朝日和朝韩关系的冲突性，美国以日本和韩国牵制和制衡中国，并以美日、美韩同盟潜意识地约束和控制两国的发展取向，在美国的东亚战略再平衡中已表现的愈加明显。

二　东北亚地区的安全困境与安全形势

与欧洲一体化的发展和美国对全球的霸权控制相比，东北亚地区的发展前景并不明朗，由于制度安排的缺失，东北亚地区充满着不稳定变数。无论从哪一种国际关系理论视角分析，东北亚地区的未来都更可能处于冲突和战争状态。

在自由主义看来，东北亚是发达民主国家与威权国家、现代国家和后现代国家、自由市场国家和正在市场化的国家的混合区域，充满着不确定的变数。

在进攻性现实主义眼中的东北亚，则处于巨大的权力转型过程中：上升中的国家与衰落中的国家，体系的修正主义国家与维持体系现状的国家，从平衡的多极向不平衡的多极过渡，等等，都是东北亚国际关系中的消极因素。

在建构主义看来，霍布斯式的冲突型国际政治文化主宰着东北亚政治，东北亚还没有培育出欧洲现在洛克式的契约型国际政治文化来。争端、不信任、猜疑、恐惧、偏见和民族主义成为东北亚国际政治的重要现象。"与其说东北亚的冷战还没有结束，不如说东北亚国家在解决彼此间的问题上还没有找出合适的道路与答案来。"①

目前东北亚地区主要的政治、经济行为主体难以摆脱"安全两难"困境的束缚。按着"安全两难"概念提出者约翰赫兹的界定，凡在国家间"共处但未结成较高的统一"的场合，或者说缺乏"可以对它们施加行为标准、并且由此保护它们彼此免遭对方攻击的较高权威"的场合，总是存在着"安全两难"问题。它表现在：在该地区内，每个国家都感觉自身处于不安全状态，始终担心被他国侵害，因而为求得安全倾全力去追求实力和权势。此国的做法必然引起彼国的不安，从而也倾其所能武装自己，力争达到自己认可的"平衡状态"，求得安心以防不测。双方的行为进一步加剧了原本的安全担忧。此国与彼国的这样一种作用与反作用的恶性循环，源出于地区无政府状态，即没有大家认可和接受的共同行为准则的国家间必有的相互猜疑和相互惧怕，其中包含着敌意和紧张滋生发展的逻辑必然性，它在没有制约的情况下，很容易使形势演变为对抗和冲突。在当今世界，东北亚地区是安全两难或者说安全困境显现最广泛、表现最突出的地区，这在朝核问题、中日、中美关系中提供了很好的佐证。

朝鲜核问题是东北亚安全环境的热点，它牵动着地区及全球国际社会的敏感神经，引发人们对地区安全与核安全关系的思考。"多种权力中心对朝鲜半岛的介入，朝韩双方的对峙状况，这种内外相互作用促使半岛基本上就处于这样一种亚稳定状态之中。"② 朝鲜半岛问题由来已久，它跨越了"冷战"与"冷战"后时期，由意识形态的对立演变为国家安全的矛盾，这种矛盾历来不是简单的朝韩双边矛盾，历史与现实赋予它太多的内涵，使其成为牵动东北亚安全全局的矛盾"网纲"。朝核问题的历史与现实背景，决定了其政治解决的进程不可能一蹴而就，需要各方的诚意与耐心，平等地对待所有相关国家的安全关切，借解决朝核危机的契机，构筑东北亚持久和平与共同安全的机制化秩序。但愿望与现实之间总存有差距，朝鲜采取"先军政治"政策和试射核武，倾其国力维持一支庞大军队，多半源于韩美同盟的军事实力、政治经济文化影

① 苏长和：《帝国、超国家与东北亚的未来》，《国际观察》2003 年第 2 期。

② 刘雪莲、张微微：《朝核危机与中国的预防外交》，载王胜今等主编《东北亚地区和平与发展研究》（上），吉林人民出版社，2004，第 387 页。

响力以及其控制朝鲜半岛的意图。在朝鲜领导人眼中，韩美所做的一切都充满敌意，这会引起、甚至有时会加剧他们的安全疑惧。同样，在韩美方面，对朝鲜国防政策的疑惧也导致其不断增强军事安全戒备的层级，不断提升其军事装备的质量和水平。可以说在新兴工业化国家中，韩国为自身安全所付出的人力、物力、财力和精力绝无仅有。朝鲜同样如此。这是由安全疑惧引发安全困境带来的必然结果。朝鲜半岛南北双方的安全困境已完全超出了当事者双方，东北亚地区内国家尽皆卷入其中，使双边的安全两难困境扩大至多边，东北亚名副其实地成为了世界安全格局中的不稳定地区。

除朝鲜半岛安全困境难以化解之外，中日关系的冷状态和两国地缘战略的对立，也是东北亚地区安全秩序困境难以逾越的重要成因之一。中日地缘政治矛盾表现在若干层面，其根源在于中日之间基于历史与现实原因尚难建立战略互信。所谓地缘政治矛盾，是指在相对独立的政治地理区域内相邻国家间的根本利害纷争，是由生存与发展空间、经济主导权、政治主导权及安全利益等诸多层面结构而成的战略分歧，中日地缘政治的矛盾加深了东北亚地区安全秩序的困境。

在东北亚地区范围内，中日之间在绝对主权空间与相对主权空间这两个范畴上都有矛盾，表现为领土纷争和带主权性的资源之争。钓鱼岛屿归属问题是中日领土之争的聚焦点。日本在中国最为敏感的领土主权问题上发起挑衅，自以为即使不能得手也能牵制和干扰中国的崛起。然而它犯下了战略性错误，即中国会因此更加不信任日本，进而在战略上也会反制日本，使日本谋求成为世界政治大国的战略目标搁浅。中国不会允许政治诚信度低下的日本在地区事务中发挥重要作用，也不会听任欲走军事—政治大国道路的日本在世界政治舞台上扮演重要角色。中日两国在相对主权领域的矛盾和纷争主要表现在东海划界和与之相关的海洋权益上。

除绝对的主权空间和相对主权空间领域的矛盾和冲突之外，中、日两国在非主权空间层面上依然存在矛盾。所谓非主权空间，是指国家的利益、权力所在及影响所及超出国家主权范围的空间。它往往以政治的、经济的、军事的、文化的或科技的属性存在于双边或多边国际关系中，常常表现为无形的利益合作、权力秩序影响范围等。而中日之间主要体现在东北亚地区内第三国及地区热点的利益、权力和影响力之争。中日之间在非主权空间领域的竞争性矛盾主要表现在四个方面：在朝鲜半岛的政治与安全利益之争、在蒙古国的政治权力与影响力之争、在俄罗斯的能源安全战略之争、在整个地区的政治经济主导权和安全利益之争。

东北亚地区安全秩序困境带来的必然结果是军备竞赛的升级、对抗与冲突的加剧，如 2012 年 10 月 7 日，韩国总统府宣布韩国同美国商定将韩国导弹射程由过去的 300 公里增加至 800 公里，这意味着从韩国中部地区发射的弹道导弹就能够覆盖朝鲜全境。针对韩美的政策，朝鲜方面迅速作出反应，9 日朝鲜国防委员会发表声明指出，"由于韩国导弹打击范围覆盖朝鲜全境，朝鲜人民和军队将千方百计地加强军事因应态势。战略导弹部队和朝鲜军队不仅将韩国，而且将驻韩美军基地、乃至日本、关岛以及美国本土都置于'命中打击圈'，朝鲜对此不再隐瞒"。除朝鲜半岛的直接对抗外，最近几年美日、美韩、中国、俄罗斯等国在该地区的军事动作和演习也十分频繁，给东北亚地区安全蒙上了难以挥去的阴影，使该地区内国家更难于从安全困境中走出，其今后的安全秩序走势令人忧虑。

三 东北亚地区非传统安全领域的挑战

非传统安全问题自古有之，但在过去传统的农耕社会和早期工业化阶段，它给国家、社会带来的安全问题是局部和有限的，因而并不被国家、社会所重视。进入 21 世纪以后，随着全球化、信息化、网络化的迅猛发展，它所带来的一系列负面效应也充分地显现出来，如"恐怖主义活动的国际化、有组织犯罪的国际化，给各国安全带来的威胁是共同的"。[①]"人们逐渐认识到不仅经济、信息、资源、环境等能对国家安全构成威胁，而且恐怖主义、有组织犯罪、流行疾病等也同样能导致社会动荡、国家分裂，甚至瓦解。"[②] 2001 年的

---

① 李伟、符春华：《非传统安全与国际关系》，载《全球战略大格局》，时事出版社，2000，第484 页。

② 李伟、符春华：《非传统安全与国际关系》，载《全球战略大格局》，时事出版社，2000，第484 页。

"9·11"事件，使世界各国对恐怖主义威胁的严重性与紧迫性达成共识，非传统安全问题成为世界许多国家政治议程中的重要课题。

何为非传统安全？"非传统安全是与其他一个或多个国家相互作用、并对本国的生存与发展能够构成重大威胁的，非军事、政治和外交冲突所引起的其他领域的安全问题"[①]。在东北亚地区，非传统安全问题涉及资源、环境、网络安全、有组织犯罪等各个方面，并呈现越来越突出的发展态势，如果东北亚地区内国家不采取强有力的措施加以预防和解决的话，这些问题会对整个地区的发展、稳定和安全构成威胁。

第一，从资源来看，东北亚地区各国的资源存储十分不平衡，一些稀有资源、战略资源成为地区内国家，甚至世界其他国家竞相争夺的对象，如中国的稀土、俄罗斯的油气资源等，"随着这些资源越来越稀缺，竞争越来越激烈，造成冲突的可能性也就越来越大"[②]。中日之间在有关中国稀土出口政策上的较量以及对俄罗斯输送天然气管道线路的争夺，都体现出资源越稀缺、竞争越激烈，造成冲突的可能性就越大的特点。

第二，东北亚各国人民的生存环境，也面临着不断恶化的威胁。由于全球变暖，一些极端天气引发的自然灾害不断地侵袭东北亚各国，如沙尘暴的频繁发生即是东北亚地区环境恶化的突出表现。根据联合国发表的相关数据显示：全世界每年发生沙尘暴约 180 次以上。从 20 世纪下半叶起，特大沙尘暴已开始频繁侵袭东北亚部分国家和地区，发生次数由 20 世纪 60 年代的每年 8 次，增至 90 年代以来的每年约 20 多次，并且波及范围和造成的损失也越来越大。沙尘暴带来的影响早已突破了一国范围，覆盖东北亚地区多个国家。东北亚各国政府如不采取有效措施遏制其蔓延，地区生态环境将会出现新危机。

第三，跨界污染和危险物转移也会引发国家间矛盾，对地区稳定和安全构成威胁。如 2005 年 11 月发生的松花江跨境污染事件，不仅涉及中俄关系，也引起了国际社会的关注，对东北亚国家间关系带来了一定的消极影响。核电站安全和核废料污染问题也影响地区安全和国家间关系。"冷战"期间，原苏联

---

① 李伟、符春华：《非传统安全与国际关系》，载《全球战略大格局》，时事出版社，2000，第 484 页。

② 世界环境与发展委员会编《我们共同的未来》，世界知识出版社，1989，第 290 页。

曾秘密向日本海倾倒了大量核废料。1993年该事件曝光后，日本与俄交涉并对此行径提出了抗议。2010年3月，日本大地震、海啸引发的福岛核电站泄漏事故，不仅使日本损失惨重，更引发了周边多国的安全恐慌。

第四，生态危机随着地区内国家经济的发展以及对资源环境的破坏，呈日渐加强的恶化态势，各国如不采取共同措施加以遏制的话，会威胁到东北亚地区的和平及国家间关系。生态危机"系人类盲目和过度的生产活动所致。在其潜伏期间，往往不易被察觉，如森林减少、草原退化、水土流失、沙漠扩大、水源枯竭、气候异常、生态平衡失调等"。① 进入20世纪末，随着国际舞台上环境外交的兴起，一个国家的生态形象成为该国在国际舞台上的重要标识。西方国家某些学者针对生态威胁的跨国性，甚至提出了所谓的国际环境干涉理论，认为国家不能以主权为由来保护境内的环境破坏，更有学者提出联合国应增加环境维和功能。"如果一个国家的环境问题影响到其他国家的利益，安理会自然应当授权采取行动，以维护国际和平与安全。"② 应当说生态环境恶化和西方国家所谓新理论的出笼，对我国及整个地区都带来了新的安全隐患。

第五，随着信息网络技术的发展以及国际互联网的全面普及和应用，网络安全问题也越来越受到各国的高度重视。由于互联网的开放性，它已成为世界各国电子商务、信息战的主战场之一。"由于网络犯罪没有国界，因而无论犯罪分子在哪个角落作案，都可能严重威胁整个网络世界的安全。""网络威胁主要包括'黑客'入侵，散播病毒，在金融领域进行盗窃和贪污，发动拒绝服务型攻击使目标系统瘫痪，恐怖分子利用信息技术和互联网制订计划、筹集资金、传播舆论和进行交流，散布虚假广告骗取钱财，窃取政治、军事、商业秘密，开展信息战"③。网络安全现在已被世界各国提到重要的议事日程上，如何应对该领域的挑战，已成为世界各国政府、特别是安全部门的重要课题，

① 《辞海》，上海辞书出版社，1999，1498页。
② Crispin Tick ell: The inevitability of environmental security ［A］. in Gwynne Prints（ed.）Threats Without Enemies ［C］. london：Earthscan, 1993.9.23.
③ 李伟、符春华：《非传统安全与国际关系》，载《全球战略大格局》，时事出版社，2000，第493页。

东北亚地区国家同样面临着严峻挑战。

第六，随着全球化、网络化、信息化的飞速发展以及通讯技术的日新月异，有组织的跨国犯罪问题已成为国际社会的毒瘤，它不仅危害社会秩序，也对国家安全构成威胁。现阶段跨国间犯罪主要表现在各国犯罪组织间的相互勾结不断加强，犯罪活动的国际化趋势日益增强，如国际毒品走私、跨国间绑架、洗钱、偷渡等，成为危害社会安定，影响国家间关系和引发国际纠纷的新病毒，如不加以铲除，将危害国家间的正常交往，甚至会破坏国家间已有的合作与信任关系。在全球化、信息化时代，海洋、高山已不是国家间屏障，整个世界是连接在一起的一个大家庭，世界变得更"小"，国与国之间的"相互依赖"更强。过去的国内问题，今天已变成地区或者是世界性问题，这其中非传统安全领域出现的问题更具有代表性，因此世界各国在该领域加强协调、沟通与合作已成为许多国家的普遍共识。东北亚地区国家在非传统安全领域同世界其他地区一样，面临着相似、甚至是同样的威胁，如何应对挑战、把威胁铲除或者控制在萌芽中，是东北亚地区国家政府必须面对和解决的问题。

四　中国在东北亚地区面临的安全挑战

中国崛起问题越来越成为美国试图建立东北亚霸权体系的最大"障碍"。"全球环境发生的特殊事件和特殊关系，经常对美国的国内政治和政策制定过程产生'直接'的影响。"[1] 对于正在致力建设多元均衡的东北亚安全秩序的中国来说，美国的霸权企图（重返亚太或者说亚太战略再平衡）无疑是中国安全面临的主要挑战。

1. 直接与间接挑战

在东北亚，中国安全面临美国霸权的直接挑战，包括美日同盟的威胁性和美国在中国台湾的利益对中国统一的掣肘。美日军事同盟原本就有遏制中国的目的，"冷战"结束后，由于中国迅速崛起，美国为保障其全球及地区霸权的建立，调整了在东北亚地区的军事部署，将安全战略的重心置于东北亚，尤其

---

① 〔美〕杰里尔·A. 罗赛蒂著《美国对外政策的政治学》，世界知识出版社，1997，第534页。

是加强和调整了美日军事同盟，将所谓防范危机的矛头明显指向中国。美国借中日间政治与安全互信尚无法建立之机，臆断所谓中国对日本及东北亚安全的"威胁"，以此推动日本积极"改进"日美安保条约和"修正"日美防卫合作指针，将美日联手干预东北亚安全事态的范围单方面扩大至中国大陆临海周边，极力压缩中国的安全利益空间，直接挑战中国的基本安全利益。美国在推行自己的霸权计划同时，在主观和客观上也激化了中日安全矛盾，助长了日本对中国安全的威胁。由于中日矛盾的广泛性、复杂性和直接性，以美日军事同盟为纽带，美国对中国的利益空间变相施以直接渗透和威慑入侵，对中国安全构成直接威胁和挑战。由于中日间领土（钓鱼岛）和资源（东海油气资源）矛盾的绝对性和冲突性，美国也会以尽同盟义务之名直接卷入可能的中日军事冲突，这对中国安全的挑战更直接、更实际，迫使中国无法回避与美国的正面冲突，大大增加了中国建构与捍卫自己安全空间的难度，从而也阻断中国战略空间的自然延伸。所以，美国借助美日军事同盟的所谓"维护东北亚安全"的功能与使命，放纵日本玩火而自充救火者，将冲突之弦绷紧于中国门庭之前，以随时可能发生的中美直接冲突的危险来威慑中国维护自身安全的力量和意志，因而这是中国面临的最为严重的安全威胁与挑战。

在客观上，中国实现台湾海峡两岸统一的最大障碍，就是建立在"与台湾关系法"之上的美台关系。美国所要建设的美中关系，是既合作又遏制的关系，而这一关系恰恰体现在美国与中国大陆和中国台湾的双重关系的矛盾统一之中。美国对中国的政治承诺与其同中国台湾的特殊关系似乎是矛盾的，然而却体现了美国对华战略的统一性，即在合作中制约中国，在接触中牵制中国，根本目的就是防止中国崛起为其霸权战略的敌手。

为阻止中国走向强大，美国在政治、经济、安全等诸多领域挑战中国利益，制造种种威胁分散中国的注意力，消耗中国有限的战略资源，浪费中国宝贵的战略机遇，牵制中国的和平崛起。中国目前最重要最直接的战略任务是实现国家的完全统一，即解决作为内战遗产的台湾问题。而美国恰又是中国解决台湾问题必须面对的灰色甚至是黑色障碍。所谓灰色，是指美国在中国解决台湾问题的方案中绕不过又不确定的消极身份与作用。所谓黑色，指美国可能直接卷入台海冲突，使中国可能的非和平统一方式面临引发局部战争的危险。

  总之，作为实际的不可回避的障碍，美国在中国拟完成统一大业、永久澄清国家地缘安全环境的崛起之关键时期，在关系到中国根本安全利益的台湾问题上向中国直接挑战。在战略统筹意义上，台湾问题拖得越久，对中国的发展与安全越不利，美国利用了此点，片面追求台湾现状的保持，使台湾相对于大陆的关系维持在既不统一又不独立的状态，这是美国战略视野中的理想状态，如若长期维持此状态，则美国既可以与中国进行有限的战略合作，吸收和利用崛起中的中国的能量与影响力；同时又可以利用台湾问题牵制中国，防止中国的强大超出美国霸权秩序之所能容。在此意义上，美国不仅是为了地区霸权而利用台湾问题，而且是为了其全球霸权而借台湾问题掣肘中国的全面复兴，这自然危及中国的终极安全利益，是对中国和平崛起战略的关键考验。台湾问题是中国安全的心腹大患，作为解决台湾问题的障碍，就是中国统一的障碍，是中国生存与发展的障碍，是中国复兴的障碍，是中国国家安全的根本障碍。

  美国霸权对中国安全的间接挑战，表现于在朝鲜半岛和蒙古国的中美利益相望。

  美国建立东北亚霸权的关键，是保持其在朝鲜半岛的影响力。美国在以朝鲜半岛问题为枢纽的东北亚安全格局中的地位，是基于美韩军事同盟及其在半岛的军事与政治存在。美国在韩国的军事存在直接威胁着朝鲜的安全，也间接挑战中国的安全利益。在地缘上，中国与朝鲜山水相连，在历史上中朝间有着非同盟却胜于同盟的紧密政治关系，两国政治利益互在，安全利益相依。即便是东北亚政治环境中的诸多双边关系发生了改变的今天，中朝安全利益紧密相依的战略基石犹在，朝鲜安全所面临的直接威胁，就是中国安全所面对的间接威胁。

  朝韩间宿怨已久，然而宿怨之根在于美国，美国是朝韩对立的始作俑者和受益者，因而半岛南北对立的格局符合美国的霸权利益。尽管"冷战"终结后东北亚政治格局发生变化，朝韩紧张对峙关系也开始松动、缓和，但是，美国并不希望半岛实现统一，起码不希望半岛走向脱离美国控制的统一。相比较而言，分裂的朝鲜半岛是美国与韩国军事同盟的基础，也是美国在半岛保持军事存在的理由，同时美国也是在以半岛的分裂状态牵制东北亚安全秩序的自主构建，从而确立其在东北亚安全秩序建设中的主导地位，实现其压制中俄的霸权利益。而如果半岛实现了统一，则统一后半岛的政治取向及安全战略具有美国不可预知的不确定性，美国将可能失去其在东北亚的一个重要战略支点。所以，美国会努力维持朝鲜半岛的现有格局，保持对朝鲜的常态压力与威胁，保持半岛安全的紧张态势。这种态势使得朝鲜在高压下不间断地紧绷安全神经，久之会造成战略疲惫，继之或铤而走险地一战，或陷入紊乱。而朝鲜半岛上无论发生战争还是出现动荡，无疑都会间接威胁中国的安全，而且这种威胁的根源在于美国的东北亚霸权图谋。

美国在蒙古国的影响也构成了对中国安全的间接挑战。"冷战"后美国的势力迅速向蒙古国渗透，美蒙政治与军事关系发展较快。美国之所以重视与蒙关系，主要由于蒙古国是中国周边安全环境的重要环节，是中国的安全后院。"冷战"时期中国与苏联交恶后曾有过紧张的军事对峙，其时苏联在蒙古国屯驻重兵，一度严重威胁着中国北方的安全。由此可见，在中国的地缘安全格局中，蒙古国的位置与地位颇为重要，通过对蒙古国施加影响，可以对中国的安全利益发生间接影响。

美国出于战略上遏制中国的需要，从未停止在中国周边寻找牵制点，蒙古国的战略价值自然不会被忽视。自 20 世纪 90 年代以来，美国重点发展了与蒙古国的军事交流与合作关系，美蒙政治与安全互信已奠定了相当基础。尽管中国与蒙古国的全方位合作关系顺利发展和全面深化，中蒙战略互信的基础较为稳固，但是，面对美国在蒙古国的政治与军事影响，中国应当警觉，虽然任何两国间发展政治与安全关系都是正常的，但美蒙关系的发展，不排除美国挟其霸权意志，以美蒙关系的强化来疏离和削弱中蒙关系的意图。目前蒙古国与东北亚各大国之间努力保持均衡关系，由于地缘优势，中蒙与俄蒙关系相对优先。但是，均衡往往是动态的，相对优先的优势可能会因影响力对比的变化而丧失，即使中蒙关系始终是正向的，但如果中蒙关系与美蒙关系在蒙古国对外战略中的地位发生不利于中国的相对变化，则在客观上会弱化中国的安全利益，蒙古国在中美之间向美国表现出任何幅度的倾斜，都会形成美国霸权对中国安全利益的间接制衡与挑战，中国对此不可掉以轻心，要保持对蒙政策的连续性，推动中蒙关系不断拓展和深化，以理性的外交巩固周边安全环境的基础，抵御美国的霸权渗透对中国安全的间接威胁。

2. 现实与战略相博

尽管目前中美关系渐入战略稳定期，但美国的霸权目标未改，只不过以政治合作的方式更加隐蔽地推行着霸权战略，在形态上务虚与务实并重。中美关系的合作性与矛盾性，在本质上正是美国霸权战略的虚实并进，显隐相应。美国似乎意识到，在安全利益上，合作与对抗殊途同归。

（1）对抗使彼此相拒，霸权利益线硬性推进，以军事力量的进攻性渗透将遏制战线极力向被遏制者推进，尽力压缩对方的安全空间。现实中，美国仍然以这种传统方式显示其对中国遏制的强硬一面，近年来，美国在太平洋上的军事力量不断调整部署，重心明显移向西北太平洋，直逼东北亚，威慑的矛头指向中国。依托美日、美韩军事同盟及与中国台湾的特殊关系，美国在中国的东部及东南部海疆的外缘，编织了一条锁闭中国安全空间的军事链条，这一链条向南延伸与东南亚岛群相连，现实地包围着中国的海防利益核心区，客观上阻挡着中国的海洋利益线向外海的自然展开，牵制着中国的海洋强国战略。这就是目前美国延续着传统对抗方式围困中国安全空间的对华现实挑战，它是中美对抗历史的冷静保持。另一方面，美国在现实中也在千方百计地剥夺中国获得安全资源的一切机会，对华军售禁令和限制对华高技术出口，就是这种剥夺的集中表现，它阻碍了中国的国防现代化进程，现实地制约着中国安全保障力量走向强大，因而也构成了对中国安全的现实挑战。

（2）合作是美国霸权战略的务虚层面。相对于对抗方式的"务实"，务虚的方式隐蔽性强，遭遇的拒阻较弱。这里所谓的合作，并非平等互利政治合作，也不是以可靠的互信为基础的战略性安全合作，而是因时因势迂回而进的战术性与功利性安全合作。功利性合作有其现实的必要性和可能性，美国霸权战略现阶段的主要任务是反恐与防扩散，因而需要中国的合作。中国固然在反恐与防扩散上也有自己的战略利益，但在此领域内与美国进行的交流与合作却有利益不对称的可能，反恐与防扩散是美国霸权利益的组成部分，利用与中国的合作，美国轻易地分享和消耗了中国的安全资源，而中国却无法分享美国的安全资源。而且，在危害人类共同安全的非传统安全因素的界定上，美国根据自身的利益需求，往往推行双重标准，同类性质的危险，对美国及其盟国是安全威胁，对他国则被认为不构成威胁。这种双重标准的做法实际上是有意无视他国安全，坐视他国的安全遭受威胁。这种做法的有意识性在本质上也构成了对他国安全的现实危害。在中美合作中，中国也当提防这种隐蔽而现实的挑战，要在合作中追求安全，在安全中进行合作，谨防霸权主义的迂回进迫。

"中国的和平崛起，是冷战后具有全球意义的一个突出的地缘政治现象。"① 美国霸权对中国安全的战略性挑战，源于美国对华政策的不确定性。所谓中美关系进入战略稳定期，并不意味着美国已放弃了其全球霸权的终极战略目标，也不意味着美国从此将与中国进行平等的战略合作并永久和平相处。中美政治关系真实的状态是霸权与反霸权的竞争，这集中体现于两国的基本对外政策中。中国在国际政治中始终坚持独立自主的和平外交政策，这意味着中国在国际政治中所追求的国家根本利益是主权平等和世界和平。主权平等的伦理本质是国际关系的民主化，而民主化的本质又是平等与差别。故中国所追求的世界秩序是民主的与和平的。

美国对外政策的根本目标就是确立其世界霸权，它所追求的世界秩序是等级化的金字塔式结构。中国追求的是水平秩序，美国谋求的是垂直秩序。由此可见，如果说中美之间是竞争关系，则其实质是两种秩序的竞争，是两种世界理想的竞争。从战略本意来说，美国当然不希望自己有竞争者，即使竞争不可避免，美国也仍然要追求竞争的不对称性，即美国要处于优势，掌握主动权。为此，美国锁定霸权目标不变却不断调整对华政策，通过对华政策的不确定性干扰中国对外政策的一贯性；利用对华政策的矛盾性牵制中国和平崛起战略的统筹性。

美国对华政策的不确定，是其遏制中国的战略策略。美国与中国竞争的价值取向是"零和"，即美国之所得即为中国之所失，由此最大限度地侵夺中国和平崛起所需要的战略资源和战略空间，对中国的政治、经济与军事形成持续而不确定的安全压力，破坏中国综合安全的结构有机性和弹性。美国希望将中国置于持续而不规律的受压状态中，造成中国生存与发展战略氛围的窘迫，幻想中国因战略疲惫和安全焦虑而反应失常，做出过激的非理性的选择，美国便得以借口发动对中国的战略围困，甚至以强力威胁中国的军事安全。中国外交

---

① 高科：《冷战后的世界地缘政治评析》，《东北亚论坛》2005 年第 6 期。

的理性已经成熟，外交政策已臻完善，外交战略的原则性与灵活性有机兼容，因而在主观上不会犯理智失常的错误，也便不会遗下战略漏洞而授人以柄。但是，中国对来自美国的战略性挑战必须保持清醒，在恪守原则捍卫国家政治独立与综合安全的同时，灵活地因应美国对华政策的变化，及时调整自身战略的阶段性目标，控制内政与外交的节奏，在稳健中求发展，在发展中求安全。要准确识别美国针对中国综合安全的政治讹诈，透视美国对华政策不确定性的根源，抓住规律，未雨绸缪，有效化解来自美国的战略阻力与安全威胁，反制美国对中国安全的战略性挑战。

无论在东北亚还是全球范围内，中国的安全环境中最根本与最主要的挑战力量和制约因素来自美国。美国维护自己的霸权利益，在战略与战术层面上对中国施以软性战略困缚和硬性战术抑挫，对中国安全环境施加劣化影响，试图以对中国综合安全的全方位威胁与挑战，牵制中国和平崛起的步伐。

Ｙ.3
美国战略重心东移背景下的中俄地缘安全合作分析*

李兴 陈旭**

摘　要：

　　早在"冷战"结束之初，美国就开启了战略重心东移的进程，其间，消化苏联、东欧历时十年，国际反恐战争又花费十年。奥巴马政府加快战略重心东移的步伐，从欧洲向亚洲转移，从大西洋向太平洋转移，从欧亚中心地带向欧亚东部边缘地带转移。"欧亚周边说"和"离岸平衡说"是其理论依据。美国的战略重心东移给东亚的安全形势、中俄的安全利益带来很大的负面影响。美国的强势"重返"使中俄增加了进行地缘安全合作的基础和空间，甚至具有走向"准同盟"的可能。但由于中俄面临的安全形势不尽相同，美国采取分化、挑拨政策，中俄安全合作的领域、程度和水平也不是无限的。在战略重心转移、重返东亚的过程中，美国打了一记漂亮的组合拳，但美国的举措既与东亚地区蓬勃发展且紧密联系的经济发展形势不相称，也与和平与发展的时代潮流相悖，更与美国工作重心从反恐优先转向经济第一不相宜，难以持续。美国在欧亚中心和边缘"再平衡"同时出击，在国力总体衰退的情况下更显得力不从心，其实质是以攻为守、以进为退。在美国高调重返的情势下俄罗斯是东亚地区可以为中国所争取和借用、并发挥正能量作用的一支重要力量。

关键词：

　　美国战略重心东移　中俄关系　安全合作

* "中央高校基本科研业务费专项资金资助"（中国周边安全战略研究）(Supported by "the Fundamental Research Funds for the Central Universities")。北京师范大学俄罗斯研究中心专项项目《美国"再平衡"背景下中国东亚周边环境中的俄罗斯因素》。

** 李兴，北京师范大学政治学与国际关系学院国际问题研究所所长，教授，博士生导师；陈旭，北京师范大学政治学与国际关系学院，博士生，讲师。

一　美国战略重心东移：言与行

美国的力量和影响从来就没有离开过东亚。美国战略重心从东欧、中亚、中东向东亚（含东北亚和东南亚）、亚太地区转移，这一过程早在"冷战"结束之初就已经开始了。只不过，消化苏联、东欧花费了约十年时间，国际反恐战争又花费了十年。当前，美国表现得更加重视和突出东亚而已。因为苏、东已经消化，国际反恐已经取得阶段性成果，本·拉登已经被击毙。中国、印度等亚洲国家在快速崛起。奥巴马政府加快战略重心东移的步伐，是为了顺应世界经济已经向东转移、世界政治重心将向亚太转移的大趋势。美国实行战略总体收缩，其战略重心从欧亚的中心地带向欧亚周边地带即东亚地区转移、集中，同时也是从陆地向海洋转移，从欧洲向亚洲转移，从大西洋向太平洋转移。美国运用硬实力优势（海空军技术优势）和"巧实力""聪明外交"，即所谓硬实力与软实力相结合。美国战略重心东移与"巧实力"相关，削弱东亚国家的离心倾向，服务于国内大选的需要，纠正前任代价高昂的外交政策，凸显了当政者外交政绩和特色，拉动国内经济发展。"欧亚周边说"（斯皮克曼）"离岸平衡说"（米尔斯海默）是其理论依据。

2011 年 11 月国务卿希拉里在《外交》杂志发展《美国的太平洋世纪》提出："21 世纪美国的外交和经济防线不在中东和欧洲而在亚洲。"2012 年美国国防部发布的《维护美国全球领导地位：21 世纪的国防重点》中指出"美国经济和安全利益系于西太平洋—东亚—印度洋南亚三角地带的发展，对亚太地区必须'再平衡'（rebalance），强化原有同盟关系，加强与印度合作，维护朝鲜半岛的稳定"。[①] 2012 年 5 月，在新加坡召开的第十一届亚洲安全会议（也称香格里拉对话）上，美国国防部长帕内塔承诺要保护亚太盟国。他说，美国海军将改变目前在太平洋与大西洋分别部署 50% 战舰的格局，到 2020 年前，将太平洋的战舰部署改为 60%、大西洋为 40%。这将包

---

① Sustaining U. S. Global Leadership: Priorities For 21st Century Defense, *Department of Defense*, January, 2012.

括在太平洋区域部署 6 艘航空母舰以及大部分巡洋舰、驱逐舰、近海战舰和潜艇。对于美国重新重视亚太地区，有专家指出，这并非单单的"亚洲轴心政策"（Asian pivot），也非"重返亚洲"（back to Asia），因为"美国从未离开过亚洲"，如今美国的亚洲政策是"再平衡"（re-balancing），即将军力部署从世界其他地方向亚太转移以及在亚洲内部从东北亚转向平衡分布于整个亚太地区。①

公道地说，应付、战略防范、制衡中国的崛起不是美国战略重心东移唯一的目的，却是最重要的原因之一。美国的重返，看似突然，其实并不偶然。2012 年 5 月美国国防部《涉华军事与安全发展》，指责"中国威胁"和"中国军事不透明"。并宣称中国将 21 世纪的头 20 年看作"战略机遇期"，不断扩张军事实力，扩大外交影响以获取市场、资本和资源。具有军方背景的《国防新闻》上多篇文章强调"中国威胁"，建议"应对中国军事崛起和咄咄逼人的领土要求，保护美国的盟友"②；指责中国"企图增强网络作战能力，将军力延伸到距中国遥远的范围之外"③；必须"密切监测中国的军力增长"。④

从 2012 年开始，美国在战略重心东移上展开了一系列实质性动作。美国政府极力推动美国加入《联合国海洋法公约》。2012 年 5 月，美国首次加入太平洋岛国峰会，还增加了海洋安全保障议题。日本媒体普遍认为这是为了"牵制在海洋上活跃的中国"。从 2012 年 6 月开始，美国主导的"环太平洋"系列军事演习，有 22 国准备参加，为世界最大的海军演习，美国拉拢该地区几乎除了中国之外的所有海上力量以对付"可能的地区威胁"。8 月美国白宫发言人无端指责中国设立三沙市的举动。2012 年 11 月 19 日，奥巴马在连任后的首次出访中就访问了缅甸，美国通过与缅甸建立军事合作关系，扩大在缅甸的影响力，制衡中国在该地区力量、削弱中国对缅甸的影响。12 月 18 日美国国防部长帕内塔在华盛顿发表讲演说，美国将首次在海外部署最先进的

---

① Richard Weitz, "Pivot out, Rebalance in," *The Diplomat*, May 03, 2012.

② Our View: Addressing China, *Defense News*, Apr. 15, 2012.

③ China Continues its Focus on Cyber: Report, *Defense News*, May 18, 2012.

④ Continued Chinese Military Growth Needs to be Watched: Pentagon, *Defense News*, May 18, 2012.

F-35 战斗机，而这个部署的地点，是日本山口县岩国美军基地。帕内塔此前曾表示，在距离钓鱼岛较近的美军基地部署这一款最新的战机，有牵制中国军事力量的意义。在经济方面，美国倡导《跨太平洋伙伴关系协议》（TPP），与亚太经合组织（APEC）形成了竞争之势，确保美国的主导权和规则制定权。

二　美国战略重心东移：原因及对东亚安全的影响

美国总结了在中东、中亚的经验教训，成败得失，即军事上胜，政治上未必赢；战术上优，战略上未必赢；硬实力赢，软实力受损；形式上得，实质上损；短期看得，长期观损。在金融危机和国内经济不振的背景下，战略收缩，向东转移，对于美国来说，是明智的、现实的选择。从成本与收益的角度看，是被动脱身，还是主动撤离，难下定论，两者兼而有之。

美国重返"东亚"，首先主要是军事力量的东移，包括加强美日、美韩同盟，加强与澳大利亚、菲律宾、泰国的关系，缓和与越南、缅甸的关系，加强在关岛的军事力量，在澳大亚达尔文港驻军，在澳外海地区派驻无人机，频繁组织与中国沿海各国，特别是与中国有海权之争国家的联合军事演习，加大对南海问题、对朝核危机的关注和影响力度。向台湾出售先进武器以维持所谓两岸军力平衡，等等。其次，是经济手段与政治、经济、外交手段并用。奥巴马宣称美国是"太平洋大国"，自己是"太平洋总统"，俨然视太平洋为美国的"内海"，要掌握太平洋地区的主导权。

美国战略重心东移带来的影响如下。

一是东亚地区出现了一定程度的军备竞赛，各国军费剧增。包括航空母舰、核武器、潜艇的研制，东南亚国家从美国等国进口先进武器或海洋舰艇，日本扩大其军事活动、存在和影响。

二是安全、领土问题突出。如东北亚以日本为中心，存在日俄、日韩、中日岛屿归属权之争；东南亚存在南海主要归属之争（四国五方）。域外大国如美国、日本、印度也卷入。背后都有美国因素，原有的矛盾重新激活。2012年8月美国官方把钓鱼岛叫作尖阁群岛，执意把钓鱼岛纳入新《美日安保条约》，日本对钓鱼岛态度与行为日益强硬。一些小国采取"车轮战术"或"群狼战术"，实行暴力多边主义，频频挑衅中国合法的海洋权益，形似"群殴"，对中国的国家安全构成了严重的挑战。

三是军事演习不断，多边的、双边的，美国是组织者。从北到南，围绕中国东南沿海，有的是例行，有的是新增。

四是大国博弈明显。尤其是中美之间结构性的矛盾、战略竞争的一面突出，出现了若干安全三角关系，比如，美、日、韩；美、日、印；美、日、澳；美、日、东盟；等等。美国双边和多边军事同盟加强，同时激活了中国与东南沿海一些国家旧有的领海之争，迫使中国"亮剑"，甚至"接招"，不得不"透明"军事、武器和理念，特别是海军空军一些"撒手锏"。

五是东亚海上对峙时有发生，暴力执法、暴力抗法的情况屡见不鲜，使中国与周边海洋国家的矛盾公开化、扩大化、复杂化、国际化。如中菲黄岩岛对峙，中日钓鱼岛之争，中韩苏岩礁之争。菲律宾的底气来源于美国的背后支持。一些南海国家有恃无恐，狐假虎威。

六是美国本身频繁调整西太平洋地区的军事部署。比如，从冲绳迁出相当一部分兵力到关岛、澳大利亚和夏威夷，在关岛部署反导系统，加强在南海周边国家的军事存在和影响，在总体减少军费开支的情况下增加亚太地区的军费，集中航母等60%的军力到西太平洋地区。

三　美国战略重心东移背景下中俄地缘安全合作分析

美国的战略重心东移，重返东亚，给中国国家安全带来了直接、明显的负面影响，损害了中国的大国形象，也对中国一贯坚持的"和平发展""和谐世界"理念构成了挑战。海域被瓜分，岛礁被侵占，资源被掠夺，安全受威胁——这是中国海洋权益形势面临的四大问题。中国的领土安全、政治安全、战略安全、经济安全、情报安全、国民人身安全等均遭到了威胁和挑战。周边一些国家，经常对中国的渔民和渔船抓扣、逮捕、殴打、罚款，对中国国民暴力执政。一些区外大国，特别是美国、日本、印度，卷入南海争端。美国的空军和海军频繁抵近侦察中国。中国与一些东南沿海国家的海权争议公开化、复

杂化、国际化、尖锐化，南海出现了针对中国的暴力多边主义。应该说，美国的一系列"组合拳"速度快、效益高，一时似乎占了上风，其战略目标多重，但牵制、平衡、围堵、挤压中国战略空间，是其主要目标之一，目前对中国基本形成"雁形模式"和"C形"包围。

美国重返东亚，给俄罗斯的国家安全带来了影响，也给中俄地缘安全合作带来新的机遇。

作为全球唯一的超级大国，美国的欧亚战略是：东西挤压对进，中间突破，主导欧亚，维护美国对欧亚大陆的霸权。美日是海权强国，中俄传统上都是陆权国家，又都是欧亚国家，也是亚太国家，尤其是东北亚国家。中俄在地缘政治、地缘安全格局中的地位、处境相同或相似，有共同、相近或相似利益。中俄在发展战略中都有东倾（亚太方向）的一面。中俄在东亚地区可以进行地缘安全协作的基础包括：美国在亚太的"一超独霸"令作为亚太大国的中俄不满；美日同盟、美韩同盟的加强挤压着中俄的战略空间；美国构建和加强双边和多边军事同盟，修补、加固、加长安全"岛链"和"巨石阵"围堵中俄的发展；中俄均与美国的盟国日本有领土争端（北方四岛、钓鱼岛）；美国欲打造亚洲反导系统，对中俄军事安全能力构成了威胁；朝核危机，中俄均为六方会谈方，两国均不愿看到朝鲜半岛形势朝不利于自己的方向发展；美国主导的双边和多边频繁的军事演习、美国发展海军和空军的"海空一体化"、北约"染指"亚太，亚洲北约化趋势均使中俄不安；美国芝加哥北约峰会再次启动北约东扩和欧洲反导系统，使俄罗斯仍然面临着来自西方的安全威胁。美国重返东亚，有利于中国参与牵制美军的力量，减轻俄西部的压力。中俄全面战略协作伙伴关系可以借此增加新的内容，出现一个新的增长点，在水平上上一个档次。

在全球战略安全稳定领域，俄罗斯与美国是一对主要的谈判和竞争对手。在东亚地缘政治安全方面，俄罗斯与美国的矛盾大于共同利益，与中国的共同利益大于矛盾。而中俄共同战略利益的一个关键就是在东亚，尤其是东北亚建立能够与美国同盟体系相制衡的战略关系，形成平衡的战略态势。美国的强势"重返"有可能逼使中俄走向"准同盟"关系。俄驻菲律宾大使反对域外国家卷入南海争端，认为这涉嫌"干涉内政"，这是国际舞台上对中国为数不多的、宝贵而有力的支持。几乎在美菲、美越南海军演的同时，2012 年 4 月，中俄海军在黄海举行了两国历史上最大规模的军事演习，既与时局有关，肯定也会产生影响，说明中俄在东亚不甘心丧失海洋主导权，也说明在捍卫国家核心利益问题上两国的坚定决心。6 月，上海合作组织首脑峰会在北京召开，加强了在安全领域的合作。中俄联合军演可视为深化上合组织安全功能的一大举措。在中国的周边安全，包括东亚安全中，俄罗斯都可以扮演一个举足轻重的角色。2013 年中国新任国家主席习近平首访俄罗斯，公开高调宣布中俄互为最主要最重要的战略协作伙伴，优先发展中俄关系。

东亚中俄安全合作可能出现矛盾的方面：在东南亚地区，俄罗斯向印度、越南和菲律宾出售军火，与越南油气勘探合作。中国反对南海问题国际化，越南拉俄开采天然气石油，中方认为时间、地点、时机、国家都很敏感。在北极问题上，俄主张是俄领土，排斥非北极圈国家染指，中国主张南极模式，即为人类共同所有。

中、俄两国安全结盟的不可能性，源于两国战略利益不可能完全一致，以及两国战略需求的时间、所关注的地区不尽相同。两国地缘定位也不完全一样。以前，美国的战略重心在欧亚大陆中心地带，北约东扩，欧洲反导，颜色革命，俄罗斯面临的压力大于中国，特别是俄格战争，俄方结盟的需求强于中国。当前，东海、黄海博弈，钓鱼岛角力，特别是南海争端，东南亚一些国家"群殴"中国，中国一国面对暴力多边主义，压力空前，中国结盟的需求又大于俄罗斯。如果说，以前当美国的战略重心在东欧、中亚、中东（欧亚中心）时，在地缘安全方面，俄罗斯处在第一线，中国处在第二线，俄罗斯有求于中国大于中国有求于俄罗斯；当美国的战略重心转向欧亚东部周边时，中国处在第一线，俄罗斯则位于第二线。中国有求于俄罗斯大于俄罗斯有求于中国。中俄战略协作，毕竟不是正式结盟。

俄定位为欧亚国家，欧洲—亚太国家，根在欧洲，也最为关心欧洲，在东亚也最为关心东北亚。中国定位为亚洲国家，亚太国家，最为关心东亚，东北亚、东南亚都是核心利益。由于地缘位置和国家利益的原因，东亚对于中国的重要性大于对于俄罗斯的重要性。可以说，东北亚对于俄罗斯关系到国家发展的问题，而对于中国来说则是关系到生存的大问题。

美国对中俄采取分化瓦解甚至挑拨政策。"冷战"后的第一个十年，硬对俄，软对华；奥巴马"新政"后，硬对华，软对俄。以前，以俄为主要对手，2012年新军事战略以中国为主要对手。美国战略东移，在俄看来有利好的一面，因为矛盾在向中国集中，中国的东南周边环境急剧恶化，和平、稳定的机遇期可能结束，中国从俄罗斯进口武器的动机加重，对俄依赖加大，俄的战略重要性突现。美国重返东亚，搅局南海，有利于中国牵制美军的力量，减轻俄西部的压力。俄迎来了战略机遇期，即不存在与任何世界大国进行战争的危险。对于地跨欧亚的俄罗斯来说，西边是技术和经济先进的欧盟，东边是亚太经济新的增长点，只有南边面临着伊斯兰世界的安全威胁。美国重返亚太，紧跟着必定是经济重返，如果说这对中国在西太平洋地区的经济影响力有负面影响，俄罗斯倒可能欢迎美国的这种经济重返，因为这有利于俄寻求新的经济增长点。

俄学者对中国安全战略有不同角度的研究。在美国战略重心东移影响下，俄学者从东、南、西三线来思考中国安全战略问题：第一，就东线而言，构建亚太安全体系是中俄两国相互借重与合作的新平台。俄学者认为，没有中俄参与，亚太安全体系将难以构建。中、俄两国应进一步加强在亚太合作，在未来亚太政治中发挥更大作用。第二，从南线看，南海是中国的核心利益地区，关乎中国经济及地缘政治安全，也是中国能否成为海洋大国的"瓶颈"。莫斯科国际关系学院东盟中心主任 B. B. 苏姆斯基（В. В. Сумский）认为，南海问题不仅是中国与菲律宾、越南等海洋邻国的领海主权纠纷，更是中美之间争夺地区主导权的表现。在该地区，俄罗斯将采取"重经贸，轻政治；重对话，避冲突"的务实外交，与亚洲发展中国家积极开展能源和军购合作。第三，从西线看，中亚地区是俄罗斯最为敏感的地区。俄学界十分关注中国的欧亚战略以及中国对俄罗斯欧亚战略的反应。俄学者指出，围绕上海合作组织发展前途问题两国分歧将会逐渐显现并扩大。在战略层面，俄看到了美国重返东亚、中美对峙所带来的机遇，有不少人视今日之美中关系为昔日之美苏关系，中国已经取代苏联成为美国的最大对手和威胁。有俄学者发表文章《坐看中美斗争》称，美国开始将战略重心转向亚洲，联合菲越等国实施遏制中国的战略。在美中博弈中，俄罗斯"坐山观虎斗，尽快建立欧亚联盟，并为了地缘政治利益，加强与印度、越南等国的关系"。由此，我们可以清楚地看到，"东线—合作、南线—中立、西线—竞争"将构成俄罗斯对华战略的主旋律。①

四　小结和思考

美国重返东亚，看起来似乎突然，其实并不偶然。在战略重心转移、重返东亚的过程中，应该说，美这一记"组合拳"打得漂亮，利用了自己军事"硬实力"优势，"激活"和利用中国与周边国家的矛盾以及周边国家对中国的不信任。但这种制造政治互疑、军备竞赛，既与东亚地区蓬勃发展且紧密联系的经济发展形势不相称，也与和平与发展的时代潮流相悖，更与美工作重心从反恐优先转向经济第一不相宜，难以持续。欧亚两线作战（中心和周边地带），"双拳"出击，在国力总体衰退的情况下，美国力不从心，实质是以攻为守，以进为退，尽显不自信。在新的时代条件下回到"冷战"思维，运用一种错误的手段纠正自己前一个错误（历史上有朝鲜战争、越南战争，美均未能取胜，何况中国的力量已今非昔比），以对付苏联的老办法来对付中国，并不合适。亚太已形成多极化趋势，小国左右逢源，以利益为中心，安全上依赖美国，经济上依赖中国，不选边站，不愿卷入中美冲突，不会做不利于自己国家根本、长远利益的事，不会与美国走到黑。欧洲、中东远还没有被美国摆平，不断地牵扯美国的精力。美国新任国务卿克里首访欧洲和中东以"再再平衡"就是证明。中国有地缘、经济发展之优势。中俄战略协作增加了新的内容，并进一步得到提升和深化。东

① Косенко Е.，《Тихоокеанская политика США при новой администрации》// Мировая экономика и международные отношения，2009 №8；Ознобищев С.，《Россия – США：невыполненная повестка дня》// Мировая экономика и международные отношения，2005 №1；Лащенова Е. А.，《Армения на〈шахматной доске〉США》// Мировая экономика и международные отношения，2006 №12；Фененко А.，《Российско - американские отношения в сфере нераспространения ядерного оружия》// Мировая экономика и международные отношения，2008 №9；Дьякова Н. А.，《Военная политика США в отношении Украины и Грузии（2004 ~ 2010 гг.）》// США и Канада：экономика，политика，культура. 2010 №10；Гегелашвили Н. А.，《Политика администрации Б. Обамы на Южном Кавказе》// Россия и Америка в XXI веке，2011 №1；Морозов Ю. В.，《Влияние военной политики США на обеспечение стабильности в Центральной Азии и на национальные интересы России в регионе》// Россия и Америка в XXI веке，2010 №2.

北亚将是继中亚地区以后中俄战略协作的又一个新的增长点和新的平台。而对于俄罗斯而言，中国的意义远远大于越南，也大于印度。拥有丰富的地缘安全博弈经验的俄罗斯不会做得不偿失的事情。

中国的"软肋"是：海空军实力不是世界一流，传统上被视为一个陆权国家；几乎在所有争议的岛礁都由对方实际控制；缺乏精通外语和国际法规则的专才和通才；亚洲地缘经济和地缘政治是分离的，中国虽然处在亚洲地缘经济的中心位置，但在地缘政治上却处在边缘，比较孤立和被动，朋友少，是所谓"孤独的超级大国"。中国国家形象、软实力并不强。虽然崛起，但中国战略空间受到挤压，国际影响力和话语权有限。首先，不能低估美国的实力包括军事、经济和软实力的影响力，美国的调整、创新、自我修复、转嫁危机的能力，寻求"敌人""对手"不仅是美国的外交传统，甚至可以说是美国国家发展的动力之一。其次，也不能轻看在美国的支持下日、韩、越、菲等国的实力和意志，而过于高估自己的实力和影响力，特别是军事实力和影响力。

中国应继续韬光养晦，积极有所作为。辽阔的太平洋足以容纳中美各自的利益。太平洋有多宽，心胸就应有多宽。不过，这是我们中国人的思维和愿望。由于海洋权益的重要性突显，能源、资源短时间内的不可再生，南海矛盾甚至冲突有可能常态化。中国应以"隐实力"对付"巧实力"，以"反介入能力"对付"海空一体化"，以陆权对海权，以"珍珠链"对付"巨石阵"。在国际上搞统一战线，纵横捭阖，分化瓦解对方，加强军力，巩固国防，坚决反对北约"干预"亚太事务，提升国家软实力，掌握国际法武器。在捍卫国家核心利益问题上要态度坚决，绝不含糊，不惜一切手段，进行有理、有力、有节的斗争。

俄罗斯目前是中国最重要、最主要的战略协作伙伴。中俄关系的走向，相当程度上取决于美国的政策，特别是东亚政策具有至关重要的意义。事实上，从未来的发展来看，中、俄两国都在积极确保自身的海洋权益，也都在摸索自身的海洋战略，两国的战略利益与美国不可能一致。这样，无论是从大国的角度讲，还是从地缘安全的角度讲，还是从相互利益的角度讲，它们都需要一种全新的联合，以抗衡美日同盟。其实，早在2005年中、俄两国就决定共同举行联合军事演习，但直到2012年才第一次举行中俄联合军事演习，这说明中俄之间还没有达到完全的信任。美国"重返亚洲"，不仅威胁中国，实际上也威胁俄罗斯。日本与中国和俄罗斯都有领土纷争。日本在钓鱼岛不断采取实际控制的行动，同样也会影响到北方四岛。在这样的大背景下，中俄走到一起。俄将其近半陆军精锐兵力和多数海军主力舰艇都部署在远东地区，加强俄在远东地区的军事存在和影响。从目前来看，这种联合军事演习，"表演"的意义大于"实战"的意义。其实，2011 年 9 月，俄罗斯与日本也举行过海上联合搜救演习，那也是一种姿态。相比中国，俄罗斯无论从军事实力上讲，还是从对外关系上讲，都有更大的选择余地。俄实行一种相对中立和全方位合作的安全政策，进一步介入亚太安全事务，维护亚太安全稳定，开辟亚太军火市场，为俄经济发展提倡安全保障。2011 年，亚太地区占俄出口武器份额的 43%。印度和越南是俄罗斯武器出口大客户。2012 年 7 月，越南主席访俄期间表示将向俄罗斯提供金兰湾作为物资技术保障站。俄罗斯是越南第一大装备提供国，1950～2010 年俄越军火贸易额总计达 236 亿美元，占越南武器进口总额的九成。其中，装备俄先进战机的越南空军第 370 师号称王牌中的王牌。① 此外，俄还不断向印度尼西亚、马来西亚空军提供战斗机。文莱过去一直向英法美先进国进口武器，现也开始选择俄罗斯武器。新加坡的国土防空系统中，低层拦截部分完全由俄制"针 - S"地空导弹担当。俄制武器已经成为东南亚市场的"抢手货"② 2012 年 4 月，俄天然气工业公司与越南签署协议，共同勘探开发位于中国九段线内的 05 - 2 区块和 05 - 3 区块。中俄在军事技术合作项目、中国无法生产的新式武器和零配件等方面有进一步合作的潜力。引人注目的是，俄罗斯第一次参加美国主导的"环太平洋 2012"，须知这一始于 1971 年的系列演习原本就是针对苏联太平洋舰队的。而这一军事演习美国并没有邀请作为太平洋沿岸国家的中国参加。俄还出现了向传统上是美国的盟国泰国、菲律宾出售武器的趋向。③ 至于说俄向印度销售武器和进行军事技术合作，那就更是出于经济的利益和作为大国的战略考量。所以，对于中国来说，中俄"准同盟"关系当然是有利的，但中俄安全合作的领域、程度和水平也不是无限的。毕竟中俄战略协作是非结盟性质的。俄罗斯不会在对印度、越南售武等问题上为中国坐怀不乱，守身如玉。但这绝对不意味着中国可以不花大力气去

① 柳玉鹏：《越王牌空军师俄罗斯制造》，《环球时报》2012 年 8 月 7 日。
② 康霖：《俄罗斯是南海争端的获益者》，《环球时报》2012 年 8 月 6 日。
③ 柳玉鹏：《俄武器出口瞄准东南亚》，《环球时报》2012 年 4 月 20 日。

努力争取并精心维系中俄之间的更紧密的安全合作和战略协作关系。2013年3月习近平主席首访俄罗斯，在军工、能源等一体化合作方面达成了协议，风险、价格同担，利益共享，合作共赢，两国元首发表共同声明，在领土、主权、战略安全、发展利益等问题上坚定地相互支持，习近平是第一个访问俄军队最高指挥部——俄国防部的外国首脑，说明了中俄的军事、政治互信水平，这是中俄战略协作的又一重大进展。

东亚事实上存在着中美俄三角安全关系。美国的政策、意图是很重要的因素。美国学术界也有比较理性的声音。约翰·伊肯伯里（G. John Ikenberry）认为，"中国的崛起不会挑战现有的自由主义世界秩序的根本原则，美国应当接纳中国进入现有的世界秩序，避免所谓的'中美之间权力转移'的发生"；[1]布鲁斯·杰特森（Bruce W. Jentleson）认为，尽管中国发展迅猛，但还不能对美国形成挑战，美国应当理性看待中国的发展，重点关注增强自身的实力；[2]查尔斯·库普乾（Charles A. Kupchan）认为，"美国应将中国整合入东北亚地区安全体系中，加强国际机制和地区机制的建设"；[3]萨米尔·拉瓦尼（Sameer Lalwani）和施福林森（Joshua Shifrinson）认为，"美国应调整自身强势的对外政策，进行战略收缩，接纳中国作为维护亚太地区安全的积极力量，减少猜忌和不信任造成的军事冲突"。[4]俗话说，解铃还须系铃人，中美安全关系不是没有缓和与改善的可能，关键还在美国方面。我们认为，美国重返亚太的战略是奥巴马政府制定的，奥巴马连任后不可能会有调整，但不会从根本上改变。然而，美国如此傲慢自负，且优势明显，要它改弦更张又谈何容易？在美国高调重返的情势下俄罗斯是东亚地区可以为中国所争取和借用，并且发挥正能量作用的一支重要力量。

① G. John Ikenberry, America's Challenge: The Rise of China and the Future of Liberal International Order, *New America Foundation*, July, 2011.

② Bruce W. Jentleson, Adapting to a Copernican World: Paradigmatic Leap and Policy Challenges, *New America Foundation*, July, 2011.

③ Charles A. Kupchan. Grand Strategy and Power Transitions: What We Can Learn from Great Britain. *New America Foundation*, July, 2011.

④ Sameer Lalwani and Joshua Shifrinson. Whither Command of The Commons? Choosing Security over Control. *New America Foundation*, September, 2011.

Ⅴ.4
中日韩三国合作前景问题研究

刘雪莲　李晓霞*

摘　要：

　　2012 年中、日、韩三国关系由上半年的良好发展态势骤然转冷，中日、韩日因岛屿主权争端问题引发彼此间对立，三国关系强烈波动。2012 年三国关系的变化使中、日、韩三国合作面临困境，国际社会对三国合作前景也产生质疑。本文认为，中日韩三国合作虽然面临着由政治、安全问题造成的强大阻力，但是三国合作的地缘因素和需求动力始终存在，合作符合三国发展的长远利益。未来中、日、韩三国合作如何发展关键取决于三国外交决策能否以共同利益为出发点，能否妥善解决制约三国关系发展的敏感问题，也取决于中美关系的未来发展趋势。

关键词：

　　中日韩　合作　动力　阻力　前景

　　2011 年尽管影响中、日、韩三国关系深化发展的根本性因素依然存在，三国矛盾也时有发生，但在东北亚地区形势整体回暖的背景下，中、日、韩三国合作呈现逐步加强的良好态势，并持续到 2012 年上半年。然而，从 2012 年下半年开始，中、日、韩三国关系急转直下，迅速转变为中日、韩日国家间对立，地区安全局势骤然紧张，这种戏剧性的变化使国际社会对中、日、韩三国合作前景产生诸多猜测。

　　中、日、韩三国经济互补、地理相近，经济合作的内生动力强，三国经济合作是应对全球金融危机的现实需要，也是国家为实现长远发展、构筑地

＊　刘雪莲、李晓霞，吉林大学行政学院教授，副院长。

缘战略依托的要求。然而，三国合作也面临诸多困境，三国合作迫切性不足、内聚力不强，国家战略选择的差异使地区离散性增强，三国力量结构变化造成的不确定性和岛屿主权争端引发的国家间冲突严重制约着中、日、韩合作的发展与深化。

笔者认为，推动中、日、韩三国合作的动力和阻碍合作深化发展的阻力都将长期存在，中日韩合作前景如何，关键在于三国决策是否能以地区共同利益和共同繁荣为出发点，能否妥善处理影响国家关系发展的敏感问题，也在于中美新型大国关系如何发展。

一　2012 年中日韩国家关系基本情况

2011 年中、日、韩三国关系健康稳定，三国合作在大灾背景下全面展开，在地区框架下不断加强。与此同时，中日、中韩及韩日间就 2012 年举行多领域的庆祝活动事宜达成一致。2012 年是中日建交 40 周年、中韩建交 20 周年以及韩日联合举办足球世界杯赛 10 周年，是推动彼此合作强劲发展的良好契机。2012 年上半年，三国关系稳步发展，经济合作密切，高层互访频繁，民间交流活动顺利开展。2012 年头六个月，中日贸易额为 1648.3 亿美元①，中日财长对话、中日第一轮海洋事务高级磋商均如期举行；韩日双方商讨签署《军事情报保护协定》。为促进三国合作发展，中、日、韩三国先后召开了三国外长会议、三国文化部长会议等高级别会议，同时，中、日、韩首脑会议在 2012 年 5 月成功举行，并发表了《第五次中日韩领导人会议关于提升全方位合作伙伴关系的联合宣言》，使中日韩三国合作迈上新的台阶。

然而，2012 年下半年，因岛屿主权争端而引起的矛盾冲突使中日、韩日关系急转直下，地区安全局势骤然紧张，三国合作进程受阻。8 月 10 日，以韩国总统李明博首次登上独岛（日本称"竹岛"）为标志，韩日岛屿主权争端发酵，日本曾一度召回驻韩大使以示抗议，韩日双方均采取了一系列针对对方的外交反制措施，双边关系进入"冰河期"。几乎与此同时，中、日双方围绕

---

① 贸易报告，国别数据网，http://countryreport.mofcom.gov.cn/record/qikan.asp?id=3996。

钓鱼岛的领土争端问题一直摩擦不断，9月以来，因日本政府不顾中方一再反对，宣布购买钓鱼岛并实现"国有化"而使矛盾激化，引起中国政府频繁的外交应对，中、日两国政府就钓鱼岛问题均表现出强硬立场，中日经贸关系受到严重冲击，双方民众均发起了游行活动，民间对立情绪严重，中日建交40周年庆祝活动延期或取消，双边关系步入建交40年以来的最低谷。

2011年全年和2012年上半年中日韩三国互动氛围良好，合作关系稳步发展，而在2012年下半年，中日、韩日关系因岛屿主权争端的激化突然出现强烈波动，甚至引发国际社会对地区安全局势的担忧和恐慌。在中日、韩日关系因岛屿主权争端陷入紧张甚至僵持状态，地区局势不稳定性增强的现实情况下，人们不禁会问，中、日、韩三国合作还能继续推进吗？

二 中日韩三国合作进展及动力分析

（一）中日韩合作进程的历史回顾

在1999年菲律宾举行的"10＋3"会议期间，中、日、韩领导人利用早餐会时间开始商讨启动在"10＋3"框架下中、日、韩三国的合作进程问题。此后，三国领导人每年都在出席"10＋3"领导人会议期间举行单独会晤。2008年，中、日、韩领导人首次在"10＋3"框架外，在日本福冈举行会议，决定将三国领导人单独举行会议机制化，同时仍然保留了在"10＋3"领导人会议期间的会晤安排，促使三国合作迈上了新的台阶。

自2008年中日韩三国独立举行领导人会议以来，三国合作的成果显著，三国不仅达成了《三国伙伴关系联合声明》《中日韩合作十周年联合声明》《2020中日韩合作展望》等一系列重要文件，而且在多层次、多领域展开了全方位的合作关系。2011年9月，中、日、韩三国合作秘书处在韩国首尔正式建立，为三国合作提供专业、高效的支持和服务①。

---

① 《中日韩合作（1999～2012）》白皮书，http：//www.gov.cn/jrzg/2012－05/09/content_ 2133457. htm。

2012 年 5 月，第五次中、日、韩领导人会议在北京顺利召开，三国领导人发表了《关于提升全方位合作伙伴关系的联合宣言》，作为本次三国领导人会议的重要成果，三国同意在本年度内启动中、日、韩自贸区谈判，并寻求正式签署中日韩投资协定。

（二）中日韩三国合作的动力分析

经济发展是国家发展与进步的重要物质基础，经济实力是构成国家综合国力的核心要素之一，发展经济、提升经济实力是各国长期的、根本性的需求。在经济全球化不断深化的大背景下，国家间的交流与互动日益增强，各国竞争共存，相互依存程度不断提高。正如基欧汉在《权力与相互依赖》一书中所指出的"我们生活在一个相互依赖的时代"，任何国家都不能孤立于世界而独立发展。寻求合作伙伴，推动经济合作深化发展，在合作中激发经济潜力，获得发展机会，增强国际竞争力，是 21 世纪国家生存与发展的必然途径。

1. 中日韩三国合作内生动力

中、日、韩三国合作的推进，主要是源于三国经济发展方面的各自需求和发展进程中依赖关系的不断增强。中、日、韩三国是世界重要经济体，2011年，中、日、韩三国经济总量达 14 万亿美元，约占全球经济总量的 20%[①]，亚洲经济总量的 70%。三国互为重要的贸易伙伴，目前，中国是日韩最大贸易伙伴国和出口市场，日本、韩国分别为中国第四大和第六大贸易伙伴国，并是中国第五大、第六大出口市场，第三大、第四大进口来源国。21 世纪以来，中、日、韩三国贸易额持续快速增长，2011 年三边贸易额达 6944.25 亿美元[②]，较 2000 年的 1690 亿美元增长了约 3.1 倍（见图 1）。三国间经济联系密切，相互依存程度高，《日本经济新闻》称，中日韩相互之间的贸易依存度达20% ~ 30%[③]。在经济发展中，中、日、韩三国经济结构具有一定的差异性，

---

① 《中日韩启动三国自贸区谈判》，http：//www.mofcom. gov. cn/aarticle/ae/ai/201211/20121108443954. html。

② 中华人民共和国商务部亚洲司"综合数据"，http：//yzs. mofcom. gov. cn/static/date/g/date. html/1；贸易报告，国别数据网，http：//countryreport. mofcom. gov. cn/record/qikan. asp? id = 3996。

③ 《中日韩调整部长级会议，或启动 FTA 谈判》，http：//cn. nikkei. com/politicsaeconomy/politicsasociety/4098 – 20121114. html。

是各具优势的经济体，三国经济互补性强，经济合作前景广阔。中、日、韩迄今仍保持出口导向型经济发展模式，对外经贸关系在三国经济稳定增长中发挥着决定性作用，稳定和扩大三边贸易关系，越来越成为三国经济稳定发展的关键所在[①]。因而，在区域内，推动中、日、韩自贸区建设，促进中、日、韩三国经济合作的稳步发展，对于激活三国经济活力具有重要意义，是三国发展的长远利益之所在。

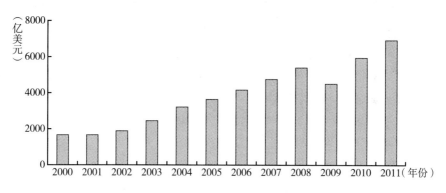

图1　2000～2011年中日韩三边贸易额

资料来源：中华人民共和国商务部亚洲司"综合数据"，http：//yzs. mofcom. gov. cn/static/date/g/date. html/1；中华人民共和国商务部综合司"国别数据"，http：//countryreport. mofcom. gov. cn/countries. asp? url＝/index. asp。

2. 中日韩三国合作的外在压力

从中、日、韩三国合作进程来看，强大的外在压力是推动三国在经贸领域合作取得实质性突破的重要原因。每当世界经济出现危机的时候，三国合作的需求就愈加强烈。1997年亚洲金融危机爆发后，为减弱危机的破坏效应，尽快摆脱危机的影响，东盟和中、日、韩三国在马来西亚首都吉隆坡举行领导人非正式会议，建立了"10＋3"合作框架，开启了中日韩在经济、金融领域的实质性合作；2008年金融危机后，中、日、韩三国也以合作姿态积极应对金融危机的冲击，确立了在"10＋3"框架外，单独举行中、日、韩领导人会议的机制。

[①]　江瑞平：《中日韩经济合作：动因、态势与影响》，《外交评论》2012年第5期。

世界经济衰退危险加剧，发达经济体增长乏力的现实，一方面使世界各国将经济复苏希望寄托于新兴工业化国家，更加关注极具活力的东亚地区，尤其是 GDP 占东亚地区经济总量 90% 的中、日、韩三国。另一方面，中、日、韩三国为减弱全球经济衰退对三国经济发展和社会稳定造成的冲击，必须通过加强合作共同应对挑战。2008 年 11 月，中、日、韩三国财长在华盛顿举行的非正式会议上发表声明指出，三方将采取适当、必要的宏观经济政策与金融稳定措施，加强彼此间政策对话。2008 年 12 月，三国首脑在日本福冈举行的中日韩领导人会议上签署了《国际金融和经济问题的联合声明》，为合作应对危机采取了积极的行动。金融危机对国家经济发展造成的破坏力使得各国纷纷认识到，经济问题已经上升为关乎国家生存与发展的重要安全问题，维护经济安全的紧迫性促成了中、日、韩三国在经济领域进行广泛合作的必要性。

3. 构筑国家发展地缘依托的需要

无论国际局势与国家间关系如何变化，各国都有特定不变的地理区位和相对固定的周边环境，有无法自行选择的地理邻国，可以说，地缘环境对一国生存与发展的影响是持续而永久的。

在全球化和相互依存不断深化的形势下，地区一体化成为地理相邻的国家促进自身发展的重要选择。从而，地理因素成为区域主义或地区一体化蓬勃发展的基础动力，无论地缘政治学或者其他的理论学科建构何种样式的区域概念，区域主义首先要在一定的地理单位上形成，它无法完全摆脱自然条件的现状，区域必然是地区一体化发展的地缘依托[1]。从国家发展的角度来说，当今世界已经进入竞争共处的时期，以经济为核心的综合国力的竞争日益激烈，为在竞争中获得更大优势，各国纷纷建立或参与排他性的区域合作组织，以区域的力量应对外在压力。以地缘为基础，构筑国家发展的地缘依托，在拥有稳定基础的前提下拓展国家发展空间，是各国在新的时代背景下的必然选择。

在区域一体化趋势逐步增强的背景下，中、日、韩三国均意识到推动地区一体化建设，参与区域经济合作的重要性，作为地区发展程度最高、经济

---

① 刘雪莲、张微微：《全球化时代的地缘政治结构：海陆联合的全球结构和合作性的区域结构》，《政治学研究》2011 年第 2 期。

实力最强的三个经济体，中、日、韩三国合作是提高三国在世界经济中的竞争力和影响力的必然途径，也是三国为实现国家长远发展在区域内构筑地缘依托的现实需要。

三 中日韩合作阻力分析

中、日、韩合作的推进虽然有很多主观与客观的需求与条件，但是现实的阻力也是非常明显的，而且很多阻碍因素是结构性的，很难在短时间内消除。

（一）三国经贸合作的迫切性不足

前文谈到，当世界经济出现强烈波动，中、日、韩三国面临巨大经济压力时，三国合作就会被向前推进。而另一方面，当世界经济情况好转的时候，中、日、韩三国深化经贸合作的步伐则又会停滞。

究其原因，中、日、韩经济合作虽然符合国家发展的长远利益，但在世界经济平稳发展、地区稳定的背景下深化三国经济合作并非是生死攸关、具有紧迫性的国家核心利益。在中、日、韩三国关系发展方面，政治和安全方面的利益需求往往高于经济方面的需求，而成为各国追求的主要利益目标。中、日、韩三国所处的东北亚地区，是目前世界上唯一的"冷战"遗留地，热点问题频发，安全形势复杂，地区局势不稳定。中、日、韩三国之间缺乏有效的安全机制，战略互信程度低，这导致了三国对自身生存与安全的关注超过了其对经济合作所能获得的经济利益和国家发展利益的关注。对于中、日、韩三国来说，国家生存和安全仍然是摆在三国面前的首要课题，是国家决策所要考虑的首要因素，是国家核心利益之所在。因而，尽管三国都意识到进行有效的、制度化的经贸合作符合三国发展长远利益，但地区安全环境决定了维护国家安全是各国最迫切的需求。

（二）三国合作缺乏内聚力

中国经济的高速发展，给日韩两国带来了新的经济发展机遇，中国庞大的消费市场为日韩经济增长提供了广阔空间。2007年以来，除2009年受金融危

机影响，中日、中韩贸易额度有所下降外，中国自日本、韩国进口商品贸易额度逐年递增（见表1）。

表1　中日、中韩进出口统计

金额单位：亿美元

国别	项目	2007 年	2008 年	2009 年	2010 年	2011 年
中、日	进口	1339.51	1506.51	1309.38	1767.07	1945.90
	出口	1020.71	1161.34	979.11	1210.61	1482.98
中、韩	进口	1037.57	1121.62	1025.52	1383.99	1627.09
	出口	561.41	739.51	536.80	687.71	829.24

资料来源：中华人民共和国商务部亚洲司"综合数据"，http：//yzs.mofcom.gov.cn/static/date/g/date.html/1。

中、日、韩三国在漫长的历史交往互动中关系密切而又记忆深刻，19 世纪中期前，日、韩都曾是中国朝贡体系下的藩属国，进入近代后，日本通过明治维新实现西化与现代化，走上了对外扩张的道路，入侵朝鲜半岛和中国，中、日、韩三国之间沉重的历史包袱与沉痛而深刻的历史记忆，使得三国政治互信程度低。政治互信缺失制约了三国经济合作的深度，经济相互依赖反而导致战略层面的更大疑虑①。日、韩努力寻求其他市场，降低对中国市场的依赖程度。为此，韩国积极推行双边 FTA 战略，先后与美国、欧盟签署双边自由贸易协定；日本则于 2011 年 11 月高调宣布加入美国主导的跨太平洋伙伴关系协议（Trans-Pacific Partnership，简称 TPP）。出于对日益加深的相互依赖关系可能使本国处于相对不利的地位的担忧，日、韩两国积极寻求区域外其他合作对象，减弱了地区向心力，地区离散性增强，使三国合作内聚力不足。

（三）三国战略选择存在差异

中、日、韩三国在地区合作问题上各自抱有不同的态度，从三国的国家战略和现实利益考量，推动三国合作深化发展也并非是三国在国家发展上最为优先的战略选择，三国国家偏好存在明显差异。

---

① 门洪华：《东北亚安全困境及其战略应对》，《现代国际关系》2008 年第 8 期。

从国家战略角度出发，日美同盟关系是日本外交的基轴，在中国崛起势头增强，中日结构性矛盾日益凸显，现实冲突明显增多的情况下，积极响应美国的"转向亚洲"（pivot to Asia）战略，寻求美国的支持与保护，巩固日美同盟关系仍然是日本外交战略的首要选择。韩国地处东北亚最为敏感也最不稳定的朝鲜半岛，军事安全上依靠美国的保护。2011年末朝鲜刚刚经历了政权更替，2012年朝鲜又先后两次进行了卫星发射试验，对同处朝鲜半岛的韩国形成巨大安全压力，加强韩美同盟关系自然成为韩国战略选择的重心。国家战略选择的差异，外部介入的强化将严重影响中、日、韩三国合作的深化。

在三国经济合作问题上，作为提议的倡导者，中国积极推动中、日、韩三国合作进程，促进地区一体化的深化发展。但是，近年来，韩日两国在电子、汽车等产业领域竞争激烈，韩国对日本优势产业心存戒备，担心其冲击韩国相关产业、对日贸易逆差进一步扩大[1]，对韩国来说，相比于中、日、韩三国经济合作，促进双边FTA的全面推进更为迫切。而在日本的FTA战略中，战略、政治和安全利益的考虑要优先于经济利益[2]。在地区经济合作问题上，日本一直致力于维护其在地区合作上的主导地位，增强其对地区的综合影响能力。在中国经济实力和地区影响力逐步提升的情况下，日本通过构建东盟"10＋6"，加入美国主导的TPP谈判等多种途径推动开放性的地区主义，平衡中国经济发展所产生的能量与效应，弱化中国在地区合作中的影响力。中、日、韩三国在地区经济合作的选择上各有考虑，并不将推动三国合作作为最优选择，使三国经济合作难以深化。

（四）三国力量结构变化增强了三国合作的不确定性

日本是东亚地区最早实现工业化和现代化的国家，科技水平领先，经济实力雄厚。在以往的地区经济合作中，作为地区唯一发达经济体的日本，凭借其经济实力积极构建并尽力维护东亚经济发展与合作的"雁行模式"，从而实现以经济结构为依托，确立本国在地区合作中的主导地位，构筑地区经济秩序的国家目标。

然而，近年来，日本经济增长率连年保持3%以下的低水平，受全球金融危

---

① 《国际战略与安全形势评估2011/2012》，时事出版社，2012，第130页。
② 杨义瑞：《日本对中日韩自由贸易区的立场浅析》，《世界经济与政治》2004年第5期。

机的影响，日本经济曾一度出现负增长的尴尬情况，与此相对，科技的传递与扩散效应和中、韩两国在经济领域的发力，使中、韩两国经济迅速发展，并逐步实现产业结构的升级转型。韩国在电子、汽车等领域的技术突破对日本传统优势产业造成巨大冲击，2010 年中国经济总量首次超过日本成为世界第二大经济体，中日经济地位的逆转更使日本遭受重大打击，引发了日本对本国在三国经济合作进程中主导地位的严重忧虑。中、韩两国经济实力的增强与日本经济实力的相对衰落，使在以往三国经济合作中形成的"雁行模式"面临现实困境。中、日、韩三国相对经济实力正在发生明显的变化，经济实力分配和结构的变化必将引起地区经济格局的变化，从而使三国经济合作模式发生转变。在三国经济结构变化，合作模式处于转型期的条件下，三国合作的不确定性增强。

（五）领土主权争端严重制约三国合作的发展

中日、韩日之间岛屿主权争端问题均属于二战后的历史遗留问题，中日钓鱼岛主权争端，韩日独岛（竹岛）主权争端长期存在，并常因突发事件掀起双边关系的巨大波澜，成为阻碍双边关系发展，引发地区紧张局势的重要因素。

2012 年下半年，中日、韩日关于争议岛屿的冲突集中爆发并不断升级。中日钓鱼岛危机的爆发，激起了两国民众强烈的民族主义情绪，中国民间自发的抵制日货行为与对日本的敌视心态迅速反应在双边经贸关系和人员交往上，根据《日本经济新闻》的报道，受钓鱼岛争端的影响，仅 10 月，日本对华直接投资额较 2011 年同期下降 32.4%，日本对华汽车出口较去年同期下降 82.0%，10 月访日中国人比去年同期减少 33.1%[1]。尽管中日间经济依存度很高，但两国政治关系依然主导着双边经济关系的发展，中日间在经贸领域的依存与合作在遇到重大政治问题时显得极其脆弱。韩日岛屿主权争端在短期内虽未对双边经贸关系造成严重影响，但日本对"韩流"的抵制已经有所显现，从长远角度来看，韩日独岛（竹岛）之争将严重阻碍韩、日国家关系的发展和经济合作的深化。

领土主权事关国家核心利益，任何国家在此问题上都不会轻易让步。中日、韩日岛屿主权争端因历史上的恩怨而更加复杂，因民族主义情绪的激化而更

---

① 日本経済新聞の電子版，http：//www.nikkei.com/。

加尖锐。领土主权问题的特殊性与国内民众民族主义情绪的高涨，缩小了国家外交选择空间与回旋余地。中日、韩日领土主权争端若得不到妥善解决，就会使国家间的危机长期潜伏，也就很难实现中、日、韩三国合作的深化发展。

四　中日韩三国合作前景分析

中、日、韩三国地理相近，经济相互依存程度很高，在经济全球化的背景下，中、日、韩三国都不能脱离这个地区而发展，都需要通过合作构筑国家发展的地缘依托。在2012年三国之间关系因领土主权争端而陷入低谷的情况下，中、日、韩三国合作能否继续，主要取决于以下三个方面因素。

（一）三国决策是否能以地区共同利益为出发点

中、日、韩三国合作的地缘基础恒久不变，在经济发展中形成了"一荣俱荣、一损俱损"的高度相互依存局面，三国合作潜力巨大，前景广阔。中、日、韩三国合作所能获得的经济利益是三国共同利益的基础，经济合作的深化和相互依赖程度的提高能够促进政治互信的加强，由经济合作"外溢"到政治安全领域，使三国协调应对东北亚地区安全问题。中、日、韩三国合作符合三国长远利益，也是三国共同利益之所在。

但中、日、韩三国没有形成有效的制度化合作机制，在中国崛起与日本争取政治大国地位、向"正常国家"迈进这两大转变在东北亚相对狭小的地缘空间内同时发生、相互对冲的情势下，中日围绕地区合作主导权的争夺日益激烈，日本在主导权争夺过程中借重区域外力量，使中、日双方博弈的零和性增强，造成双方围绕区域合作主导权问题的争夺长期化、持久化。

多边合作需要主导力量引领参与合作的各行为体为实现共同利益而进行积极互动，而中、日、韩合作难以形成实际上的领导者，在三国合作领导力不足的现实条件下，中、日、韩合作能否继续推进和深化，关键在于三国外交决策能否通过彼此协调实现良性互动，将促进地区的共同利益和共同繁荣作为国家外交决策的出发点。而三国外交决策是否能从三国共同利益出发，关键取决于三国如何处理和解决岛屿主权争端等敏感的高级政治问题。

（二）三国能否妥善处理岛屿主权争端等敏感问题

中、日、韩三国间以岛屿主权争端为代表的高级政治矛盾敏感而复杂，容易引起民族主义情绪的高涨和民众的相互敌视甚至是国家间的仇视，严重影响了地区安全局势的稳定，长期制约着三国关系的发展。中、日、韩三国在东海专属经济区的主张存在冲突，中韩在黄海海域的专属经济区划定上有重叠，常引发三国间在海洋权益问题上的矛盾。中日围绕钓鱼岛、日韩围绕独岛（竹岛）的主权争端在2012年集中爆发，使国家间矛盾凸显，甚至引发危机。

本次中日钓鱼岛危机引爆了中、日两国相互敌视的民族主义情绪，两国政府均表现出强硬立场，外交反制措施轮番升级。感受到中国"威胁"的日本，国内政治"右倾化"趋势明显。日本大选期间，各党派候选人针对中日钓鱼岛问题均表现出决不后退的强硬态度，赢得大选的安倍晋三更宣称，要在上台后推动修改日本和平宪法，将自卫队升级为自卫军。在主权争端问题上，双方采取彼此对抗的态度不利于争端的解决，反而容易激化矛盾，深化危机。

在中、日、韩三国围绕岛屿主权争端和海洋权益问题矛盾冲突日益凸显的现实面前，充分发挥三国外交智慧，通过彼此协调建立解决争端的基本原则，妥善处理国家间关系发展中的敏感问题，对促进三国关系健康稳定发展，推动中、日、韩合作进程深化具有重要作用。

（三）中美关系如何发展

美国的亚洲"再平衡"战略改变了地区格局，搅动着中、日、韩三国关系的发展态势。面对中国崛起的压力，伴随美国"转向亚洲"战略的实施，加强日美、韩美同盟关系成为日韩两国的战略选择重心。因而，中美关系如何发展直接影响了日韩对中国的态度和在中、日、韩三国合作问题上的选择。

2012年5月，在北京召开的中美战略与经济对话期间，双方将构建中美"新型大国关系"作为主题，决定推进两国务实合作，建设相互尊重、互利共赢的中美合作伙伴关系①。作为崛起国的中国和守成国的美国，高调提出建设

---

① 《第四轮中美战略与经济对话在北京举行》，http://www.fmprc.gov.cn/chn/gxh/tyb/zyxw/t929014.htm。

21 世纪新型大国关系，力图打破国际关系史上"大国政治的悲剧"，避免中美间的战略对抗和零和博弈。中、美两国在国际事务中存在矛盾，但更有共同利益，因此，中、美双方以共同利益为基础推动两国多渠道、多领域的合作，形成良性竞争的大国关系是完全可能的。

作为美国在东北亚地区的两个同盟国，日美、韩美之间的特殊关系使得美国对日、韩针对中国的外交选择具有重要影响，美国已深刻介入中日、中韩关系中。日、韩呼应美国战略，在处理对华关系上追随美国，因而，如中美关系保持良性发展，则日、韩对华态度就会趋于友好，中、日、韩三国合作进程就能得到推进，反之则可能阻碍中、日、韩三国合作的深化。

结　语

与 2011 年中、日、韩三国的国家关系稳定发展，三国合作积极推进的整体情况不同，2012 年中、日、韩三国关系经历了戏剧性变化，三国合作在艰难中缓慢推进。虽然中、日、韩三国合作潜力巨大，三国合作符合国家发展的长远利益，但中、日、韩三国至今没有形成有效的制度化合作框架。究其原因，在中、日、韩三国关系中，地缘政治因素而非地缘经济因素始终占有主导地位，保证国家的生存与安全是三国最为核心的国家利益，三国国家偏好的差异和战略选择的不同使三国合作推进缓慢，力量结构的变化增强了三国合作的不确定性，由岛屿主权争端而引起的国家间对立严重制约了三国合作的深化发展。

面对中、日、韩三国合作动力与阻力并存，三国间关系不断波动的现实，中、日、韩三国合作能否继续推进取决于三国外交决策能否以实现共同利益为基础，取决于三国能否通过友好协商和平解决岛屿主权争端等敏感问题，取决于中美建立新型大国关系的目标能否实现。在三国合作动力始终存在的情况下，如果中、日、韩三国以促进共同繁荣为外交决策的出发点，妥善处理严重影响国家间关系的敏感问题，慎重应对突发事件，中、美两大国间保持良性互动关系，中、日、韩三国合作进程进一步推进的可能仍然存在。

Ⅻ.5
中日东海划界和领土争端问题再思考

张丽华*

摘 要：

中日东海划界和领土争端问题虽经两国政府多年谈判协商，达成了"6·18东海共识"这一阶段性成果，但仍与"搁置争议、共同开发"的原则设想相去甚远。要解决这一问题，仅靠两国政府间的谈判和协商是不够的，需要综合运用政治手段、法律手段并在必要时使用实力手段加以解决。只有利用国际司法和必要的实力压力，才能使日本放弃非法侵占我国领土，并在东海大陆架和专属经济区划界中达成公平的协议。将钓鱼岛在东海划界中"零效力"化，是避免使问题复杂化的灵活的、必要的策略。

关键词：

东海划界 领土争端 钓鱼岛

中日两国的东海专属经济区和大陆架划界问题和针对钓鱼岛的领土争端由来已久，2012年以来，更是有冲突加剧的趋势。日本外相就中方重新开始春晓油田的生产表示了强烈的不满，他认为这是违反了两国首脑达成的共同开发的协议。并声称"若违反协议，日本将会采取必要措施"[1]。早在2010年2月日本《每日新闻》就声称，如果中国开始在有争议的东海海域开采天然气，日本政府将把中国诉诸国际海事法院。中国外交部表示，"中方在东海问题上的立场是一贯的和明确的。中方重视并坚持东海问题原则共

---

* 张丽华，吉林大学行政学院教授。
[1] 《中日外长就东海问题激烈交锋》，《参考消息》2010年1月18日。

识的态度没有任何变化。希望日方以实际行动为落实原则共识创造良好气氛和条件"①。2012 年 9 月由于日本政府购买钓鱼岛引发中国强烈反弹，采取一系列反制措施包括派渔政船和飞机到钓鱼岛海域巡航，以宣示主权。日本军机拦截阻挠我们的公务飞机，钓鱼岛紧张态势进一步升级，大有一触即发之势。中日岛礁之争，从民间到政府，现在开始升到军事层面，这种军事层面的博弈斗争就有可能发生擦枪走火，解决中日东海问题的重要性和紧迫性淋漓尽致地展现了出来。

关于东海划界的钓鱼岛问题的研究可谓是汗牛充栋，"搁置争议，共同开发"的原则也已提出 30 余年，但多年来，对东海油气资源的开发逐步推进了，但中日共同开发还没有起步；中方对钓鱼岛主权的要求是坚定不移的，但日方一直处于实际占领的地位且拒不承认其主权存在争议。如此数十年，中国在中日东海划界和领土争端问题上进展甚小，收获甚微，且未来面临的不确定因素增加，当前迫切需要对该问题进行反思并提出切实可行的对策。

一 中日东海划界和领海争端问题的缘起与双方主张

中日钓鱼岛主权归属和东海划界的争端是两个既相区别又有联系的问题。钓鱼岛及其附属岛屿（日本称"尖阁列岛"）由钓鱼岛、黄尾岛、赤尾岛、南小岛、北小岛、大南小岛、大北小岛和飞濑岛等岛屿组成，总面积约 6.3 平方公里。关于钓鱼岛的主权归属问题，中国的立场是坚定的：钓鱼列岛自古以来就是中国的领土。归纳起来，有如下几大理由：从地理上看，钓鱼岛及其附属岛屿位于中国大陆和台湾的大陆架边缘，2000 多米深的冲绳海槽将其与属于日本的琉球群岛隔离，因此这些岛屿属于"大陆型"岛屿，附属于台湾岛。从历史上讲，中国人最早发现了这些岛屿并给其命名，在明、清两代的《使琉球录》以及中、日、琉球的一些图志中都载明这些岛屿属于中国。从国际条约角度讲，钓鱼岛及其附属岛屿包括在 1895 年中日《马关条约》中国被迫

---

① 《2010 年 2 月 23 日外交部发言人秦刚举行例行记者》，http：//www. fmprc. gov. cn/chn/pds/wjdt/fyrbt/t659730. htm（上网时间，2012 年 12 月 25 日）。

割让给日本的领土范围内，"二战"结束后，日本则应当根据《开罗宣言》和《波茨坦公告》的相关条款，将包括钓鱼岛及其附属岛屿在内的早先割让给日本的领土归还中国。1951年的《旧金山和约》和1971年的美日《归还冲绳协定》并没涉及钓鱼岛的主权归属问题。美国在将钓鱼岛交给日本时，曾说明美国是将行政权交给日本，并不构成主权移交，亦不可能影响到其他国家对钓鱼岛领土主权的主张①。

日本官方和大部分学者的立场正好相反，均坚持认为钓鱼岛及其附属岛屿是日本领土。其理由是：第一，钓鱼岛及其附属岛屿（日称尖阁列岛）是日本政府在明治18年（1885年）以后，通过对该岛再三进行现地调查，确认该岛不单是无人岛，而且无证据说明属于清朝所有后，于明治28年（1895年）1月14日的内阁会议上决定于该地建设标桩，正式将其编入日本领土的。第二，在历史地理上，钓鱼岛及其附属岛屿始终是构成日本西南诸岛的一部分，而不是包含在中日《马关条约》中第二条规定的中国清朝割让的台湾及澎湖列岛之内。第三，从条约规定来看，日本政府称，1951年的《旧金山和约》未将"尖阁列岛"（钓鱼岛）包括在根据该条约第二条日本应放弃的领土之中，而是根据第三条置于美国行政管辖之下。所以，根据1972年5月15日生效的《归还冲绳协定》，日本恢复对这些岛屿的"完全"主权，而在美国管辖时期，日本保留了对它们的"剩余"主权。第四，日本是依据国际法中"无主地先占"的原则行事的，并连续地、和平地对钓鱼岛实行了有效统治②。从日本民间认知上看，在因购岛问题引发中日争端后日本国内爆发了激烈的抗议示威，舆论也普遍认为政府应在领土问题上对中国更强硬，这表明日本国民普遍认为钓鱼岛主权属于日本，不应简单视为日本右翼分子的民族主义阴谋。

关于东海大陆架和专属经济区划界问题，焦点在中日双方对国际法中大陆架和专属经济区划分原则的理解不同。东海是中国大陆东岸与太平洋之间的一个半封闭海，西接中国，东邻日本的九州和琉球群岛，北面濒临韩国的济州岛和黄海，南以台湾海峡与南海相通，南北长约700海里，东西最宽处360海

---

① 邵玉铭：《风云的年代》，台北：经联出版社，1999，第277~280页。
② 石家铸：《海权与中国》，上海三联书店，2008，第84~86页。

里，最窄处不过 167 海里，平均宽度仅为 210 多海里。"东海大陆架是中国大陆领土的自然延伸，海底地势与中国大陆一致，由西北向东南倾斜，直至冲绳海槽，冲绳海槽是东海的一个特殊地理单元，海槽南北长 1100 公里，最宽处 150 公里，最窄处 30 公里，北部水深 600 ~ 1000 米，南部一般在 1000 ~ 2000 米，最深处 2900 多米，冲绳海槽成为东海大陆架与琉球群岛隔开的天然分界线。"① 中、日两国各自坚持自己的划分原则，"中国主张以冲绳海槽为界，按'大陆架自然延伸原则'划分法，日本则主张按照等距离'中间线'划分法。在'中间线'和'冲绳海槽线'之间产生了 16 万平方公里的重叠主张区域"②。

二 "搁置争议、共同开发"原则与"6·18 东海共识"

中、日两国在东海划界问题上的矛盾与分歧形成多年，双方也一直试图通过外交途径解决此一问题，但一直进展缓慢，收效甚微，但经过多年的双边会谈，2008 年 6 月 18 日，两国政府同时宣布，通过平等协商，中日双方就东海问题达成原则共识。

"6·18 东海共识"共分为三个部分，主要内容为：第一部分（关于中日在东海的合作）强调了："中日双方经过认真磋商，一致同意在实现划界前的过渡期间，在不损害双方法律立场的情况下进行合作。"第二部分（中日关于东海共同开发的谅解）明确了：一是双方共同开发区块。二是双方经过联合勘探，本着互惠原则，在上述区块中选择双方一致同意的地点进行共同开发。具体事宜双方通过协商确定。三是双方将努力为实施上述开发履行各自的国内手续，尽快达成必要的双边协议。四是双方同意，为尽早实现在东海其他海域的共同开发继续磋商。第三部分（关于日本法人依照中国法律参加春晓油气田开发的谅解）特别说明了："中国企业欢迎日本法人按照中国对外合作开采海洋石油资源的有关法律，参加对春晓现有油气田的开发。中日两国政府对此

---

① 马英九：《从新海洋法论钓鱼台列屿与东海划界问题》，台北：正中书局，1986，第 16 ~ 17 页。
② 石家铸：《海权与中国》，上海三联书店，2008，第 84 ~ 86 页。

予以确认，并努力就进行必要的换文达成一致，尽早缔结。双方为此履行必要的国内手续。"①

"6·18 东海共识"确实在一定程度上反映了中日两国合作，共同开发东海油气资源的意愿，但其与我国提出的"搁置争议、共同开发"原则是有很大差异的。1979 年 5 月 31 日，"邓小平同志会见来华访问的自民党众议员铃木善幸时表示，可考虑在不涉及领土主权情况下，共同开发钓鱼岛附近资源。同年 6 月，中方通过外交渠道正式向日方提出共同开发钓鱼岛附近资源的设想，首次公开表明了中方愿以'搁置争议，共同开发'模式解决同周边邻国间领土和海洋权益争端的立场"②。由此可见，中国领导人首次向日本方面表达的"搁置争议、共同开发"原则的设想缘于和平解决钓鱼岛及其周边海域的开发问题。

钓鱼岛及其附属岛屿"位于中国台湾岛的东北部，是台湾的附属岛屿，分布在东经 123°20′~124°40′，北纬 25°40′~26°00′之间的海域，由钓鱼岛、黄尾屿、赤尾屿、南小岛、北小岛、南屿、北屿、飞屿等岛礁组成，总面积约 5.69 平方千米"③，而"'6·18 东海共识'所确定的共同开发地点位于钓鱼岛东北部偏北的位置，纬度至少相差 4 度。一纬度合 110.94 公里，由此可知，'6·18 东海共识'约定共同开发的龙井油气田（日本名：翌桧〔asunaro〕）周边海域，其位置在钓鱼群岛以北的 440 公里（约 238 海里）处"④。这意味着，中日 2008 年达成的"6·18 东海共识"与我国老一辈领导人设想的搁置争议、共同开发钓鱼岛及其附近海域资源的政策目标有着相当大的差异。

按照中方的意愿，根据"搁置争议，共同开发"的原则设想来解决钓鱼岛及其附近海域的开发完全应该成为中日两国的共识，但是，在达成"6·18 东海共识"前的中日 11 次东海问题的谈判中，日本政府始终拒绝将钓鱼岛及

① 管建强：《论中日东海划界、领土争端解决的法律方法》，《学术界》2010 年第 5 期。
② 《搁置争议，共同开发》，http：//www.fmprc.gov.cn/chn/pds/ziliao/wjs/t8958.htm 2010 年 9 月 15 日。
③ 中华人民共和国国务院新闻办公室：《钓鱼岛是中国的固有领土》白皮书，http：//www.gov.cn/jrzg/2012-09/25/content_2232710.htm。
④ 管建强：《论中日东海划界、领土争端解决的法律方法》，《学术界》2010 年第 5 期。

其周边海域的海底资源纳入共同开发的范围。日方根本不愿承认钓鱼岛及其附属岛屿存在主权争议，因此担心一旦同意将钓鱼岛附近海域的油田作为共同开发的对象，实际上就等于间接地向国际社会承认了钓鱼群岛是中日之间的争议领土。日本民主党的野田佳彦担任首相期间甚至公开宣布钓鱼岛不存在主权争议，并单方面、非法地完成了所谓的"国有化"的购岛行动。通过双边外交谈判解决争端的前提是双方承认争议问题的存在，日本政府从之前的不承认钓鱼岛存在主权争议到公开否认争议，说明其完全没有通过外交途径解决领土争端的诚意。

三 解决东海划界、领土争端的对策研究

中日东海划界和领土争端是影响两国和平友好和战略互惠关系进一步发展的重大问题，和平解决此一问题，对两国关系的发展和地区的和平与稳定无疑具有重大的意义。通过和平的方式解决两国的争端，需要讲原则、讲利益、讲妥协，并综合运用各种合理有效的手段和方式。

（一）充分利用但不局限于外交谈判

解决中、日两国之间关于东海划界和领土争端的问题，要充分发挥外交谈判、协商的积极作用，尽早达成共识，并为最终解决该问题创造条件，"6·18东海共识"的达成走出了解决问题的一小步。但我国不可过分依赖外交谈判解决东海划界和领土争端问题，因为就如此敏感的问题进行的双边谈判缺少客观公正并且能获得当事双方认可的标准。如果一方当事国的要求得不到满足，就会声称不公平，所谓"公平"往往取决于对己方利益的照顾，并没有统一的标准。中日之间虽建立了谈判协商机制，但是，由于双方在东海划界问题上的立场差异甚大，自恢复邦交以来40年的磋商中，日本仍然拒绝在搁置争议的前提下协商钓鱼群岛附近海域的共同开发，可以预见的是，"指望日本同意在'日中中间线（日方主张的）'至中方（学者）主张的抵及冲绳海槽附近中国大陆架线之间出现气田的周边海域进行共同开发的可能性极低。某种意义上来说，期待日本政府能坐下来与中国政府磋商钓鱼群岛主权纷争问题

犹如与虎谋皮"①。

另外,外交谈判如要达成协议,双方都必须有所妥协,但长期以来,在东海大陆架划界问题上,中日两国学者均对《国际海洋法公约》做出了有利于本国国家利益的解释,选择性地强调有利于本国的学术观点。这些观点被本国媒体利用和放大,再与各自国内本来就存在的民族主义情绪一同发酵,已然形成了一种政治正确,不容置疑。而且,在中国国民心中,中日关系不仅仅是一般意义上的国与国之间的利益关系,更渗透进了由于历史原因和日本右翼势力否定侵略历史造成的复杂的爱国主义和民族主义情绪,这使得中国政府面临国内压力,在对日谈判中妥协和回旋的余地更小,不利于达成协议。

因此,中国政府不能将解决中日大陆架、专属经济区划分和领土争端,维护主权完整和国家利益的目标完全寄托在双边谈判和协商上。中国政府完全应当准备,并且勇于探索和尝试各种符合国际法和国际关系准则的争端解决机制,对日本形成强有力的政治、外交和国际司法压力。

(二)运用法律方法解决东海划界争端

运用法律方法是和平解决国际争端的方式之一。法律的方法主要是指国际仲裁的方法(在当事国自愿的基础上,将争端提交给自己选定的仲裁人来裁决)和司法的方法(在当事国自愿的基础上,将争端提交给联合国国际法院或专门的国际法庭进行审理)②。但对于运用法律方法解决国际争端,我国从政府到学者大都对此持保留态度。有学者认为:"国际法院的法官和国际仲裁员大多来自西方发达国家,国际仲裁和司法受西方大国影响的局面至今没有根本改变"③,不主张用法律方法解决中日东海划界问题,更有学者倡导:"我国可考虑像韩国那样就《公约》第298条发表声明,排除三类争端的管辖"④。其意在排除有强制力的裁判程序的运用,即排除法律方法仅运用

① 管建强:《论中日东海划界、领土争端解决的法律方法》,《学术界》2010年第5期。
② 王虎华:《国际公法学》,北京大学出版社,2008,第508页。
③ 张东江、武伟丽:《论中日东海海域划界问题及其解决》,《世界经济与政治》2006年第4期。
④ 吴慧:《国际海洋法争端解决机制对钓鱼岛争端的影响》,《国际关系学院学报》2007年第4期。

外交谈判的方法解决该问题。

效仿韩国拒绝法律方法解决纷争，从维护国家主权和利益的角度看，其实对我国是不利的，因为韩国的具体情况与中国不同。韩国实际控制了与日本存在争议的独岛（日本称"竹岛"），且独岛离韩国本土较近，军事上的供给保障有力。反而是日本政府早在1954年即向韩国政府提出通过国际司法途径解决该岛的主权争端，但此提议被韩国政府拒绝。钓鱼岛的情况与独岛完全不同，钓鱼岛被日本政府实际控制，且距离中国本土较远，军事上不易覆盖，但较多的证据可以证明钓鱼群岛是中国的固有领土。

韩国政府实际控制着独岛，如果接受仲裁或者诉讼，则可能会打断其对独岛的有效管辖，因此韩国拒绝法律方法是对其有利的。而日本政府实际控制着钓鱼岛，且其在钓鱼群岛主权问题上可以主张的有利依据并不多于中国，如果其接受法律方法解决问题，则会打断其对钓鱼岛的管辖，因此中方拒绝运用法律方法诉诸国际仲裁和诉讼，实际是日方所乐见的。如果中日东海划界和钓鱼岛主权归属争端长期得不到解决，而日本又支持本国企业在争议海区开采油气，或者以其他方式侵害中国主权和利益时，中方仅仅抗议是不解决问题的，而外交途径又不起作用，因此，最好的办法是运用国际诉讼的法律手段，如果日方拒绝法律方法解决的，则中方师出有名。总之，法律手段是解决国际争端的有效方式，只要是对维护主权完整和国家利益有利，就应该充分利用。

（三）钓鱼岛"零效力"有利于解决东海划界问题

钓鱼岛及其附属岛屿的主权归属问题与东海海域划界问题是两个既有联系又有区别的问题。日方始终坚持把钓鱼岛作为自己的"领土"，以钓鱼岛为领海基点，按"中间线"原则与中国划分专属经济区和大陆架。事实上，从地理上、历史上和国际法角度，钓鱼岛都是中国的固有领土，中国完全有权以钓鱼岛为基点，主张自己在东海的专属经济区和大陆架。但如此一来，东海海域划界问题将更趋复杂化。因此，为了寻求东海海域划界问题的解决，可以考虑暂时将钓鱼岛"零效力"化，即在划界中暂时忽略钓鱼岛效力，而通过其他的标准划分中日在东海的专属经济区和大陆架。

这不仅有利于中日东海海域划界问题的顺利解决，也有利于解决钓鱼岛本身的主权争议①。

将钓鱼岛"零效力"化，不仅是为了解决东海划界问题的一种策略，也是符合《联合国海洋法公约》的规定和国际司法实践的。《联合国海洋法公约》第121条第3款强调"不能维持人类居住或其本身经济生活的岩礁，不应有专属经济区和大陆架"。从钓鱼岛群岛本身的海洋特征看，"组成它的五个小岛不仅面积小，而且长期无人居住，虽然钓鱼岛和黄尾屿能够维持人类居住，但须从外界输入相当资源，其本身资源并不足以维持其经济生活。因此，钓鱼岛本身并不符合海洋法公约规定的拥有专属经济区和大陆架的条件"②。

此外，中日双方均坚持主张钓鱼岛及其附属岛屿为本国领土，并各自列举了多方面的证据，相较而言，中国方面的证据更充分。从有关国家的实践看，"主权有争议的岛屿在大陆架划界中往往不被赋予效力。比如，伊朗—阿联酋之间有争议的阿布穆萨岛，在大陆架划界中就被忽略。又如，印度—斯里兰卡之间有争议的卡恰提伍岛，连12海里领海也被否认"③。因此，钓鱼岛在中日大陆架和专属经济区划界问题中要么应该被忽略，要么仅承认其拥有12海里的领海。总之钓鱼岛在中日东海问题中不应存在划界效力。

（四）必要时使用实力手段做出回应

日本在钓鱼岛问题上的做法不外乎加强实际控制，不断向国际社会宣示其对钓鱼岛实现了"有效管理"，企图最终以"时效取得"的方式正式获取对钓鱼岛及其附属岛屿的主权。在东海问题上，日本曾蓄意阻挠中国在本国海域进行开发的活动，2005年7月14日，"日本经济产业相中川昭一还宣布，批准日本帝国石油公司对东海'中间线'以东油气试开采的申请，试图单方面采取在中国主张拥有主权权利的东海大陆架进行开采行动"④。而2010年9月7日在钓鱼岛海域更是发生了日本海上保安厅巡逻艇冲撞中国渔船并非法抓扣中国

① 张东江、武伟丽：《论中日东海海域划界问题及其解决》，《世界经济与政治》2006年第4期。
② 王秀英：《中日东海大陆架划界中的若干关键问题》，《东北亚论坛》2007年第6期。
③ 赵理海：《海洋法问题研究》，北京大学出版社，1996，第88页。
④ 石家铸：《海权与中国》，上海三联书店，2008，第93页。

渔民和渔船的事件。2012年4月16日日本东京都知事石原慎太郎当地时间在美演说时宣称，为守卫日本领土，东京将计划"购买"钓鱼岛。7月6日，日本政府高官造访石原慎太郎，传达了将钓鱼岛（日称"尖阁诸岛"）本岛、南小岛、北小岛这三座岛屿"国有化"的方针。2012年9月10日，日本政府不顾中国强烈反对，宣布"购买"钓鱼岛及其部分附属岛屿，将其收归国有，11日与所谓的"土地所有者"以约20.5亿日元（约合1.66亿元人民币）签订购岛合同。

面对日本方面不断侵犯我国主权和国家核心利益，中国也应在必要时使用实力手段做出回应。首先，派遣渔政巡逻船赴钓鱼岛海域护渔执法，并宣示我国主权，此外，对于非法进入我国领土（领海）捕鱼或勘探作业的外国公民和法人，可依照我国法律属地管辖的原则对其进行追究，对违反我国《刑法》的外国公民和法人还可以依法将其逮捕并审判。最后，日本政府如单方面对我领土主权进行侵犯和挑衅，我国也不应排除使用包括海军在内的国防武装力量进行自卫的选择。只要触碰我们的底线，我们就应毫不犹豫地予以军事反击。因此总参谋部颁发的《2013年全军军事训练指示》，在今年全军军训工作部署中特别指出了："要强化打仗思想，要做好打仗的准备，坚持打仗的标准，按照实战要求来检验衡量训练的成效。"当然打仗不是最终目的，是最后的手段，国家不到最后时刻不会轻言战争。战争会给社会、国家经济的发展带来不小冲击，尤其会影响中国30年和平发展的战略机遇期。"因此中国不能轻易动打仗的念头，不能在其他手段未用尽的时候，为了'出口气'而开战。只要压力在我们的承受范围之内，我们就当忍则忍。我国政府必须在任何时候都能冷静权衡国家利益，为人民承担起正确决策的责任。"①

为了维护国家的主权和领土完整，为了保障我国在本国大陆架和专属经济区的合法权益，中国应采取包括法律手段和实力手段在内的各种方式来应对日方可能对我主权和国家利益的侵害。中国要坚持和平解决国际争端的原则，并希望通过两国谈判实践"搁置争议、共同开发"的双赢目标，但如果放弃运

---

① 《和平近30年后 我们应如何看"打仗"》，环球网，http://opinion.huanqiu.com/editorial/2013-01/3494346.htm（上网时间，2013年1月15日）。

用法律手段和实力手段向日本方面施加压力，则东海大陆架和专属经济区划界注定会久拖不决，而收复钓鱼岛主权则更将是遥遥无期。"中国下的棋局越来越大，每落一子都可能有惊人的潜在牵动力。没有意志我们终将被压垮，没有智慧和谋略，我们就会自陷变局。中华民族面临着人类历史上前所未有的重大考验。"①

① 《和平近 30 年后 我们应如何看"打仗"》，环球网，http：//opinion. huanqiu. com/editorial/2013 - 01/3494346. htm（上网时间，2013 年 1 月 15 日）。

Ｙ.6
东北亚地区民族主义对国家关系的影响

张　斌*

摘　要：

　　进入后"冷战"时期，东北亚各国的民族主义也在膨胀发展。作为社会基础，东北亚各国社会成员与政府之间通过各种渠道的互动，对各国对外政策的制定和实行产生越来越大的影响，并进一步对地区国际关系、地区的安全和稳定造成了一定程度的冲击和损毁。政治上变得更加敏感，动摇、扭转着自"二战"以来经过努力而建构的不同国家民族成员间的社会关系，使其由相对良性到非良性，由相对信任安宁向猜疑敌视转变；在相互关系上降低了东北亚区域内国家间睦邻与合作的现实期望值，使其由多层面互动合作向通过借力、合力促使区域国家间的相互制衡转变，在经济关系上受民族主义膨胀影响，导致"政热经热"，"政冷经冷"的局面出现；在热点问题态度上，由政府主导下的争议搁置转向岛屿主权之争为主的民族对立。另外，从民族主义主张来看，各国民间社会、政府、党派的民族主义主张，以及国家民族主义的战略要求陈杂不一，相互博弈，这也加剧了东北亚安全稳定趋势走向的变数，增加了区域内各国民众的不安全感。

关键词：

　　东北亚　民族主义　地缘政治　地区安全

　　目前，民族主义已经成为一股全球性的浪潮，"这个在两极霸权时代曾一度被认为是已经或趋于消失的现象，现在不仅重又回到人们的视野中，而且显

---

* 张斌，长春师范大学政法学院副教授、副院长。

然已成为国际政治画屏的最重大的焦点之一"。① 在国际秩序和国际关系中，民族主义的效能正在世界范围产生广泛、深刻、持久的影响。东北亚地区各国民族主义的发展，对地区国际关系、地区的安全和稳定造成了一定程度的冲击和影响。东北亚地区是中国和平发展的重要依托之地，也是中国重要的周边地区和走向世界的桥梁。研究民族主义对东北亚地区和平稳定与经济繁荣的影响，有助于我们认识区域内国际关系中的矛盾与纷争，促进实现地区和平稳定，推动地区合作健康稳定发展。

一　东北亚民族主义势能强化

当今世界，民族主义不仅正在对国家的对外战略决策产生重要影响，在国际关系及涉及国际社会许多问题的讨论中也发挥着重要的作用。"当以主权国家为主要行为体的国际体系形成之后，国家就成了民族的代言人，他从民族那里获得了拥有主权的合法性，并用民族主义将全体国民集中在国家及其周围，有效地动员并组织其去参与全球化中的国际竞争"，② 为祖国国家利益奋斗已经成为国家社会和文化意识。因此，民族主义已经成为在分析和研究国际问题时的一个不可忽略的社会和文化因素。

随着全球化和区域集团化，民族国家经济特别是东北亚各国经济外向型依赖程度不断加强，国内与国际政治相互影响，特别是当前面临全球性金融和经济危机，各国经济状况恶化并应对乏力，民众对政府的信任程度减弱，以国家为中心的社会民族意识充满抱怨，使各国对国家社会成员的动员和控制能力存在着不同程度的弱化，政治精英的权威影响力也有不同程度的下降，因此，各国都迫切需要一种能够凝结民众的最广泛认同和共鸣，以缓解政治合法性危机，扩大政治影响。为此，包括东北亚地区内的一些国家乃至政党或派别为了自身目的，往往祭起民族主义大旗，因为具有国家社会和民族文化基础的民族主义可能是更易操作，更具广泛影响力，因而也更易于操作。这也进一步表

---

① 王逸舟著《当代国际政治析论》，上海人民出版社，1995，第87页。
② 韦民著《民族主义与区域主义的互动》，北京大学出版社，2005，第10页。

明，民族主义在国内的政治角逐中已构成了十分重要的社会基础。

从政府和民间在国家对外关系中的作用来看。在现代国家制度环境下，民众的意愿不仅影响或者左右着本国政府的国内政策，同时在国家对外关系决策等方面与政府互动，甚至对一国政府的对外行为选择具有十分重要甚至是决定性影响。在当代国际关系中，政府之间的关系固然是国家间关系的主要表现形式，但各国民间交往、互动也越来越受到重视，民族主义作为民族文化的组成部分，深深地根植于国民意识中，伴随着东北亚各国政治民主化的发展，构成一种客观诉求或社会力量，规范和左右一个国家人们的价值认同、情感取向、思维方式、社会活动乃至对内对外的政治态度和行为，政府也往往利用这一点为其外交目的服务。

以日本关于修改《和平宪法》这一广受各国关注甚至反对的问题为例，由朝日新闻与东京大学于 2012 年 12 月联合进行的民意调查显示，约有 50% 的日本选民赞成修改《宪法》，增强日本的国防实力，相比 2009 年 41% 的比例上升近一成，而 45% 的选民赞同日本实施联合自卫权，与他国结成同盟，共同应对外部势力的攻击，该数据同 2009 相比上升 8%。而在日本政坛，89% 的国会众院议员支持修改《宪法》，79% 的议员支持日本政府缔结防卫同盟。[①] 这也正说明安倍政府对外政策的右倾化是有着本国民意基础的。

由于东北亚各国历史上长期受"个人服从集体"的传统观念和教育的影响，国家或民族对国民来说具有至高无上的权威，因而也更具影响力。因此，在当代东北亚民族主义浪潮中，虽然存在着一些狭隘、非理性甚至是极端民族主义的观念，以及因此不断出现的过激行为和表现，但各国都缺少对其进行有效制约的手段。"这并非是由于民族成员丧失了理智或是公民个体不具有独立人格，而是因为东亚民族主义的奋斗目标在实践中与国民意识所包含的公民追求个体权利、承担相应义务的实现条件（尤其在与外部有关的安全保障方面）存在有太多的契合之处。"[②]

① 凤凰卫视：《最新民调显示约五成日本民众支持修改和平宪法》，2013 年 01 月 28 日，http：//news. ifeng. com/mainland/special/diaoyudaozhengduan/content－3/detail＿2013＿01/28/21681075＿0. shtml。

② 赵立新：《东北亚区域合作的深层障碍》，《东北亚论坛》2011 年第 3 期。

在东北亚，由于存在诸多历史和现实问题、矛盾，使各国民族主义的诉求既有相互一致之处，又存在相当大的差异，所引发的矛盾也在严重破坏着东北亚各国间的友好交往及对和平的努力。"东北亚已经成为这样一个区域，它被历史上的对抗和敌意打下了深的烙印。与世界其他地区不同，东北亚迄今为止从未发展出一种能够促进区域合作的区域意识，或者提供一种能够确保长期稳定的区域秩序。"① 特别是当下东北亚各国间突出矛盾的表现主要围绕钓鱼岛、北方四岛、独岛等主权之争，已经并正在损害着东北亚本就脆弱的和平机制，且不断加重人们自"二战"结束以来对再次发生战争的新一轮担忧。特别是随着现代各国通讯媒体的发展，信息传播的速度和影响的程度越来越广泛深入，使国民意愿以及民族主义情绪和主张得以更迅捷地表达，进一步加强了国民在对外决策中的作用，使东北亚各国的民族主义情绪进一步发酵膨胀。当下，为了主权之争，在民族主义浪潮声中，地区安全形势日趋紧张，许多媒体甚至以为战争将会很快在东北亚发生。

关于如何认识东北各国民族主义的现实表现，不可忽略几个重要的历史背景，一是以往东北亚的历史主导者曾经是大陆中国及其在儒家天下制度下的东北亚朝贡和平体系，在这一体系下，东北亚历史的话语权也主要是由历代中国王朝的史书所构成；二是"天皇""神道""军国主义"治下的日本所发动的侵略、掠夺战争给东北亚各国带来的深重灾难和痛苦；三是战后的两极体系以及苏联解体后的美国对东北亚的操控性存在，四是经济全球化和区域集团化。受这些背景影响，东北亚民族主义对地区国际关系影响表现出国别特点。

"近代日本的民族主义萌发于江户时代后期，是以'尊皇'所表现的国体意识和'攘夷'所反映的对外反映意识展开的。"② 19世纪明治维新以后，"师仿欧洲"，开始了工业化进程，以"尊皇"统一民族，促进经济繁荣，煽动民族优越感，开始向周边国家进行殖民侵略扩张。"二战"后，作为战败国，由于美国的庇护，在没有对侵略历史和罪行进行彻底清算、天皇体制仍以保留、军

---

① 任东波：《民族主义与区域主义》，《东北亚论坛》2005年第5期。
② 李晔、耿昕：《论东亚民族主义的类型与特征》，《东北师范大学学报（哲学社会科学版）》2001年第5期。

国主义阴魂犹存的情况下，很快筑就经济大国地位，随着国力的增强，陆续展开修改《宪法》，与中、韩、俄争夺领土，提出实现"政治大国""正常国家"的国家目标。当前，日本右翼极端民族主义已经成为日本政坛主导倾向，其行为特点主要是依傍与美国的军事联盟，全面篡改、掩饰其扩张民族主义和军国主义给亚洲其他国家带来灾难的罪恶历史，肆意挑战、突破现行的亚洲战后秩序制约，主动打破与周边国家业已形成的默契，挑起现在的领土争端。

朝鲜半岛之所以分裂为现在的两个国家，是由于"二战"结束以后美苏两个大国的对峙造成的。从总体上说，其民族主义都以悠久的历史文化传统为伪文化和社会基础，主要表现是在朝鲜半岛事务上可以追求独立和自主性，都期望实现半岛统一基础上的国家独立。朝鲜的民族主义倾向体现为执意追求"先军政治"，不惜破坏战后国际核控制度和东北亚的战略稳定，企图通过拥有核武器和中远程导弹实现与其他大国平等对话，朝鲜核爆事件，就体现了狭隘民族主义对地区和平的危害。而韩国在第二次世界大战结束初期，受美国的鼎立扶持，经济得到了迅速发展，国家也日益强盛。受"经济民族主义"的激励，其民族主义的政治倾向是企图以自己的力量为主导，借助美国力量实现安保，且又与美国适当保持距离，在领土和历史问题上与日本保持一定对抗，同时，又希望通过重建朝鲜半岛历史，以寻找其"领土存在"的历史依据及"合理性"，由此也引发了与中国对抗的潜在可能。

"中国民族主义发生、发展的历史，就是在现代化和东西方文化冲突的推动下，中国人民为自立于世界民族之林和实现现代化而奋斗的历史。"[①] 鸦片战争发生以前，中国以自我为中心而以为"君临天下"，鸦片战争爆发后，面对深重的民族灾难，国人的民族意识被激起，历经辛亥革命、抗日战争、解放战争才走上现代化的道路。实施改革开放政策以后，中国加速发展，并取得令人瞩目的成就。"国强民富"成为民族主义的基本诉求。关于实现现代化的途径则主张走和平发展、互利互惠、合作共赢的道路。

俄罗斯作为一个古老的民族，曾历时200多年，不断地征服了大小100多个民族，终于扩张成为横跨欧亚两洲的庞大帝国，同时形成并习惯于居高临下

---

① 徐迅著《民族主义》，中国社会科学出版社，1998，第127页。

对待其他民族的优越感。原苏联在 20 世纪 90 年代初解体的残酷现实，严重地打击了俄罗斯民族。因此，在重振民族经济，重振大国雄风的过程中，其民族主义主要表现为追求强国"复兴型"，在东北亚地区，则主要表现为努力施加在东北亚地区的影响，并发挥更大的作用。2012 年由俄罗斯主办的 APIC 会议地点选择在符拉迪沃斯托克举办也正体现了这一意图。

在传统国际关系交往中，一个国家的外交行为主要由政府中的外交部门或专业人员进行操作。但在现代国家中，一般国民也可以通过政治参与，以集体意志影响本国内外战略与政策的制定，进而影响对外关系乃至国际关系。从国际方面来看，作为民族主义的载体，国民主要是借助现代通信技术，特别是互联网络直接向其他国家表达政治意愿；从国内方面来看，民族主义体现为一种民间的意志和呼声，一般来说主要通过以下几个渠道产生作用。

一是作为国家对外决策和政策的民意基础，通过民主选举、各种媒体、社会调查等方式对国家机构或政府施加影响。在现代民主制度的国家环境下，由于掌握国家权力的政府首脑和议会议员都是经过民众选举投票选出的，一般来说，民众的意愿、态度决定着他们可否顺利完成任期或连任，乃至政治生命的存续。因此，如果他们不顺从选民的意志和要求，推行不得人心的对外政策，那么在未来选举中就得不到民众选票的支持，所以，这部分人的政治生命十分依赖于选民的意愿和选择，当然也包括民族主义情绪和意愿对这些政策制定者的影响。另外一种情况就是政府有意诱导、制造、煽动、利用民族主义情绪，甚至出现政府绑架民意的状况。当下日本政府抛出的所谓购买钓鱼岛的计划，就是对日本民族主义情绪的调动，其结果引起中国和日本的矛盾对抗。

二是利益集团特别是政党通过争取选民来扩大自己的政治影响力。当前东北亚各国民族主义的影响还表现在利益集团、政党及其思想在对外政策的取向方面，提供或限定其在执政或参政时关于对外决策选项的问题的言行。不同利益集团或党派在竞争环境中为了扩大影响和争取权利，在总体上与所支持者一样，受国家民族文化、《宪法》等制约，要同国家要求保持不同程度的一致。但由于利益集团或党派所处地域、地位、所代表阶层、政治意志等差别，面对民族主义情绪采取了不同的行为。长期以来，日本的主要政党为了满足党争的需要，利用甚至有意操弄、煽动民族主义情绪为其政治利益服务。东京都知事石原慎太郎为了帮助其儿子赢得竞选，在购买钓鱼岛问题上大做文章，竟置日本的长远战略利益于不顾。另外，各国参加竞选的政党或团体一般都把对外主张作为争取选民的重要竞选纲领的内容，也反过来说明了这一点。

三是对对外政策制定者的影响。民族主义在东北亚各国影响着决策者，并通过他们进一步影响本国的对外交往。这是由于：首先从决策者个人层面来看，不同国家的民族都有自己的民族发展历史，都有自身民族发展过程中传承下来的意识形态、宗教信仰、道德价值观念等文化传统，而各国的决策者都在各自不同的文化传统中成长，长期接受本民族文化的教育和影响，甚至往往是体现本民族精神和利益的代表或精英，"因为他们的言论或行为符合国家的民族精神，体现出了反映本民族特征的文化模式。这样，他们在制定或执行政策过程中，必然有意或无意地把存在于他们意识深层中的文化价值体现出来，给本国的对外政策打上明显的烙印"，[①] 同时，与国家力量中的其他因素（如经济、军事、政治）结合，制定国家具体的对外政策，指导国家对外交往实践。其次从决策者的社会环境层面来看，一方面，作为民族主义载体的民众在当今民主政治体制下要求国家外交决策者必须站在民族立场上，在代表并维护本民族的利益基础上制定并施行外交政策，否则就会得不到民族成员的认同和支持。另一方面，外交决策者也可通过煽动、利用或操控民族主义情绪来构筑并扩大自己的政治支撑基础，达到政治目的。他们往往善于通过迎合民众的民族自尊心，把对民族问题敏感的选民尽可能多地拉入自己的阵营，以巩固自己的权力，扩大政治影响的张力。以日本为例，近年来，作为曾经左右日本政坛的日本极端民族主义代表的多任首相或政治人物——森喜朗、小泉纯一郎、野田佳彦、石原慎太郎等，都是利用民族主义来达到自己的政治目的，由此可见，民族主义对当代日本决策层及其对外政策的影响越来越明显，同时也是当代日本外交常常表现出非理性的重要因素之一。这一点也多少反映出了日本普通民众的选举政治意愿右倾倾向及对外交政策制定者的影响。

---

① 王晓梅：《共国文化与外交》，世界知识出版社，2000，第2~3页。

二　民族主义与东北亚国家间信任断裂

以往国际关系的相互信任机制是建立在均势、制度制约、互需合作、高层接触等机制上，但东北亚各国间至今仍未建立任何多边的、有助于构筑互信、具有普遍约束力的制度或协议，现有的互信机制基本是由双边关系或是依赖于外力的同盟关系为基础的，而这种关系对地区其他国家来说，又往往被看做是一种威胁。一方面，在这种制度共识缺失的环境下，相关各国曾在"搁置争议，共同开发"这一被默认的框架下，开展了较为广泛的经济领域的贸易与合作。尽管这种合作对东亚各国经济发展起到了巨大的推动作用，并在增进各国民众间的友好认同方面发挥了一定的作用，且一度显现了向经济一体化发展的趋势和苗头，但事实上，除了经济上的联系较为密切外，其他条件都不理想。相反，日本早年军国主义推行的"大东亚共荣圈"和"冷战"已成了地区其他国家痛苦的历史记忆，只要这个阴影尚存，任何形式的区域内的互信就难以建立；另一方面在意识形态因素影响相对减弱，国家利益重新回到民族国家对外决策中心位置的今天，东北亚各国民族主义正在被不断激化，直接导致国家间的信任关系变得更加复杂，加之存在历史和领土等涉及核心利益诉求的分歧，东北亚各国间原本脆弱的互信基础被拆毁，所扩大和凸显的是民族国家之间的相互不信任和猜疑，新的互信与睦邻的愿望由于民族主义膨胀变得更加难以建构。

回顾战后的历史，从各国社会成员心理层面的变量关系，也可以感知各国间建立睦邻与互信所遇到的困境。俄罗斯、日本、韩国在战后都曾取得令国民"骄傲"的"成就"，俄罗斯曾经为两极中的一极；日本作为"二战"的战败国，战后迅速发展为世界第 2 位的经济大国，担任美国盟友的角色，为"西方七国集团"中心的成员；韩国也迅速跨入准发达国家的行列，并受美国的保护。三国的社会成员已"习惯"并"安适"这样的"力量平衡"的"现状"。随着中国"跨越式发展"、实力的壮大，以及对整个地区及世界的影响力不断增强，使原来人们"习惯"并"安适"的"现状"发生动摇和改变，人们还没能做好接受中国在身边再次强大的心理准备，特别是经历了长期经济衰退，又面临"金融危机"所带来的"非对称性破裂"，对于这些难以接受的新"现实"，则希冀本国政府在内外政策选择上能更加"强硬"起来。正是在这一心理驱使下，无论哪个国家所作的地区和平努力，都有可能被其他国家的社会成员看做对地区领导权的争夺，甚至努力越多，这种不信任感可能也会越强。这一点，也是导致"六方会谈"目前处于僵局状态、各国网民在网上相互进行文字争斗的重要因素之一。

从东北亚各国的民意取向变数来看，各国间信任基础具有脆弱性。由于美国亚洲战略调整，进一步引发了东北亚地区的固有的热点问题。仅日本就发生与多国的领土主权问题：比如，日本和韩国之间在争夺"独岛（日本称为竹岛）"，日本和俄罗斯之间争夺"北方四岛"，日本和中国之间争夺"钓鱼岛""东海主权"，等等。且还常常由此进一步引起相关各国在渔业、专属经济海区争端等。领土问题本就十分敏感且十分复杂，难以在短期内解决。对于东北亚各国来说，当前民族主义对睦邻关系的影响突出表现在中日和日韩关系间缺乏相互信任，特别是由于日本对历史问题的顽固态度和右翼势力主政并挑动事端，周边国家社会成员难以对日本产生信任并与之和睦相处。日本内阁于2012年9月27日至10月7日间进行了"关于外交的舆论调查"，这一调查是日本各项有关外交问题的民意测验中最具权威性的调查，不仅在日本，近年也成为中国研究中日关系的重要参考依据。从这次调查结果来看，在受访者中，对中国"没有好感"的日本人高达80.6%，与2011年的上次调查相比增加了9.2个百分点，创下20世纪70年代开始此项调查以来的新高；有92.8%的被调查对象认为现在的日中关系"不好"，比上次调查增加了16.5个百分点；而回答现在的日中关系"良好"的仅占4.8%，比上次调查下降14个百分点。关于与韩国关系，回答对韩国"没有好感"的也增加了23.7个百分点，达到59%，处于历史第二高的水平；认为日韩关系"不好"的达到78.8%，比上次调查增加42.8个百分点，均创下历史新高；认为日韩关系"良好"的占18.4%，下降41.1个百分点，均创下历史新低。① 针对于这一调查结果，连

---

① 《调查显示日本人反中韩情绪上升》，新华网，http://news.xinhuanet.com/world/2012 - 11/26/c_ 124000432.htm，2012年11月26日。

研究中日关系的横滨大学名誉教授矢吹晋也认为，中日关系不良的根本原因是彼此国民互不信赖。[①] 至于中国民众对日本的态度，自 2012 年 9 月，中国多地发生反对日本政府"购买钓鱼岛"的游行示威，且直接涉及对日本商品的抵制等，已见一斑。

三　民族主义对东北亚经济政治合作的影响

面向 21 世纪，增强国家实力，关注民生，促进就业等内容成为世界各国政府回应国内社会成员意愿的主要政治议题。为此，各国都想借经济全球化和区域集团化趋势日益加强的机会，与其他国家开展广泛的经济技术合作，吸引外资和技术，发展本国经济，增强本国综合实力。从世界区域合作发展主要情况看，北美自贸区合作的基础是美国强大的实力，加拿大和墨西哥严重依赖于美国的市场，所以只要美国有动力，区域合作即可顺利发展。欧洲虽经两次世界大战的痛苦经历，通过战后逐步整合，各国间政治经济发展程度及文化有很大的相似性，加上成功解决了德国历史问题，使欧洲各国得以结盟。而欧盟和北美自由贸易区的成功也给包括东北亚在内的世界其他地区提供了宝贵的经验和压力，合作发展逐渐成为各国在如何加快发展问题上的共识，各国为了避免独自发展经济所遇到的难以克服的障碍，纷纷谋求与其他国家合作的途径和机会。在这样的世界大背景下，尽管东北亚各国的民族主义特点存在着深刻的差异，但合作才能更好发展已为地区各民族的有识之士所认同，各国社会成员特别是经济界和学术界以及政府人士也对其抱有很大期望。应当说东北亚经济一体化的合作意愿已经具备了一定的社会基础。

当今全球经济发展总格局的一个明显特征，就是东北亚的发展已成为世界经济发展的主要引擎之一。而且还被普遍认为是世界上继欧、美之后的新的最具发展活力的地区，在 GDP 水平提高的速度和总量、国际贸易额的增长、科学技术竞争能力的增强等方面，东北亚地区都显示出了蓬勃发展的态势，其

---

① 《调查显示日本人反中韩情绪上升》，新华网，http：//news. xinhuanet. com/world/2012 - 11/26/c＿ 124000432. htm, 2012 年 11 月 26 日。

中，尤其是以中、日、韩三国的经济增长和经济融合最为引人注目。三国间无论从贸易数量还是投资状况看，都构成最主要的经济关系对象，并都有通过经济一体化来实现共同繁荣的愿望。中国一直以积极的态度推动东北亚地区自由贸易区的形成。韩、日两国已于 2003 年开始双边自由贸易区谈判。中、韩两国在 2005 年启动了两国自由贸易区可行性研究。中、日两国尽管仍未将建立自由贸易区提上日程，但双方已经开始探讨在投资、贸易、服务等有关方面建立紧密的经济伙伴关系问题。三国还成立了关于建立中日韩自由贸易区的联合研究工作组，并于 2003 年共同提出了《关于加强三边合作的报告和政策建议》。2003年 10 月中、日、韩三国领导人在印度尼西亚签署了《促进三方合作的共同宣言》，标志着中、日、韩三国向经济一体化又迈出了重要一步。2012 年 5 月，中、日、韩三国还开展了三边投资协定谈判，韩国也已经与美国达成了自由贸易区协定，客观上为启动中韩自贸区谈判创造了条件。这些合作进展，引起了中日韩包括民间在内各界人士的极大关心，因而也具有了一定的行动基础。

与欧盟和北美自由贸易区相比，近年来，东北亚经济一体化的进程虽然通过各国不断努力取得了一定的成果，但却已经被远远地甩在了后面，甚至对"东盟"也只能自叹不如。之所以如此，民族主义差异性的影响是重要因素之一，更何况还存有政治经济制度、发展水平以及外在的美国干扰等。具体来说：一是狭隘民族主义影响。东北亚国家间存在着只从本国利益、现实利益出发，不顾他国或者长远利益的行为。关税和非关税壁垒等贸易保护主义行为仍经常存在，严重阻碍了国家间自由贸易的实现，甚至有的国家社会成员仍然抱着为振兴民族经济而使用国货的狭隘民族主义意识。这种民族主义观念不仅在一定程度上影响了各国间的经济合作，还可能膨胀到其他领域。二是不良政治行为导致民族主义对经济关系的损坏。长期以来，在东北亚国家特别是中日之间长期存在着"政冷经热"的现象，这也是包括右翼势力在内的日本政府有意利己策略所为。在这一"现实"策略指导下，日本已经成为东北亚地区岛屿争端最多的国家。日本政府在钓鱼岛、"慰安妇"、参拜靖国神社等问题上的无理言行，进一步激发了国内外民众之间的民族主义情绪和行为上的对抗，加重了地区其他国家及社会成员对日本的不信任以及政治发展趋势的担忧，特别是进一步损害了中日之间经济贸易、社会文化、高层对话等相互交往，引起

了越来越难以控制的后果。2012年下半年，多家日本在华企业因工人罢工抗议而不得不暂时停工，中国的多家旅行社还终止了赴日本的旅游团项目，使日本的航空、旅游等行业受到了很大损失。另外，钓鱼岛问题还使日本的汽车制造业成为中日贸易的"重灾区"。美国全国广播公司称，受主权争端的影响，中国消费者购买日本品牌商品的欲望大大下降，仅2012年第三季度，日本汽车零部件出口可能下跌40%，而汽车整车对华出口下跌了约70%。钓鱼岛事件发生前，一家国际知名汽车咨询机构发布研究报告显示，近年来，中国消费者对日系车型的购买意向率从2009年的32%下降到2012年的24%，而欧美车型则从25%上升至35%。① 摩根大通经济学家还认为，"中国经济也可能因此受到不利影响，因为日本企业可能因此加速将其在中国投资、产能向亚洲其他国家转移"。②

民族主义是整体民族的政治取向，以全体国民的认同为基础，经过长期历史实践形成的。但在现实中，一个国家民族主义主张的内容往往存在差异，这是由于民族主义的社会属性导致的，也就是说国民认同既有整体一致性，也存在差异性，一致性一般表现为对国家、共同语言、民族习惯、生存习惯的特质认同等方面，但在国家政治行为认同上，往往存在不同甚至相反取向。在日本涉及对华关系问题的主张方面，日本政界在钓鱼岛问题上的态度也并非一致，日本执政党之一的公明党党首山口那津男在2013年1月上旬出访中国前，曾谈及日中关于钓鱼岛的对立实际上被"搁置"。但是，日本自民党和日本首相安倍晋三却纷纷否认这一说法。③ 日本民主党的前首相鸠山由纪夫在2013年1月中旬访问中国时也表示钓鱼岛是"争议地区"。而安倍在2013年1月22日明确表示，钓鱼岛上空是"日本的天空"，自卫队是否进入取决于日本政府。④

① 胡心媛：《2012年中日贸易暗淡收官》，《经济参考报》，ttp://www.chinatradenews.com.cn/html/maoyixinxi/2012/1227/1195.html，2012年12月27日。
② 《日本经济在岛屿争端中"悲鸣"》，环球网，http://world.huanqiu.com/exclusive/2012-10/3171898.html，2012年10月09日。
③ 朱晓磊：《日媒：日政党在钓鱼岛问题步调不一影响与华外交》，环球网，http://world.huanqiu.com/exclusive/2013-01/3577099.html，2013年1月24日。
④ 朱晓磊：《日媒：日政党在钓鱼岛问题步调不一影响与华外交》，环球网，http://world.huanqiu.com/exclusive/2013-01/3577099.html，2013年1月24日。

在学术界，日本东京大学法学政治学研究科教授、国际政治专家藤原归一2012 年 12 月 23 日在接受日本《朝日新闻》采访时指出，中日此次在钓鱼岛问题上的争端是由日方挑起的，如果安倍晋三就任首相后真的要在钓鱼岛问题上有所动作，中日紧张关系将无法缓解，他呼吁安倍审时度势处理外交关系。① 在日本经济界，早就由于野田佳彦担任首相时未能改善中日关系表示了不满。2012 年 11 月初，日本日中经济协会发表紧急建言，指出"以日中友好大局为重，让经济关系尽快恢复正常化是最紧急的课题"，要求日本政府尽快努力修复中日关系。另据《读卖新闻》报道，日本最大的经济团体经团连干部一行曾当面向民主党陈情，要求日本政府改善中日关系。经团连会长米仓说，"日中关系加速紧张，已经对经济和企业活动造成巨大影响"。② 一向远离政治话题的日本首富、服装零售业巨头、优衣库社长柳井正在 11 月 23 日出版的《周刊朝日》首次谈及钓鱼岛问题，公开表示钓鱼岛争端导致中日关系如今的局面错在日方，呼吁日本政府承认钓鱼岛主权争议，同中国领导层展开坦率对话。针对一些日本右翼分子鼓动日本企业退出中国市场，柳井说，"放弃中国，将加速日本的没落进程"。③ 由此可见，在谈到一个国家对外关系涉及民族主义问题时，需要具体分析，因为在一个国家内部不同的民族主义主张会造成对外政策的不同变化和影响。与顽固地强调领土主权分歧主张不同的是，各国主张加强经济合作、文化交流等、维护东北亚和平的呼声也并非鲜见，也正由于这一呼声存在，或许才是使人们看到并通过共同努力实现东北亚各国共同发展繁荣的希望所在。

总之，随着各国的民族主义的膨胀发展以及对各国对外政策影响的扩大，东北亚政治变得更加敏感，动摇、扭转着自"二战"以来经过努力而建构的不同国家民族成员间的社会关系，由战后秩序下的相对良性到非良性，由相对信任安宁向猜疑敌视转变；在相互关系上降低了东北亚区域内国家间睦邻与合

① 王欢：《日专家：钓鱼岛争端系日方挑起 安倍需审时度势》，环球网，http：//world. huanqiu. com/exclusive/2012 - 12/3411784. html，2012 月年 12 月 24 日。
② 孙秀萍：《日本首富：钓鱼岛争端错在日方　自己受右翼骚扰》，《环球时报》，http：//world. huanqiu. com/exclusive/2012 - 11/3296227. html，2012 年 11 月 21 日。
③ 孙秀萍：《日本首富：钓鱼岛争端错在日方　自己受右翼骚扰》，《环球时报》，http：//world. huanqiu. com/exclusive/2012 - 11/3296227. html，2012 年 11 月 21 日。

作的现实期望值，使其由多层面互动合作向通过借力、合力促使区域国家间的相互制衡转变；在经济关系上，"政热经热"，"政冷经冷"的局面出现；在热点问题态度上，由政府主导下的争议搁置转向岛屿主权之争为主的民族对立。另外，从民族主义主张来看，各国民间社会、政府、党派的民族主义主张、以及国家民族主义的战略要求陈杂不一，相互博弈，这也加剧了东北亚安全稳定趋势走向的变数，增加了区域内各国民众的不安全感。

专题篇
（地区外交与安全）

Special Topics（Regional Diplomacy and Security）

Ɏ.7

日美同盟与美国重返亚洲战略

张景全　张　律*

摘　要：

随着美国重返亚洲战略的展开以及同盟自身的演化，日美同盟出现松绑日本、调整基地、扩边、扩容等具体的变化，日美同盟在美国重返亚洲战略中承担着基石功能、最重要的中介功能、最重要的平衡功能以及最重要的牵引功能。在美国重返亚洲战略的牵引下，日美同盟由双重遏制中日向单一遏制中国转化；同盟视野存在突进东海及南海的趋势，严重威胁中国的海洋战略；美国亚太同盟战略出现由重北轻南向南北并重转化，南北对接趋势显现，中国东域战略空间进一步紧张。

关键词：

日美同盟　重返亚洲　调整　作用　影响　对策

---

*　张景全，吉林大学东北亚研究院国际政治研究所，教授，博士生导师；张律，吉林大学东北亚研究院国际政治研究所，研究生。

美国重返亚洲战略正在逐渐清晰，作为美国霸权之翼的同盟亦不断推进。"就传统而言，美国的影响力是通过双边和多边同盟加以实施的"。① 2011 年，希拉里·克林顿（Hillary Clinton）于檀香山发表《美国的太平洋世纪》，提出了美国六项关键性的行动路线，其中第一条便是强化双边同盟，并提出了更新同盟的三个原则，即"为了应对变动的世界，美国将按照三个指针更新同盟。首先，我们正在努力确保同盟的核心目标获得人民的政治支持。其次，我们想使盟国更具灵活和更具适应性，以使同盟继续产出成效。最后，我们确保我们的集体防卫能力和通信基础设施在操作上和物质上能够对一系列国家和非国家行为者的挑衅起到威慑作用"。②

作为美国亚太战略的支柱，日美同盟也随之出现了调整。我们需要注意的是，日美同盟的调整是基于两种逻辑，其一是同盟自身演化的逻辑。其二是美国亚太战略调整的逻辑。同盟是国际关系中一种常态，其运行有自身的逻辑，包括同盟随着同盟参与者力量对比、同盟所处环境等诸多因素的变化而进行的调整。2010 年以来，在美国重返亚洲这一战略背景下，日美同盟出现了一系列具体的调整，其功能及对中国产生的影响值得持续跟踪和关注。

一 日美同盟的调整

随着美国重返亚洲战略的展开，日美同盟出现了松绑日本、调整基地、扩边及扩容等变化。

同盟首先是一种军事组织，在面临共同的安全威胁时，同盟参与者承诺采取共同的军事行动。然而，体制上的两个问题上限制了该同盟的军事行动。一是，放弃国家拥有交战权的日本《宪法》第 9 条。一是，禁止日本对美国之外的所有国家进行武器出口、研发和生产的日本的武器出口三原则。两者降低了日美同盟展开合作的广度和深度，从而对日美同盟的可信性和有效性构成威

---

① Elizabeth Sherwood-Randall, Alliances and American national security, Carlisle, PA: Strategic Studies Institute, U. S. Army War College, 2006, Ⅲ.

② Hillary Rodham Clinton, Honolulu, November 10, 2011, America's Pacific Century, http://www.state.gov/secretary/rm/2011/11/176999.htm（上网时间，2011 年 11 月 18 日）。

胁。然而，伴随渐次展开的美国重返亚洲战略，日本的武器出口三原则出现了松动迹象。

2011年12月，作为世界第6大军费开支国的日本决定购买42架F–35战斗机。2011年12月27日，日本内阁安全委员会表示同意放松武器出口禁令，以使日本参与对其他国家的武器出口、研发和生产，并为人道主义援助提供军事装备。该禁令的解除，为日本与其他国家共同进行武器出口、研发及生产打开了大门。2012年12月，野田政权通过内阁会议决定将自卫队的重型设备等转送海地政府，这是日本在放宽"武器出口三原则"后首次对外提供"武器"。美国大使馆发表声明，"关于日本（武器出口）三原则的新标准将对日本支持同盟提供新的机遇并且符合日本对国际出口控制机制（export-control regimes）的承诺"。① 同时，随着日美在弹道导弹防御系统上合作的加深，随着美国需要日本进一步发挥在亚太地区的军事遏制功能、为构建中的欧洲反导系统做出贡献，2011年，美国国防部敦促日本对其武器出口三原则制定一个例外，以允许美国向欧洲出售在日本研发的导弹拦截装置。②

无疑，日本武器出口三原则的松动深受美国重返亚洲战略以及日本大国意愿提升、国内财政状况压力、日本军工集团利益的推动。但不管怎样，武器出口三原则出现松动，作为次级盟国的日本得以部分松绑，使它以更为积极的一方参与到同盟行动之中，从而使日美同盟更好地服务于美国的重返亚洲战略。

随着次级盟国日本的逐渐松绑，同盟向更加灵活和有效方向发展，冲绳驻日美军基地也继续进行着调整。2012年2月8日，美日双方就冲绳基地问题经过会谈后，发表《美日关于防卫态势的联合声明》，③ 并未就该问题达成实质性协议。2012年2月27、28日，美日资深外交及防务官员在东京就冲绳基地的搬迁问题举行了第二轮高级别会议。这一切表明，驻日美军的基地搬迁问题仍在博弈之中。但我们对日美同盟就驻日美军基地调整问题的进展情况有如下认识。

---

① Chester Dawson, Japan Lifts Decadeslong Ban on Export of Weapons, The Wall Street Journal, December 28, 2011.

② Chester Dawson, Japan Lifts Decadeslong Ban on Export of Weapons The Wall Street Journal, December 28, 2011.

③ United States-Japan Joint Statement on Defense Posture, http：//www. state. gov/r/pa/prs/ps/2012/02/183542. htm（上网时间，2012年2月18日）。

基地调整的原则是：实现地理分布更合理、作战更灵活和政治上更可持续的部队结构。基地调整的建制及人数情况是：2006 年，美日同意转移冲绳约18000 名美海军陆战队的约 8000 名至关岛。截至 2012 年 2 月 8 日《美日关于防卫态势的联合声明》发表，宣布部队的单位建制和移师关岛的海军陆战队人数仍在审议之中。基地设施调整情况：在冲绳（Okinawa）以及施瓦布营（Camp Schwab）所在的边野古崎（Henoko-saki）地区及邻近海域建设普天间（Futenma）替代设施，归还嘉手纳（Kadena）以南的基地。

日美同盟在武器出口三原则上逐渐松绑日本，在驻日美军基地部署向分布合理、作战灵活及可持续性方向努力的同时，近年来，日美同盟进行了显著的扩边和扩容。扩边，是指推进美、日、韩三边同盟的构建趋势，以强化双边同盟。扩容，是指为同盟注入新的、非传统安全内容，以强化同盟传统军事内涵。

扩边，其表现是，强化双边，谋划三边。后者尤为引人注目。2010 年 7 月，日本自卫队官员首次参观了美韩军事演习。同年 12 月，韩国第一次派观察员参加了美日举行的"利剑"军事演习。2010 年 12 月 6 日，美、日、韩举行了三国外长会议。同年 12 月 9 日，美国参谋长联席会议主席、海军上将迈克·马伦（Mike Mullen）在东京与日本防卫相北泽俊美会谈，强调三国参与联合军事训练的重要性。2011 年 12 月 14 ~ 15 日，韩国外交事务与国家安全研究所（IFANS）、美国和平研究所（The United States Institute of Peace）、日本国际政策研究所（the Institute for International Policy Studies）在美国举行第 6 届东北亚三边对话（Trilateral Dialogue in Northeast Asia）。2012 年 1 月 17 日，美、日、韩三国相关事务负责人在华盛顿举行三边对话，美国助理国务卿坎贝尔（负责东亚及太平洋事务）、日本外务省杉山晋辅（亚洲大洋洲局局长）、韩国本部长林圣男（负责朝鲜半岛和平交涉事务）参加对话会议。三方就包括近期缅甸的发展、多边合作以及朝鲜半岛情况等地区及全球问题的相互利益交换意见。克林顿国务卿表示，"这些讨论反映了美日韩之间紧密的合作，以及我们在亚太及全球的共同观念与利益"。[①] 2012 年 7 月 12 日和 9 月 29 日，

---

① U. S. -Japan-Republic of Korea Trilateral Meeting in Washington, January 17, 2012, http：//www. state. gov/r/pa/prs/ps/2012/01/180995. htm（上网时间，2012 年 1 月 17 日）

美日韩分别在柬埔寨金边和在美国举办的联合国大会期间举行了三边会议的部长级对话，美国国务卿克林顿、日本外相玄叶光一郎、韩国外交通商部长官金星焕共同表示，三国共享基本价值观和利益变得越来越重要，这有助于亚太地区的和平与稳定，以及全世界通过广泛合作应对地区和全球挑战，根据现状在东亚地区深化三国合作。2012 年 9 月 26 日，美日韩在华盛顿举行工作指导小组第一次会议。①。

日美同盟在呈现扩边趋势的同时，打造 TPP，拓展人道主义领域协调，启动网络安全合作，日美同盟积极扩容。一直以来，美日同盟以其鲜明的军事色彩诞生并成长在东北亚区域，以其强烈的军事辐射力向亚太甚至全球拓展。然而，2010～2012 年，同盟在强化军事色彩的同时，开始积极拓展同盟内涵。

2011 年 11 月 11 日，野田佳彦宣布日本加入 TPP 谈判。日美的 GDP 占参加 TPP 谈判各国 GDP 的 90% 以上，美日同盟的重要性以及美日同盟的经济内涵均得以彰显。以东日本大地震及美国重返亚洲战略为契机，日美积极展开人道主义领域合作，并以"人道主义"为名积极干涉他国事务。随着网络安全的重要性日渐凸显，日美同盟开始涉足网络安全的合作。近年来，美日不断渲染来自网络的威胁，并且把网络安全的威胁来源指向中国，开始有意打造美日同盟的网络安全合作。2011 年 7 月，美国制定了网络战略，并提出加强与盟国的政策协商。美国总统奥巴马宣布，10 月为美国国家网络安全意识月。同年 9 月 16 日，美日两国政府举行了首次加强网络攻击对策的外交和防卫当局政策协商会议。

二 日美同盟在美国重返亚洲战略中的作用

日美同盟的调整既是同盟自身演化的结果，也是美国重返亚洲战略调整的结果，鉴于当下美国重返亚洲战略甚嚣尘上，日美同盟在其中所起的作用值得深入探讨。

---

① Japan-U. S. -ROK Trilateral Foreign Ministers' Meeting, September 29, 2012, http：//www. mofa. go. jp/policy/un/assembly2012/meeting_ rok1209_ fm. html（上网时间，2013 年 1 月 22 日）。

首先，日美同盟在美国重返亚洲战略中将继续发挥基石功能。美日是世界第一大和第三大经济体，经济合力可观；日美同盟运行60余载，双方投入了巨额人力、物力和财力，军事联合时间长，程度深，军事合力可圈可点；日美同盟视野从地区向全球拓展，利益契合区域依然很大。对美国而言，日美同盟是仅次于北约的最为重要和最为成熟的同盟，日美同盟与北约共同形成了制约欧亚大陆的双柄。因此，日美同盟在美国重返亚洲战略中将继续扮演基石功能。正如美国副国务卿威廉·伯恩斯（William J. Burns）所说，"毫无疑问，我们与日本的条约联盟是我们的战略转向亚太地区的支点。我们联盟力量的一个表现，是它迎接新的和正在出现的挑战的巨大适应力"。①

其次，日美同盟在美国重返亚洲战略中发挥着最重要的中介功能。日美同盟的中介功能体现在投送、防卫等方面。投送，指的是美国以驻日美军基地为中继，向亚太各个地区投送军力。防卫，指的是美国以驻日美军基地为中转，向日本及其他盟友提供保护。简·冯·托尔（Jan van Tol）等在所谓的"空海一体战"（Air Sea Battle）中高度重视日本所具有的战略纵深及防御能力，"为了保持美国力量投送行动在西太平洋战区、尤其是在东北亚次区域的生存能力，美国将需要日本一定程度的积极支持。日本在其北部和东部地区拥有战略纵深，例如，琉球岛链（the Ryukyus island chain）的地理位置将被证明极有益于反潜作战行动"。没有盟友日本的支持，"空海一体战观念的执行能力将更加困难"，"成功防御台湾或韩国将成为问题"。②

再次，日美同盟在美国重返亚洲战略中发挥着最重要的平衡功能。一个基本的事实是，亚太区域的力量结构对比正在发生巨大的变化，新兴国家方兴未艾，传统强国乏善可陈。一个基本的挑战是，力量的转移带来深刻的冲击，在一定程度上，美国重返亚洲战略即是这种挑战的一个结果。面对挑战，美国需要同盟合力。日美同盟凭借其经济、军事合力成为美国平衡亚太新兴国家力量的最重要的同盟。2012年美国公布的国防战略指针宣布，"美国军队将继续对

---

① William J. Burns, Remarks at the University of Tokyo, http：//www. state. gov/s/d/2011/176266. htm（上网时间，2011年10月27日）。

② Jan van Tol, AirSea Battle：A Point-of-Departure Operational Concept, Washington, D. C.：Center for Strategic and Budgetary Assessments, 2010. p. 14.

全球安全做出贡献，我们对亚太地区的"再平衡"（rebalance）是必要的。我们与亚洲盟友和核心伙伴的关系对未来地区的稳定与发展是至关重要的。我们将继续重视我们的现有同盟，这些同盟为亚太地区的安全提供了根基"。①

最后，日美同盟在美国重返亚洲战略中发挥着最重要的牵引和辐射功能。美国在亚太缔造了美日、美韩、美澳、美泰、美菲5个双边同盟，美国在日本基地最多、驻军最多、获得的财政支持最多，日美同盟成为5个双边同盟体系中最为核心的同盟，牵一盟而动整体，美国通过日美同盟发挥着无可替代的牵引和辐射功能。目前，美国正在积极推动日本发挥辐射功能，谋求"同盟＋X"模式。在亚太缺失如北约一样的多边同盟体系的情况下，力图运行"同盟＋X"模式，实现同盟体系的结构拓展以及同盟的力量倍增。2011年7月15日，迈克·马伦（Mike Mullen），美国参谋长联席会议主席，在访问日本时表示，作为强化美日同盟的一个部分，日本与美国必须拓展在地区的多边关系。"没有一个国家可以单独解决今天的所有挑战"，"通过多元的倡议与合作会在多样的富含智慧的馈赠中寻找到更大的力量"。他认为，最近日本在促进与韩国、澳大利亚的双边关系上的努力是一个很好的例子，日本与韩国及其他国家通过双边关系可以拓展出更多的常规与防御能力。"美国在太平洋有持久的利益，我们计划扩展并深化我们持久的安全承诺。""但正因如此，我们也希望看到其他国家拓展和深化与它们邻国的合作。"②

三　对中国的影响及对策

随着美国重返亚洲战略的展开，随着同盟自身的演化，日美同盟出现松绑日本、调整基地、扩边、扩容等具体的变化，日美同盟在美国重返亚洲战略中承担着基石功能、最重要的中介功能、最重要的平衡功能、最重要的牵引功能，这对我国的战略环境构成了巨大的影响。

---

① Sustaining U. S. Global Leadership: Priorities for 21st Century Defense, http://www.defense.gov/news/Defense_ Strategic_ Guidance.pdf（上网时间，2012年1月5日）。

② Mullen: U. S.-Japan Alliance Serves as Model for Others, http://www.defense.gov/news/newsarticle.aspx? id＝64691（上网时间，2011年7月15日）。

首先，在美国重返亚洲战略的牵引下，日美同盟由双重遏制中日向单一遏制中国转化。美国长期的战略是遏制欧亚大陆出现挑战美国地位的力量，其重要的遏制工具便是同盟。在亚太地区，日美同盟一直是美国该地区战略的基石，在重返战略中发挥着核心的遏制功能。一般而言，传统上认为日美同盟存在着遏制中国与遏制日本的双重功能。但随着中、美、日力量的此消彼长，随着地区及全球力量结构的深刻转变，尤其是考虑到日本武器出口三原则的松动，美国更加积极地鼓励日本发挥作用，这些现实正在反映着此种趋势：日美同盟的双重遏制功能向单一遏制功能转化，由同时遏制中日向单独遏制中国转化。

其次，在美国重返亚洲战略的背景下，日美同盟的同盟视野存在突进东海及南海的趋势，严重威胁中国的海洋战略。同盟视野是指同盟所要追求的以军事、安全为主的关切范围，它是同盟的实质内涵和逻辑支撑之一，同盟视野重合程度及其变动，直接影响着同盟的运行与存续。继日美同盟将同盟视野向台海转移后，如今存在日美将同盟视野西移南动趋势。"最近东亚事态的发展对美日同盟构成挑战。航行自由已经成为继从黄海到南中国海领土争端之后该地区核心的地缘政治议题。"日本使馆官员武熊秋叶（Takeo Akiba）表示，"中国已经成为经济巨人并仍在迅速成长，现在，当我们观察南中国海和东中国海时，中国在海洋正变得更加积极与自信。因此，对日本和美国而言，应对中国崛起是美日同盟工作的一部分"。①

最后，随着美国重返亚洲战略及日美同盟的持续变化，美国在亚太的同盟战略出现由重北轻南向南北并重转化，南北对接趋势显现，中国东域战略空间进一步紧张。"冷战"结束以来，亚太北部的日美同盟以及韩美同盟不断强化，与之相比，亚太南部的美澳、美菲、美泰同盟则略显逊色，美国亚太同盟战略存在倚重北盟的态势。然而，随着美国重返亚洲战略的展开，美澳、美菲、美泰同盟得以逐步强化，加之驻冲绳美军存在部分迁往关岛的定论以及存在部分迁往澳大利亚、菲律宾及夏威夷的议论，② 日美同盟视野的西移南动，

---

① The U. S. -Japan Alliance and Evolving Challenges in East Asia: Freedom of Navigation and North Korea, http：//www. brookings. edu/events/2010/1215_ us_ japan. aspx（上网时间，2012 年 3 月 14 日）。

② Eric Talmadge, U. S. , Japan mull sending 4, 700 Marines to Guam, http：//www. dawn. com/2012/02/08/us-japan-mull-sending-4700-marines-to-guam. html（上网时间，2012 年 2 月 8 日）。

美国亚太同盟战略逐渐呈现南北并重、南北对接的趋势。从东北亚到东南亚，中国的东部区域战略空间被逐渐对接的同盟体系所压制。

鉴于美国重返亚洲战略之下日美同盟的具体调整、功能变化及对中国产生的巨大影响，我国应从如下几个方面进行思考。

其一，日美同盟跟随美国重返亚洲战略做出调整，日本会借机修改宪法，因此要高度关注日本宪法的走势。这是基于同盟基地的调整与次级盟国日本武器出口三原则松动之间存在进一步联动趋势的判断。

肯尼斯·博尔丁（Kenneth Boulding）根据"力量损失变化曲线"（loss of strength gradient）提出，在军事行动中，距离本土进行打击的目标越远，打击国的军事力量会越小。但是，损失力量可以通过使用前沿部署得以改善。[1] 在盟友领土内设置的军事基地为持续的补给提供了可能，从而使保持投送能力及打击力度成为可能。因而，同盟政策是克服"力量损失变化曲线"的最好办法。大作坂口（Daisaku Sakaguchi）认为，尽管技术在进步，但即使美国也不能完全克服距离这一障碍。如图-1所示。美国军事力量会随着距离其本土的距离延伸而降低，但是，如果在冲绳建立驻日美军基地可以把美国的军事力量从 O 提升到 O'。如果从冲绳后撤部分驻日美军至关岛，就需要通过诸如增加关岛军力或提高军事技术将美国军事力量从 G 提升到 G'，这样才能保持在冲绳驻军的同等打击力量。[2]

但现实是，驻日美军正在进行调整。2012 年，美国国防部公布的国防战略指针《维持美国全球领导地位：21 世纪美国国防的优先任务》提出，美国在面临"反介入"情况下继续保持力量投送能力。[3] 这就意味着，为了适应美国战略调整，在调整基地的情况下继续发挥同盟的打击力量，一方面，日美同盟会提升日本的军事力量和军事科技；另一方面，日本会因担心随着驻日美军数量的减少其安全受到威胁而主动提升军力。日美同盟框架的驱动和日本主动

① Kenneth E. Boulding, *Conflict and Defense: A General Theory* (New York: Harper and Brothers, 1962, p. 262.

② DaisakuSakaguchi, Distance and Military Operations: Theoretical Background toward Strengthening the Defense of Offshore Islands. NIDS Journal of Defense and Security, No. 12, December 2011. p. 97.

③ Sustaining U. S. Global Leadership: Priorities for 21st Century Defense, http://www.defense.gov/news/Defense_ Strategic_ Guidance.pdf（上网时间，2012 年 1 月 5 日）。

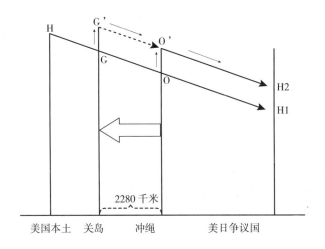

图1 美国军事力量覆盖范围

的驱动，都将提升日本的军事力量和科技力量，会导致日本出口武器三原则进一步松动，最终动摇日本《宪法》第9条。

其二，以利益多元化应对威胁多元化，寻找中国对外战略与目标多元化的日美同盟的契合，为重新排列组合中美日三边关系做出积极努力。

一方面，寻找并建立中国与日美同盟的利益契合。《维持美国全球领导地位：21世纪美国国防的优先任务》宣称，"从长期来看，中国作为地区强国的崛起对美国经济与安全的各个方面构成影响。两国在东亚和平、稳定上具有强烈的共同利益，有兴趣建立一个合作的双边关系。但是，中国军力的增长必须与其更加透明的战略意图相伴随，以避免引起地区冲突。美国将继续作出必要的努力以保持我们的地区介入及我们的条约义务和国际法的自由行使能力。美国将与盟友和伙伴紧密合作，继续促进一个强调稳定、鼓励新兴大国和平崛起、保持经济活力、进行建设性防御合作的基于法治的国际秩序"。① 无论在美国重返亚洲战略中对日美同盟与中国的关系做何种修辞处理，不可否认，日美同盟一直视中国为同盟针对对象。

然而，随着威胁来源的多元化，同盟作为应对威胁的工具其功能也在多元

_____

① Sustaining U. S. Global Leadership：Priorities for 21st Century Defense，http：//www. defense. gov/news/Defense_ Strategic_ Guidance. pdf（上网时间，2012年1月5日）。

化。从应对传统威胁，到应对非传统威胁；从应对主权国家及其集团，到应对灾害、恐怖主义；等等，同盟功能的图谱也在日益丰富，日美同盟在美国重返亚洲战略之下的扩容充分说明了这一点。因此，随着美国重返亚洲战略的推进，我们应因势利导，积极参与到应对多元威胁的努力之中，在此过程中寻找和调试多元的共同利益，以多元的利益应对多元的威胁，发散和释放日美同盟的对抗性功能。

另一方面，我们还应看到，随着美国更深入地介入地区事务，不仅中美的利益契合与冲突会更加显现，同盟参与双方日美的利益契合与冲突也会更加显现。中美日三边关系会因出于多元的利益、面对多元的威胁，出现新的利益契合与冲突的排列和组合。

其三，积极利用美国的重返亚洲战略，在重返中消散和弱化日美同盟。对美国重返亚洲战略及日美同盟的调整，应采取由消极应对到积极利用，以稳定发展与自信积极应对之。

面对日益拥挤的太平洋，面对日益喧嚣的亚太，稳定自身，继续发展，动观世势，方为应对正道。这不仅仅是基于对自身发展的自我认同，也是基于对美国重返亚洲战略的美方无奈之举的认识及日美同盟会因美国重返亚洲战略的推进而出现相对弱化的判断。

早在 2010 年，迈克尔·阿瑟林（Michael Auslin）便提出，"如同日本一样，美国的海军和空军都面临着将来更加紧张的预算和更加多的需求。尽管美国仍将是在东亚最强大的力量，但美国在未来的岁月会更加依赖它的盟友，来承担和分享更大的防御负担"。[①] 美国依靠在亚太的美日、美韩、美澳、美菲、美泰等同盟，高调回归，以重返之名，行围堵之实；借军事之尸，还经济之魂；呈进攻之形，现防守之势。随着时间的推移，我们即将看到一个霸权国家美国"回归"为普通国家，也将看到一个战败国家日本"回归"为普通国家。

与此同时，无论美日对日美同盟在重返亚洲战略中的功能做何种强调，一系列不争的事实正在侵蚀该同盟的功能：同盟是美国重返亚洲战略的 6 项路径

---

① Michael Auslin, Japan's Posture against Chinese Posturing, http：//www. aei. org/article/102932（上网时间，2010 年 12 月 22 日）。

之一，日本的经济地位被中国替代，日本频繁的内政变化，日韩互动的增强，美澳同盟、美菲同盟、美泰同盟的强化，地区经济一体化的不断推进，美日与亚洲经济一体化程度加深。这些事实将缓慢但坚定地消弭日美同盟所扮演的传统功能，日美同盟的功能将逐渐出现相对弱化趋势。

因此，中国应采取积极利用美国重返亚洲战略的政策。一方面，以扎实发展应对美国的战略东移与日美同盟调整；另一方面，以更加自信的姿态积极合作，在有限摩擦中与其同步运转，在亚太甚至全球打造中美以及中美日的共存之海。

Ⅴ.8
俄罗斯远东军事战略新变化

马建光　张明[*]

摘　要:

　　尽管俄罗斯是横跨欧亚大陆的国家，但欧洲在历史上一直是其主要战略方向。近年来，随着远东及亚太地区的形势变化，亚太地区日益成为世界关注焦点。为此，俄罗斯一改"重西轻东"战略，加大了对远东方向的关注力度。一方面出台一系列远东发展战略规划文件，开始新一轮的远东开发，另一方面在军事领域也是动作频繁，加快了远东地区的军事力量建设。这表明俄罗斯国家战略关注重点发生重大变化。本文试图通过俄罗斯加快远东军事力量建设的表象探析其远东军事战略调整的深层次考量。

关键词:

　　俄罗斯　远东军事战略　调整　亚太局势　影响

　　俄罗斯远东地区（简称远东），泛指西伯利亚中东部。19世纪后半叶，俄远东的地缘政治和军事战略价值在其国家战略中的重要性日益凸显，远东地区逐渐成为俄的战略大后方，该地区的军力发展长期以来一直服从于欧洲方面的战略需要。特别是在1941～1945年的伟大卫国战争中，原苏联在亚洲地区广袤的地理空间呈现以空间换时间的战略优势，为最终赢得胜利奠定了坚实基础。"冷战"时期，虽然苏联60%以上的陆军部署在欧洲方向，但远东也处于苏美斗争的前沿阵地，20世纪80年代，前苏联远东军区仍部署了26个师。"冷战"后期，苏联在该地区军事部署开始收缩。苏联解体后，叶利钦忙于收

---

* 马建光，1964年生，国防科技大学人文与社会科学学院教授；张明，1982年生，国防科技大学军事基础教育系讲师。

拾国内政治经济烂摊子，急需稳定的周边环境，加强了对华关系以减轻东部的战略压力。中苏（俄）关系改善以后，尤其是随着中俄战略伙伴关系的确立与加强，俄罗斯大幅裁减了远东地区的驻军数量。

近年来亚太地区热点频发，问题扎堆，矛盾聚集，作为亚太大国的俄罗斯当然不会对涉及本国远东及亚太地区的事务"熟视无睹，坐视不管"，逐渐加大了远东及亚太地区的军事力量建设和部署。

一 俄罗斯远东军事建设渐发力

苏联解体后，俄罗斯国家战略重心一直是"重西轻东"，军队建设上，囿于资源有限，建设的重点自然是欧洲方向。加强远东军事力量建设的计划多数情况下被迫束之高阁，因此，远东地区的军队战斗力遭到严重削弱。从2010年开始，其俄罗斯远东军事发展困境似乎是峰回路转，近两年来其远东军事建设步伐加快，动作力度之大，举措之多备受各方关注。

1. 在远东组建新的东方军区及联合战略战役司令部

时任总统梅德韦杰夫2010年7月签署命令，将俄军原有的6个军区缩减到4个，并组建"西部""南部""中央"和"东部"四个战略战役司令部。新的"东部战略战役司令部"由原远东军区和西伯利亚军区的东部组成（辖区范围见图1），总部在远东地区的哈巴罗夫斯克，太平洋舰队划归其指挥。俄空军与防空军的部分部队和这一地区其他强力部门的部队也将划归该军区指挥。军事专家普遍认为，新编制一方面提高了战略方向司令部遂行战略任务的独立性，另一方面同时简化了指挥层级。此举，极大地提升了俄罗斯在远东地区的快速反应及联合作战的能力，这对于应付来自空海的威胁尤为重要。

2. 武器装备更新重点向远东地区倾斜

俄罗斯新出台的《2011～2020年俄国家武器装备规划》计划投入20万亿卢布（约6900亿美元）用于武器装备采购和升级更新，重点加大了在远东方向上武器装备更新的保障力度。①

---

① 马建光：《俄提升军备的战略考量》，《人民日报》2010年12月27日第3版。

图 1 俄罗军区划分示意

一是在战略核力量方面。2012 年 8 月，两艘名为"尤里·多尔戈鲁基"号和"亚历山大·涅夫斯基"号的"北风之神"级战略核潜艇正式服役，分别部署太平洋舰队和北海舰队。而根据俄罗斯海军计划，"亚历山大·涅夫斯基"号只是在北海舰队接受 1 年训练。期满后同样进入太平洋舰队服役。两艘核潜艇的加盟，无疑将大大加强俄罗斯在东亚地区的核震慑力。①

二是在常规力量方面。首先是在南千岛群岛部署极具岛屿作战针对性的武器。包括"道尔"M2 型防空导弹和"宝石"巡航导弹及米 - 28 武装直升机等尖端军备。"宝石"巡航导弹被称作"战舰爆破手"，其射程超过 300 公里，速度达 2.8 倍音速，加上表面的雷达吸波材料，该导弹即便暴露在对手的雷达探测范围中，仍能穿越防空系统的拦截，具有相当强的防区外打击能力。为加强远东方向的两栖登陆作战能力，俄罗斯从法国引进的头两艘"西北风"级两栖攻击舰未来将被部署在海参崴。其次是将俄军用来保卫首都的 S - 400 "凯旋"地空导弹系统，也列装了远东的部队。S - 400 "凯旋"地空导弹系统采用新型的 40N6 远程导弹时，射程可达 400 千米，为当今地空导弹射程之最，其充分利用了俄罗斯在无线电、雷达、火箭制造、计算机等技术领域的最先进研究成果；配备了射程更远的新型导弹和新型相控阵跟踪雷达。② 俄军专家称，该导弹系统在精度等方面均优于美国爱国者 - 3 地空导弹系统，是当今世界上性能最好的防空导弹系统。可以对付各种作战飞机、空中预警机、战役

① 吕静：《俄罗斯也在瞄准亚太》，《环球军事》2011 年第 19 期。

② Зенитный ракетный комплекс С - 400 Триумф. http：//rbase. new-factoria. ru/missile/wobb/s400/s400. shtml（上网时间，2012 年 12 月 1 日）。

战术导弹及其他精确制导武器。海军陆军增强在远东存在之时，俄空军也不甘落伍。自 2010 年起，俄罗斯远东军区的空军部队装备了 120 余架苏 - 27 战斗机，26 架米格 - 31 截击机，100 余架苏 - 24 战斗轰炸机和 60 架苏 - 25 攻击机，其中最受瞩目的则是将部署远东的"海上毒蛇"——苏 - 34 战斗轰炸机。苏 - 34 战机在海上具有极强的攻击和侦察能力，且其长距离飞行能力极强，将主要负责海上巡逻及侦察等任务，可配合太平洋舰队联合战斗。

3. 加强远东战场环境建设

2010 年 8 月底，俄政府斥巨资在远东地区阿穆尔州修建"东方"航天发射场。预计整个项目花费 3000 亿卢布，一期工程预计于 2015 年结束，2018 年开始发射载人飞船。该发射场建成之后将重点发射用于监视、导航等用途的卫星，着力提高俄军在远东地区的信息化水平。同时随着 2011 年初俄日岛屿之争愈演愈烈，俄罗斯太平洋舰队拟在俄日争议岛屿中的择捉岛建设大型军港。另外，俄罗斯也借举办 2012 年 9 月亚太经合组织会议之机，投入近 7000 亿卢布对符拉迪沃斯托克进行了城市建设和相关战场建设，为未来俄太平洋舰队的编制机构调整打下基础。

需要指出的是，俄在加大其在远东地区的兵力部署、装备列装和基地建设的同时，还积极尝试在亚太地区建立海外基地。2012 年 7 月，总统与访问俄的越南国家主席张晋创举行首脑会谈后向外界表示："俄罗斯有意向在越南金兰湾建立船舶维修基地。俄越双方就此达成共识。"① 金兰湾港口处连接太平洋与印度洋的贸易线要冲，能为世界主要大国控制南海、太平洋，甚至马六甲海峡提供重要的战略支点。原苏联曾在"冷战"时期长期租借金兰湾作为其海军基地，苏联解体后俄由于经济、地缘政治等因素撤出。目前，随着俄经济好转，国力回升，也为了制衡美国的"重返亚太战略"，扩大俄在亚太地区的影响力，越南金兰湾又一次进入了俄罗斯军政当局的视野。

4. 远东地区演习轮番登场

近年来俄罗斯明显加强了在亚太地区的军事活动。比如，俄战略航空兵不

---

① 《越南引俄罗斯重返金兰湾》，http://world.huanqiu.com/hot/2012 - 07/2970168.html（上网时间，2012 年 8 月 1 日）。

断派出远程轰炸机在日本海进行定期巡航，其太平洋舰队主力舰只也多次穿过日本控制的宗古海峡和对马海峡，前往太平洋深处进行训练，等等。而军事演习则是其展示军事实力、威慑潜在对手的重要手段之一。

2010 年 6 月 29 日至 7 月 8 日俄军在西伯利亚、原远东地区和西太平洋日本海海域举行了"东方－2010"战役—战略军事演习。这是俄军历史上在远东举行的最大规模战略战役演习。该演习反映了俄军改革进展，达到了很好的检验改革效果的目的。此后，俄罗斯还进行了大量的各种规模的演习。值得关注的是俄军还频频参与在该地区进行的各种多边军演。以 2012 年上半年为例，就与上海合作组织成员国进行了"和平使命－2012"联合反恐军演、与美日韩澳新等国进行了 2012 年环太平洋军演，与中国进行了"海上合作－2012"海上联合军事演习，与印度进行了"因陀罗－2012"陆上联合反恐演习。参演频率和规模都创下了历年以来的新高。其中"海上合作－2012"海上联合军事演习中俄罗斯太平洋舰队倾力参加，参演的装备和人员数量之多，为历史之最。除了与中国等传统友好国家的合作，俄罗斯还扩大了与美日等国家的交流，这也是新时期俄罗斯外交政策的重要特点。特别值得一提的是，2012 年 6 月，俄罗斯第一次参加由美国主导的环太平洋军演。参演的俄罗斯海军装备有"潘捷列耶夫海军上将"号大型反潜舰、1艘海上救助船和 1 艘燃油补给舰。这表明，尽管美俄、日俄之间在一些重大问题上存在分歧，但长期趋势既发展关系，又互有争斗，但主线仍然是"斗而不破"。①

二　俄罗斯大力加强远东军事建设的背景考量

一个时期以来，俄罗斯加大远东军事力量建设，加快远东军事战略调整绝非突然，有着极其鲜明的时代背景与战略考量。俄罗斯军事专家马尔科夫认为，这是俄领导层审时度势，全面分析了其国内社会经济形势和外部地缘政治及其国际环境之后，为其重振大国雄威做出的深谋远虑的重大举措。

---

① 马建光、张明：《俄罗斯高调"杀"回远东》，《环球军事》2011 年第 19 期。

（一）国际背景的因素

"冷战"后，俄的传统势力范围和战略空间被逐步挤压。爆发于 2008 年的俄罗斯格冲突，实际上是美国为主导的北约军事集团向独联体地区东扩与俄罗斯反东扩的对峙。此次冲突一个重要结果就是俄罗斯的战略环境及地缘政治环境明显恶化。一些国家与美国遥相呼应，大肆指责俄罗斯对格鲁吉亚的"侵略行径"，甚至宣称这是新"冷战"的开始。然而，随着后来爆发的国际金融危机的影响日益扩大，美国和欧洲都迫不得已把注意力和工作重心放到应对这场全球危机上来，相对而言，对外政策方面的进攻性一面由此转弱，这在客观上部分改善了俄格冲突以来俄所处的被动战略处境。

1. 经济危机使俄与西方关系出现新的变数

接连爆发的阿富汗战争、伊拉克战争以及由次贷危机引发的全球经济危机，在一定程度上动摇了美国全球霸权的基础。随着现实的变化，俄、美两国合作协调的因素不断显现和加强。奥巴马政府执政后，将新政府的工作重心转移到了国内。与此同时，美国"重启"美俄双边关系，开始寻求与俄罗斯修复有着明显裂痕的感情。2009 年 7 月，美国总统奥巴马出访俄罗斯，双方讨论了涉及削减核武器、改善两国关系等重大议题。这次访问的标志性成果是，两国共同签署了《进一步削减和限制进攻性战略武器问题谅解备忘录》，另外还达成了一系列框架协议，其中包括俄允许美国使用其领土和领空，将武器运送至阿富汗打击当地的恐怖主义势力，以及建立俄美合作发展总统委员会等。笔者认为，美俄以上的种种举措表现出金融危机影响下美国外交的战略收缩，这在客观上改善了俄的战略处境。北约、欧盟与俄罗斯关系随着金融危机的影响好转，双方合作领域持续扩大，结果直接导致北约东扩的步伐暂时减慢，格鲁吉亚、乌克兰加入北约的进程被推迟。金融危机之后，作为俄罗斯重要的邻邦——欧洲，其经济始终没有出现较为理想的复苏势头。特别需要指出的是，欧洲众多国家在金融危机之后，经济始终没有出现明显的复苏势头。葡萄牙、西班牙、希腊、意大利、爱尔兰等国家反而相继爆发主权债务危机，使欧盟疲于应付。如此一来，实现欧洲整体的经济复苏，摆脱危机造成的负面影响，成为欧洲各国政治家的"第一要务"。为了实现经济复苏的目标，欧洲必须搞好与俄罗斯这个超级邻居的关系。此外，由于全球性资源价格普涨以及生产需求的扩张，欧洲对俄政策有所变化，对俄趋利变好。俄是欧盟最大的天然气供应国，也是最大的原油供应国。据统计，在欧盟国家每年消耗的石油和天然气中，分别有26%和29%要从俄进口。据估计，在未来15年内欧盟对俄天然气需求量将再增50%，到2020年欧洲进口的天然气中70%将来自俄罗斯。欧盟对俄能源的这种依赖成为欧盟大国对俄政策的"风向标"。阿富汗问题、反恐问题等各类因素综合效应的叠加因素也促成俄与北约、欧盟的关系逐步改善，双边关系进入了暂时的"风调雨顺"的稳定期。由此，俄赢得了难得的喘息机会。

2. 国力上升使俄在独联体传统地区的影响力快速恢复

当今，俄迎来了20年来少有的外部宽松环境。原因在于俄美、俄欧、俄与北约关系转暖，大国之间在独联体地区的角逐和博弈有所弱化，影响地区稳定的外部因素减少。"颜色革命"风潮的离去也淡化了影响该地区稳定的重要内部因素，形成了有利于独联体各国关系良性发展的局面。为此，俄军政当局加大在独联体的影响力度，使其在该地区的外交努力取得不少显著成果。

（1）2010年1月独联体内有着重要影响的国家乌克兰进行总统大选，亚努科维奇当选，乌克兰外交政策出现大幅调整，一度冷淡的俄乌关系迅速升温，出现苏联解体以来从未有过的快速发展局面。仅2010年俄乌首脑会晤多达十几次。2010年4月，两国签署协议，俄以七折优惠价格向乌出售天然气。作为回报，乌则同意俄黑海舰队在塞瓦斯托波尔港口2017年租期到期后，延长25年至2042年。同年5月，时任总统梅德韦杰夫访乌克兰期间，把乌克兰称作"真正的伙伴"。乌总统亚努科维奇则提议制定两国10年长期合作纲要。特别是6月亚努科维奇宣布乌方将不加入任何集团，这使北约东扩战略遭到实质性打击。卢卡申科作为俄罗斯的盟友，其在白俄罗斯的牢固地位，使得在独联体西部也形成了对俄十分有利的战略小三角，这样俄更有能力抵御美国和北约对独联体的政治、军事渗透。

（2）进一步增强在外高加索的作用。俄罗斯一方面继续巩固俄格战争成果，强化对南奥塞梯和阿布哈兹的全方位支持，遏制格鲁吉亚的反俄倾向，另一方面俄与亚美尼亚签署多达200多项合同与协议，并将俄罗斯驻亚美尼亚军事基地期

限从 25 年延长至 49 年。与此同时，俄还加大了阿塞拜疆的合作。俄罗斯采用的战略是：给亚美尼亚、阿塞拜疆以实惠，从而进一步孤立和疏远了格鲁吉亚。

（3）"颜色革命"政权纷纷倒台，亲俄势力得意发展壮大。2010 年 4 月吉尔吉斯斯坦巴基耶夫政权的倒台，成为第二个寿终正寝的"颜色革命"政权。俄罗斯在第一时间承认了临时政府，时任总理普京公开表示，"巴基耶夫忘记了前车之鉴，营私舞弊，自食其果"。① 8 月，俄罗斯又与吉尔吉斯斯坦签署非正式协议，吉尔吉斯斯坦同意俄罗斯在吉南部的费尔干纳谷地建立第二个军事基地。9 月 13 日，吉俄国防部长会晤期间，吉尔吉斯斯坦建议俄罗斯基地驻留 49 年并且可以延长 25 年。作为交换，吉尔吉斯斯坦希望得到俄罗斯免费武器供应以折抵租金。俄罗斯在中亚地区的军事存在得以巩固的同时，对吉尔吉斯斯坦的军事渗透也将进一步加强。

（4）独联体经济一体化进程呈现加快势头。继 2010 年 1 月 1 日俄罗斯、白俄罗斯、哈萨克三国启动关税同盟之后，12 月 9 日三国关税同盟最高会议又宣布，三国统一经济空间将从 2012 年 1 月 1 日开始全面运营。与此同时，三国一致对外还宣布，三国关税同盟和统一经济空间是开放的，三国将向建立欧亚经济联盟迈进。俄罗斯经济专家鲁吉扬诺夫认为，吉尔吉斯斯坦、塔吉克斯坦两国已准备加入关税同盟和统一经济空间。俄白哈三国人口约 1.8 亿，经济潜力占原苏联的约 83%。这样三个有分量的国家组成的统一经济空间无疑会对独联体其他成员产生强大吸引力，将为推动独联体经济一体化注入新的动力。随着俄美在独联体地区战略角逐态势朝着有利于俄的方向变化，预计今后俄将更坚决地守护这一战略生存空间，继续增强在该地区的地位和影响。

3. 亚太地区经济发展迅速，日益成为世界发展中心

进入 21 世纪第二个十年，世界和亚太地区的形势已发生了很大变化：美国次贷危机引发的国际金融危机改变了大国和地区力量的对比，美国、欧盟、日本的经济受到削弱；亚洲地区经济发展迅速，人口数量庞大，消费市场广大，正在成为世界经济增长的火车头；新兴大国迅速崛起，其中"金砖国家"有三国是在亚太地区，尤其是中国的发展更引人关注，其经济在国际金融危机

---

① 马建光：《吉尔吉斯乱中求援　俄罗斯缘何拒不出兵》，《解放军报》2010 年 7 月 1 日第 4 版。

的背景下仍保持快速增长，在世界舞台上的发言权也进一步加大；同时亚太地区热点问题频发，朝鲜半岛问题、南中国海问题、台湾问题、中日钓鱼岛问题等世界热点问题汇聚于此。近两年来，朝鲜核试验、发射卫星，中日钓鱼岛危机等，不断刺激着世界各国的神经。而随着美国高调宣称实施"亚太再平衡"战略，使得地区局势变数增多。

俄罗斯周边安全环境的改善，使得俄罗斯可以腾出精力关注远东的建设。正如俄媒体所言，作为欧亚大国的俄罗斯，对亚太以及远东发生的大事不可能"熟视无睹"。[①]

（二）俄罗斯国内经济战略大调整，远东大开发开始稳步实施

俄罗斯独立后经过叶利钦、普京任内十几年的发展，到了梅德韦杰夫时代，国家实力已经大大增强。利用国际能源价格不断攀升的大好契机，俄依靠能源出口为其赚取了大量外汇，使国民经济迅速恢复。然而在国家经济迅速恢复的同时，也伴随着收入分配不均、地区性贫富差距扩大等一系列国内问题。这对于俄国家整体的政治稳定、经济发展、社会进步等都产生的较大的负面影响，甚至关系到俄罗斯的国家安全。此前在俄境内多次发生的恐怖袭击，其主要根源之一就是俄国内地区性贫富差距过于悬殊所致。远东人口稀少且地理位置相对偏远，因此其经济上、政治上仍处于较为滞后的状态。2011 年，远东地区的 GDP 总额为 2.3 万亿卢布，仅占俄全国 GDP 的 5.4%，人口仅为 702万，尚不及西部地区的一个州。[②] 对比之下，周边国家和地区的经济发展势头迅猛、正日益成为全球经济发展中心，这在某种程度上对俄罗斯造成巨大压力。为了确保其东部的地缘政治、经济的安全，俄罗斯需要开发、开放东部。

另一方面 2008 年下半年俄罗斯经济受到世界金融危机的严重冲击，表明以资源出口为基础的经济结构抗风险能力严重不足。俄罗斯 GDP 的 30%、国家预算收入的 50% ~ 60%、外汇收入的 60% 均来自资源性产品的出口。时任

---

① 马建光：《向着"新面貌"军队稳步迈进——盘点俄罗斯 2010 改革进程》，《解放军报》2010年 12 月 28 日第 4 版。

② 《俄军工信使报》：《欧亚大陆成世界格局新中心》，http：//vpk-news.ru/articles/14095（上网时间，2012 年 12 月 1 日）。

总统的梅德韦杰夫曾表示："俄罗斯经济对石油的依赖，如同人对毒品的依赖，时间越长就越难摆脱，时间越长害处就越明显。"① 俄罗斯高层意识到，俄罗斯的发展在继续依靠能源经济的同时，必须进入一个新的发展阶段，就是创新经济。实现国家经济应转型，经济多样化、发展基础设施、加强金融体系等。

地处亚洲的俄罗斯远东和西伯利亚地区，面积广大，资源与能源十分丰富，经济发展潜力十分巨大，为俄罗斯提供了新的经济增长点，是俄未来的希望所在。正如普京在2012年12月的"国情咨文"中阐述的，"二十一世纪的重点是向东发展，西伯利亚与远东是俄罗斯的根本潜力之地"。作为横跨欧亚两洲的世界大国，开发远东和西伯利亚地区是俄罗斯为了国家长远利益所做出的重大战略部署，是俄罗斯全面振兴的重要基石之一。为了将该地区的开发提升到一个新的高度，更好地搭上亚太地区这班经济发展的高速列车，俄罗斯频频做出重大战略举措。2009年底，时任总理普京签署第2094号俄联邦政府令，批准俄联邦《2025年前远东和贝加尔地区经济社会发展战略》。2012年5月，普京签署《关于国家长期经济政策》总统令，责成政府按规定程序提出加快远东社会经济发展的建议。此外，还专门成立了"远东发展部"，力图从顶层设计的角度统筹该地区的发展。所有这些都坚定地展现出俄罗斯政府进行"东部大开发"的信心，以及将该地区打造成俄罗斯经济发展"第二极"的雄心。

三　俄罗斯加大远东军事力量建设和调整的战略考量

在综上所述的国内背景下，俄罗斯领导人做出加快远东军事力量建设的部署和考量。笔者认为，通过建设俄罗斯军政当局想达到以下目的。

1. 确保能源开发、能源外交安全

俄远东地区经济发展水平在俄国内一直相对落后。为了加大开发远东力度，普京重返克里姆林宫后，专门成立了远东发展部，旨在借亚太发展之机加强俄远东地区全面发展。众所周知，远东地区含有丰富的矿产资源、水资源、

---

① 《俄借亚洲议会论坛为西伯利亚和远东吸引外资》，http：//ezhong.ru/international/2013/01/29/20625.html（上网时间，2012年12月1日）。

森林资源和海洋生物资源，开发利用的潜力很大。根据《2020 年前俄联邦国家安全战略》，俄现已将武力使用范围扩大到能源资源争夺领域。① 俄罗斯当局一直认为，能源资源是俄经济发展、恢复大国地位的基础，欧美大多数国家、中国对中亚、里海、北极等能源资源产地控制权的激烈争夺已经严重影响到了俄罗斯国家利益。俄罗斯应做好使用武力保障对能源资源控制权的准备。俄日之间的岛屿之争，说到底也是日本在很大程度上看中了岛上及附近海域丰富的自然资源（见图2）。有鉴于此，俄远东地区的军力在未来能源资源争夺战中的重要性日益凸显。

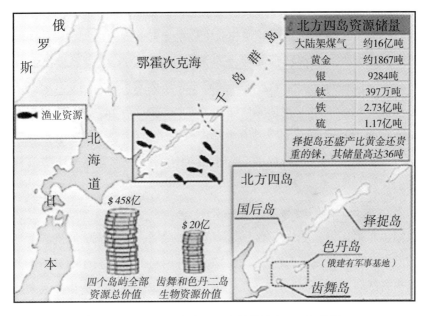

图2　日俄争议四岛资源总价值估价为500亿美元

2. 建立新型空天防御系统的现实需要

时任俄总统梅德韦杰夫于 2010 年 12 月 1 日颁布命令，整合防空系统、反导系统和导弹预警系统，将其纳入一体化战略司令部。2011 年 12 月俄罗斯空天防御兵正式进入战斗值班。据俄罗斯军事专家，俄未来将形成以 S - 400 和 S - 500 防空导弹系统为主力的先进防空反导系统，将装备包括现有 4 个营在

---

①　朱听昌著《中国地缘战略地位的变迁》，时事出版社，2010，第 229 页。

内，2020 年前，俄军将有 56 个 S－400 防空导弹营入役，10 个营的 S－500。目前，俄军现有 37 个地空导弹团（10 个在莫斯科郊区，4 个在圣彼得堡郊区）。现有防空系统远不足以覆盖大型工业中心，甚至是战略火箭兵导弹师的阵地。随着美国"东欧反导"计划和"即时全球打击系统"的实施，俄罗斯一方面需加强战略核力量的威慑可靠性建设，另一方面应该确实提高导弹预警系统、太空监视系统和雷达系统的能力，而将先进的导弹发射基地移向远东是大势所趋。只有导弹预警系统和地面雷达部队处于常态化工作状态，因为地空导弹团的雷达只有在收到雷达部队的空天袭击情报后才启动，其余时间处于关闭状态。目前雷达部队的装备已经极度老化，虽然计划用于探测气动目标，但实际上已不具备探测中程弹道导弹和战役战术导弹的能力。导弹预警系统用于探测洲际弹道导弹，但现已全部转向西方，且在部署了新型"沃洛涅日"预警雷达后才有监视西方的能力。东部只有 1 个该类雷达站，用于代替部署在伊尔库茨克的"第聂伯河"雷达站。正因为如此，东部的防空反导已成为俄国家安全面临的主要问题之一。因为东部探测弹道目标（首先是中程弹道和战役战术弹道导弹）和气动目标的问题同样尖锐，而雷达监视与导弹预警也存在同样的"漏洞"。

3. 扩大俄在亚太的影响力、发言权

在国土东部，俄在地缘政治上虽没有直接威胁，但却面临着丧失亚洲大国地位的潜在危险。伴随着海洋经济的发展，各国对亚太的关注明显增多。不仅美国提出将战略重心移向亚太，亚太周边国家近年来也频频动作，远东地区在俄国家战略中的地位上升。

美国重返亚太，实施"亚太再平衡"的举措越来越多。在军事部署上，美海军将把其六成兵力移至亚太地区，包括部署六艘航母、大部分巡洋舰、驱逐舰、濒海战斗舰及潜艇等，其他军兵种的调整方案可能也会很快出台。在美国主导下，美日韩澳等军事同盟更加巩固，"亚洲版北约"呼之欲出。美国正欲打造亚洲版的导弹防御系统。[①] 尽管美国政府解释称该系统仅针对朝鲜，但由于亚太地区仅有中俄两国具有发射洲际导弹的能力，因此其作战对象不言而

---

① 《世界军事年鉴》，解放军出版社，2009，第 224 页。

喻。种种举措，构成了一幅美国鹰盘旋亚太的图景。图景之下，作为传统战略对手的俄罗斯对美国的"重返亚太"战略也感觉到了安全上的巨大压力。

在此背景下，俄罗斯清醒认识到，加强对远东的控制，对保证俄国家东部的安全，扩大俄罗斯在亚太的影响力，遏制美国在该地区的渗透至关重要。除发挥俄罗斯远东的经济潜力和地缘经济优势，作为平等成员积极参与亚太经济合作进程外，加强该方向的军事力量建设，也是增加其处理亚太事务主动权的重要举措。

从俄罗斯的整体军事部署上来看，与其他军区相比较，远东地区是其较为薄弱的地区，也是之前不够重视的地区。现在太平洋舰队和远东军区、西伯利亚军区、空军和防空部队第 3 指挥部统一划归东方军区。东方军区司令康斯坦丁·西坚科海军上将（原太平洋舰队总司令）就曾强调俄罗斯海军在东方军区发挥着至关重要作用。因而，加强战略核力量的可靠性建设，将更多的导弹发射基地移向远东、加强该方向的导弹预警与太空监视能力建设，就成为一种自然的选择。

4. 实施国家振兴重振大国海军雄威的需要

原苏联解体后，俄罗斯海军实力急剧衰减，而海军往往承载着俄罗斯军事复兴的重任，因此在"新面貌"军事改革规划中，海军自然被列为建设重点。据披露，军费的 60% 投向了海军。然而俄罗斯当前四大舰队中的三个态势并不乐观，重新恢复成全球性海军在地理上有劣势。北方舰队在北冰洋被美国、加拿大和挪威等北约成员国围住；黑海舰队被控制着达达尼尔海峡的土耳其辖制；在波罗的海，俄军舰队也被瑞典、丹麦、德国等国包围，称得上是"四面楚歌"。在这种情况下，远东地区相对较好的地缘环境成为俄罗斯策应、前出各重要战略方向的主要出口。俄罗斯海军的太平洋舰队具有独特的军事地位与优势。一是拥有海阔水深的出海口。毋庸讳言，俄罗斯一直把核潜艇当成是对付美军航母的"撒手锏"。浅海会为对手提供打水雷战的机会，这将大大提高核潜艇进入进攻状态时的成本。所以，北方舰队每艘核潜艇出海时，都要出动 10 艘搜雷舰进行护航。而对于太平洋舰队而言，鄂霍次克海平均水深在 800 米以上，最深处能够达到 1600 米，这里非常适合俄弹道导弹核潜艇游弋。二是拥有事实上的封闭海区——鄂霍次克海及日本海，这样，俄可以凭借鄂霍

次克海建立起一个自我保护的屏障，而这一屏障就是千岛群岛这一串珠状的岛屿所形成的弧形岛群，由占守岛、幌筵岛、新知岛、得抚岛及择捉岛、国后岛、色丹岛、齿舞群岛（后四岛日本称为"北方四岛"）等近 40 个岛屿组成，总面积约 1.6 万平方公里，南北绵延达 120 余公里。南千岛群岛位于太平洋第一岛链最北端，北接俄罗斯的堪察加半岛，南临日本的北海道，扼守鄂霍次克海和太平洋，是俄罗斯在太平洋方向的重要战略门户，地理位置极其重要。特别是，俄罗斯远东地区的众多港口到冬季多要封冻，而受日本海暖流的影响，位于南千岛群岛中的择捉岛单冠湾的年萌港和天宇港，以及色丹岛的斜古丹港都是天然不冻的深水良港。而且，这里也是俄监视日本海上和空中自卫队以及美军太平洋舰队战机、舰船活动并收集相关情报的理想地域。另外与日本有争议的四个岛屿正处在美国在"冷战"时期围堵中国和苏联第一岛链的关键部位。如果失去这四个岛屿，俄罗斯的太平洋舰队就被封锁在第一岛链之内，俄海军将难以自由地穿越位于齿舞岛和北海道之间只有 16 公里的根室海峡、国后岛与择捉岛之间的叶卡捷琳娜海峡、择捉岛和乌鲁普岛之间的弗单斯海峡、黑兄弟群岛和新知岛之间的罗盘海峡。如果这四个岛被日本收回，并被美国和日本用于对俄罗斯的军事遏制目的，就意味着俄罗斯太平洋舰队被一道难以突破的天然栅栏围堵在了第一岛链以内。

5. 枕戈待旦对抗北约东扩的需要

广袤的疆域一直是俄罗斯进行军事战略谋划的"瓶颈"。苏联在"冷战"时期曾有过东西两面腹背受敌的战略困境。"冷战"结束后，因为忙于应对北约东扩、东欧反导，俄罗斯主要集中于西部的军事力量建设，而其广大的东部地区出现了"跛脚鸭"的局面。如今出现的缓和局面，并不意味着北约东扩的终结。众所周知，北约事实上仍在酝酿更大的东扩。等到北约各国从经济危机中恢复元气继续实施东扩战略时，其势头必将更加来势汹汹。"吃一堑，长一智"，为了避免重蹈历史覆辙，俄必须抓住难得的战略机遇期，在世界格局加速演变的大背景下，尽可能集中各种力量来应付来自北约东扩造成的压力，保证国家安全战略的重点。

当前亚太战略格局正处在新旧交替的重要过渡时期，俄罗斯在远东地区军事战略的调整必将对整个亚太地区产生不容忽略的影响。一方面为亚太地区大

128

国关系的调整和变化注入了新的因素，推动着亚太地区多极化趋势的发展，特别是增加了一个牵制美国地区霸权主义的有利因素，另一方面由于像俄罗斯这种大国的介入，一些地区性问题不可避免地会更加复杂化，如南海问题等。形势的新发展，对我们的战略筹划提出了新的要求，我们只有做到积极行动、因势利导、趋利避害，才能应对自如，确保国家发展的大船平稳前行。

结　语

俄罗斯横跨欧亚大陆，有 2/3 的领土面积在亚洲，这里的居民约有 3000多万人，其 60%～80% 的重要战略资源也在亚洲。俄罗斯的命运与亚洲的发展息息相关，紧密相连。

亚太地区是人类文明交汇之地，是世界大国利益博弈之地，是历史遗留问题与现实矛盾纷争聚集之地，同时也是当今世界最具发展活力之地。进入 21世纪，亚太地区已经日益成为世界关注焦点。无论从本国的全面协调发展，还是从世界格局的发展趋势看，俄罗斯都不能忽视亚洲。在对外战略布局中，俄罗斯已经深刻认识到亚太地区的重要性，其外交、军事的重点也逐渐从西向东。在东西方之间寻求平衡正是俄罗斯的国际政治资本，任何理智的俄罗斯军政领导人都不会放弃这种战略资源。

对于中国来说，俄罗斯与东北亚其他国家最大的不同，在于它在抵御本地区最大的域外力量美国上，是中国最可倚重的对象。互相借重，抱团取暖，是中俄应对美国"亚太再平衡"战略的重要一环。因此，深化拓展中俄战略协作关系具有重大的现实意义和深远的历史意义。

Ⅴ.9
蒙古国外交战略的调整
及同邻国的关系

娜　琳*

摘　要:

2011 年 2 月,蒙古国对其实行近 20 年的"多支点"外交战略进行了调整,以法律形式确认美国等西方、东方国家为"第三邻国"。事实上,其地理位置完全被中国和俄罗斯包围的内陆国家蒙古国,与中、俄的关系如何,直接关系到其生存与发展问题。应该说,蒙古国永恒的邻国只有中、俄两国,其他所谓"第三邻国"实力再强大,也不可能充当其真正的邻国。

关键词:

蒙古国　调整外交战略　与中俄的睦邻关系　与美国的"第三邻国"关系

众所周知,蒙古国①是地处中国和俄罗斯联邦之间的只有两个邻国的亚洲内陆国家。自 1921 年至今,蒙古建立外交机构 90 多年以来,已经与世界 160 多个国家建立了大使级外交关系。蒙古于 1961 年成为联合国成员国。到 20 世纪 90 年代为止的 70 多年里,蒙古实行的是向苏联"一边倒"的外交政策。民主改革之初,于 1994 年 6 月颁布了首部蒙古国自己制定的开放的、"多支点"平衡外交政策构想。"多支点"外交战略的核心是均衡,与中国、俄罗斯两个邻国和西方有影响力的大国进行等距离平衡外交。2011 年,蒙古对其转型 20 年来实行的外交政策构想进行了再次调整,确认美国等西方、东方国家为"第三邻国"。

---

* 　娜琳,内蒙古大学蒙古学学院教授。主要研究方向:蒙古国对外战略及同大国的关系。

① 　蒙古:1924 年前称为外蒙古或喀尔喀蒙古,1924~1992 年为蒙古人民共和国,1992 年后为蒙古国,通常称为蒙古。——笔者注。

一 蒙古国调整外交战略

（一）确认"第三邻国"

蒙古国民主改革 20 年多来，其国内形势和外部环境发生了很大的变化。为了适应国际国内形势的变化，在保持外交政策的统一性和连续性以及基本不改变"多支点"平衡外交战略的前提下，蒙古对其外交政策构想进行了修改。蒙古国家大呼拉尔（议会）2011 年第 10 号决议通过了该构想的修订版本，并于当年 2 月 10 日予以公布。以下是新构想的核心内容及与原构想的不同点。

新修订的《蒙古国外交政策构想》总则中概括了蒙古国新的外交战略的目的及任务。即：蒙古国外交政策的目的是，与世界各国友好相处，在政治、经济等领域与其他国家发展友好合作关系，巩固和提高蒙古国的国际地位，捍卫蒙古国的主权与独立。蒙古国的外交政策是，以政治和外交手段保障蒙古国家安全和国家的根本利益；奉行和平、开放的多支点外交；与有全球影响力的和地区影响力的国家发展友好合作关系，防止成为某一国家的附庸。新修订的《蒙古国外交政策构想》删去了原来"蒙古国实行不结盟的外交政策，吸引西方发达国家对蒙古国的实际重视"和"以政治和主权的形式引起外国对蒙古国的关注"等内容。

新的《蒙古国外交政策构想》的政治外交政策部分规定，"蒙古国没有遭遇到外来入侵的情况下不加入任何军事同盟，不把领土和领空交给他国使用，坚持不允许外国军力驻扎、渗透和过境本国领土"。删去了原条目中的"在不直接影响蒙古国利益之时，不介入两大邻国之间的矛盾和分歧"这一段。而经济外交政策部分强调国家经济安全，"经济上防止过分依赖某一国"，新修订的《蒙古国外交政策构想》增加了蒙古国外交要为国家经济建设服务的外交经济化内容。

蒙古国外交政策的主要方向方面，仍然把发展对俄罗斯、中国的关系视为第一方向。新的提法是："与俄罗斯联邦和中国发展友好关系是蒙古国外交政策的首要方向，但是坚持均等交往、发展广泛的睦邻合作关系。同时照顾与这两国间的历史传统和经济合作的特殊性"。这里删去了原来的"不单纯依靠其中的哪一个"部分。但是在其外交政策的第二方向上有了大的变化，即"蒙古国与美国、日本、欧盟、印度、韩国、土耳其等西方、东方国家和联盟发展'第三邻国'伙伴关系，并扩大合作"。这一条是新的外交政策构想最主要的修改部分，即蒙古国第一次将"第三邻国"这一概念写进了法律文件，表明蒙古国将"第三邻国"这个概念已经正式以法律形式确定下来。

（二）确立"第三邻国"的真实意图

地理位置上只有中国和俄罗斯两个邻国的蒙古，其生存与发展离不开中、俄。蒙古国深知这一铁的事实，所以一再强调中国和俄罗斯联邦是其外交政策的首要方向，并保持其密切的睦邻友好关系，与两个邻国均建立了战略伙伴关系。蒙古国出于地缘政治和历史原因考虑，对俄、中两个邻国都怀有疑虑和戒心。加之蒙古与中、俄的国力太悬殊，就更加担心自身成为某一方或者同时成为两方的附庸。所以，蒙古民主改制以来不断寻找"第三邻国"，这种"第三邻国"不是领土上的联系①，而是政治、军事以及经济上的联系，蒙古希望通过引入"第三邻国"，增加自己国际战略上的支点，增加安全系数、巩固独立。同时，也能从各方获得诸多的好处，还能提高本国的国际地位。蒙古国认为，世界上能够平衡中、俄两大国的目前首推美国②，因此蒙古不断拉近与美国等西方的关系，蒙古派兵参与美国在阿富汗、伊拉克等地的军事行动，并于2012年5月以"和平伙伴关系国地位"参加北约峰会，2012年11月正式加入了欧安组织。蒙古所谓"第三邻国"不是一个国家，而是美国、日本、欧盟、印度、韩国、土耳其等西方、东方诸国和国际组织，包括欧安组织等。

其实，蒙古靠近美国等所谓"第三邻国"和美国主导的北约和加入欧安组织，并不能代表蒙古从此就成为北约的一颗棋子，将用来制衡中、俄。蒙古

---

① 20世纪90年代初美国国务卿贝克两次访问蒙古，首先提出美国愿意做蒙古的"第三邻国"，对此，时任蒙古总统 Π. 奥其尔巴特表示：高科技发达的当今，国与国之间的距离拉近了，邻国不一定领土接壤。——笔者注。

② Ц. 巴特巴雅尔（现任蒙驻华大使馆公使衔参赞）主编《1990年代国际关系走向及蒙古与大国的关系》（О. 奥特根：《90年代的蒙美关系》），乌兰巴托，1995，第90页。

也不会简单地选择非此即彼的极端关系。在蒙古赴北约峰会之前的 5 月 10 日，中共中央军委副主席徐才厚上将访蒙与蒙国防部长 Ж. 恩和巴雅尔就国际和地区安全形势进行了会谈，并就联合训练、边防交往、维和行动等问题交换了意见。2012 年 9 月，中蒙第六次防务安全磋商在北京举行。中国人民解放军副总参谋长马晓天与蒙古国防部国务秘书乔依扎木茨举行了两国第六次防务安全磋商。双方就地区安全形势、双边关系等问题交换了意见，同意保持两军高层交往势头。而蒙古与北邻俄罗斯的军事关系比蒙中军事关系要密切（见本文蒙俄军事关系部分），俄罗斯对蒙提供大量军事援助，两国每年举行军事演习，现已定期化。由此可见，蒙古不会采取远交近攻，而远交近不攻才是蒙古要采取也是必然要采取的对外战略。这也是蒙古国外交的一种趋势。

二　蒙古国与南邻中国的关系

在双方的共同努力下，中蒙关系不断得到巩固和发展。政治上，中、蒙两国关系正处在深化发展战略伙伴关系阶段。经济上，中蒙经贸关系保持了互惠互利的合作关系，中国是蒙古国最大贸易伙伴，也是蒙古国最大的投资国。

（一）两国政治互信不断深化

2009 年两国隆重纪念了中蒙建交 60 周年，2010 年两国关系步入新的甲子，面临深化发展的重要机遇。2010 年 4 月 28 日至 5 月 3 日，蒙古国总统查希亚·额勒贝格道尔吉到中国进行国事访问，出席了上海世博会开幕式，蒙古总统额勒贝格道尔吉访华时，国家主席胡锦涛主席提出了推动中、蒙两国关系持续深入发展的 4 点建议。即：一是保持中蒙两国领导人高层交往；二是深化中蒙经贸合作关系，推进矿产资源开发和基础设施建设两大重点合作领域；三是推动人文交流，增进中、蒙两国人民间的相互了解和友谊；四是拓展中、蒙两国的友好合作，在国际问题与地区问题上加强彼此间的协调和配合，努力维护双方的共同利益。蒙古国总统额勒贝格道尔吉表示，"蒙方愿意同中方一道，加强各层次交往，在矿产、农业、畜牧业、沙漠化治理等领域以及国际和地区事务中加强

合作和协调，不断充实两国关系内涵，进一步推进蒙中关系"。①

2010年6月1~2日，温家宝总理应邀访问蒙古国。温总理会见蒙古总统额勒贝格道尔吉时表示，中国政府从战略高度和长远角度重视发展对蒙古关系，将其作为周边外交的重点。温总理与蒙古总理巴特包勒德举行会谈时指出，"中蒙地理相邻、文化相通、经济互补，开展交流合作具有得天独厚的优势和条件。中方愿与蒙方保持高层往来，在涉及对方核心利益的重大问题上继续相互坚定支持，增强政治互信。双方要采取切实措施，深化经贸合作，实现共同发展，积极推进矿产资源开发、基础设施建设、金融支持三位一体合作，并且早日启动中蒙自贸区可行性研究。中方愿在能源、环保、交通运输领域同蒙方加强合作，支持蒙方发展加工业，愿继续为蒙经济社会发展提供力所能及的援助"。② 会谈后，双方签署了中蒙经济技术合作协定等9个合作文件，涉及金融贷款、海关合作、矿产与核能开发、学历学位认证等领域。温总理此次访蒙期间，参观了乌兰巴托中国文化中心并为中心揭牌，掀开了中、蒙两国文化交流的新篇章。为增进两国人民的相互了解和友好感情，中方还表示，"将在今后5年内向蒙方提供2000个政府奖学金名额，并邀请300名蒙古国青年访华，探讨建立两国青少年交流机制"。③

2011年6月，蒙古国政府总理巴特包勒德率团访华，与温家宝总理举行了内容广泛的会谈。双方发表了联合声明，确认两国关系的定位由2003年6月建立的两国睦邻互信伙伴关系提升为战略伙伴关系，使两国关系上升到了一个新的高度。双方提出这一关系定位主要包括以下内容：一是加强中、蒙两国的政治沟通与相互信任，强化中蒙双边友好关系的政治基础；二是扩大和深化中蒙经贸合作，为两国关系提供持久动力；三是加强中蒙人文交流，增进民间友好，巩固两国关系的民意基础；四是加强在国际和地区事务中的相互协调和支持，丰富战略伙伴关系的内容。蒙古国总理的这一次成功访华及其取得的成

① 《胡锦涛同蒙古总统额勒贝格道尔吉举行会谈》，新华网，http：//news. xinhuanet. com/politics/2010 – 05/01/c_ 1268156. htm（上网时间，2013 年 1 与月 12 日）。

② 《温家宝与蒙古国总理巴特包勒德举行会谈》，新华网，http：//news. xinhuanet. com/world/2010 – 06/01/c_ 12168650. htm（上网时间，2013 年 1 与月 12 日）。

③ 《温家宝与蒙古国总理巴特包勒德举行会谈》，新华网，http：//news. xinhuanet. com/world/2010 – 06/01/c_ 12168650. htm（上网时间，2013 年 1 与月 12 日）。

果，是两国关系史上的又一个里程碑，标志着两国友好合作关系已经进入全面、深入发展的新阶段。

2012 年 6 月，蒙古国总统 Ц. 额勒贝格道尔吉出席在北京举行的上海合作组织元首峰会，同胡锦涛主席、李克强副总理举行了务实且卓有成效的会晤。双方领导人为两国战略伙伴关系的深入发展指明方向，就深化经贸、人文等具体领域合作达成许多重要共识。2012 年 8 月，蒙古国举行议会选举并产生新一届议会和政府后，戴秉国国务委员访问了蒙古国，与蒙古国新一届领导人就如何发展两国关系，特别是如何进一步深化政治互信深入交换意见，为两国关系下一步发展进一步奠定了重要基础。蒙古国新一届政府表示，将继续把发展对华关系作为对外政策首要方向之一。

中蒙关系的发展及其定位的提升，是双方采取正确的政治方针和共同做出努力的结果。中国对蒙古实行"与邻为善、以邻为伴"和"睦邻、富邻、安邻"的方针，尊重蒙古的独立、主权、领土完整和所选择的发展道路。中共十八大报告提出，努力使自身发展更好惠及周边国家。这也是中方同蒙古发展关系，开展合作时始终不渝坚持的根本原则。蒙古方面，于 1994 年颁布的外交政策构想和于 2011 年重新修订的外交政策构想均将发展与中、俄两个邻国关系为其外交政策的"首要方向"。由于双方正确的决策，采取共同步骤与措施，中蒙关系遂得迅速、健康发展。目前，中蒙关系处于历史上最好的时期，两国间不存在悬而未决的重大问题。双方都从政治和战略高度相互高度重视，相互尊重彼此核心利益和重大关切，就相互关心的国际和地区问题坦率沟通，不断深化相互理解和互信。

（二）中国是蒙古国最大经贸合作伙伴

近年，中、蒙两国不断深化战略务实合作，两国经贸合作取得长足发展。自 2000 年以来，中国向蒙古国提供了 6 亿元人民币的无偿援助。2011 年 6 月，蒙古国总理访华时，中蒙签署了中国政府向蒙古政府提供 5 亿美元优惠出口买方信贷总协议，在经贸领域签署了总金额达 10 亿美元的合作文件。

1. 双边贸易

截至 2012 年底，中国成为包括蒙古国在内的 124 国家的最大贸易伙伴国①，中国连续十几年成为蒙古国第一贸易伙伴国。近十几年来，中蒙务实合作成果丰硕。2002 年中蒙贸易额仅 3.63 亿美元，占蒙古对外贸易总额的30%。2011 年中蒙贸易额达 64.638 亿美元②，占蒙古对外贸易总额的 56%，10 年增长了 18 倍。其中，中国自蒙古进口额为 44.399 亿美元，占蒙古出口总值的 92.2%；中国向蒙古出口额为 20.239 亿美元，占蒙古进口总值的30.7%，同比增长 108%。中国连续 13 年成为蒙古国最大贸易伙伴，首次超过俄罗斯成为蒙古国最大进口来源国。2012 年中蒙贸易额达 59.217 亿美元，占蒙古外贸进出口总额的 53.24%。其中：中国自蒙古进口额 40.599 亿美元，占蒙古出口总值的 92.6%；中国向蒙古出口额为 18.618 亿美元，占蒙进口总值的 27.63%。中国连续 14 年成为蒙古第一大贸易伙伴国，并继续保持蒙古第一大出口国和第一大进口国（见表 1）。

表 1　中、俄、美三国对蒙贸易（2010～2012 年）

单位：亿美元

排序	2010 年			2011 年			2012 年		
	总额	出口	进口	总额	出口	进口	总额	出口	进口
蒙古	61.086	29.085	32.001	114.159	48.175	65.984	111.235	43.846	67.389
中蒙	34.372	24.663	9.710	64.638	44.399	20.239	59.217	40.599	18.618
俄蒙	11.296	82747.9	10.467	17.211	9.634	16.247	19.281	7.956	18.486
美蒙	1.649	6018.2	1.589	5.411	5040.0	5.360	5.394	3568.1	5.358

资料来源：〔蒙〕根据蒙古国家统计局《统计公报》2012 年第 12 期数据编译演算（四舍五入的数据）。

过去三年，中国为蒙古累计提供了 102 亿美元的出口市场，34 亿美元的贸易顺差③。其中，两国煤炭贸易占有重要位置。2012 年，蒙古出口中国主要商品中煤炭货值为 18.75 亿美元，占对华出口第 1 位，铜矿石和精粉 8.39 亿美元、铁矿石和精粉 5.33 亿美元、锌矿石和精粉 1.31 亿美元、萤石粉 3760.8万美元、钼矿石 3070.8 万美元。其中，铜、锌、铁矿石及精粉 100% 出口中国；煤炭 94% 出口了中国，向日本试探性出口了 1.92 万吨焦煤。此外，蒙古

---

① 纪双城等：《第一贸易大国，中国吗?》，《环球时报》2013 年 2 月 20 日。
② 〔蒙〕蒙古国家统计局：《经济社会年鉴 2011》，乌兰巴托，2012。
③ 根据蒙古国家统计局《统计公报》2012 年第 12 期数据编译演算。

每年的大部分畜产品也都出口至中国，2012 年出口梳绒、绵羊毛、羊羔皮等的货值达 4442 万美元[①]。蒙古从中国主要进口商品为各种运输工具，建筑材料、轻工产品、农产品和日用品。

2. 经济合作

自 1998 年以来中国对蒙古投资连续多年独居首位。蒙古外商投资局的数字显示：2009 年，中国在蒙古投资企业 4900 多个，投资额 22.9 亿美元，占蒙古全部外国投资的 60%。2011 年，中国在蒙古投资企业达 5639 家，占全部在蒙古投资企业数的 49.4%；中国对蒙古投资存量达 28.5 亿美元，占蒙古外资总额的 48.8%。2012 年，中国对蒙古投资总额超过 20 亿美元[②]，已经连续 15 年成为蒙古最大投资来源国。

中资企业主要集中在蒙古的矿山、石油、农牧业、商贸餐饮、建筑建材、轻工业、畜产品加工、信息通信技术以及服务行业等领域。中国的投资带动了当地经济社会的发展，增强了蒙古自主发展的能力。2012 年蒙古国内生产总值（GDP）按可比价格计算增长 12.3%。蒙方专家学者表示，中国经济发展给蒙古国带来机遇，近几年中蒙经贸合作不断扩大，助推蒙古国经济快速发展。

2012 年蒙中合作的重点领域蒙古的采矿业增长了 8.9%。鉴于蒙方采矿行业电力严重不足，根据蒙方需求，2012 年 11 月中方从内蒙古自治区向蒙古最大的战略矿[③]奥尤陶勒盖铜金矿（简称 OT 矿）项目供电，为该矿顺利投产作出了重要贡献。目前每天送出电量已达到 48 万千瓦时。随着蒙方 OT 矿各个项目的陆续投产，中方日送出电量还将飙升。蒙古国目前最大的外资项目 OT 矿已于 2012 年年底正式投产。蒙古国政府和矿业巨头力拓公司分别控股 34%[④]和 66%。如果不出意外，蒙方按计划从 2013 年 6 月起向中国出口铜精粉。

① 〔蒙〕根据蒙古国家统计局《统计公报》2012 年第 12 期公布数据编译演算。

② 〔蒙〕Д. 奥云："中国对蒙投资达 20 亿美元"，http：// www . olloo . mn 2012/12/02。

③ 蒙古国的战略矿是指：在国家和地区层面上，其生产可以对国家安全和经济社会发展具有潜在影响的矿集区，或其生产价值或潜在生产价值超过每年国内生产总值 5% 的矿床。——笔者注。

④ 蒙古 2006 年的新矿业法，对于战略矿的股份问题做出安排：利用国家预算资金进行勘探并已确定储量的"战略矿"，国家持股比例最高可达 50%，没有利用国家预算资金自行或合资勘探并确定储量的"战略矿"，国家持股比例不少于 34%。——笔者注。

三 蒙古国与北邻俄罗斯的关系

（一）战略伙伴关系

近年，蒙俄政治关系发展迅速，两国关系中俄罗斯方面趋于主动。仅
2009 年这一年，俄罗斯联邦三巨头——总统 Д. 梅德韦杰夫、总理 B. 普京和
联邦委员会主席 C. 米罗诺夫纷纷访问蒙古国。而蒙古国方面，2008～2009 间
蒙古政府总理 C. 巴亚尔三度访问俄罗斯，2010 年蒙古总理 C. 巴特包勒德又
一次访俄罗斯，2010 年、2011 年蒙古总统 Ц. 额勒贝格道尔吉连续访俄罗斯。

2009 年 8 月，俄罗斯总统梅德韦杰夫访蒙时双方将 2003 年建立的蒙俄睦
邻传统伙伴关系提升为战略伙伴关系，两国签署了俄罗斯联邦与蒙古国《发
展战略伙伴关系宣言》。其间，蒙俄双方签署了涉及加强铁路联运、发展农
业、核能合作，俄为蒙古培训技术人才、两国航空公司增开航班、加大对两国
合资额尔敦特铜钼矿等联合企业技术革新等方面的一系列重要合作协议。俄总
理普京访蒙时双方达成的重要协议之一是，俄将为蒙古提供高达 70 亿美元巨
额投资的承诺，主要用于双方在铁路、矿藏合作框架内将修建从俄罗斯至蒙古
国南部塔本陶勒盖焦煤矿的铁路专线。与此同时，蒙俄合资乌兰巴托铁路联运
公司俄方代表明确表示，拒绝接受美国为乌兰巴托铁路将提供的 1.88 亿美元
《千年挑战基金》的无偿援助。最终，蒙俄乌兰巴托铁路联运公司决定拒收美
国的这笔援款，蒙方准备用于其他领域。

2010 年 12 月蒙古国总理巴特包勒德访问俄罗斯联邦与总理普京举行会
谈，两国签署了 2011～2015 年俄蒙经贸合作计划。俄蒙在 2009 年签署关于建
立蒙古东方省铀矿合资企业的政府间协议的基础上准备在 2013 年组建合资公
司开采铀矿。此次，俄方还决定免除蒙方所欠的约 1.8 亿美元的债务。普京强
调，俄罗斯致力于大力发展和蒙古国的全面合作关系，建设各领域联合企业，
蒙古还可通过俄罗斯港口开展贸易活动。2011 年 5 月底 6 月初蒙古国总统额
勒贝格道尔吉访俄的目的是请求俄罗斯政府解决油品供应问题。因为几个月来
历来由俄罗斯提供给蒙古的燃油供应不畅，蒙古的春耕、交通、采矿等部门遇

到梗阻。俄方见到蒙总统亲自为此事访问，不仅答应及时为其解决燃油问题，俄总统梅德韦杰夫会见蒙总统时还说出了俄罗斯对蒙古长期合作的打算，即："我们在经济领域积极合作，在蒙古实施一系列大项目，有的是特大项目。所有这些项目涉及交通、基础设施、农业领域等等。"

蒙俄高层频繁的会晤和达成的一系列重要协议，特别是经贸领域的长期合作计划，传达了一个明确信息，那就是——俄正在把发展对蒙关系作为其外交策略的重点之一，蒙古已重新回到了俄罗斯的外交中心。

（二）军事安全合作是双边关系的重要组成部分

对俄罗斯来说，作为与蒙古国曾有特殊关系的邻国，不应该失去这个"老朋友"和"屏障"。面对美国对蒙古国的战略渗透，俄罗斯感到不安。俄罗斯明白，美国在蒙古多次举办"可汗探索"军演，"项庄舞剑，意在沛公"。因此，俄罗斯要恢复在蒙古国的地位。如今，俄对蒙的态度，与当年（1945年）就蒙古独立问题斯大林对蒋经国所说的："老实告诉你，我之所以要外蒙古，完全是站在军事的战略观点而要这块地方的"[①]不无两样。

近年，俄罗斯从国家安全的整体战略考虑，与蒙古国在国防领域恢复和加强了合作关系。2008年4月，俄罗斯允诺向蒙古国提供价值1.2亿美元的武器[②]，当年双方又签署了俄向蒙提供6000万美元武器装备的协议。俄方还承诺对蒙军直升机和其他武器装备进行现代化改造，使蒙军防空系统达到现代化标准。2009年4月，蒙俄签署了《俄罗斯与蒙古国2008至2012年军事技术合作中期计划》[③]。俄国防部长A.谢尔久科夫表示，俄罗斯国防部将在军校为蒙古国培养军事人才。据俄媒称，蒙古军方的空防实力非常薄弱。据统计，"蒙空军虽然曾在1977～1984年间获得了44架各种型号的米格－21，但时至今日，这些战机中具备飞行能力的仅剩下8架米格－21PFM截击－战斗机和2

---

① 《斯大林解释：我们为什么要割走中国外蒙古》，《呼伦贝尔报》2010年10月7日。
② 梁旭：《蒙古：俄蒙将恢复军事合作 俄将提供上亿装备》，http://www.huanqiu.com（上网时间，2013年1月15日）。
③ 〔俄〕"俄罗斯准备扩大同蒙古国的军事合作"，俄罗斯新闻网，RUSNEWS.CN（上网时间，2013年1月15日）。

架米格－21US 教练－战斗机。此外，蒙军方目前还装备有 10 架原苏联生产的
安－2、3 架安－24 和 4 架安－26 运输机，4 架中国产的运－12 运输机和 25
架米－8 型直升机"。① 购买新型防空武器系统是蒙古军事力量现代化的重要内
容。俄、蒙两国领导人曾在 2010 年 12 月蒙总理访俄和 2011 年 5 月蒙总统访
俄期间讨论过向蒙提供俄制防空系统的问题。为此，蒙古已宣布将向俄方采购
4～5 架米格－29 战斗机。2013 年 2 月 17～21 日蒙古国防部长 Д. 巴特额尔德
尼率团访问俄罗斯，与俄国防部长谢尔盖·绍伊古举行了会谈，双方讨论了两
国军事技术合作、联合军事演习和在俄培训蒙古国军官问题。俄防长表示，俄
将继续向蒙古国武装力量提供支持。

针对美蒙连年举办"可汗探索"多国联合军演，蒙、俄两国继 2008 年 11
月、2009 年 8 月在蒙境内联合举办代号"达尔汗—1""达尔汗－2"联合军演
之后，2010 年 9 月两国在俄境内举行了代号"达尔汗－3"联合军事演习②。
2011 年 9 月，由俄陆军总司令亚历山大·波斯特尼科夫亲自担任总指挥的俄
蒙"色楞格－2011"联合反恐军演在俄、蒙两国分两个阶段举行，费用全部由
俄方承担。2012 年 9 月底至 10 月初，代号为"色楞格－2012"俄蒙军事演习
在俄境内的布里亚特共和国举行。

至此，俄蒙已经连续 5 年举行联合军事演习，以后还会继续举行是肯定
的，只要美蒙军演不停止，俄蒙军演就不会停止，只会加强。

（三）经贸合作和人文联系是两国关系的基础

无论过去还是现在，蒙古国的经济发展都离不开俄罗斯联邦。近年，随着
俄罗斯对蒙古国优惠政策的实施，蒙俄经贸关系迅速恢复和发展。

1. 贸易

2008 年蒙俄双边贸易额达到 13.29 亿美元，2011 年蒙俄贸易额达 17.2 亿
美元。2012 年蒙俄贸易额增加到 19.28 亿美元（见表 1），同比增长 12%。俄
罗斯继续保持蒙古国第二大贸易伙伴国地位。蒙古国燃油品和部分电能历来依

---

① 北斗：《蒙古国已获俄制改进型伯朝拉－2M 防空导弹系统》，新华网，http://www.china.com.cn/
military/txt/2011－07/30/content_ 23103278. htm（上网时间，2013 年 1 月 15 日）。
② 〔蒙〕《蒙古国军报》《索云博》，2010 年 9 月 9 日报道。

赖由俄进口。2012 年蒙古国从俄罗斯进口燃油品占进口燃油总值的 92%，由俄进口货值为 11.898 亿美元①。

2. 投资

苏联解体后俄罗斯在蒙古国的投资虽然失去了从前的垄断地位，但是苏联时期援建蒙古国的蒙俄合资企业的产值仍占蒙古国 GDP 的 40%，出口占蒙古国产品出口总额的 60%。俄蒙合资企业乌兰巴托铁路股份公司目前仍然承担着蒙古国的大部分铁路运力，蒙俄合资额尔敦特铜钼矿和蒙俄有色金属公司是蒙古的两大骨干企业。而且苏联时期援建的众多工厂企业的维修、零配件供给和技术更新等至今离不开俄罗斯。俄罗斯对蒙古国国民经济的主要经济部门（能源供给、铁路、矿业等部门）仍然具有举足轻重的影响。

随着 2009 年普京允诺的俄将为蒙古提供 70 亿美元投资的兑现和双方铁路矿藏大型合作项目的启动，蒙俄间将会掀起新一轮经贸合作高潮。由于传统的经济合作关系，蒙古国在经济合作方面，不排除向俄罗斯回归的可能。

3. 人文联系

蒙古国现任总统、议长、国防部长和转轨以来所有政府总理以及众多中层以上干部都曾是留苏生。可以说，蒙古的精英阶层都是苏俄培养的。包括现任总统 Ц. 额勒贝格道尔吉，虽说是民主改制后留学美国哈佛大学的"亲美派"，但他早年也是留苏生，于 1988 年毕业于乌克兰利沃夫市军事政治学院。随着蒙俄关系的深入发展，蒙留俄学生人数又逐年增多起来。目前，蒙在俄公派留学生人数达千余名。蒙古国 40～50 岁以上的城市居民均操一口流利的俄语，其生活方式完全是俄式化。据民调显示，蒙古国大部分居民认为俄罗斯是他们最可靠的朋友。比如，2006 年 6 月，在蒙古国民众当中进行一次对俄、中、美、韩、日、德等六国的好感度的调查。结果表明，自 1 级到 10 级（指数以 10 级为最佳分级），蒙古人印象最好的是俄罗斯，即 7.5 级②；2012 年 6 月，"桑特玛日勒"基金会在蒙古首都乌兰巴托市和苏赫巴特尔省、后杭盖省、科

---

① 根据蒙古国家统计局《2012 年第 12 期统计公报》对外贸易一章数据编译换算。

② 〔蒙〕蒙古国政治教育研究院网，http://www.academy.org.mn/mon/index.php? option = com_ content&task = view&id = 150&Itemid = 129 。

布多省、色楞格等省进行一项蒙古国民调查显示，对于提出谁是蒙古国最佳伙伴国问题时，43.7％的受访者回答俄罗斯联邦①，也是位居第1位。

四 蒙古国与美国的"第三邻国"关系

（一）蒙美"邻国"关系的形成

20世纪90年代初，随着国际形势的急剧变化，蒙古进行了民主化改革。当时，大洋彼岸的美国及时关注到了中俄之间的内陆国家蒙古的这一剧变。于是，美国国会众议院、参议院和参众两院联合分别于1991年3月、7月和10月先后通过了关于加快发展美蒙关系的三个决议，呼吁美国政府抓紧时机，向改革中的"蒙古及其国民增加经济、技术等所需的援助"。正是在这种背景下，时任美国国务卿贝克两度访问蒙古，第一次提出了美国愿做蒙古的"第三邻国"。

2001年11月，蒙古时任总理恩赫巴亚尔访美。他在访美期间说："加强同美国的合作，关系到蒙古的独立与未来，美国是蒙古的'战略邻国'。"

2005年11月，美国总统布什访蒙，两国正式确立了"第三邻国"关系。布什赞扬了蒙古在过去15年的政治和经济改革，并承诺美国会继续协助蒙古推行改革。布什发表演讲时称"美国为能成为你们的第三邻国而感到骄傲"，他对采访他的蒙古记者说："蒙古对我们有吸引力。"②

2012年7月9日，美国国务卿希拉里对蒙古进行4个小时的闪电访问时强调，美国是蒙古国的"第三邻国"。她还高调宣称蒙古国是"亚洲民主的典范"。

对于虚拟的"第三邻国"这个概念，从20世纪90年代初由美国国务卿贝克最先提出到2005年，蒙古科学院国际问题研究所研究人员奉命研究了十几年也没有得出科学论据。而美国总统布什在2007年1月美蒙建交20周年时

---

① 〔蒙〕《绝大部分蒙古人认为俄罗斯仍然是最好的伙伴》，http：//www. sonin. mn 2012/06/18。
② 科尔沁夫：《蒙古不会靠美太近》，《世界新闻报》，http：//gb. cri. cn/2201/2005/11/25/1425
@796009. htm（上网时间，2013年1月5日）。

给蒙古总统的贺信中却对蒙古不懈地探讨"第三邻国"给予大加赞赏,贺信道:"美国人民欣赏你们的毅力和决心,尊重我们的友好关系,已成为你们的'第三邻国'而感到自豪。"言外之意,我们已经是互为"第三邻国",你们不需研究考证,美国说"第三邻国",就是"第三邻国"。

(二)美蒙军事合作

在美蒙关系中军事关系是重头戏。蒙古国与美国在 1991 年开始互设武官处,双方正式建立了军事合作关系。此后,美蒙军事合作关系不断升温。

1. 两军高层交往频繁

"9·11"事件之后,美军高层纷纷访蒙。2005 年美国防部长拉姆斯菲尔德访蒙。他是历史上首位访蒙的美国防部长。这充分彰显了位于中俄之间的这个内陆国家的战略重要性。拉姆斯菲尔德在乌兰巴托新闻发布会上说,在蒙古国"建立一个其他中亚国家可以看到并可以切实效仿的模式"①,蒙古国方面,先后有国防部长、总参谋长、国防部国务秘书、边防总局长、情报局长、军事情报局长和国防大学校长数次访问美国,并按合同每年都派遣年轻军官在美国军校深造。

2. 蒙美联合军事演习

2003 年以来,双方军演的内容和规模接连升级。"可汗探索"联合军演是蒙美系列军演。2006 年扩大为多国军演。2006 年 8 月在蒙古举行的"可汗探索–2006"蒙美多国联合军事演习,共 1200 名军人参加了军演。英、法、日等国派出了观察员,中、俄武官应邀观摩。自 2003～2012 年,美蒙"可汗探索"多国军事演戏已连续举办了 10 次,每年举行一次。共有 15 个国家、6050 名军人参加过美蒙"可汗探索"军演。

(三)美蒙经贸合作

1991 年以来美政府经常向蒙提供经济援助,支持蒙古民主改革及市场经

---

① 《拉姆斯菲尔德访问凸显美重视同蒙古关系》,新华网,http://news. xinhuanet. com/world/2005–10/25/content_ 3680827. htm(上网时间,2013 年 1 月 15 日)。

济。2004 年美国政府决定将蒙古列为美国会设立的《千年挑战基金》援助计划。2007 年 10 月，美蒙签署了美国为蒙古提供 2.85 亿美元援助的"千年挑战基金援助协议"。蒙美贸易，经过多次波动之后 2011 年美国成为了蒙古第三大贸易伙伴。2011 年，蒙美贸易额达 5.41 亿美元。其中，蒙古从美国的进口额为 5.36 亿美元，蒙古对美出口为 504 万美元。2012 年，蒙美贸易为 5.394亿美元（见表 1），蒙古从美进口额为 5.358 亿美元，蒙古对美出口 356.8 万美元。美国继中、俄之后继续保持蒙古第三大贸易伙伴。蒙古从美国主要进口大轿车、货运车和其他交通工具，蒙古向美国出口少量萤石矿和成衣，等等。

美蒙经济合作比起蒙古国与中、俄经贸合作份额比较少。比如，就拿主要拉动蒙古经济发展的外贸出口来说，2011 年和 2012 年蒙古对中国的出口值分别为 44.399 亿美元和 40.599 亿美元，而对美出口分别只有 504 万美元和356.8 万美元。美国矿产公司在蒙古只有 19 家，而且自从 2007 年以后再也没有新增加。

（四）蒙美互有所需

1. 对美国来说蒙古的价值在于其重要的战略地位

第一，蒙古国在东北亚地缘政治中具有重要战略价值，美国一旦控制蒙古，就在中俄之间取得一个战略立足点，犹如插入一个"楔子"，南可遏中国、北可抑俄罗斯，美蒙关系强化可谓一箭双雕。

第二，美国对蒙古有明确的战略考虑。在中国东边美日、美韩军事同盟日渐紧密；在中国南部美国加紧拉拢菲律宾和越南，以南海问题说事，不断给中国制造麻烦；在中国西南部美国与印度频繁接触，高层往来密切，美国联印抑华的战略意图显而易见；在中国西部通过反恐战争影响中亚国家；如果在中国北部再成功拉拢蒙古，就在中国周边的地缘战略布局形成了美国主导的对华包围圈。这就是，世界唯一超级大国美国"经营"蒙古这样一个东方国家的目的所在。对美而言，蒙古既是战略遏制中国的地缘政治要地，又是和平演变中国的前沿阵地，还是制造中国民族分裂的一张牌。

2. 蒙古选择美国为"第三邻国"的原因

首先是基于地缘政治环境的生存考虑。苏联解体以后，蒙古并没有投入地缘邻国中国的怀抱，选择了独立自主的发展道路，但困难重重，致使蒙古不能不寻求新的发展机会。

其次是安全需要。蒙古国将美国视为"第三邻国"，大力发展同美国的友好合作战略关系，既有疑虑和防范中俄将其纳入势力范围的地缘政治安全考虑，也有在单极国际体系中与强者为伍的大国外交战略考量，蒙古国谋求与美国等西方大国合作，希望获得美、日、欧的军事和经济援助，拓展蒙古国在国际舞台上的生存空间，提升蒙古国的国际地位和国际影响。

结语　蒙古国永恒的邻国是中俄

正如前文所述，蒙古国与两个邻国具有密不可分的联系。蒙俄战略伙伴关系正在政治、经济、军事等各个领域深化发展；2011 年蒙中关系也已提升到战略伙伴关系，两国政治互信、经贸合作不断深化发展。蒙古国在新修订的《蒙古国外交政策构想》仍将与俄罗斯和中国发展睦邻友好关系定为蒙古国外交政策的首要方向。而蒙古国的首选"第三邻国"美国与蒙发展关系，特别是发展军事关系的象征意义大于实际意义，各方不会不顾忌中国和俄罗斯因素，它们很清楚中国是世界第二大经济体，而俄罗斯是世界级的军事大国。因此，可以肯定的是，在今后相当长时期内，蒙古国仍将发展与中、俄两国的睦邻友好关系，以"多支点"、平衡外交的方式构筑有利于维护国家安全的环境。美国等西方国家实力再强大，再主动拉拢蒙古，都不可能真正充当蒙古国的"第三邻国"，何况蒙古在经济上、出海口等问题上根本不可能离开两个邻国。因此，蒙古国生存与发展的国际力量最终只能源于永恒的邻国，即中国和俄罗斯，这是其地缘政治所决定的。

Ｙ.10
韩日独岛（竹岛）争端与美日韩战略三角关系的结构性调整

郭　锐*

摘　要：

　　近年来，韩、日两国围绕独岛（竹岛）主权归属问题展开了激烈地争夺，双方矛盾不时有所激化，独岛（竹岛）主权之争也成为困扰和影响韩、日两国关系发展的最为敏感的问题。独岛（竹岛）主权之争不仅极易引发韩、日两国民族主义情绪的尖锐对立和激烈对抗，其背后还隐含着复杂的海洋权益因素，加之这一问题所具有的巨大的连动效应，致使独岛（竹岛）主权之争的妥善解决变得愈发的棘手和紧迫。值得注意的是，近期韩日两国围绕独岛（竹岛）主权之争的步步升级，恰逢美国高调宣示将"重返亚太"，启动"亚太再平衡"战略，开始着手对美日韩战略三角关系进行新的结构性调整的微妙时期。随着以美日军事同盟为基轴的亚太战略被进一步明确和强化，韩国正面临着在由美国主导的亚太同盟体系当中越来越大的"被边缘化"的政治风险。由此所预留的地缘战略空间，则进一步增强了东北亚地区局势走向的悬疑性和多向性。独岛（竹岛）主权之争远非一个孤立性的、封闭式的双边争议问题，势必会影响到已经步入地缘格局再造新时期的东北亚地区局势的总体走向和长远发展。

关键词：

　　独岛（竹岛）争端　美日韩三角关系　结构性调整　东北亚格局

　　"冷战"结束后，世界各国掀起了加倍重视海洋权益问题的新浪潮。受此

---

* 郭锐，吉林大学行政学院副教授，日本立命馆大学国际地域研究所客座研究员。

影响，近年来韩日两国围绕独岛（竹岛）主权之争也呈现出愈演愈烈的态势，双方一度宣称将采取决绝手段，甚至不惜危及两国关系发展。2012 年 8 月 10 日，韩国总统李明博突然登上独岛（竹岛）宣示拥有主权，他也成为登上独岛（竹岛）的首位国家元首。一石激起千层浪，韩日关系急转直下。同年 10 月 23 日，韩国国会国防委员会的 15 名议员以"国政监查"的名义登上独岛（竹岛），遭到日本方面的强烈抗议。① 数月后，韩国总统李明博在会见包括日本共同社在内的 6 家国外主要媒体时依然态度强硬地表示："（登岛）为视察韩国领土的一环，韩国民众认为理所当然"，② 同时敦促日本树立正确的历史观，进行诚挚地反省。在日本看来，日、韩两国是"地理距离相近但双边关系疏远"。③ 韩、日两国围绕独岛（竹岛）主权之争的步步升级，恰逢美国启动"亚太再平衡"战略，开始着手对美日韩战略三角关系进行新的结构性调整的微妙时期。这进一步增强了东北亚地区局势走向的悬疑性和多向性，势必会影响到已经步入地缘格局再造新时期的东北亚地区局势的总体走向和长远发展。

一　韩日独岛（竹岛）争端的地缘政治学分析

从地缘政治学的角度来审视，韩、日两国围绕独岛（竹岛）主权的争端，可以从自然地理、经济地理和政治地理三个方面进行分析。

（一）自然地理

1849 年，法国捕鲸船"利扬库尔"号在日本海中部海域进行海洋勘察活动时发现了一个岛礁，船员们将之命名为"利扬库尔岩"（Liancourt Islands）。在权威的英国《泰晤士地图集》当中，仍然延续了对这一岛礁的法语称谓。而"利扬库尔岩"在韩国被称为"独岛"（Dokdo 或 Tokdo），日本将之称为

---

① 《韓国議員団が竹島上陸　国政監査、日本は抗議》，http：//www.47news.jp/CN/201210/CN2012102301002052.html。

② 《李大統領、竹島上陸は「当然」慰安婦問題で「反省を」》，http：//www.47news.jp/CN/201212/CN2012120201001122.html。

③ 下條正男著《竹島は日韓どちらのものか》，東京：文艺春秋出版社，2004，第151頁。

"竹岛"（Take-shima）。实际上，独岛（竹岛）是一个地处于日本海中部海域的小规模的火山岛群，具体的自然地理位置是在北纬 37 度 14 分 18 秒，东经 131 度 52 分 22 秒。独岛（竹岛）主要由东、西两个主岛以及 36 块岩礁所组成，总面积约为 0.18 平方千米。在东、西两个主岛之间有一条宽度约为 150 米、长度约为 330 米的水道相间隔。在位于东岛东南部的地方，还设有导航灯塔等多处海洋水产设施。东岛海拔约为 98.6 米、周长约为 2.8 千米，其主轴线为东北走向，长度约为 450 米，岛体倾斜度约为 60 度。西岛海拔约为 168.5 米、周长约为 2.6 千米，在整体上呈现为圆锥状，南北长约 450 米、东西长约 300 米，四周均是峭壁悬崖，一般的船只很难停泊。[1] 从相对距离上来看，独岛（竹岛）距离韩国的郁陵岛更近一些，仅有 49 海里，而距离日本最近的隐岐诸岛约有 86 海里。

（二）政治地理

按照韩国方面的史料记载，早在公元 6 世纪新罗王朝统治时期，就对独岛（竹岛）已有所记载，当时该岛归属于新罗属国于山国管辖。在朝鲜王朝成宗时期（公元 1471～1481 年），独岛（竹岛）一度被称为"于山岛"，归属于郁陵岛群管辖。17 世纪初叶，日本渔民大谷甚吉在海上捕捞作业时，由于遭遇到了风暴而被迫漂泊到了一个无人岛——郁陵岛。1616 年，大谷与同乡村川从当时的江户幕府那里获得了航渡被称为"松岛"（即郁陵岛）的权利。1692 年，村川的后人在郁陵岛周边海域捕捞作业时，与朝鲜渔民相遇并遭到了驱逐，由此引发了韩日两国对该岛归属权的外交纠纷。不过，按照同一时期日本《隐州视厅合记》（公元 1667 年）的记载，独岛（竹岛）确为韩国一方的领土。在 1896 年日本外务省编撰的《朝鲜国交始末内深书》当中，也十分明确地标明了独岛（竹岛）是韩国一方的领土。1900 年，朝鲜末代国君高宗颁布了第 41 号法令，宣布郁陵岛等诸岛归属于江原道三陟县管辖，当时的独岛（竹岛）一度被称为"石岛"，尔后又改称为"独岛"。日俄战争以后，沙俄

---

[1] 〔韩〕金学俊著《独岛研究：韓日間論争の分析を通じた韓国領有権の再確認》，東京：論創社，2012，第 33～37 頁。

势力被迫完全退出了朝鲜半岛，而日本进一步地加快了对朝鲜半岛国家的侵略和奴役步伐。1905 年 1 月 28 日，日本内阁会议正式决定将过去的"松岛"改称为"竹岛"，其在行政上隶属于岛根县管辖，并在次年 4 月通报了朝鲜方面，以此对外确定了竹岛（独岛）是日本一方的领土。

"二战"结束后，根据联合国最高司令官总司令部所发布的《有关从政治和行政上分离日本若干周边区域的决定书》（SCAPIN 第 677 号）的相关规定，独岛（竹岛）被正式移交给了驻韩美军管辖。大韩民国成立后，独岛（竹岛）被自动地归属于韩国政府管辖。对此，日本政府提出了强烈抗议。1953 年 5 月，日本趁朝鲜战争之际派兵占领了独岛（竹岛），还在岛上设立了领土标志碑。1953 年 7 月 12 日，韩国义勇守备队开赴独岛（竹岛），驱逐了日本军人。由此，独岛（竹岛）完全被控制在韩国手中。此后，日本每年都会向韩国政府递交正式的外交抗议书，要求韩国方面承认独岛（竹岛）是日本的固有领土并立即撤出该岛。日本还多次建议将该岛争议提交到海牙国际法庭予以裁决。不过，韩国方面认为"独岛问题已不是外交纠纷问题，而是主权问题"①，以"主权问题不容谈判"为由予以断然地拒绝。

（三）经济地理

虽然独岛（竹岛）是弹丸之地，但是其地处于寒流与暖流的交汇之地，周边海域是丰富的渔场，海底还蕴藏有丰富的矿产和油气资源。按照韩国方面的勘探显示，在东海郁陵盆地大面积海域发现了数十个地点，其中储藏着相当于 6 亿吨液化天然气（LNG）的天然气水合物（Natural Gas Hydrate）。如果以 2004 年韩国 LNG 的进口量约 2000 万吨来计算，其储藏量足够韩国使用 30 年之久。韩国天然气公社表示，如果以东海海域发现天然气水合物的地点（北纬 37 度，东经 132 度）做中心点来推断，独岛（竹岛）西南海域也可能埋藏有大量的天然气水合物，其经济价值总量高达 150 万亿韩元。② 独岛（竹岛）

---

① 《韩国和日本之间的独岛（竹岛）争端》，http：//news. xinhuanet. com/ziliao/2005－04/06/content_ 2793036. htm。

② 《独岛海域埋藏着大量"天然气水合物"》，http：//chn. chosun. com/site/data/html_ dir/2005/03/17/20050317000024. html。

西南海域的相当一部分与日本方面所主张的"日本海域（包括独岛）"相重叠，致使韩日独岛（竹岛）主权之争更加微妙和复杂。

二 韩日独岛（竹岛）争端升级的主要原因

近年来，韩、日两国围绕独岛（竹岛）主权争端的步步升级是多方面原因造成的，归结起来主要有三个方面。

（一）韩日两国民族主义情绪的尖锐对立

"冷战"结束后，日本社会受到了右翼政治势力的深刻影响，其民族主义势力强势抬头并不时发作。受此影响，日本首相及政界要人屡屡参拜靖国神社，意图继续掩盖、歪曲甚至是美化侵略历史，从而在国际社会上造成了恶劣的影响。在历史上，韩国一度沦为日本的殖民地，饱受日本侵略者的掠夺之苦。由此一来，在韩日关系发展过程当中，一旦触及历史问题或是主权问题，都会极大地激发起韩国社会的民族主义情绪，而且在短时间内难以平复和消解。在韩国人的眼中，独岛（竹岛）被视为是韩民族饱受日本侵略奴役之苦的最初牺牲地，[①] 因此也是其获得战后民族独立的最好象征。有韩国人甚至认为，独岛（竹岛）的胜利是韩民族彻底摆脱了日本殖民的阴影、百年来的第一次胜利。可见，独岛（竹岛）背后深刻着国土光复、一雪民族之耻的强烈民族情感。

2005 年 3 月，日本岛根县议会通过了将每年 2 月 22 日确定为"竹岛（独岛）日"的相关法案，以"纪念"日本在 1905 年曾对独岛（竹岛）进行的军事控制，[②] 同时声称日本拥有对独岛（竹岛）的全部主权，强烈呼吁日本国民更加关注独岛（竹岛）问题。随即，这一举动遭到了韩国政府的强烈抗议以及韩国民众的激烈反应。韩国外交通商部官员表示：不能坐视日本肆意侵犯韩

---

① 〔韩〕金学俊著《独岛/竹岛：韩国の論理》，東京：論創社，2004，第 11 页。
② 《韓国政府、日本に抗議「竹島の日」条例廃棄要求》，http://www.47news.jp/CN/200503/CN2005031601004496.html。

国领土的举动，"维护独岛（竹岛）主权远比韩日关系更加重要"。① 在首尔，数十名韩国民众冲击了日本驻韩国大使馆，同时焚烧了日本国旗、首相画像等以示强烈愤慨。2005 年 9 月，韩国庆尚北道议会还通过了将每年 10 月确定为"独岛（竹岛）月"的相关法案，② 旨在反制日本岛根县议会的相关举动。

　　2006 年 3 月，日本文部科学省做出决定，要求在 2007 年开始使用的高中历史、公民和地理科目的教科书当中必须明确记述独岛（竹岛）是日本的领土。③ 对此，韩国外交通商部发表声明指出，日本政府宣称对曾经强占的独岛（竹岛）拥有主权的举动同参拜靖国神社等一样，再次表明了日本政府一直在掩盖、歪曲和美化侵略历史的事实。韩国政府对日本政府是否希望发展韩日睦邻友好关系，实现东北亚地区的和平与繁荣深表忧虑。针对日本方面的"不当和无法容忍的主张"，韩国政府强调将"从保卫领土的角度出发在独岛（竹岛）问题上采取坚决态度"。④ 时任韩国总统卢武铉宣称，"韩国将动员全部国家力量，应对日本在独岛（竹岛）以及历史问题上的挑衅"。⑤

　　2006 年 8 月 7 日，日本《读卖新闻》所进行的一次舆论调查显示，约51% 的日本人认为韩国不可信任，认为日韩关系不友好的人数较之 2005 年增加了约 24 个百分点，达到 59% 。在韩国，认为日韩关系不友好的人数更多，高达 87% ；而认为日本不可信任的韩国人约占 89% ，还有约 55% 的韩国人认为日本是当今东亚地区最大的安全隐患。可见，韩日两国国民均认为，独岛（竹岛）主权之争以及参拜靖国神社问题、慰安妇问题等是影响韩日关系发展的最主要症结。在韩国，反对日本首相参拜靖国神社的人数约占 85.8% 。原日本国际交流基金会理事长、原日本驻韩国大使小仓和夫认为，韩国对日本的不信任感是根深蒂固的。而《韩国日报》分析认为，近六成的日本人将独岛

①　刘莉：《维护独岛主权远比韩日关系更重要》，《东方早报》2005 年 2 月 24 日。

②　《「独島の月」条例を制定　韓国・慶尚北道議会》，http：//www. 47news. jp/CN/200506/CN2005060901002184. html。

③　《竹島、尖閣 26 カ所に意見　文科省の高校教科書検定》，http：//www. 47news. jp/CN/200603/CN2006032901002522. html。

④　《日教科书审定要求明示独岛为日领土 韩外相抗议》，http：//news. xinhuanet. com/world/2006 -03/30/content_ 4364444. htm。

⑤　田辉：《韩国借独岛推出对日"总方针"》，《新闻晨报》2006 年 4 月 25 日。

（竹岛）主权争端作为日韩之间最重要的双边问题，这表明"韩日之间的国民感情并没有发生任何变化，只要有一点火种，就能让两国的（对立）情绪死灰复燃"。①

（二）韩、日两国海洋权益纷争越来越激烈

韩日均是依海而生、濒海而居、自然资源匮乏的国家，海洋权益被两国一致认定为关乎国家兴衰存亡的重大战略问题，不容许丝毫退让。这使得独岛（竹岛）主权之争的辐射面急剧地扩大。独岛（竹岛）问题背后隐含的韩日海洋权益之争主要有两方面。

一是争夺海洋资源。如前所述，独岛（竹岛）周边海域的自然资源十分丰富，除渔业资源外，矿产资源、油气资源等也比较丰富。早在1985年，日本就对其境内的天然气水合物进行了测量统计，确认这种也被称为"可燃冰"的新型清洁能源在东海部分地区储藏巨大。近年来，日本政府一直在不断加快对天然气水合物的开发和使用进程。韩国在2000~2004年对东海海域进行了大范围的基础性海洋探测活动，结果发现该海域储藏有丰富的油气资源。随后，韩国产业资源部投入了数千亿韩元，不断推进海洋资源的开发利用及商业生产工作。② 韩国政府还宣布，在未来数年内投入数百亿韩元，以便更好地开发独岛（竹岛）周边海域的自然资源。2006年以来，韩国海洋水产部陆续启动了针对独岛（竹岛）周边海域海洋资源的调查工作，从2008年开始勘探独岛（竹岛）周边海域的油气及矿产资源并取得了积极成果。③ 这意味着韩国将对独岛（竹岛）及其周边海域进行更加有效的管理和更商业化的开发利用。

二是争夺海洋专属经济区。1994年11月，《联合国海洋法公约》正式生效，由此世界各国纷纷调整了自己对海洋权益的主张及要求。根据《联合国海洋法公约》的相关规定，除12海里的领海权以外，沿海国家的海域面积还

---

① 张莉霞、华亭：《日韩媒体联合民调显示两国关系恶化》，《环球时报》2006年8月8日。

② 《独岛海域埋藏着大量"天然气水合物"》，http：//chn. chosun. com/site/data/html_ dir/2005/03/17/20050317000024. html。

③ 《韩国宣布将开发独岛及周边地区自然资源》，http：//news. xinhuanet. com/newscenter/2006－05/04/content_ 4509664. htm。

可以从领海基线算起并向外延伸 200 海里，即该国的海洋专属经济区，也称为排他性经济水域。作为一个与领海相接又在领海之外的特殊区域，海洋专属经济区既非"领海"也非"公海"，它拥有属于自己的独立的、特定的国际法地位。在海洋专属经济区范围内，沿海国家除了享有勘探、开发、养护和管理海床上覆水域、海床及其底土的自然资源（包括生物或非生物资源），以及从事经济性开发和勘探活动（如利用海水、海流和风力生产等）的主权权利之外，还对该区域内的人工构造物、海洋科学研究、海洋环境保护等享有管辖权。在1996 年，日、韩两国先后宣布了 200 海里海洋专属经济区。不过，作为近邻的韩、日两国所相距的海域不到 400 海里，因此两国在海洋专属经济区划界问题上一直存在着激烈的争议。由于独岛（竹岛）地处韩日两国之间，其主权的最终归属将会直接决定日本海西南部海域韩、日两国海洋专属经济区的界线。如果独岛（竹岛）最终归属于日本，日本就可以将其作为主权基点，在独岛（竹岛）和韩国拥有主权的郁陵岛之间划分海洋专属经济区界线；反之，韩国就可以把这条界线外移到独岛（竹岛）和日本拥有主权的隐岐诸岛之间。独岛（竹岛）的地理面积虽然不值一提，但是事关数百海里海洋经济专属区划界的大问题。

（三）独岛（竹岛）问题的巨大连动效应

从 1996 年开始，韩、日两国先后举行了数次专属经济区（EEZ）划界谈判，不但没有达成任何协议，反而进一步扩大了问题的分歧点和争议点。2006年 6 月在东京举行的韩日第五次专属经济区划界谈判当中，韩国方面强硬地提出把朝鲜半岛东部海域专属经济区韩方基线由郁陵岛修改为独岛（竹岛）。①而日本方面则坚持以郁陵岛和独岛（竹岛）海域的中间线划界。日本宣称，如果韩国将独岛（竹岛）作为韩日专属经济区韩方基线，日本将把东海的鸟岛作为日韩专属经济区日方基线，这意味着日方的专属经济区范围将会扩展到

---

① 此前，韩国为了避免不必要地争议，一度把独岛（竹岛）认定为是"岩礁"。根据《联合国海洋法公约》，岩礁不能作为划分专属经济区的基点。不过，日本一直坚持把独岛（竹岛）认定是专属经济区划界的重要基点。如果按照韩国方面的提议，在郁陵岛与隐岐诸岛之间进行划界，那么独岛（竹岛）自然属于韩国。

朝鲜半岛南部海域。如此一来，韩日之间涉及海洋权益方面的几乎所有协议都面临着需要重新考虑的问题，进而引发两国关于其他权益的更多争执，由此可能将两国关系引入全面恶化的危险境地。

东北亚国家普遍存在着海洋权益争端问题，除了韩日两国围绕独岛（竹岛）主权争端问题外，中、日两国存在钓鱼岛问题和东海大陆架问题，俄、日两国存在北方四岛问题，中、韩两国存在黄海及东海大陆架问题。这种十分复杂的局面，决定了上述有争议问题的任何进展或是解决方案，都极有可能自动地成为其他争端的重要参考甚至是直接依据。因此，韩、日两国对独岛（竹岛）争端的解决方案不可能是一种孤立的、单一化的思考，其将不可避免地同中国、俄罗斯的海洋权益争端形成一种内在的相关性，从而成为涉及东北亚地区海洋秩序构建的重大问题。由于独岛（竹岛）问题具有的复杂的关联性和互动性，其在东北亚地区形成了一种"多米诺骨牌效应"。

三 美日韩战略三角关系的结构性调整及走向

如前所述，韩、日两国围绕独岛（竹岛）主权之争的步步升级，恰逢美日韩战略三角关系进行新的结构性调整的关键时期。"冷战"结束后，美国一直未曾间断亚太战略调整步伐，亦步亦趋，渐趋成型。"9·11 事件"后，时任美国总统小布什更加明确和坚定了以亚太地区作为未来全球地缘战略支轴的新的战略构想，开始着手调整、理顺和再造美日韩战略三角关系的新框架与新功能。2012 年 6 月 3 日，美国国防部部长帕内塔在第十一届亚洲安全峰会上，提出了美国的"亚太再平衡战略"。由此，日本的地缘战略地位越来越突显出来，而韩国在美国所主导的亚太同盟体系当中有"被边缘化"的政治风险。

"冷战"结束以来，韩国屡有突破韩美军事同盟框架的惊人举动，这在金大中总统和卢武铉总统的主政时期更加频繁和明显。与韩国的自主地位不断上升相伴随，作为有效牵制韩国离心倾向的一项重要战略举措，美国一方面在朝鲜半岛大造紧张气氛，以巨大的生存压力逼迫朝鲜就范，从而吸引韩国的注意力，牵制它的离心举动；另一方面，极力打造以美日同盟为基轴的新的亚太同盟体系，韩国在美日韩三边战略框架当中的角色和地位有所"边缘化"。众所周知，韩美关系一向是从属于美韩军事同盟框架，在军事上"美主韩从"的不对等情况也如实地反映在政治层面。随着韩国的国民经济迅速腾飞、政治民主程度不断提高，其民族主义势力明显抬头并不时地迸发出"反美主义"的新浪潮。近年来，韩国要求修正美韩军事同盟框架的不对等性、改变"美主韩随"外交局面的呼声不断高涨。比如，在1994年，韩国曾经成功地收回了和平时期军事指挥权，这被视为其自主外交的一次重大胜利。从韩国方面来看，其国家自主地位的逐步恢复和不断提升是一件顺理成章的事情，但是越来越突破了美国对美韩军事同盟框架的定义和限定，这引起了美国方面的极大不满和恼火。

2005年9月，韩国政府曾经向美国方面提出了收回战时作战指挥权的要求。所谓的战时作战指挥权，是指在朝鲜半岛发生战事、三级防御准备开始之时，对军队发布作战命令及决定军事指挥程序的权力。目前，韩国是世界上由外国军队（美军）控制本国军队战时作战指挥权的唯一国家。在卢武铉总统主政时期，韩国认为时机已经基本成熟，曾经和美国方面提出希望在2012年4月最终收回战时作战指挥权。毕竟，目前的韩国军队已经是今非昔比，其军事装备和作战式样早已实现了现代化，基本上可以独立地遂行各种作战任务。加之近年来朝鲜半岛局势一直处于飘忽不定、令人忧虑的紧张状态，美韩之间在对待朝鲜问题上龃龉不断，如果继续将美韩两国军队牢牢地捆绑在一起，一旦美军在战略上出现了严重的错判或是由于美国的一意孤行而造成了朝鲜的铤而走险，那么都会将韩国拖入全面战争的极其危险的境地。因此，韩国军队必须拥有独立下达作战任务的决心和能力，以便妥善应对朝鲜半岛局势的各种突变。此外，一旦韩国最终收回了战时作战指挥权，其国家决策和军事行动将不再受限于美韩联合司令部的钳制。无疑，这有助于韩国开展更加积极和灵活地"对北外交"工作，对消除朝鲜半岛的持续紧张态势，最终建立南北安全互信关系，全面、健康、持续地推进朝鲜半岛南北关系发展是比较有利的。

在战略上，两点之间的距离曲线最短。美国方面采取了积极的迂回战略，一反常态地同意了把驻韩美军基地总部从龙山迁移到平泽以及最终解散美韩联合司令部的提议，基本上答应了韩国的要求，还主动提出了在2009年就把战时作战指挥权最终完全归还给韩国。在美国看来，战时作战指挥权迟早要归还

给韩国，与其继续花费大量的人力、物力和精力去维系一个行将就寝的协议，不如索性将巨大的安全压力和沉重的防务成本转嫁给韩国，也能够省去韩国民众的大量指责，弱化韩国社会的"反美主义"势头。

2006 年 10 月 20 日，美、韩两国达成了初步协议，双方决定在 30 个月的时间里逐渐完成战时作战指挥权的移交工作。另外，美韩双方还发表了"十四点联合声明"。在该声明当中，美韩双方决定分成两个主要阶段，以 2009 年 10 月 15 日和 2012 年 3 月 15 日为分期节点，逐步完成战时作战指挥权的移交工作。值得注意的是，在该联合声明当中，还首次写入了"延伸威慑"（extended deterrence）这一概念，从而使美国的"核保护伞"能够在极端时期继续发挥决定性的安全保障作用。① 另外，美国还一再重申会根据《美韩共同防御条约》的基本精神和各项要点，继续参与韩国的各种安保防务活动，致力于不断增强韩国的国防自卫能力，"尽到保卫韩国的盟友义务"。

虽然卢武铉政府极力收回战时作战指挥权的做法，赢得了一部分韩国民众及军方人士的支持，但是同时也遭到了一部分军方人士的激烈反对和一部分韩国民众的极度担忧。他们对韩国从美军手中加快收回战时作战指挥权的举动提出了强烈地质疑，认为这将严重破坏已有的美韩军事同盟框架，以韩国现有的自主国防能力，还不能完全有效地填补美军就此留下的国家安全漏洞，还不足以单独承担和实现保卫国家安全的战略目标。此外，韩国还可能因此进一步失去在美国的新亚太战略构想当中的应有角色与地位。针对韩国"咄咄逼人"的自主性举动，美国开始着手对美韩军事同盟的框架结构及功能定位进行新的调整。在美国的新亚太战略构想当中，韩国的地缘价值相比于日本呈现出了"被边缘化"的趋向，这无疑不利于韩国在东北亚及亚太地区的战略布局。

李明博总统主政以后，鉴于朝核问题迟迟难以得到妥善解决、朝鲜半岛南北关系持续吃紧的现实情况，加之"天安舰事件""延坪岛事件"等突发性事件的一再发生，一直笃信"亲美"立场的李明博政府与美国奥巴马政府最终

---

① "延伸威慑"这一概念最初适用于北约国家，是指为了有效地遏制敌对国家对盟国的武力攻击，美国不仅可以使用战术核武器，还可以动用战略核武器。

商定，将美国归还战时作战指挥权的时间由 2012 年 4 月 17 日推迟到了 2015 年 12 月 1 日。与此同时，李明博政府还宣布韩国最终加入由美国所主导的战区导弹防御系统（TMD）。这些举动都赢得了美国方面的欢迎，也使得一度"被边缘化"的韩国重新在美国的新亚太战略布局当中获得了一定的地位。在朝鲜半岛及亚太地区的几乎所有重大战略问题上，李明博政府都坚定地奉行了"随美政策"，在重新赢得了美国方面信任的同时，也在逐步蚕食美日基轴战略。这样，在韩日矛盾有所突显之时，至少美国可以保持一种中立化的立场和态度。

日本对美国的地缘战略价值主要集中在安保领域。"冷战"结束后，美国进一步加紧了在关键性的地缘战略要地建立前沿基地网络的步伐，逐渐编织起一张庞大的从本土辐射全球热点地区的战略基地网络。在亚太地区，美国所编织的安保网络呈现"三线"配置的总体布局：第一线布局是由美军驻韩基地构成，第二线布局是由美军驻日基地构成，第三线布局是由美国在夏威夷等和关岛等地的军事基地构成。驻韩美军基地曾经被寄予了厚望，一度被视为是美国在东北亚乃至亚太地区前沿部署力量的指挥中枢和保障中心，也是美国在亚太地区"三线"式安保配置体系当中的最前沿部分。不过，由于韩国在金大中总统和卢武铉总统主政时期更加偏重于"国家自主性"的政策举动，迫使美国不得不重新规划亚太地区前沿部署网络。这使得日本的地缘战略重要性急剧地攀升，美国新的亚太战略构想逐渐被明确并强化为以美日同盟为基轴，这将不可避免地带来东北亚地区格局的一系列复杂微妙的变化。

美国学者布热津斯基在《大棋局》一书当中，研判了复杂的东北亚地区格局变动以及美日韩战略三角关系的互动可能。他认为韩国是远东地区的地缘政治支轴国家，[①] 美韩关系的密切互动具有重要的、战略性的地缘政治连动效应，其"使美国可以不在日本本土过多驻军而保护日本，从而使日本不会成

---

① 布热津斯基认为，地缘政治支轴国家的重要性不在于它们的能力与动机，而在于它们身处于敏感的地理位置及其潜在的脆弱状态对地缘战略棋手国家所造成的重要影响。他们可以在决定或是阻止某个重要的地缘战略棋手国家时发挥特殊的作用，甚至成为一个重要国家或地区的防卫屏障。"冷战"结束后，美国全球战略的一个重要组成部分就是认明地缘政治支轴国家并为它们提供某种保护。参见〔美〕兹比格纽·布热津斯基著《大棋局：美国的首要地位及其地缘战略》，中国国际问题研究所译，上海人民出版社，1998，第二章。

为一个独立和重要的军事大国"。① 布氏还指出，"韩国地位的任何重大变化——不管起因是统一，还是转而落入扩大中的中国势力范围，或两者兼而有之——都必然极大地改变美国在远东的作用，并因此也改变日本的作用"，因此"控制这块空间越来越有价值"。②

在布热津斯基的战略视野当中，日本堪为当今世界的一个主要大国。作为世界上最主要的经济实体之一，日本无疑具有发挥一流的政治影响力和作用力的巨大潜能。不过，目前的日本尚无意于使用这些战略资源，也不想成为东北亚地区的主导国家，而是更愿意在美国的保护下"尾随行事"。亦如英国在欧洲一样，日本对参与亚洲事务没有浓厚兴趣，更何况至今仍有不少的亚洲国家对日本试图谋求"政治大国"地位深表忧虑。布氏认为，日本在政治上的"自我约束"姿态，给美国在远东地区继续发挥主要的"安全阀"作用提供了有利条件。同时，布氏还设想了未来日本国家战略的可能走向，并指出了若干的成立条件。他明确指出，虽然日本不属于"地缘战略棋手"国家，但是它具备在短时间内迅速成长为该种类型国家的巨大潜能，尤其是在美国或中国突然改变了现有政策的情况下，日本的这种战略潜能更易于被激发出来，这要求美国必须特别精心地呵护美日同盟关系。目前，美国还不需要对日本的外交政策进行某种限制，但是应当巧妙地鼓励和积极地促动日本自觉地实施"自我约束"政策。美日同盟关系的任何重大转向或是严重削弱，都将直接影响到美国在该地区的核心利益。③

布热津斯基的观点看似比较矛盾，其实这正是他的高明之处。在地缘身份上，韩国相比于日本更加重要，属于"地缘政治支轴国家"，这可以提升韩国的地缘战略地位并对日本形成一种"身份压力"；在地缘效用上，日本相比于韩国更加重要，美日基轴战略就是最好的体现，这样既可以在战略上进一步束缚日本，也能够让韩国时时感受到"被边缘化"的政治风险。以紧密的双边同盟关系为核心，构建起看似有些松散的亚太地区同盟体系，而非是"北约式"

① 〔美〕兹比格纽·布热津斯基著《大棋局：美国的首要地位及其地缘战略》，中国国际问题研究所译，上海人民出版社，1998，第二章。
② 〔美〕兹比格纽·布热津斯基著《大棋局：美国的首要地位及其地缘战略》，中国国际问题研究所译，上海人民出版社，1998，第二章。
③ 〔美〕兹比格纽·布热津斯基著《大棋局：美国的首要地位及其地缘战略》，中国国际问题研究所译，上海人民出版社，1998，第二章。

的集体安全体系，其实这更有利于美国的亚太战略与全球战略的展开与实施。美国以核心利益为区分，在地缘身份和地缘效用上区别对待韩国和日本，可以最大程度地离间韩、日两国，使他们的国家战略必须牢牢地以美国为首要方向。而韩、日两国谋取"国家自主性"的政策诉求在相互间的"争宠"与"内耗"的过程当中被极大地弱化下来，20世纪90年初期和末期相继掀起的日、韩的"国家自主风潮"先后偃旗息鼓，并以更加紧密化的、一体化的美日同盟框架、美韩同盟框架所取代，就是这一战略设计取得成功的重要体现。

近年来，美国政府以日本为基轴的地区政策，显然极大地膨胀了日本试图重返世界军政大国行列的迫切心态。而韩国从一味地强调"国家自主性"到重新回归到"尾随"美国政策的举动，反倒进一步助长了日本的政治野心。在美国看来，韩国的"自主"举动有时更像是一种"示威"活动，无异于是自动和自愿地放弃了与美国共同主导东北亚地区事务的机会。其实，包括布热津斯基、基辛格等在内的诸多美国知名人士最不愿意看到的结果是，日本在美日韩战略三角关系的结构性裂变当中得以异军突起，这等于美国在地缘战略上不得不完全依赖并最终受制于日本，这与美国一贯的强权做派截然相反。尽管中、美两国地缘战略的调整和改变，可以部分地提升日本的政治参与程度，一定程度上改变日本的政治姿态、地区角色和国际地位，但是韩国在同盟结构上对美日韩战略三角关系的某种修正，可能在根本上完全改变东北亚地区力量的整体布局。韩国和日本是美国在东北亚乃至整个亚太地区最紧密的同盟伙伴，堪为美国亚太战略构想的两大支柱。韩国一味地"国家自主性"举动，不得不让美国在亚太战略上更多地借重和依靠日本，这势必会消释日本"自我约束"的常态心理，从而最终突破美国的地缘战略框架，引发难以预料的地区格局变动前景。韩、日两国围绕独岛（竹岛）主权的激烈争执以及深受诸多历史问题困扰的现实窘境，无疑会进一步加剧两国在战略上的互相牵制态势，从而使美国能够以积极地"分化"手段和善意的"中立"姿态最终实现美日韩战略三角关系的结构性调整，其中一个根本性的立足点和着力点是未来美国仍将不受制于任何力量。而东北亚地区局势日趋复杂微妙的变动态势，也使美国不可能单方面地采取任何行动。继续依靠紧密的双边同盟关系，以此有效控制和统合看似松散的亚太地区同盟体系，这对美国进一步维系霸权地位和强权态势无疑更为有利。

Ｙ.11
态势、目标与困境：2012 年美国东北亚安全战略评析

许 宁*

摘 要：

　　2012 年，在美欧经济面临重重困境，增长乏力的情况下，经济稳健增长的东亚地区在全球政治经济中的重要性呈现上升态势。作为经济上的后发地区，特别是在美欧经济迟迟得不到改善，外需乏力，全球货币体系波动加剧，关键的能源资源大宗商品价格起伏剧烈的情况下，内部要素的盘活与外部良性环境的营造对于东亚国家的可持续发展显得至关重要。而这两者实现的一个基本前提就是东亚内部的整合，特别是东北亚与东南亚间良性的对接与互动。对于把持全球霸权，坐拥各项全球制度红利的美国来说，在就业低迷、增长乏力的年代，东亚的发展为其带来了机遇，但这种发展所引发的全球地缘政治板块权势高下的消长又对其霸权构成了一重潜在的颠覆。因此，美国对东亚的重视具有双重面孔，一方面美国开始重视在经济上对东亚市场的开拓、对东亚资源的利用和对东亚机遇的把握，并为此做出了一系列政策跟进和议程倡议；另一方面美国竭力抑制东亚持续发展所造就的越来越大的经济规模向国际政治权势的自然转换，其途径主要是在对东亚内在矛盾加以利用，选择性地激发、诱导，并择机干预、制衡，以维持一种适度紧张、有序可控的总体区域国际关系态势，抑制区域一体化程度的推进。

关键词：

　　美国　东北亚　安全战略　"再平衡"　离岸"平衡手"

---

* 许宁，吉林大学行政学院讲师，博士。

一 东北亚地区在美国全球安全战略中地位的提升

东亚在全球政治舞台中能量的汇聚与影响力的提升、东北亚在东亚区域地缘政治结构中的核心锁钥作用，使得东北亚成为新一轮战略调整背景下美国全力经略的关键地区。从地区经济总量来看，2011 年东北亚三大经济体——中、日、韩 GDP 分别为 7.4 万亿美元、6 万亿美元和 1 万亿美元，占全球 GDP 总量的 1/5 有余。① 日本早已步入发达国家行列，韩国从人均 GDP 考察也业已步入发达国家门槛，中国虽是发展中国家，但经济总量巨大，上升态势持续、稳定，目前中产阶级（日均消费 10～100 美元）规模已达约 1.57 亿。② 经济总量、发展潜力以及消费能力巨大的三国不仅在投资与贸易领域与美国构成稳定的伙伴关系，更是美国国债的主要海外持有者，以及美国经常项目逆差的主要来源地。除中、日、韩三国之外，俄、蒙两国在该地区都有大量的能源、资源有待开发。把握东北亚地区资源要素的进一步盘活利用过程中为外界提供的机遇，进一步开拓东北亚地区活力旺盛的市场空间，为相互依赖程度已达到战略层次的不同东北亚国家间的经济关联营造稳定且富于建设性的对话氛围与制度依托，对于重振实体经济、扩大就业、改善国际收支状况、保持市场对美债、美元的信心等美国当下一系列迫切的经济目标的实现有着举足轻重的意义。

结合自 2009 年开启的"重返东亚"与"亚太战略再平衡"的推进步调，2012 年美国在总体态势上依然将一度忽视的东南亚作为近期在精力与资源上优先倾注的所在，将崛起中的中国作为全力盯防的对象，以军力部署、同盟强化、机制重塑、经济牵引等多重手段，重树美国于该地区一度弱化的存在感与

---

① 数据来源：《中华人民共和国 2011 年国民经济和社会发展统计公报》，中国国家统计局网站，http：//www. stats. gov. cn/tjgb/ndtjgb/qgndtjgb/t20120222_ 402786440. htm（上网时间，2012 年 10 月 5 日）；中华人民共和国商务部网站，《2011 年韩国 GDP 同比增长 3.6%》，http：//www. mofcom. gov. cn/aarticle/i/jyjl/j/201203/20120308044059. html（上网时间，2012 年 10 月 24 日）；中国新闻网，《日本 2011 年 GDP 数据再度下滑 全年负增长 0.9%》，http：//www. chinanews. com/gj/2012/02－13/3665558. shtml（上网时间，2012 年 10 月 24 日）。

② Homi Kharas and Geoffrey Gertz：The New Global Middle Class：A Cross-Over from West to East，http：//asiapacifico. utadeo. edu. co/wp-content/uploads/2012/05/03 _ china _ middle _ class _ kharas. pdf（上网时间，2012 年 11 月 5 日）。

领袖感。这一系列目标的实现，其关键性的基础与依托就是美国东北亚战略与政策的成功展开及相应目的的达成：对东北亚地区政治经济形势与安全议程的主导与操纵可以对东南亚区域合作的前景与一体化进程的方向构成有力的牵制，于东北亚地区强势的军事存在与完善的基地指挥体系可以作为南向军力部署延伸的有力保障和掩护，于东北亚地区成熟稳定的同盟资源可以为东南亚局面的打开提供极大的政治经济安全方面的多维助力。

从美国地缘战略的既有部署和未来演化趋势来看，东北亚地区在其中更具有难以估量的地位。东亚地区经济活力的涌现，以及美国眼中作为异质性大国的中国的崛起使其对自身的"超级大国"地位产生了某种"前景焦虑"，并最终促成了美国于 2009 年开始的战略上"重返东亚"（pivot to Asia）进程的开启。尽管后来该提法因进攻性意味过浓厚而欲遮还羞地换成了"亚太战略再平衡"（"rebalancing" towards Asia Pacific），但在战略资源与精力上倾斜于东亚，在区域政治秩序与机制平台重构于东亚，在重大的政治议程与话语权方面引领于东亚的意图昭然若揭。比较一下美国在东北亚与东南亚的力量存在与战略资产，不难发现，在东北亚，美国同日韩等的同盟关系更为巩固、于东北亚的军事存在更为机制化，而东北亚地区内在安全症结的顽固性与严峻性也更有利于美军的长期化存在。以东北亚的稳固强势存在为基础，通过同盟、合作、对话体系的延伸与军事部署的推进，以缔造政治安全同盟（或准同盟）网络的方式将影响力与控制力向东南亚乃至整个亚太地区辐射，成为一条成本与收益兼顾、政治与军事并重的现实战略推进路径。成功的东北亚战略与政策，在其中发挥着同盟根基、战略前提与力量源泉的基础性作用。

二 美国的东北亚战略——"离岸平衡手"框架下的对华关系

东北亚在不同版本的地缘政治学说中都扮演着重要的角色。东北亚地区海岸线漫长，天然良港众多，岛链密布，与诸多重要的海上交通枢纽毗邻。出口导向型经济色彩浓厚、对全球能源资源市场依赖程度较高的东北亚三国对海上交通的倚重程度与日俱增，海洋权利意识与海洋安全意识日渐上涨。

无论从区域政治与经济上的重要性，还是区域自然地理环境的独特性，以及区域对于周边乃至全球在安全与繁荣方面的辐射性与连带性来看，东北亚地区对于素来秉持"权力来源于海洋、权力体现于海洋"的海权思想的美国来说，其战略价值都不可估量。① 美国当下于东北亚地区的强势存在是其海权的支撑与体现，而该地区的某种当前态势与未来趋势，如中国实力的持续壮大，以及区域一体化进程的可能深入推进，按美国的解读都会对其海权构成侵蚀与威胁。"冷战"的结束，苏东一极的坍塌并没有终结陆权论下陆海对抗逻辑在战略观上对政治家们的诱惑②，传统陆权论经过锤炼，以边缘地带说的面目再次示人，在其中边缘地带强国接过传统上中央帝国至上陆权的接力棒，再次成为对海权国家的威胁与海权必须持续强化的理由。③ 边缘地带理论与"冷战"结束以来东北亚地区作为"冷战"遗蜕的潜在阵营对立相契合，与崛起中的中国同美国在东亚地区隐约可见的结构性对抗相呼应，与"冷战"结束后东北亚地区内部国家间因主权权益、安全诉求、制度隔阂、历史沉疴等而引发的多重"问题性"相合拍，更直接地回应了作为孤单超级大国的美国内心深处的"衰落恐惧"与"敌手渴求"。这种根深蒂固的对抗性思维与东北亚地区国家间挥之不去的历史阴霾与现实敌意相结合，在美国实力有所下滑的背景下，其逻辑后果就是大英帝国传统上分而治之的强权霸术的当代引申——离岸平衡战略。该战略强调区域外强权通过对区域内部既有矛盾的利用、对区域内行为体在内外政策走向上的制导、对相关各种机制平台的刻意塑造，在总体有序可控的前提下，保持区域内不同行为体间适度的紧张关系。④

步入 21 世纪以来，东北亚地区的区域格局与核心行为体间的关系态势也

---

① 〔美〕A. T. 马汉：《海权对历史的影响》，安常容、臧志勤译，解放军出版社，2006，第 14 页。

② 鞠海龙：《论地缘政治的"对抗性"思维》，《世界经济与政治论坛》2009 年第 5 期。

③ Halford J. Mackinder. The Geographical Pivot of History〔J〕. The Geographical Journal, Vol. 23, No. 4, 1904. Nicholas Spykman, Americaps Strategy in World Politics〔M〕. New York：Harcourt, Brace & Co., 1942. 吴征宇：《尼古拉斯·斯派克曼的"边缘地带论"及其战略含义》，《教学与研究》2006 年第 5 期。

④ 〔美〕约翰·米尔斯海默：《大国政治的悲剧》，唐小松，王义桅译，上海人民出版社，2008，第 105 页。

发生了显著的改观。这种变化体现在东北亚地区三个核心经济体——中日韩在经济规模上的变化。中国在经济总量上的迅速增长是当代国际舞台上最为重要的景观之一，至 2011 年，中日贸易额已达 3449 亿美元，占日本外贸总额的 20.6%。在对韩方面，中韩建交 20 年以来，双边贸易额增长近 33 倍，达 2139.2 亿美元。20 世纪 90 年代初，韩国对美贸易依赖度一度高达 27.7%，对日依赖度高达 23.1%，而到了 2011 年，这两项数字缩减至 9.3% 和 10%，而对华的贸易依赖度则上升至 20.4%，中国已经成为韩国最大的贸易伙伴、最大出口对象国和最大进口来源国。[①]

在中国与其他东北亚国家在双边关系稳步提升的大背景之下，经济上的合作与共赢、文化上的相似与亲和、双边关系上的共识与互信、矛盾分歧中的理性与克制等积极进步的一面固然是主流，但市场和资源占有上的零和竞争、意识形态与观念认同上的隔阂与纠结、远交近攻、以邻为壑式的敌意与猜忌、躁动的民意与一己私利裹挟下的鲁莽与投机等不和谐的音符也一直不绝如缕。随着这种实力上的差距悬殊的扩大，区域行为体间的互动进程和关系态势也呈现出一系列新的性状和问题，以往在力量对比、互惠模式、观念心态等方面达成的平衡开始发生变化。领土和主权权益争端摩擦渐趋频繁、且烈度有所提升（如钓鱼岛归属、东海专属经济区划界等，就连本不具备领土地位的苏岩礁，韩国都变得十分敏感。2012 年 10 月韩国民主统合党议员印在谨所做的一份民意调查显示，认为 "10 年后最威胁韩国安全的国家" 为中国的人竟然达到四成[②]）；经济互惠互利的总体氛围之下，合作在高位上更上层楼后劲缺乏、深受体制制约和政治考量的羁绊，部分既有的互惠模式因经济大环境的变革，效能有所下降，基础有所削弱；安全层面上防务交流与合作长期于低位徘徊，互信缺失，在诸如半岛问题等区域热点上合力管控的多次尝试均无果而终，安全困境的阴影挥之不去；与经济社会发展并行的民族主义思潮逐步抬头，但在理

---

① 数据来源参见 http：//cn. nikkei. com/politicsaeconomy/epolitics/4233 – 20121129. html，http：// cn. joins. com/gb/article. do？ method = detail&art_ id = 95959，http：//www. ftchinese. com/story/ 001047642（上网时间，2012 年 11 月 5 日）。

② 《四成韩国人认为中国对韩未来安全造成威胁》，韩联网，http：//chinese. yonhapnews. co. kr/domestic/2012/10/04/0402000000ACK20121004002100881. HTML（上网时间，2012 年 10 月 5 日）。

性内涵单薄、外部有效的引导塑造乏力的氛围下，不时将彼此间的某些"问题性"争执转化为舆情民意上的对冲，对政府施政构成一定程度的掣肘甚至绑架。

在美国看来，开启一体化进程的东亚迟早会对其存在构成挤压与排斥。早年曾有希望引领东亚区域一体化的日本因为在安全依托及多项政治诉求方面仰仗美国，不得不在美国的压力下于对一体化的姿态方面改弦更张。当前的中国，在经济上对于周边地区的辐射带动效应显著，在区域机制建构上与周边国家协力推进的姿态积极、在互惠合作方面向区域周边国家倾斜的意愿鲜明，在战略上更给予区域周边以更高的重视程度。与 20 世纪末隐约的轮廓相比，当前在各国经济社会层面频繁互动的推动下，东亚一体化进程业已取得了长足的进展。但同经济繁华不在、且国策定位徘徊犹豫的日本相比，身份认同与战略定位明确地锁定于东亚的中国更有潜质与能力担当业已初具雏形的东亚一体化进程的动力源泉。中国的崛起并向全方位大国的迈进，使得作为全球霸权的美国感受到了威胁。但中美在经济上深度的相互依赖性、全球经济治理中中国认可与参与的不可或缺性、重大国际与地区敏感问题中中国影响力与话语权的不可忽视性，等等，都使得美国难以用简单的对抗与遏制的逻辑来界定中美关系的基调。中国的区域与全球影响力在上升，在美国总体外交战略布局与政策执行中的地位权重也同步上升，缔造一个内蕴张力、稳定可控、且富于建设性的中美关系，既是美国全球战略中的核心课题，更是美国东北亚战略的重心所在。在可预见的未来，合作与矛盾交织、总体稳定下局部摩擦振荡频发仍是中美关系的基本特征，"接触＋遏制"仍是美国对华政策的基调，在看到中美经济利益高度的交织与融合、全球区域层面对话与协作积极推进的同时，也应看到，在"合作"的背面，"遏制"的意志与强度也如影随形、水涨船高。

三　美日、美韩同盟的强化

美日、美韩同盟可谓美国在东北亚地区诸多战略资源中最为优质的资产。前者是美国维系东北亚地区强势存在的关键性锚点，而后者则是美国应对半岛局势变化、对朝鲜施加有效威慑和遏制的战略保障，并作为美国军事力量于欧亚大陆东端唯一的陆上支撑点，构成第一岛链的北部起点。美日、美韩同盟均是"冷战"时期两极对抗的产物，也都于"冷战"结束后进行了相应的调整和转型，历史悠久、磨合充分、意识形态亲近、又与当事国最核心的安全关切与战略欲求相契合等诸因素决定了美日、美韩同盟总体上的巩固稳定，以及于可预见未来中的延续；但同盟结构下保护与被保护、指挥与被指挥的不对等关系，同盟关系所造成的东北亚区域内部力量失衡、核心行为体间潜在对抗的地缘政治分裂现状，美军大规模海外驻扎同驻在地之间在漫长时段中积累下来的紧张和摩擦等又不时地对同盟的根基构成侵蚀。2012 年美国对同日韩盟国间同盟政策的调整与同盟运行的优化也都围绕着上述问题与隐患而展开。

消除同盟中的离心倾向，重树同盟的价值与共识，强化同盟承诺就成为美国当下东北亚地区同盟政策推进的首要之举。在意识形态层面，以希拉里、伯恩斯、多尼隆、坎贝尔、戴维斯、麦凯恩等为代表的美国政府与国会中的重量级人士，多次在全球核心媒体及重要的双边及多边场合，或喊话、或撰文，向日韩强调同美国在价值观上的相似性，以及围绕共同的价值观展开双边及三边合作的必要性。在安全承诺方面，2012 年，围绕着朝鲜火箭发射、天安舰、延坪岛事件责任追究、诋毁亵渎朝鲜最高尊严、网络攻击、媒体宣传战、军事分界线附近的心理攻势等矛盾焦点，韩朝双方针锋相对、半岛局势屡屡剑拔弩张。在这种形势下，美国以联合军演、高官互访、政策声明、政策协调等方式，反复强调美韩同盟的重要性、并重申美国对韩国的安全承诺与义务。在2012 年 6 月帕内塔的"香格里拉讲话"上，将美韩同盟形容为继美日同盟后保障亚太安全的另一个"关键"，并称"在朝鲜半岛经历过渡和发生挑衅的一年里，这一同盟关系发挥了不可或缺的作用"。在中国崛起，中日领土争端激化的背景下，美国与日本一道推动修订自 1997 年起执行了十余年的《日美防卫合作指针》，就共同防御中的两国角色、核心防御对象、重点防卫区域、联合防卫计划及相关保障等内容形成新的共识。① 虽然美国一再宣称在钓鱼岛主权问题上保持中立，但在东亚峰会上，与野田会晤的奥巴马还是做出了倾向性

① 《日美同意修改"防卫合作指针"共同对付中国》，人民网，http：//military. people. com. cn/n/2012/0805/c1011 - 18670376. html（上网时间，2012 年 11 月 20 日）。

的表态："美国作为日本的朋友和同盟国，在钓鱼岛问题上'支持日本'。"在 2012 年底美国会通过的《2013 年度国防授权法》中，更重申钓鱼岛适用于《美日安保条约》第五条。

在修复同盟关系，强化同盟承诺的基础上，美日、美韩同盟的调整与拓展也同步进行。其中，既包括同盟内部关系态势的均衡、盟友间合作的深化，也包括同盟所扮演角色的调整和所承载功能上的延伸，还包括对日韩两大盟友间协调合作的推进，以及两个双边同盟朝向"三边化""网络化""区域化"发展的努力。①

就美韩同盟来说，对战时指挥权的拥有一直是谋求防务自主的韩国的既定目标，但近年受朝鲜屡次核试验、导弹试射的影响，特别是"天安舰"、"延坪岛"事件爆发构成的冲击，韩国对安全形势的判读日趋严峻，对美国军事力量的倚重日益提升。在这种情况下，2012 年美国在政策层面加大力度、因势利导，动作频频。首先是高频率地与韩国展开极富针对性的军事演习，并不断将演习的规模与层次推上新的高度，在提升韩美两军诸军兵种与各指挥层级间的协同配合能力的同时，大力渲染北方威胁。2012 年中，虽然韩美间的"关键决心""秃鹫""超级雷霆""乙支自由卫士"等联合军演都是年度的例行训练，但其场景设定与演习目的都与半岛当下的局势紧密契合。其次，通过军售、技术合作、政策松绑、情报支援等方式，提升韩军的作战能力与威慑水平，满足韩国对于国防能力和自主程度的部分需求。在美国战场情报信息系统支撑下，韩国对朝大规模杀伤性武器予以反制的"杀伤链"计划得以启动②，为了扶植韩国战区反导体系建设，美国更有意向其出售先进的"爱国者" PAC - 3 系统。③ 再次，在对韩国军力微观强化、松绑的同时，美国也努力确保未来对韩国国防力量在整体规模、水平和动向上的控制。一个典型事例就是，虽然 2012 年 10 月美国在弹道导弹射程和弹头当量方面对韩国放宽了要

① 张景全：《美日同盟与美国重返亚洲战略》，《国际问题研究》2012 年第 5 期。

② "Mapping the Future of the U. S. -South Korean Military Alliance"：Korea Policy Institute，http：// www. kpolicy. org/documents/interviews-opeds/121204gregoryelichmappingthefutureussk. html（上网时间，2012 年 12 月 10 日）。

③ 《韩媒："韩买"爱国者"导弹抗衡中国》，新华网，http：//news. xinhuanet. com/world/2012 - 10/29/c_ 123883974. htm（上网时间，2012 年 10 月 29 日）。

求，但还是保留了禁止韩国运载火箭使用固体燃料的限制。① 在确定于2015年将战时作战指挥权向韩国移交后，美国力促韩国将这种旨在实现战时"无缝对接"的军事合作关系延续下来，积极与韩国共同研讨韩美联合司令部各种可能的替代方案，力求实现韩美联合司令部诸项职能的延续同韩国自主防卫诉求二者的兼顾。为此，美国甚至表示可以考虑在未来的韩美协同指挥中枢中由韩国将领担任最高职务。②

与美韩同盟相比，美日同盟在军事安全层面的合作更为密切。很多资深的战略观察家都指出，日本自卫队实际上就是美国远东太平洋军力在功能上的辅助和在作战体系中的终端。一直以来，主从关系鲜明的美日在军事联盟内部有着明确的分工，整体上的区域威慑及与之相关的军事行动由美军负责，日本在专注领土防卫的同时，在后勤、反潜、扫雷、监视、侦察等方面向美军提供支援。在美国看来，因中国的崛起和半岛局势的变数，其在东北亚地区的战略负荷日益沉重。作为应对，美国在不损害自身全局掌控力和最终决策权的前提下，通过推升同盟内部的合作层级，适度地提升日本地位，部分地同其分享权力，并使其分担更多的成本开销与职责，可以实现满足日本地位提升诉求、减轻自身负担、增强同盟的内聚力与强化同盟威慑可靠性等诸多目标的兼顾。秉持这一思想，近年来美国对日本于"武器出口三原则"、和平利用核能、太空"非军事化"等既有的约束限制上自我松绑的行为"睁一只眼闭一只眼"③，美日军事"一体化"的层次也被推上新的高度。美军与自卫队间在作战指挥系统一体化整合、情报监视网络互联互通、训练保障基地设置共用共享、尖端武器系统共同开发研制等领域取得了长足的进展。在美、日两国近年来举行的

---

① "South Korea expands ballistic missile system range", http：//www.bbc.co.uk/news/world-asia-19861583（上网时间，2012年10月30日）。

② "U.S. forces in Korea seek bigger role in Asia-Pacific area", http：//www.koreatimes.co.kr/www/news/nation/2012/10/120_ 122991.html（上网时间，2012年11月24日）。

③ 2011年12月27日，日本内阁安全委员会表示同意放松武器出口禁令，以使日本参与对其他国家的武器出口、研发和生产，并为人道主义援助提供军事装备时，美国大使馆发表声明："关于日本（武器出口）三原则的新标准将对日本支持同盟提供新的机遇，并且符合日本对国际出口控制机制的承诺。"美国的态度实质上是一种对日本再军事化的姑息和纵容。参见：Chester Dawson：Japan Lifts Decades Ban on Export of Weapons. http：//online.wsj.com/article/SB10001424052970203479104577123710031180408.html（上网时间，2012年11月20日）。

频繁密集的军演当中，由以往的"各司其职"转向一体化的"联合打击力量"的构筑、由笼统的"美主日从"转向微观层面更为灵活对等、旨在适应瞬息万变的战场环境的"互操作性"成为两军当下重点研究的课题。① 在美国的首肯下，经过协商，日本自卫队不仅获得了使用美国关岛、天宁岛基地设施进行警戒监视与演习训练的便利、其干部更史无前例地常驻美国海军作战部、空军参谋部、中央司令部、太平洋司令部等行政和指挥中枢，在高端层面为美、日两军间的沟通与合作提供联络与协调。在军事技术合作层面，美国不仅向日本销售其尖端战机 F - 35，更允许日本参与 F - 35 的研发与生产进程，让其承担部分核心机体部件的产生和关键的航电设备的供应。另外，在下一代海基拦截导弹"标准"- 3 - 2A 和新一代三体濒海战斗舰等项目上，美国也积极地邀请日本联合研发，部分合作项目业已从论证步入实质性研制阶段。②

日韩之间存在着深刻的历史分歧（"二战"史观、慰安妇问题）和现实芥蒂（独岛/竹岛归属），两国在日本入常、大陆架划界、海洋渔业资源归属等议程中口角不断。日、韩两国间的嫌隙一旦在特定的场合下升级为政治外交层面的争端，并沉淀为国民心态上的持久敌视，对于美国东北亚地区的战略布局与运转来说就会成为一种巨大的磨损与内耗。而基于高位稳定运作、彼此间理解互信、默契合作的日韩对于美国来说则是不啻为一种同盟运作效能的"倍增器"。在日韩和解与合作的基础上，推动两国在军事安保方面的横向合作，努力将原本相互独立的美日、美韩军事同盟向美日韩同盟三边化推进，可以给美国带来丰厚的战略红利。从军事层面上说，三边化同盟一旦达成，就意味着美国可以在东北亚地区对其主导下的军事资源加以更大范围和更高层次上的优化组合，可以以更高的威慑程度和更迅捷的反应能力对中、朝、俄等防范对象施加更为全面、有力的监视和遏制。从政治层面来说，三边化的同盟体制之下，美日韩间的关系态势与协作方式势必将朝着更为均衡对等的方向演进，这样有利于突出日韩在同盟中的地位与作用，彰显其参与的自主性，激励其贡献

① 赵明昊：《美国亚太再平衡战略视野下的美日同盟转型》，人民网，http://cpc.people.com.cn/n/2012/1016/c187710 - 19281038. html（上网时间，2012 年 11 月 24 日）。

② 《美敦促亚太盟国加强反导合作》，朝鲜日报中文网，http://cn.chosun.com/site/data/html_dir/2012/09/12/20120912000009. html（上网时间，2012 年 11 月 2 日）。

的能动性，从而增进同盟的合法性与稳定性，降低美国在同盟运作中所负担的成本与责任。从地缘层面来说，军事同盟的三边化不免自发地产生外溢效应，激发出政治经济等诸多领域在一体化方向上的跟进。一种可能的结果就是，在同盟三边化所昭示出的美日韩军事合作与政治互信的框架下，三国所具备的共同的意识形态、相似的社会制度、丰沛的经济资源、巨大的市场空间、成熟完善的商业模式、稳固的同盟信赖与高度机制化的互惠关系等要素交织、聚变，建构起规模庞大的具有开放性的网络化合作平台，并表现出重塑既有的地缘政治格局与合作进程的区域战略指向。在这种情况下，东北亚、东亚、乃至整个亚太地区的地缘政治格局彻底改变。一方面，东北亚地区既有的权力格局被颠覆，巨大的实力差距将区域国家间原本谨慎调处、小心应对、竭力抑制的安全困境推向表面化、激烈化，使该地区国际关系丧失原有的弹性和张力、趋向僵硬的板结与对立；另一方面，这种优势组合又裹挟着带有鲜明的指向性和扩张性的强势意识形态、社会制度与发展理念，在国策选择与对外战略等方面对部分亚太国家构成有力的牵引，并对当前立足于尊重多样性、倡导包容性、维护独立性、谋求渐进性等共识基础上的东亚区域合作进程造成冲击。而无论何种事态沿何种前景发展，都有利于美国于区域地缘政治分裂、破碎基础之上施展"离岸平衡"政策，成为秩序的供给者与纠纷的仲裁者，有利于美国依照其理念与利益重塑并主导东亚与亚太的区域合作框架与进程。

在可观的战略收益预期的驱动下，美国对于美日韩同盟三边化的推进可谓不遗余力。美国政府、美国高官、智库等通过政策宣言、国际会晤、研究报告、学术论坛等多重场合与渠道，不断鼓吹军事同盟网络化、安保体系多边化的重要意义，为其同盟国彼此间确立互信、强化合作大力铺垫造势。[1] 在现实政策运作中，美国更以舰队访问、联合军演、高官出访为媒介、频频在日韩之间牵线搭桥。2011 年和 2012 年，虽然六方会谈持续停滞，但美日韩在对朝问题上三国对话与协调频繁进行，并于 2012 年 7 月升级旨在应对朝鲜"入侵"的三边安全磋商机构。2012 年 6 月 21～22 日，美日韩三国海军首次联合军演

---

① 参见 Dr. Patrick M. Cronin, Peter A. Dutton, M. Taylor Fravel, James R. Holmes, Robert Kaplan, Will Rogers, Ian Storey: South China Sea: Cooperation, Conflict, and U. S. Interests, 01/09/2012, http://www.cnas.org/southchinasea（上网时间，2012 年 11 月 25 日）。

在朝鲜半岛以南的公海举行。虽然同年 7 月，因程序失当和国民激烈反对，已经过长期酝酿的日韩"秘密情报保护协定"和"物资劳务相互提供协定"胎死腹中，8 月日韩关系更因李明博总统登上争议岛屿而严重恶化，双方拟议中的多项军事合作交流项目被叫停，但美国还是努力于两者间斡旋调停。2012 年 9 月在韩国近海举行的美日韩澳 PSI 联合演习中，因韩国民间反日情绪，自卫队舰队未获准进入集结地釜山港，此事引发韩日间的再一次外交争议，而正因美国于其中的劝说调停纠纷才告一段落。①

四　美国东北亚军事部署的调整

在巩固和深化同盟合作、拓展同盟体系的同时，军事战略的变革与军力部署的调整作为美国东北亚整体政策推进中不可或缺的组成部分，其角色正变得日益突出。在美国看来，中国的崛起、解放军朝现代化与信息化方向飞速的迈进，"反介入"（anti-access）和"区域拒止"（area denial）能力在中国国防战略和军力构成中重要性提升等现实对美国既有的地区军事存在及防务安排构成了严峻挑战，美国对此必须正面应对。而美军经过近十余年来的积淀，也正处装备升级、观念革新、编制调整、战略转型的当口。综合中、美两国在实力对比和军力发展上的动向，出于服从并服务于美国"亚太再平衡"的总体战略布局的考虑，美军在东北亚地区的军事调整主要体现于以下几个层面。

首先，大幅度强化对该地区的力量投入。2012 年 6 月 3 日，美国防长帕内塔在香格里拉峰会上称，为了支持在亚太的再平衡战略，美军军事部署将以亚太为重心进行调整，力求在 2020 年前将 60% 的美国战舰部署在太平洋。10 月 3 日，美国防部常务副部长阿什顿·卡特更为先前帕内塔的表态背书、打气，称要以"看好每一分钱，每一艘舰艇，每一架飞机"的"实际行动"来确保"重返亚太"任务的完成。按照卡特最近在美智库发表演讲时的表述，美国在伊拉克的任务已经结束，2014 年年底前也会结束在阿富汗的战斗任务，

① 参见 Dr. Patrick M. Cronin, Peter A. Dutton, M. Taylor Fravel, James R. Holmes, Robert Kaplan, Will Rogers, Ian Storey: South China Sea: Cooperation, Conflict, and U. S. Interests, 01/09/2012, http://www.cnas.org/southchinasea（上网时间，2012 年 11 月 25 日）。

接下来将把重心转移至亚太地区。在这个构想下，大批美国海军战力将从阿富汗及中东移师亚太，其中包括水面舰只，两栖舰只以及航空母舰。美国空军也将在亚太地区增加无人机，轰炸机，空中加油机，等等。美国海军的"弗吉尼亚"级潜艇将加装可发射巡航导弹的大型发射器，以适应其在西太平洋海域值勤时可能面临的作战任务。从美国军事上"重返亚太"的态势及前景考察，东南亚国家虽然是当下美国着意拉拢的工作重心，但近期目标还只能锁定于港口设施的共享与部队的轮换性短期驻扎，其政治意义重大，实质性的军事价值却须打上折扣。大规模人员与装备的进驻、值勤与维护，更多的还会集中于同盟关系牢固、基地设施密集完善的东北亚地区。

其次，针对中国日益提升的"反介入"和"区域拒止"能力，在军力部署上实行"战略前压、战线后移"的方针。近年来，中国在军事现代化道路上取得了一系列长足进步，天基通信导航系初具规模，新型三代战机、预警机、DF-21弹道导弹、C602反舰导弹等一系列兼具高度的战场生存力、远程投送力和精准打击力的信息化兵器陆续列装，部队的信息化战力持续提升。对美国来说，解放军对上述能力的获得与强化使得其打击圈大幅向外延伸，对部署在韩国、冲绳、日本本土的美军基地，以及美军在西太平洋的演习调动的威胁与日俱增。① 同时，2010年后朝鲜半岛局势的恶化与朝鲜成为有核国家的现实对驻韩美军的一系列前沿部署的威胁也日益上升。在这种情况下，将部分传统打击力量与勤务保障分队从易受攻击的前沿部署上后撤，转而更加依赖在一定程度上超越空间距离限制的整体作战体系优势成为美军的现实抉择。这种体系优势以全天候通畅的数据链传送和信息化指挥中枢的高效大规模数据处理能力为基础，对诸多高尖端武器装备与投射平台加以串联并有机整合，最终构筑起陆海空天网电全领域的侦察、攻击、渗透与防御能力，从而对假想敌构成整体性、综合性、纵深性的更为高效可信的威慑。从操作层面来看，小布什政府时期，对驻韩美军的人员缩减和前沿后撤的举措就已经开始；奥巴马政府时期，在日本的谅解与配合下，美军将驻冲绳的近一半海军陆战队人员分别转移

---

① 参见 Amy Chang：Weapons Development in China's Military Modernization http：//www.uscc.gov/ researchpapers/2012/China-Indigenous-Military-Developments-Final-Draft-03-April2012.pdf（上网时间，2012年12月1日）。

至关岛、夏威夷和澳大利亚。这种做法按照美军的逻辑解释，就是当面临更大风险时，"不要把所有的鸡蛋放在一个篮子里"。虽然驻韩、驻日美军人员上有所减少，但作战威慑能力却持续加强。根据韩国对计划中的在美国情报支援下应对朝鲜大规模杀伤性武器的"杀伤链"（kill chain）效果的预期，该项目可以实现对朝鲜固定和移动式导弹发射平台"两分钟发现、三分钟评估决断、二十五分钟内摧毁"的打击效果，可以从根本上杜绝朝鲜的导弹威胁。美国的反导系统早已将日本纳入其中，近期，美国在强化东北亚地区反导系统上又动作频频，不但与日本携手开发新一代"标准"－3－2A 型高层拦截工具，更独立推进对反导意义重大的太空监视体系的建立，其第一颗天基太空监视卫星已于 2010 年 8 月成功发射。

再次，以"空海一体战"理念为指导，以攻势求威慑，实现信息化时代中对假想敌国的全面压制。对于信息化时代传统安全领域的主要威胁及相对应的作战样式，美国进行了长期的探索。2010 年，"空海一体战"理念作为这种探索的阶段性成果出现，在美国军、政、学界引发了广泛的赞誉与共鸣，很快就上升为美军的官方战争指导理念。空海一体战的实质是强调美军要充分利用在航空航天、网络、电子技术等方面的领先优势，以美国在东亚的盟国基地为依托，以空海作战力量、太空及网络空间作战力量为主导，在多维空间与对手全面交战，从而凭借多重优势，摧毁对手的"反介入"与"区域拒止"能力。空海一体战信息化时代美国集传统的海、空军事优势、科技信息优势、政治联盟优势于一体，谋求以整体优势系统性制敌思想的具体体现。从东亚、尤其是东北亚地区美国坐拥优质同盟资源的现实、海岸线漫长、陆海交错的地理特质、地区行为体迅速提升的军事实力和复杂严峻的安全环境等方面观察，"空海一体战"理念几乎就是为这里量身订制。而从该作战理念在付诸实施前所必须依赖的庞大资源、操作驾驭时所要面临的极高难度、对峙缠斗中所激发的极端烈度，以及所预设针对的敌方反制模式来看，其咄咄逼人的凛冽攻势矛头可谓直指中国。为了实践"空海一体战"构想，美军近年来突出强化空天侦察、电磁压制、网络攻防、近岸打击、快速反应等多方面能力，并为此有针对性地开展装备更新与编制调整。

最后，将大量高科技尖端武器部署东北亚，谋求威慑的同时，更全面助推

其新军事战略的顺利实施。2012 年，美国确定将其最新研制开发的多款先进战机转移至东北亚，除了世界上唯一列装成军的四代机 F－22 之外，F－35 "闪电 2"，EA－18G "咆哮者"电子战飞机、P－8A "海神"反潜侦察机、MV－22 "鱼鹰"倾转旋翼机也将现身东北亚。上述战机在嘉手纳、普天间、厚木等基地部署后，将极大地提升美军在该地区实施电磁压制、制空突防、浅海战区反潜、兵力快速投送等方面的能力，构筑起立体化的战役战术打击体系，更可以与在关岛的 B－2 隐形战略轰炸机结合，组成战略打击体系对东北亚地区的内陆纵深形成严重威胁。在强化与日韩的反导技术合作、推进反导体系整合的同时，美国防部长帕内塔 2012 年 9 月还于东京宣布，将于日本西南地区部署第二架探测距离 6000 公里，为反导中期阶段实施预警监控的陆基 X 波段雷达，这与 2006 年在本州北部青森部署的第一部形成南北呼应，力求对整个东北亚地区的反导体系予以质的提升。为了升级战区侦察的精确性、增强战地监控的实时性、强化对战斗进程的支援性、提升各作战单元间数据链流动的通畅性，美军还大力推进在东北亚地区的无人机部署，有消息显示，曾经在阿富汗、伊拉克和利比亚战场大显身手的 "全球鹰""死神""捕食者"无人机将在东北亚地区广泛应用，而即将进行航母海试的新一代隐形无人机 "X47B"也极可能优先部署在东北亚地区。

五　美国对朝鲜半岛局势的驾驭

东北亚中、日、韩三国间由经贸层面自发形成的对于和谐与合作的呼唤，社会心态上基于密切的文化纽带之上的、不绝如缕的共同体意识，以及政治精英中部分存在的对于互利共赢大局的体认与联袂并进前景的期许在对区域秩序的导向上明显与美国 "离岸平衡政策"所依托的区域内行为体间的安全竞争与关系 "零和"态势相背离。因此，美国需要较之臆想中的 "中国威胁"与时隐时现的 "东亚主导权"之争具有类似的结构性特质，表现得更为急迫，对区域内行为体间良性关系态势的建构更具颠覆性的问题与矛盾成为其施展 "离岸平衡政策"，保持自身军事存在、政治影响力与话语权的现实 "抓手"，而半岛局势、特别是朝核问题的升温与激化无疑回应了美国的这种需求。

苏联的解体使朝鲜失去重要的政治依靠与经济外援，生存环境变得异常险恶。韩国在经济军事方面业已对朝构成了全方位的优势。美国大力强化对朝鲜的意识形态攻势，政治孤立与经济制裁封锁接踵而至。外部重压适逢 20 世纪 90 年代中期朝鲜接二连三的严重自然灾害，粮食歉收、工农业生产萎缩、经济社会动荡的严峻局面使朝鲜被迫走上了"苦难行军"的历程，对内强化经济统制、拧紧意识形态螺丝钉、更将作为其政权支柱的人民军的地位提升到无以复加的地步。此时，核武器这种虽然极端危险，但效费比绝佳的军事"撒手锏"很自然地成为作为弱势一方的朝鲜的理性选择。朝鲜在"拥核"道路上的坚持不懈是对若干基础性的国际原则与机制的公然背离，更对东北亚区域安全与稳定构成严峻挑战，但对美国来说，却是挑战与机遇并存。一个核力量在投送距离、打击精度与战场生存能力方面成熟完善的朝鲜无疑会改变东北亚地区既有的力量均衡状态，对东北亚地区美国及其盟友日韩可能的轻率妄动构成有力的核威慑。但一个身处重重封锁与制裁的重压之下，于核武器研发道路上步履蹒跚、屡遭挫折，并因此国际形象异常负面、时常处于国际舆论谴责的风口浪尖之上的朝鲜，难于给美国带来实质上的威胁，却为其地区战略的推进营造了条件与氛围。从外部效果来看，朝核问题的升级总是引发周边国家的激烈应对，为区域内国家关系的改善与提升设置了障碍，推动东北亚地区整体安全态势的恶化，并导致军备竞赛的升级，为美国"离岸平衡"政策的施行大开方便之门。从实力上说，美国凭借由卫星、远程雷达、预警侦察机、与盟国间情报共享及全球数据链编织起来覆盖半岛全境的 C4ISR 系统，有很高的可能性通过"外科手术"式的精准打击及成熟的反导体系将这种尚在襁褓中的核能力扼杀在萌芽状态。

更为重要的是，实现领袖更替的朝鲜对于"白头山万景台血统"的强调，对于国内意识形态螺丝钉的拧紧，对于领袖忠诚的凸显虽然在当下特定的内外环境下有其合理、合法的一面，但终究有同国际政治文明发展方向相背离的嫌疑。险恶的外部环境使朝鲜在社会财富的调度分配上严重向军事部门倾斜，对与发展和民生息息相关的经济产业门类已造成了挤压与抑制。基本上沿袭自苏联的计划经济体制在激发微观活力，推动资源优化配置中效能不彰，扣除自然灾害影响，近年来朝鲜经济一直在零增长、微增长的反复中趑趄不前。① 在这个意义上，想方设法营造宽松的外部环境，同步跟进国内政治体制与经济模式的改革，在确保变革稳定有序推进的前提下，参与全球分工体系，并最终融入国际社会大家庭，才是朝鲜摆脱困境，实现长治久安的根本出路所在。而朝核问题的升级，半岛形势的紧张在短期内固然有提升朝鲜在国际社会中的关注度、话语权的效果，并且可以以整体推进中的核事业内某些局部进程为筹码，从外部换取部分与政权巩固和经济改善相关的资源与利益，但从整体上讲，这种紧张与危机只会固化朝鲜领导人对于时局的看法，强化其对既有路线方针的坚持，为急需的内政外交方面的变革添设障碍、增加难度，从而使半岛问题这一东北亚区域国际关系中的顽疾与死结凝固化、持久化，得到根本性改善的机会变得更加渺茫。

历史地观察，"冷战"结束以来的半岛问题，尤其是朝核问题，曾经几度呈现向好迹象。1994年的《朝美核框架协议》、2000年的《南北共同宣言》、2005年的《第四轮六方会谈共同声明》、2007年的《南北关系发展与和平繁荣宣言》、2012年的《二·二九协议》等，都曾一度给人一种拨云见日、柳暗花明的感觉，但在朝美双方严重敌视互疑、机会主义背叛的利益回报真实存在的情况下，希望最终均化为泡影。在一轮轮旷日持久、火药味十足、却无果而终的谈判中，对最终"拥核"前景执著的朝鲜更看重通过暂时性的姿态放低与局部让步来谋求当下的收益，而美国在确保自身在军事优势与打击能力方面占压倒性优势的基础上，同样屡屡使用出尔反尔、怂恿挑拨、横生枝节的伎俩，其目的就是通过使问题复杂化、持久化、尖锐化，来达成对区域紧张局势和对抗格局的催化生成效应。中国有资深战略学者如是评价朝核危机："美国点火、朝鲜玩火、日韩火上浇油、俄罗斯隔岸观火，只有中国诚心救火。"其中对奉行"离岸平衡"政策的美国在东北亚地区以半岛分裂对峙为契机、以朝核问题为抓手，求"乱"、促"变"、恐"稳"、拒"和"的立场与心态的刻画可谓入木三分。当前，朝鲜新领导人在执政风格与理念上求新求变迹象在增

---

① 赖海榕：《朝鲜经济状况与改革前景》，《求是》理论网，http://www.qstheory.cn/jj/hqsy/201203/t20120315_145770.htm（上网时间，2012年12月4日）。

加，美国在资源与精力上对东北亚倾注力度更与日俱增，在第一届任期内奉行以立场强硬、盟国协调与联合施压为特征的"战略忍耐"政策的奥巴马政府，其在朝核问题上的基本基调与风格将得以保持，但在战略上的重视程度与政策上的介入力度均有可能大为增加，而其具体操作中介入的方式、时机的把握、对国际机制平台与舆论导向的利用、与盟国间的协调，以及对区域局势的中远期影响等方面，均值得特别加以警惕和关注。

六　2012 年美国东北亚安全战略的困境

从美国 2012 年东北亚区域安全政策运行的总体态势来看，在有序可控的前提下，保持区域内部低烈度的矛盾与对抗，维持部分区域行为体（日韩）对其在安全需求方面的依赖，确保自身区域秩序的供给者和纷争的调停人角色，依然是其基本的政策操作指针。然而，这种策略在理念与实践上都与原初的版本产生了一定的差距。离岸平衡政策在学理上源于大英帝国 19 世纪欧陆政策的汇总与提炼，彼时大英帝国国力鼎盛、海军力量如日中天，在对自身安全信心满满的情况下，英国对欧陆政治施加影响并非是针对当下迫切的安全威胁，而只是对于均势失衡、霸权突现的潜在可能性的防患于未然。[1] 在这种情况下，英国形式上与欧陆政治保持着若即若离的超然姿态，既没有固定的同盟关系与假想对手，又不于大陆上保持经常性军事存在。此时的英国，在欧陆政治中游刃有余、左右逢源，而本身在政策上与观念上则保持着十足的弹性与张力。与英国相比，今天在东北亚区域政治中同样以"平衡手"自居的美国在主客观条件方面却有些先天不足。东北亚地区重要的地缘政治价值使得其自然而然成为美国新一轮战略调整的重中之重，但后危机时代美国国力相对下滑与中国国力排名位次上的一再攀升形成了反差，气势心态上中气不足，资源周转方面略显拮据。这使得美国难以保持当年英国的那份超脱，以牺牲必要的弹性与张力为代价来实现对东北亚区域政治的深度介入。对于将大量人员、物资与精力转移投放至该地区，在区域内部既有的利益分歧与地缘政治矛盾中明显地

---

① 　沈秋欢：《格莱斯顿欧洲协调思想及其外交实践》，《国际关系学院学报》2011 年第 6 期。

选边站队、对区域一体化进程百般掣肘、并积极地推动区域内行为体间矛盾与分歧的外溢延伸的美国来说，"平衡手"角色的背后，"离岸"的色彩越来越淡，"在岸"的事实正变得逐步清晰，少了当年英帝国相对欧陆政治那种"置身事外"的淡定，霸权傲慢与衰落恐惧交织下的焦灼、急躁和功利却一览无余。

当前及未来相当一段时间，在美欧经济面临重重困境，增长乏力的情况下，经济稳健增长的东亚地区在全球政治经济中的重要性还将呈上升态势。作为经济上的后发地区，特别是在美欧经济迟迟得不到改善，外需乏力，全球货币体系波动加剧，关键的能源资源大宗商品价格起伏剧烈的情况下，内部要素的盘活与外部良性环境的营造对于东亚国家的可持续发展显得至关重要。而这两者实现的一个基本前提就是东亚内部的整合，特别是东北亚与东南亚间良性的对接与互动。对于把持全球霸权，坐拥各项全球制度红利的美国来说，在就业低迷、增长乏力的年代，东亚的发展为其带来了机遇，但这种发展所引发的全球地缘政治板块权势高下的消长又对其霸权构成了一种潜在的颠覆。因此，美国对东亚的重视具有双重面孔，一方面美国开始重视在经济上对东亚市场的开拓、对东亚资源的利用和对东亚机遇的把握，并为此做出了一系列政策跟进和议程倡议；另一方面美国竭力抑制东亚持续发展所造就的越来越大的经济规模向国际政治权势的自然转换，其途径主要是对东亚内在矛盾加以利用，选择性地激发、诱导，并择机干预、制衡，以维持一种适度紧张、有序可控的总体区域国际关系态势，抑制区域一体化程度的推进。

从运行过程和效果来考察，美国的东北亚战略面临着主观与客观的多重阻力和困境。诚如美国前参联会主席迈克尔·马伦所言："（伊拉克、阿富汗）战争开始前，美国的 GDP 占全球的 1/3，军费开支也占 1/3，而战争结束后，美国的 GDP 仅占全球的 1/4，而军费开支却占近 1/2。"总共历时十余年的两场战争使美国背上了沉重的军事负担，这与金融海啸对美国总体经济构成的重创，及美国政府为印钞救市所产生的巨额国债一道，构成了美国实施对外战略的严重拖累。全球金融海啸在欧洲演化成了一轮又一轮的主权债务危机。危机正好命中欧盟财政政策与货币联盟脱节的体制短板，诱发了人们对欧洲福利制度的深切质疑，并引起了南北欧国家间就债务救助问题产生的围绕责任、权利、义务的激烈争吵。严峻的内部危机使得西欧变得眼光向内，较之从前对美国全球战略的配合与支撑的力度已打上折扣。在中东和中亚，伊拉克、阿富汗两场战争后，美国对两国政治混乱、民族分离、教派冲突、军阀割据、恐怖势力蔓延的频频乱象推诿塞责，故作"潇洒"地抽身而去，留下背后一片治理"黑洞"与地缘政治"真空"。"阿拉伯之春"的到来更为美国脆弱的中东战略架构再添变数。浓厚宗教背景和民粹色彩的穆兄会在埃及势力大增，面对内政外交走向上充满变数的穆尔西政权，美国在阿拉伯世界中的战略支点由两只脚变成了一只脚，对沙特及其主导下的海合会的倚重程度大大增加。这种变化使得美国在与伊朗关系的调处上政策弹性更加缺失，在地区内部什叶派与逊尼派的纷争中立场也更难把握。上述情况同叙利亚局势持续恶化、基地组织回潮势头渐起、以色列影响力下降、安全环境恶化等复杂的地区形势一道，对谋求战略收缩，尝试从该地区抽出力量另行部署的美国构成了牵制。最后，美国的"空海一体战"理念在推行上也面临诸多阻挠力量。据估算，为支撑该作战理念下的电子战、太空战、网络战蓝图，美军需要十年内在装备更新、训练跟进、编制扩容等方面投入约 5000 亿美元，但美国国防部已决定在未来十年内削减共 4900 亿美元预算。一旦财政支撑跟进不利，超前的"空海一体战"将成为"无米之炊"，停留在"纸上谈兵"层面。财政上捉襟见肘的羁绊之外，"空海一体战"所呈现强烈的进攻态势，以及实施过程中对于同盟关系和盟国前沿部署的倚重也构成其推进的障碍。强烈的进攻态势极易引发局势激化，升级安全困境，使追求区域局势"低烈度纷争、有序可控"的美国面临诸多危险与变数。而以同盟体系以及驻盟国基地为威慑手段和兵力投送源头的做法不但让盟国外交回旋余地缩减，更使其面临实战中首轮打击的危险。日本部分战略人士忧虑，美国东北亚军事战略的可能后果是，在同中国的高烈度对抗中，日本将作为前沿战场承担现代战争立体化对抗的惨烈炮火硝烟，成为换取美国国土安全和军事部署上缓冲时空的"炮灰"。日本很可能遭受重创乃至毁灭，中国也必将蒙受重大损失，而美国则在最终的较量中大获全胜。日本的顾虑并非杞人忧天，"空海一体战"理念出台后并没有得到美国亚太盟友的积极响应，韩国、澳大利亚等亚太盟国均以沉默来表达自身的怀疑与忧虑。

结　论

东北亚、无论从政治影响、军事实力、经济规模、人口总量、发展水平、治理经验等各方面来看，都是东亚的重心所在。美国的东北亚战略，是上述美国整体东亚战略的核心组成部分，体现了美国东亚战略的基本目标诉求和政策主张，并构成美国当前政策上向东南亚阶段性倾斜的重要战略支撑。该战略借势于东北亚地区权力关系历史性变位所引发的阶段性的紧张与摩擦，以国势蒸蒸日上的中国为盯防重点，以对心态失衡、政治迷惘、战略漂移的日本的驾驭管控为核心支点，以朝核问题、钓鱼岛争等区域历史沉疴和当下热点为介入"抓手"，以美日美韩同盟为制度依托，竭力怂恿助推区域内主要行为体间的战略互疑、利益互损和政策互斗，力求达成"压死"朝鲜、"吃定"日本、"看牢"中国、"夹紧"俄罗斯的战略效果，从而实现美国扮演地区"秩序供给者""议程主导者""争端仲裁者"的霸权红利。

从整体战略态势观察，美国作为唯一的超级大国，其全球战略有着浓厚的"守成"底色。在东北亚地区，涉及重大国际规则的捍卫（朝核问题与 NPT 机制），与自身承诺可信性息息相关的对重要盟友义务的履行（对日、韩的保卫义务），对最大的潜在霸权挑战者的防范与约束（中国），这种"守成"底色事实上被重重气势汹汹、锋芒毕露的进攻性外衣所包裹。从性质上来说，这种表里不一的表现反映的不是美国的强盛而是其实力上的相对衰落，不是自信而是深切的焦虑与彷徨。从效果上来看，美国这种对东北亚区域政治"离岸平衡"式的强势介入，其政治军事态势上气势汹汹、排兵布阵举措接二连三，但经济关联却没有得到同步的跟进。TPP 苛刻的条件要求和对国内特定政治架构与市场体制的塑造偏好使其在同东亚的政治经济土壤对接过程中必然龃龉丛生，而且当下奥巴马政府在国内就业压力与政治恶斗的挤压下所执行的保护主义政策也让人看不出其与东亚共迎未来、共享繁荣的气度与胸襟。贪功冒进、狭隘功利与政经失衡的美国东北亚战略在可持续性方面前景黯淡。从未来走势考察，美国借区域内当下政治氛围上的紧张和安全态势上的僵持，强推 TPP 进程；在中日关系间局部的问题性争执中选边站队、煽风点火；在朝核问题和半岛南北关系上相机而动、屡屡诱发事端、引爆局势、力求对双方的政策选择加以框定，使紧张对峙的局势长期固化，上述行为体现了美国在区域政策目标上的"霸权"诉求，以及行事风格上的"霸术"取向。但是，许多中国学者相信，随着中国实力上的上升，中美实力上的接近，美国终究会承认中国的国际地位与利益关切。而美国也有学者认为中国军力的增长迟早有一天会突破美国的第一岛链封堵。因此，对美国来说，适时地进行战略与政策上的调整，逐步以承认彼此国际地位、尊重核心利益与关切的大国对话与协调置换"离岸平衡"式的霸权运作，最终将东北亚政策转移到立足于新型大国关系基础之上，与区域国家间战略互信、政治合作、经济共赢的轨道上来才是明智之举。

Ⅵ.12
东北亚国家岛屿争端与奥巴马政府的差异性政策应对

吕平　黄凤志*

摘　要：

东北亚岛屿争端激化不仅是历史遗留问题发酵的产物，更是各国在新形势下构筑有利于己方区域结构的战略行为。奥巴马政府将争端激化视为推进区域战略的机遇，通过介入纠纷政策，采取差异性立场，引导争端朝向不同方向发展，达到操弄争端、控管争端的双重目的。同时，东北亚岛屿争端也为美国带来了如协调盟友难度提高等挑战。随着争端的持续激化，控管岛屿纠纷可能成为奥巴马政府第二任期东北亚战略的重要内容。

关键词：

钓鱼岛　南千岛群岛　独岛　岛屿纠纷　奥巴马政府　政策应对

东北亚地区岛屿争端是中国、俄罗斯、韩国与日本围绕钓鱼岛、南千岛群岛、独岛归属问题产生的主权争议，具有相同的历史、现实内涵。[①] 作为东北亚安全结构的参与者，美国介入争端的政策立场尤为引人关注。因此，本文着眼于解答以下问题，即奥巴马政府对三大岛屿争端政策立场有何异同之处？东

---

* 吕平，吉林大学行政学院国际政治系博士研究生；黄凤志，吉林大学行政学院国际政治系教授。

[①] 除三大岛屿争端外，朝韩就海上军事分界线尚有分歧，朝鲜不承认韩国对延坪岛等江华湾岛屿的占有。由于朝韩的特殊关系，双方皆不将分界线视为主权边界，相关岛屿纠纷不属于主权争议范畴。此外，中韩对苏岩礁的地位认定尚有争议，但中韩双方就苏岩礁问题拥有共识，即该礁不具有领土地位，中韩双方不存在领土争端（见外交部发言人刘为民2012年3月12日答记者问）。在此，东北亚岛屿争端涉及各国间的岛礁主权争议，即钓鱼岛争端、独岛争端、南千岛群岛争端。

北亚岛屿争端升级对奥巴马政府区域战略又产生了什么样的影响？既有学术成果集中于研究美国政府介入单个岛屿争端的政策立场。本文以奥巴马政府在东北亚岛屿争端的政策立场比较为切入点，着力解答以上问题，提出中国学者视野的分析与应对建议。

一　东北亚岛屿争端的激化与奥巴马政府政策立场

进入 21 世纪以来，东北亚岛屿纠纷呈现全面升级、争端双方对峙长期化的新趋势。2009 年 7 月 3 日，日本参议院一致通过《促进北方领土问题解决特别法》修正案，强调"南千岛群岛是日本固有领土"，拉开了东北亚岛屿争端全面激化的序幕。作为对日本强硬姿态的回应，2010 年 11 月梅德韦杰夫总统视察了国后岛，成为首位登上南千岛群岛的俄罗斯国家元首。次年 7 月梅德韦杰夫又以俄罗斯政府首脑的身份再次视察南千岛群岛。俄罗斯高调的主权宣示行动有力地回击了日本的主权要求，为韩国反击日本对独岛的主权要求提供了有益启示。仅在梅德韦杰夫第二次视察南千岛群岛一个月后，李明博总统步其后尘，成为首位登上独岛的韩国国家元首，韩、日岛屿争端再次升温。而自 2010 年撞船事件以来，中日钓鱼岛争端始终未能缓解。2012 年在日本极右势力鼓噪下，日本民主党政府做出了将钓鱼岛"国有化"的决定，导致中日在钓鱼岛海域的执法摩擦不断，并出现了两国军队正面对峙的危险局面。因此，2012 年成为东北亚岛屿争端全面激化的转折点。

首先，东北亚岛屿争端激化的历史原因是日本未能对近代侵略历史进行全面反省，不断挑战战后国际秩序，导致其与周边国家主权争端的产物。

东北亚地区岛屿争议不同于其他岛屿纷争的根本原因在于，中、俄、韩拥有相关岛屿主权的合法性基础来自相同的法律文件——《开罗宣言》及其后的《波茨坦公告》。根据以上文件"日本之主权必将限于本州、北海道、九州、四国及吾人所决定其他小岛之内"[1]，所以日本并不具备单方面划定四大岛以外主权边界的权力。对日本而言，这种对"战败国"约束是其成为"正

---

① 米庆余：《日本近现代外交史》，世界知识出版社，2010，第 293 页。

常国家"，乃至通往政治大国之路的"瓶颈"。为此，自20世纪50年代起日本便开始与周边国家就岛屿归属展开博弈，不断寻求对海上边界的突破，解除战后国际秩序束缚。对中、俄来说，岛屿主权涉及战后国际秩序，关系到两国在东北亚地区的大国地位，在岛屿归属问题上不容有丝毫犹疑。对韩国而言，独岛问题是日本殖民统治的遗留问题，是韩国凝聚历史认知、民族认同的关节，在争端中不能做半分妥协。深厚的历史背景使各方都将自身对争端岛屿的所有视为"原则性利益"，导致东北亚岛屿争端缺乏缓和空间，提高了对峙双方控管危机的难度。

其次，东北亚国家岛屿争端矛盾激化是日、中、韩、俄为抢占东北亚地缘政治结构中有利地位而展开的国家战略与利益博弈。

21世纪初，全球权力重心东移是国际经济格局与政治格局新变化的重要特点，在全球权力重心东移的进程中东北亚既有权力结构正在发生变化。中、俄、韩实力增长势头强劲，成为新一轮权力转移的"赢家"。而日本则未能摆脱经济萧条阴霾，"先发优势"遭到侵蚀，区域力量对比朝向不利于日本的方向倾斜。与日本区域影响力日渐衰微形成对比的是，中、俄、韩具备了在岛屿争端中强硬回击日本的实力。由此，日本将强化岛屿争端政策立场视为抵御区域权力结构变动对日本既有地位冲击的具体体现，不惜打破默契甚至主动挑起事端。从这个角度审视，21世纪以来围绕岛屿争端的博弈是各方塑造有利于己方区域结构，压制对方的战略举措。新的驱动因素为岛屿争端增加了大国竞争的现实意义，导致这些争端成为奥巴马政府强化对东北亚地区介入力度的抓手。

最后，在东北亚国家岛屿争端的历史与现实中美国都扮演了重要角色。

从历史的视角看，美国单方面占领日本并擅自划定军事占领分界线是东北亚岛屿争端缘起的直接原因。随着美国在东北亚战略目标由"削弱日本"转变为"遏制苏联"，杜鲁门政府刻意模糊美军占领分界线与日本海上边界的区别，纵容日本提出对争端岛屿的主权要求。从这个意义上讲，美国对东北亚岛屿争端产生具有不可推卸的历史责任。

从现实的视角看，"冷战"结束后美国不断强化美日同盟，为日本提供了与周边国家对抗的心理暗示。美、日两国在20世纪90年代重新定义了同盟关系，美日同盟成为两国介入朝鲜半岛、台湾海峡事务的进攻性同盟。美国的支持助长了日本成为"政治大国"野心，助推了日本对南千岛群岛、独岛、钓鱼岛的主权要求，对21世纪以来东北亚岛屿争端激化产生了不可忽视的负面作用。美国在东北亚岛屿争端历史、现实内涵中发挥的作用使它实际上介入了纠纷，引导着这些争端朝着服务自身利益的方向发展。

奥巴马政府首个任期适逢东北亚岛屿争端全面激化，美国曾多次就岛屿争端表明己方政策立场。其中，俄日岛屿纠纷在东北亚岛屿争端中爆发时间最早，牵扯领土面积最大，对抗涉及官员层级最高。奥巴马政府对俄日岛屿争端表态尤为谨慎，总体上沿袭了"冷战"时期美国的基本政策立场。在政治上美国政府采用"北方四岛"称呼南千岛群岛，支持日本对"北方四岛"的主权要求，鼓励日俄通过谈判解决争议；军事上美国以该地区不属日本行政管辖为由，认为"北方四岛"不适用于《美日安保协定》第五条款。① 显然，奥巴马政府在俄日岛屿争端中支持日本的基本出发点在于维系美日传统合作关系，但并不希望俄日争议持续激化，更无意为日本火中取栗。流于表面的"主权支持"显示在全球权力重心东移进程下，美国对日本的倚重虽有所上升，但在主权争议中对日本支持依然有限。

韩日岛屿争议在东北亚岛屿争端中影响最为广泛。该争议制约美日韩三边合作关系，间接影响朝韩、朝日关系。奥巴马政府对韩日岛屿争议政策立场尤为模糊。执政四年中美国国务院发言人、副国务卿提及独岛争议的记录只有3次。② 奥巴马政府总体政策立场是在政治上采用"利扬库尔礁岩"（Liancourt rocks）称呼独岛，对该岛主权归属不持政策立场，协调日韩在三边合作框架下控管争端；军事上绝口不提独岛在《美日安保协定》、《美韩共同防御协定》中的地位。可见，奥巴马政府吸取了小布什政府贸然处理独岛争端的教训，③

---

① 参见美国国务院副国务卿克劳利于2010年11月1日、2日的例行记者招待会记录。Daily Press Briefing, November 2, 2010, U.S. Department of States, http：//www. state. gov/r/pa/prs/dpb/2010/11/150252. htm。

② 具体日期分别为2011年8月2日、2012年9月10日、2012年9月20日。

③ 此处特指2008年美国国家地理命名委员会网站将独岛的主权归属由韩国所有修改为"未明确主权地区"，引起韩国抗议。小布什总统根据国家安全委员会的建议，从维护美韩战略合作关系出发，接受了韩国的抗议并将网页中独岛条目的主权归属恢复为韩国所有。参见 Katrin F. Katz："Undesignated Sovereignty", History and Aisa：policy insights and legal perspectives, November 2011, Center For Strategic and International Studies, http：//csis. org/publication/history-and-asia p – 33。

从避免影响与韩国、日本合作关系着眼，刻意制造"含混空间"规避同盟义务。奥巴马政府在独岛争议中"模糊政策立场"表明，美国"亚太再平衡战略"需要盟国的有力配合，已不能扮演"冷战"时期无视盟友诉求的仲裁者角色。

中日岛屿争端在东北亚岛屿争端中影响最为深远。它是中日战略竞争关系重要组成部分，其走向、结果关系到东北亚地区力量平衡。奥巴马政府对钓鱼岛争端表现出异乎寻常的关注，仅美国国务院各级官员提及钓鱼岛的谈话记录就有四十余次之多，且涉及官员层级更高。奥巴马政府对中日岛屿争端的总体政策立场包括：政治上以"尖阁列岛"（Senkaku islands）指代钓鱼岛及其附属岛屿，对该岛主权归属不持政策立场，敦促双方和平解决分歧；军事上重申钓鱼岛及其附属岛屿处于日本"行政管辖之下，适用于《美日安保协定》第五条款"。① 总体而言，奥巴马政府继承了以往美国政府倾向于日方的政策立场，但与前任政府着重强调美国对钓鱼岛主权不存政策立场相比，奥巴马政府对钓鱼岛争端介入着力强调美国对日本的军事义务，且表现形式更为高调，姿态更加积极，倾向性更趋明显。奥巴马政府在钓鱼岛争端中对日本的"高调支持"昭示，美国对东北亚岛屿争端的介入具有明确目的性，是巩固其在该地区优势的战略举措。

奥巴马政府介入东北亚岛屿争端的政策立场揭示美国并不是东北亚岛屿争端的"看客"，更不是被动的危机控管参与者，美国政策立场背后蕴藏着明确的战略构想。美国政府介入争端的政策立场差异影响着东北亚各国关系，引导着争端各方使用战略实力的方向。那么东北亚岛屿争端激化对奥巴马政府的区域安全战略产生了怎样影响？奥巴马政府在东北亚国家岛屿争端中的政策立场异同成为解答这一疑问的线索。

二 奥巴马政府对东北亚岛屿争端的政策立场比较

奥巴马政府执政以来对东北亚岛屿争端所持政策立场的差异性内容多于共

---

① 参见美国国务院发言人穆兰 2012 年 8 月 28 日例行记者招待会，Daily Press Briefing, August 28, 2012, http：//www. state. gov/r/pa/prs/dpb/2012/08/196986. htm#JAPAN。

同性内容。奥巴马政府的政策立场差异可以概括为"五个是否",即是否承担相应岛屿防御义务;是否配合争端方采取措施激化矛盾;是否采用含有倾向性的岛屿称呼;是否直接协调矛盾双方;是否承认相关岛礁的主权归属。奥巴马政府介入岛屿争端政策立场与政策的相同之处则可以被概括为"两个避免、两个支持",即避免谈及东北亚岛屿争端历史内涵;避免卷入争端双方执法、军事力量对峙;支持日本修正东北亚海上边界诉求;支持争端双方缓和危机的努力。总体而言,奥巴马政府政策政策立场差异内容更为明显,而共同性内容则较为隐蔽(见表1)。

表1 奥巴马政府在东北亚岛屿争端中政策立场比较

	南千岛群岛争端	独岛争端	钓鱼岛争端
采用称呼	"北方四岛"	利扬库尔礁岩	"尖阁列岛"
主权归属政策立场	日本	不持政策立场	不持政策立场
协调方式	支持双边谈判	三边框架内协调	三边框架协调未果后敦促双方谈判
是否承担军事义务	否	模糊	是
是否采取相应的军事威慑措施	否	否	是

奥巴马政府介入东北亚岛屿争端政策立场差异包括如下方面。

是否承担对相应岛屿军事义务是奥巴马政府对岛屿争端政策立场的核心差异。三大岛屿争端只有钓鱼岛处于美军保护范围之内。承担对钓鱼岛军事义务意味着美国保留了以战争手段干预中日岛屿纠纷的行动自由,并将凭借自身雄厚军事实力为日本对钓鱼岛的"非法占有"保驾护航。尽管当代国际关系中采用战争手段解决纷争的案例已不多见,但战争依然以其绝对性、暴力性特征成为各国表现战略决心,划定战略底线的重要手段。奥巴马政府对美国的军事责任的高调宣示"是迄今为止美国承担防护'尖阁列岛'义务最为明确的声明,提高了中、美在钓鱼岛发生正面军事对抗的可能性"。[①] 美国姿态调整表明其介入钓鱼岛争端的重点已经从控管中日危机转向巩固美日联盟。为此,奥巴马政府甚至不惜冒险与中国发生直接军事对抗,其捍卫联盟的战略决心可见

---

① Emma Chanlett-Avery, The U. S. -Japan Alliance, Congressional Research Service, January 18, 2011. p. 6. http：//fpc. state. gov/documents/organization/155561. pdf.

一斑。与之相比,独岛虽也处于美军保护范围,却因美国在韩日之间的"模糊政策立场"丧失了军事义务蕴涵的宣示意义。而美国拒绝承担对日本"北方四岛"的军事义务,实际上包含着约束日本以和平手段解决俄日岛屿争端的含义。因此,奥巴马政府是否承担对东北亚岛屿纠纷的军事义务是其宣示区域战略底线,拉拢日韩、分化中俄的重要途径。

是否配合争端方激化矛盾是奥巴马政府对岛屿争端政策立场的主要差异。其主要表现形式在于是否针对具体争端布置、实施相应的军事威慑措施,如军事演习、军事布防调整等。如果说承担军事义务的象征意义大于实际意义,那么军事演习、布防调整就是战略主体采用军事手段的非战争方式迫使对方就范的战略威慑行动。由于现今大国之间爆发直接军事冲突可能性已大为缩小,所以军事威慑比战争手段更具实际意义。更为重要的是奥巴马当局拥有决定是否采取激化矛盾措施的裁量权,可以灵活地选择介入争端的地点、时机。因此,是否配合争端方激化矛盾是判断奥巴马政府战略重心投入方向的重要指标。2010 年钓鱼岛争端激化以来,美日在冲绳周边的军事行动更趋频繁,军事演练项目针对性更加明确。与之相比,奥巴马政府未在南千岛群岛周边采取大规模军事威慑行动,这种克制与俄罗斯对日本全方位军事威慑形成鲜明反差。①此种反差说明奥巴马政府是否配合日本采取激化矛盾措施是其调节美日同盟战略资源投放方向,激化中日矛盾的重要砝码。

是否采用带有倾向性的岛屿名称是奥巴马政府对岛屿争端政策立场的基本差异。除独岛以外,美国官方对钓鱼岛、南千岛群岛均采用日方名称。而 20世纪 50 年代,美国官方为了支持日本对独岛的主权要求,也曾采用"竹岛"(Takeshima)称呼独岛。② 因此,采用何种名称并不是简单的语言习惯问题,

---

① 参见日本防卫省 2012 年 7 月发布的《防卫白皮书 2012》文摘部分,俄罗斯空军对日本列岛全境进行战略巡航,而中国方面对日本的战略巡航范围只限于琉球群岛周边地区。Japan Ministry of Defense: Defense of Japan 2012, Digest, Part Ⅲ, Measures for Defense of Japan, http://www. mod. go. jp/e/publ/ w_ paper/ pdf/2012/02_ Digest. pdf.

② Undated Memorandum by Mr. Robert A. Fearey of the office of Northeast Asia Affairs, in FRUS, October 26, 1950, FRUS volume Ⅵ, FOREIGN RELATIONS, 1950, http://digicoll. library. wisc. edu/cgi-bin/FRUS/FRUS idx? type = turn&id = FRUS. FRUS1950v06&entity = FRUS. FRUS1950v06. p1342&q1 = TAKESHIMA.

而是美国潜在倾向的体现。即使同样采用日方名称，美国对中日、俄日争议岛屿表述也存在着微妙差异。为了表示对钓鱼岛主权归属不持政策立场，美国官方文件除采用"尖阁列岛"称呼外，还以括号形式将钓鱼岛的中文名称补充进去。① 而在俄日岛屿争端中，美国回避使用更具中立色彩的南千岛群岛称呼，使用"北方四岛"的称呼表达对日本的主权支持。可见，采用日本对争端岛屿的名称隐含着美国倾向日方政策立场的信息，是美国调节对日本支持力度的有效手段，是其默许日本"主权声索"的变相表达。

是否直接参与纠纷协调是奥巴马政府对岛屿争端政策立场的一般差异。在奥巴马执政前，美国政府几乎从未表达过协调东北亚岛屿争端方的意愿。东北亚岛屿争端全面激化促使奥巴马政府考虑出面协调岛屿争端双方的可能性，这说明美国协调争端双方的初衷在于控管危机、避免局势失控，缺乏从根本上解决岛屿争端的动力。由于没有美国的支持，日本不具备与俄罗斯展开军事对峙的条件，奥巴马政府对协调俄日岛屿纠纷兴趣索然，主要注意力放在协调中日、韩日岛屿纠纷之上。为此，2010 年希拉里国务卿曾一度有意组织中、日就钓鱼岛争端展开对话，终因未获双方认同而告终。② 美国转而通过双边管道介入中日岛屿争端的危机控管。现阶段奥巴马政府正着力通过美日韩三边框架控制独岛争端，为日后协调其他争端积累必要经验。是否直接协调争端双方是美国防止岛屿纠纷引发局势失控，保持东北亚地区总体稳定的有益尝试。

是否承认岛礁主权归属是奥巴马政府对岛屿争端政策立场的边缘差异。尽管美国已经介入东北亚地区岛屿纠纷，但只在南千岛群岛争端中明确支持日本主权要求。主权作为"一定领土范围内出现的一种集中的权力……高于该领土范围内的其他力量"。③ 主权的排他性、让渡的不可逆性导致任何国家都无法轻易放弃领土主权，同时谨慎处理其他国家之间的主权纠纷。虽然与日本的联盟关系是美国建构东北亚霸权的基础，奥巴马当局依然慎重对待这些纠纷岛

---

① 或采用"钓鱼岛"称呼钓鱼岛。

② 参见希拉里国务卿于 2010 年访问越南的讲话，U. S. Department of State：Remarks With Vietnamese Foreign Minister Pham Gia Khiem，http:// www. state. gov/secretary/rm /2010/10/ 150189. htm。

③ 汉斯·摩根索：《国家间政治：权力斗争与和平》，北京大学出版社，2006，第 342 页。

屿的主权归属问题。承认日本对这些岛屿拥有主权不仅意味着美国被日方政策立场绑架，丧失灵活处置危机的弹性空间，更意味着美国与中国、韩国这些新兴国家的关系将突生波澜。同样，即使承袭前任政府政策立场支持日本对"北方四岛"的主权诉求，奥巴马当局也尽量选择低调的方式表达这一政策立场。美国政府是否承认岛礁主权归属政策立场差异的实在意义已被淡化。

奥巴马政府介入东北亚岛屿争端政策立场共同点包括如下。

避免谈及东北亚岛屿争端历史内涵是奥巴马政府区别对待三大岛屿争端的基本前提。美国是战后国际秩序的缔造者之一，是《开罗宣言》《波茨坦公报》直接参与方，负有维护大战成果的历史责任。而构建东北亚地区霸权秩序的现实需求，又要求美国必须主导美日联盟，维持对中国、俄罗斯的优势。否认东北亚岛屿争端历史内涵将颠覆美国对日本的领导地位；而承认历史内涵又会使美国无法采用不同政策立场区隔各个争端，丧失灵活介入争端的弹性空间。所以，避免谈及东北亚岛屿争端成为奥巴马政府在两难困境之下的次优选择。回避历史内涵实质上是美国回避岛屿争端中历史责任的战略措施。

避免卷入争端双方执法、军事力量对峙是奥巴马政府防止岛屿争端影响美国与中、俄、韩关系的重要措施。现阶段日本在使用海上力量介入与韩国、俄罗斯的岛屿纠纷问题上相对谨慎，主要注意力放在集中海上执法力量维持对钓鱼岛的"非法占有"。近期已经出现中日军事力量介入钓鱼岛海域对峙的趋势，但这种趋势能否长期保持尚有待观察。卷入日本与周边邻国的执法、军事对峙意味着美国军事力量取代日本海上保安厅、自卫队成为对峙主角。此举不仅会导致争端的军事对抗意味更为浓重，更会严重损害中美之间业已脆弱的战略互信。因此，奥巴马政府迄今在参与中日海上力量对峙问题上相对克制。避免卷入争端双方对峙是美国防止岛屿纠纷对自身与新兴国家关系造成负面影响的"防波堤"。

支持日本修正东北亚海上边界诉求是奥巴马政府充当东北亚"离岸平衡手"的历史遗产。即使日本学者也承认"尖阁问题、竹岛问题和北方领土问题同根同源，均源于美国"冷战"格局下的亚洲战略。通过在日本和其可能加入反美阵营的邻国之间留下领土问题，美国建立了可一直在日本拥有立足点的格局"。① 随着中国、俄罗斯战略实力的快速积累，奥巴马政府迫切需要日本加大对两国战略的牵制力度，岛屿争端就成为激化日本与中、俄矛盾的关键节点。即使在韩国实际占有独岛情况下，奥巴马政府仍然采用利扬库尔礁岩这种中立的岛屿名称，并争取在三边框架下协调岛屿争端，实则有利于日方凸显"独岛地区存在主权争议"。支持日本修正东北亚海上边界的诉求是美国笼络日本，制衡中、俄的重要筹码。

支持争端双方缓和危机努力是奥巴马政府缓解岛屿争端对区域稳定威胁的必要姿态。东北亚地区爆发全面军事冲突与美国的国家利益相悖，不利于奥巴马政府借助东北亚地区的经济繁荣修复国内经济基础的努力。东北亚岛屿纠纷双方缓和危机的努力可以为危机升级设置"瓶颈"，减少了美国外交压力，成为奥巴马政府保障东北亚地区总体稳定的辅助措施。

总之，奥巴马政府对东北亚岛屿争端政策立场差异是新时期美国利用岛屿纠纷区隔东北亚各国的战略行为。通过划定战略底线；引导日本对外战略方向；调节对日本的支持力度；协调纠纷双方凸显美国在东北亚的前沿存在，实现规制中国、排挤俄罗斯、拉住韩国、笼络日本的多重战略构想。奥巴马政府政策立场的共同之处则是美国操弄争端、控管争端的思想内核，从而令争端服务美国维持东北亚"冷战"框架，巩固美国优势地位的战略目的。

三　东北亚岛屿争端对奥巴马政府区域战略的多维影响

东北亚岛屿纠纷是战后美国遗留在该地区的安全隐患，是"冷战"时期美国影响域内各国关系的节点。这些岛屿争端在 21 世纪对美国的区域安全战略仍有重要战略价值。对美国而言，东北亚岛屿争端激化既有巩固同盟体系；区隔新旧两大伙伴系统；限制中国影响力的正面功能，也有协调各国矛盾，控管危机难度提高的负面作用。奥巴马政府总体上更多地将岛屿纠纷视为实现规制中国、排挤俄罗斯、拉住韩国、笼络日本的战略构想的机遇，对控管危机、

---

① 新华网：日本《朝日新闻》10 月 8 日文章题：《美国所谓"中立"的背后打算》，2012 年 10 月 10 日，http：//news. xinhuanet. com/mil/2012 – 10/10/c_ 123802525. htm。

协调各国关系投入力量不足。因此，如何控管岛屿争端的持续升级将会是奥巴马政府第二任期东北亚地区战略的重要课题。

东北亚岛屿争端激化对奥巴马政府东北亚安全战略的有利影响如下。

首先，岛屿争端激化有利于奥巴马政府夯实与东北亚盟国的政治合作基础。"制衡威胁"是战略行为体选择加入联盟的主观动机。美国与日本、韩国联盟是建立于"冷战"时期的政治、军事同盟。"冷战"终结后，中俄已经不再对日本、韩国构成意识形态威胁，美日、美韩同盟向单一军事同盟方向发展。奥巴马政府片面强调东北亚岛屿争端现实内涵，引导日本、韩国重新定位政治联盟关系，强调"中国不断扩大核心利益的范畴，尖阁列岛也成为它的新兴利益……（美日）联盟对中国的战略应采取接触与防御并重之策，应对中国选择使用力量的不确定性"。① 进而，以美日联盟合作带动美韩合作，共同塑造"有利于应对中国崛起的地区环境"。东北亚岛屿争端激化有助于美国渲染地区紧张局势，将美日、美韩单纯军事联盟转变为域内既得利益国家抵御新兴大国崛起带来不确定性的政治、军事联盟。东北亚岛屿争端激化成为奥巴马政府拓宽域内盟友的合作领域，扭转联盟弱化趋势的战略支点。

其次，岛屿争端激化有利于奥巴马政府引导日本战略资源投放方向。东北亚岛屿争端均匀地分布于日本的东北、西部、西南方向。在战略层面，岛屿争端全面激化使日本在地区内处于孤立的境地，日本迫切需要来自美方的支持，从而加大了自身对美国的战略依赖。在战术层面，驻日美军与日本自卫队在情报共享、预警、侦查资源高度融合，没有美国的支持日本自卫队很难采取大规模军事行动，日本实则处在被动等待美国支援的不利地位。奥巴马政府东北亚安全战略侧重于借助中日战略竞争关系，消化中国崛起对美国区域霸权秩序建构的冲击。因此，美国全力推动日本向西南方向投入战略资源，无视俄罗斯、韩国在岛屿争端中占据主动地位的事实，一味破坏中日既有的战略默契。日本投入战略资源方向与其在岛屿争端中攻守方向的错位是美国对日本优势的体现。东北亚岛屿争端激化成为美国胁迫日本服从自身霸权，增强对美日联盟控

① Richard L. Armitage and Joseph S. Nye, The U. S. -Japan Alliance, Anchoring Stability in Asia, 9, Center For Strategic International Studies, p. 9.

制力度的战略资本。

再次，岛屿争端激化有利于奥巴马政府区隔东北亚新旧两大伙伴体系。为了解决自身国际公共产品供给不足的问题，奥巴马政府着力构建二元性战略伙伴系统，以新兴伙伴关系解决经济问题；维持传统盟国关系，配合其全球安全战略。① 从而在借力新兴大国的同时维持美国的优势地位。然而这种战略构想的前提在于，新兴大国与美国的传统盟友之间存在着无法调和的嫌隙，缺乏自行组织解决国际问题的能力。中国、日本分别是美国新、旧两大伙伴关系的代表，东北亚岛屿争端激化冲垮了东亚共同体的构想，令中日韩自行构筑域内合作框架应对经济危机的倡议成为空想，令美国尽收反客为主之效。东北亚岛屿争端激化成为奥巴马政府强化自身优势，打进新、旧两大伙伴体系之间的战略"楔子"。

最后，岛屿争端激化有利于奥巴马政府渲染中国向海洋发展的"威胁"。中国本身并不是东北亚岛屿争端焦点，而是争端激化的受害方。然而，美国通过淡化俄日纠纷，模糊韩日争议，凸显了钓鱼岛争端，并将该争端与内涵截然不同南海争端混为一谈。这些举动意在烘托所谓"中国在海上纠纷中咄咄逼人"的紧张气氛，增加周边各国对中国的不信任感，为美国鼓动盟友分担安全责任，配合"太平洋支轴"战略营造有利氛围。奥巴马政府对东北亚岛屿争端采取分而治之策略导致俄日、韩日岛屿争端呈现缓和之状，而中日岛屿纠纷却始终无法走出困局，从而诱使各国将争端激化归罪于中国维权行动。岛屿争端激化成为奥巴马政府提供了扮演地区安全维护者，宣扬美利坚治下和平（Pax America）的战略舞台。

东北亚岛屿争端激化对奥巴马政府东北亚安全战略的不利影响如下。

第一，东北亚岛屿争端激化威胁到该地区的稳定，影响美国经济的复苏进程。借助东北亚经济的增长促使本国摆脱经济困境是奥巴马政府当前对东北亚战略的重要课题。而东北亚地区的基本稳定是保持该地区经济增长的基础。因此，坎贝尔副国务卿在国会听证会上强调"东北亚地区经济总量占到了全球经济总量的1/5，如果这些紧张因素（岛屿争端）得不到有效控制，将会危及

---

① 参见杨剑《美国二元战略系统的构建与调试》，《现代国际关系》2011年第10期。

全球经济复苏的根基"。① 东北亚三大岛屿争端同时激化在历史上尚属首次，其对地区内安全局势的负面影响不容小视。如何避免争端无限制扩大是考验奥巴马政府的重大战略课题。

第二，东北亚岛屿争端激化破坏了韩日合作进程，波及美国多边联盟的框架的构建。从美国角度审视，美韩讨论难点在于韩方指出韩国利益要求同盟必须是全方位的，韩国似乎将日本更多地视为如其他国家一样的威胁。部分韩方人员甚至认为"美国应当在独岛所有权纠纷中支持首尔政策立场"。② 韩日关系是美国东北亚联盟体系的短板，独岛争端使韩国无法将日本作为完全意义的盟国，2012 年 7 月美国极力推动的韩日军事情报保护协定最终搁浅正是两国芥蒂的表现。一个月后因李明博总统访问独岛韩日岛屿争端再度激化。岛屿争端的周期性激化干扰了美国推动联盟走向多边化的进程。如何控制独岛争端的"负面作用"是奥巴马政府最为棘手的外交难题。

第三，东北亚岛屿争端加剧了各国对美国角色的怀疑，动摇了各国对美国的信任关系。奥巴马政府对岛屿争端采取不同政策立场本质是一种游走于巩固联盟与控管危机之间的单方行为，这种似是而非的政策立场固然有利于美国国家利益，却不能满足日本或周边各国对美国的要求。日本政府对美国不断施加压力要求日方不要在独岛纠纷中采取强硬政策立场，以及美国在"北方四岛"问题上无为的失望溢于言表。部分有识之士直斥岛屿纠纷是美国遗留在日本与周边国家之间服务自身战略利益的"冰块"。③ 而中、俄也没有因为美国政府的区别对待而放弃对美国角色的质疑，将日本的挑衅行为与奥巴马政府倚重日本的亚太战略相联系。即使韩国也把美国避而不谈岛屿争端的历史内涵，"模糊"处理独岛争端视为奥巴马政府对日本的偏袒之举。如何回应争端双方对自身角色的质疑是奥巴马政府协调各国前必须回答的主要问题。

由此可见，东北亚岛屿争端激化既是奥巴马政府推进区域安全战略的机

---

① 参见美国副国务卿坎贝尔于 20112 年 9 月 20 日的听证会，Maritime Territorial Dispute and Sovereignty Issues in Asia, http：//www. state. gov/p/eap/rls/rm/2012/09/197982. htm。

② Brad Glosserman, Sun Namkung：U. S. -ROK Relations：Searching for a Vision, August 2006, http：//csis. org/files/media/csis/pubs/issuesinsights_ v06n13. pdf.

③ 人民网：《日本媒体称钓鱼岛争端是美国亚洲战略的产物》，2012 年 10 月 9 日，http：//world. people. com. cn/BIG5/n/2012/1009/c157278－19206367. html。

遇，又为其带来了挑战。从美国介入争端政策立场异同审视，奥巴马政府更加侧重于利用介入岛屿争端的政策立场差异为其实现区域战略鸣锣开道，对控管岛屿危机带来的挑战重视不足。随着岛屿争端的持续升级，美国已经部分实现了战略构想，而争端对其区域战略产出的红利日渐萎缩，未来岛屿争端对美国区域战略的挑战性将更为突出。控管东北亚岛屿争端将有可能成为奥巴马政府第二任期在该地区战略的重要内容。

中国是东北亚岛屿争端中的当事国，是岛屿争端的受害者。奥巴马政府在钓鱼岛争端中袒护日本的政策立场严重损害了中美关系，中国应从多方面反制其区别对待东北亚岛屿争端战略。在方式上中国应采取迂回战术，通过对周边国家的影响并保持与日本的正面博弈，淡化美国介入东北亚争端的负面作用，避免陷入与奥巴马政府见招拆招的被动境地。因此，中国应在下一阶段着重在捍卫战后国际秩序的高度上，巩固中国、俄罗斯、韩国在岛屿争端的共识、默契；在岛屿争端的历史内涵深度上，区别东北亚地区岛屿争端与其他岛屿争端；在东北亚地区经济整合大局上，防止岛屿争端干扰中日韩自由贸易协定研究工作；在美国介入钓鱼岛争端的现实基础上，坚持以凸显争议为中国长期斗争目标，保持对争议海域执法常态化，在动用军事力量方面避免跟随日方步调起舞；借鉴香格里拉等宏观区域对话机制经验，适时构建由非官方组织操办的东北亚地区海上安全对话机制，抢占区域话语权。

结　论

东北亚岛屿争端的激化具有共同的历史内涵、现实内涵。岛屿争端的激化为奥巴马政府推进区域战略提供了难得的机遇。美国当局着重通过采取不同的介入政策立场引导争端朝不同的方向发展，实现规制中国、排挤俄罗斯、拉住韩国、笼络日本的战略构想。然而东北亚岛屿争端的持续激化导致奥巴马政府也面临着如地区安全形势不稳；协调盟友难度提高；各国对美国角色质疑的多方挑战。随着纠纷对美国巩固地区优势的正面影响作用消减，控制岛屿争端的负面影响将成为奥巴马政府第二任期的重要使命。

Ｙ.13

美国亚太"再平衡"战略对中日
钓鱼岛争端的影响

孙国强　黄凤志*

摘　要：

　　近年来，全球金融危机的幽灵在欧美日国家徘徊，亚太地区新兴国家的崛起与之形成鲜明对比，美国全球战略的重点开始转向亚太，奥巴马政府亚太"再平衡"战略应运而生。中日钓鱼岛争端的升级，则为美国亚太"再平衡"战略提供了一个有利的切入点。美国在钓鱼岛危机的不同阶段分别扮演了助推者和斡旋者角色，展现了其政策的灵活性。其实质是要在钓鱼岛争端中扮演操控者，使中日关系陷入纠纷，但又不允许这种纠纷爆发为军事冲突，从而达到牵制日本的离心倾向、防范遏制中国、阻滞东北亚区域合作进程、维护美国在亚太地区领导地位的战略目的。美国的亚太再平衡战略助推了东北亚地区形势的紧张状态，在一定程度上凸显了其亚太再平衡战略的失衡效应。

关键词：

　　美国　亚太再平衡战略　钓鱼岛争端　中国崛起

　　21世纪第二个十年伊始，东北亚地缘政治结构正在发生巨大变化，日、韩、中三国相继崛起，俄罗斯正在复兴，特别是中国以非西方体制模式崛起，改变了东北亚、东亚、亚太乃至全球的大国力量对比关系，导致美国全球战略重心东移，推行亚太再平衡战略，中日关系也在中国崛起和美国强化美日同盟

---

* 孙国强，吉林大学行政学院国际政治系博士研究生；黄凤志，吉林大学行政学院国际政治系主任，教授、博导。

关系的背景下发生重大变化。2012 年日本政府将钓鱼岛进行所谓"国有化"后，中日在钓鱼岛的争端不断升级，两国关系从过去"政冷经热"发展为"政冷经凉"。本报告拟从中日钓鱼岛争端对美国亚太再平衡战略的价值、亚太再平衡战略背景下美国在中日钓鱼岛争端中的角色及美国介入中日钓鱼岛争端的政策效用评估等三个方面，探讨美国的亚太再平衡战略对中日钓鱼岛争端的影响。

一　中日钓鱼岛争端对美国亚太"再平衡"战略的价值

近年来，东北亚乃至亚太地区地缘政治格局正在发生新的变化，新兴国家崛起、东亚国家间海权争端迭起和美国全球战略重心东移。其中，中国崛起、美国重返亚太推行"再平衡"战略和中日钓鱼岛争端的升级问题令举世瞩目。从美国亚太"再平衡"战略的视角看中日钓鱼岛争端，具有重要理论与现实意义。

（一）东北亚地区形势的新变化与美国亚太再平衡战略

当前东北亚地区形势突出表现为四个特点。

首先，中国的经济崛起，成为日韩等国重要贸易进出口国。2012 年，中国的国内生产总值达到 519322 亿元人民币，约合 8.34 万亿元美元。[①] 2012 年，中国外贸进出口总值 38667.6 亿美元，比上年增长 6.2%。其中出口 20498.3 亿美元，增长 7.9%；进口 18178.3 亿美元，增长 4.3%；贸易顺差 2311 亿美元，扩大 48.1%。[②] 随着经济实力的增强，中国的影响力也在稳步提升。2009 年日本对中国出口达 102391 亿日元，自"二战"结束以来，中国首次超过美国成为日本第一大出口对象国。[③] 2011 年，韩国对华出口总额达

---

① 中华人民共和国国家统计局：《2012 年国内生产总值（GDP）初步核算情况》，http://www. stats. gov. cn/tjfx/jdfx/t20130119_ 402867380. htm（上网时间，2013 年 1 月 20 日）。

② 中国海关：《2012 年中国外贸进出口 38667.6 亿美元 增长 6.2%》，新华网，http://news. xinhuanet. com/fortune/2013 – 01/10/c_ 124212689. htm（上网时间，2013 年 1 月 12 日）。

③ 中华人民共和国商务部：《2009 年日本对华出口首超对美出口》，http://www. mofcom. gov. cn/ aarticle /i/jyjl/m/201001/20100106764967. html（上网时间，2012 年 11 月 5 日）。

1298.1 亿美元，中国继续保持韩国第一大贸易伙伴国、出口对象国以及进口来源国地位。[①] 2012 年，中国香港取代了日本，成为内地的第四大贸易伙伴。日本作为我国第五大贸易伙伴，中日双边贸易总值为 3294.5 亿美元，下降了 3.9%，占我外贸总值的 8.5%。[②]

其次，日本民主党执政 3 年中日关系严重恶化，以钓鱼岛争端为标志的领海主权争端是主要原因。2009 年日本民主党首次登上执政舞台，鸠山首相采取了构建"紧密而对等的日美同盟关系"和"东亚共同体"等一系列外交变革措施，日本对美国的离心倾向增强，美日同盟出现潜在裂痕。正如新美国安全中心所指出的：安全方面，美日在如何处理中国的军事现代化、驻日美军的持续性、力量部署、责任分配和前沿基地迁移等方面存在分歧。经济方面，美日的分歧主要体现在如何与新兴国家合作，如何构建一个统一的地区贸易机制。[③] 美国通过巧实力外交，利用中日钓鱼岛争端和中国崛起产生的东北亚地缘政治环境变化，扭转了日本民主党政府的离美倾向，在强化美日同盟的同时，加剧了中日关系紧张；另外，美国利用朝鲜半岛紧张局势，强化了美韩同盟；利用南中国海紧张局势，不仅强化了与菲律宾、泰国和澳大利亚的同盟关系，而且深化了与越南、印度、印度尼西亚等国的伙伴关系。

再次，东亚地区特别是中、日、韩三国经济金融合作迅速发展。2008 年 12 月 13 日，中、日、韩三国领导人首次在"东盟—中日韩"框架外举行会议，中日韩三边合作进程开始提速。2012 年 5 月 29 日中国外汇交易中心发展人民币对日元直接交易。[④] 2012 年 11 月 20 日中日韩自贸区谈判启动。如果中、日、韩三国能够最终缔结自贸协定，将形成一个涵盖 15 亿人口，14.3 万

① 中华人民共和国商务部：《韩方统计 2011 年中韩贸易额为 2139 亿美元》，http：//www. mofcom. gov. cn/aarticle/i/jyjl/j/201201/20120107915095. html（上网时间，2012 年 11 月 5 日）。

② 中国海关：《2012 年中国外贸进出口 38667.6 亿美元 增长 6.2%》，新华网，http：//news. xinhuanet. com/fortune/2013 – 01/10/c_ 124212689. htm（上网时间，2013 年 1 月 12 日）。

③ Patrick M. Cronin, Paul S. Giarra, Zachary M. Hosford and Daniel Katz, "The China Challenge Military, Economic and Energy Choices Facing the U. S. -Japan Alliance", Center For New American Security, April 2012, http：//www. cnas. org/files/documents/publications/CNAS_ TheChinaChallenge_ Cronin_ 0. pdf（上网时间，2012 年 11 月 9 日）。

④ 《中国将开展人民币对日元直接交易》，新华网，2012 年 5 月 29 日，http：//news. xinhuanet. com/fortune/2012 – 05/29/c_ 112053972. htm（上网时间，2012 年 11 月 8 日）。

亿美元国民生产总值、近 7 千亿美元贸易量的自贸区①。其规模可以匹敌北美自贸区和欧盟自贸区。

最后，美国全球战略重心东移推行亚太再平衡战略。美国总统奥巴马在上任之初即确定了将美国的战略重心转向亚太。他在首次亚洲之行中，明确宣布：美国是一个太平洋国家，其将在总统任期内深化对这一地区的参与。②国务卿希拉里首次正式出访即来到亚洲，并公开撰文谈美国的太平洋世纪，指出"未来的政治将决定于亚洲，美国将置身于行动的中心"③。国防部长帕内塔在香格里拉安全对话上，用"亚太再平衡"概括了美国对亚太地区的新防御战略。到 2020 年，美国要将其海军力量的 60% 部署在太平洋。④平衡中国在亚太地区的影响是奥巴马政府亚太再平衡战略的首要目的。美国认为："中国作为地区强权的崛起将会从各个方面影响美国的经济和安全利益。"⑤ 美国将强化双边安全联盟视为"关键的行动方针"。希拉里指出："联盟是我们转向亚太战略的支点，与日本的联盟是该地区和平与稳定的基石。"⑥ 针对东亚地区的经济合作，美国大力推行 TPP（跨太平洋伙伴关系协定）战略，争夺地区经济合作的主导权，力图打造以美国为主导的地区合作进程。

---

① 刘江永：《中日韩合作又添新活力》，《人民日报海外版》，2012 年 5 月 14 日第 1 版，http：// paper. people. com. cn/rmrbhwb/html/2012－05/14/content_ 1050248. htm（上网时间，2012 年 11 月 8 日）。

② U. S. Department of Defense，"Remarks by President Barack Obama and Prime Minister Yukio Hatoyama of Japan in Joint Press Conference"，http：//www. whitehouse. gov/the-press-office/ remarks-president-barack-obama-and-prime-minister-yukio-hatoyama-japan-joint-press（上 网 时 间，2012 年 11 月 10 日）。

③ Hillary Rodham Clinton，"America's Pacific Century"，Foreign Policy Magazine，October 11，2011，http：//www. state. gov/secretary/rm/2011/10/175215. htm（上网时间，2012 年 11 月 10 日）。

④ Leon E. Panetta，"Shangri-La Security Dialogue"，Shangri-La Hotel，Singapore，June02，2012，http：//www. defense. gov/speeches/speech. aspx? speechid = 1681（上网时间，2012 年 11 月 11 日）。

⑤ "Sustaining U. S. Global Leadership：Priorities For 21 CenturyDefense"，January2012，http：// www. defense. gov/news/Defense_ Strategic_ Guidance. pdf（上网时间，2012 年 11 月 12 日）。

⑥ Hillary Rodham Clinton，"America's Pacific Century"，Foreign Policy Magazine，October 11，2011，http：//www. state. gov/secretary/rm/2011/10/175215. htm（上网时间，2012 年 11 月 10 日）。

（二）中日钓鱼岛争端与美日同盟的再强化

美国实施亚太再平衡战略的一个重要目的就是将日本作为其在东亚的战略基点，利用日本的经济和军事实力，服务美国在东亚地区军力配置的重新调整，巩固美国在亚太地区的领导权，并以此牵制日本的离心倾向。而中日钓鱼岛争端则为出现潜在裂痕的美日同盟注入了一支强心剂，随着中日钓鱼岛争端升级，日本对美国的倚重不断增强，美国亦通过对日本的支持拉拢日本，美日同盟在军事和经济两个层面都得到再次强化。

首先，针对钓鱼岛危机带来的地区紧张局势，美日双方联合举行了一系列军事演习，以强化彼此团结、威慑中国。2010 年 12 月 3 日，美日双方举行了代号为"利剑"的史上最大规模军演，其中日本自卫队在美军支援下"夺回"西南诸岛（包括钓鱼岛）的训练科目尤其引人注目。2012 年 8 月 21 日，美日首度实施防卫岛屿演习。"夺岛"成为美日军演重要课目，日本防卫省官员称，"实施上此次演练是假想钓鱼岛'受到中国军队侵攻'时，日方将如何夺岛的情况"。[①] 在钓鱼岛局势日益紧迫的情况下，日美执意于 2012 年 11 月 5～16 日，在日本周边海域和空域举行大规模军演。

其次，钓鱼岛危机为美国推进其驻日本的军事部署调整提供了有利条件。由于日本民众的强烈反对，普天间机场搬迁和部署鱼鹰战机问题成为美驻日军事部署调整的两个绊脚石。钓鱼岛危机升级后，在普天间基地搬迁问题上，日本政府向美国妥协，日美两国政府层面的矛盾逐步化解。日本政府还积极寻求化解冲绳地方的阻力，野田首相专程赴冲绳就普天间机场搬迁至名护市边野古的方案谋求冲绳县政府理解，表示"日美两国政府确认这是唯一有效的方案，正在推进相关工作"。[②] 在鱼鹰战机部署问题上，美国利用日本需要美国撑腰的心态，积极游说日本部署鱼鹰战机。美国国防部长帕内塔在访问日本时强调，"鱼鹰对日本的防卫很重要，能够更好地帮助美日同盟完成

① 《美日将举行首次护岛军演 模拟'攻夺'钓鱼岛》，环球网，2012 年 8 月 18 日，http：//mil. huanqiu. com/world/2012 -08/3038795. html（上网时间，2012 年 11 月 13 日）。

② 《野田佳彦会晤冲绳县知事 未能就普天间问题达成共识》，人民网，2012 年 2 月 27 日，http：//world. people. com. cn/GB/17230279. html（上网时间，2012 年 11 月 13 日）。

关键任务。"① 日本政府也在部署鱼鹰战机的态度上发生了转变。2012 年 9 月 18 日，野田首相对旨在实现鱼鹰战机在日本国内运用的安全确保措施表示同意，② 扫清了该机在日本部署、训练、使用的最后障碍。19 日，"日美联合委员会"就"鱼鹰"在日本投入使用后的安全对策达成一致。③ 10 月 6 日，美军 12 架鱼鹰战机在冲绳部署完毕。④

再次，中日关系因钓鱼岛危机陷入僵局后，日本国内关于是否加入美国主导的 TPP 的争论迅速升温，而东亚共同体构想已很少再提。2011 年 11 月 1 日，日本首相助理长岛昭久发表演讲，呼吁日本有必要从抗衡中国这一外交战略角度加入跨太平洋战略经济伙伴关系协定（TPP）谈判。⑤ 十天后，日本首相野田佳彦正式宣布，日本决定加入 TPP 谈判。⑥ 虽然野田首相在强调加入 TPP 的意义时，并未提到针对中国。但正如《读卖新闻》指出的，"加入 TPP 还可以深化日美同盟，牵制在经济和军事方面影响力与日俱增的中国这一点也非常重要"。⑦ 因此，钓鱼岛危机无疑推动了日本向 TPP 靠拢。日本希望通过加入 TPP，配合美国牵制中国在东亚发挥影响力的战略布局，以增加抗衡中国的砝码。

（三）中日钓鱼岛争端与美国对中国的防范遏制

首先，钓鱼岛介于琉球群岛、中国大陆及台湾省之间，它所处的位置对美

---

① U. S. Department of State, "Joint Press Conference with Secretary Panetta and Japanese Minister of Defense Morimoto from Tokyo", Japan, September 17, 2012 http：//www. defense. gov/transcripts/ transcript. aspx? transcriptid = 5114.

② 《日首相同意"鱼鹰"运输机安全确保措施》，日本共同社，2012 年 9 月 18 日，http：// china. kyodonews. jp/news/2012/09/37783. html（上网时间，2012 年 11 月 13 日）。

③ 《日美联合委员会就"鱼鹰"的安全对策达成一致》，日本共同社，2012 年 9 月 19 日，http：//china. kyodonews. jp/news/2012/09/37835. html（上网时间，2012 年 11 月 13 日）。

④ 《美军 12 架"鱼鹰"在冲绳全部部署完毕》，日本共同社，2012 年 10 月 6 日，http：// china. kyodonews. jp/news/2012/10/38964. html（上网时间，2012 年 11 月 13 日）。

⑤ 《日首相助理长岛昭久公然呼吁抗衡中国》，人民网，2011 年 11 月 1 日，http：// world. people. com. cn/GB/1029/42354/16100790. html（上网时间，2012 年 11 月 14 日）。

⑥ 《野田佳彦抗重压宣布日本加入 TPP 谈判》，中国新闻网，2011 年 11 月 12 日，http：// www. chinanews. com/gj/2011/11 - 12/3455575. shtml（上网时间，2012 年 11 月 14 日）。

⑦ 《加入 TPP，下决心"开放国门"有益于日本》，读卖新闻社论，2011 年 11 月 12 日。

国防范遏制中国具有重要的军事价值。日本的九州岛、琉球群岛，和台湾岛、菲律宾群岛构成了美国遏制中国的"第一岛链"，是美国防范中国走向海洋的重要战略屏障。有人曾将其形象地喻为"一条从东海游向南中国海的大鳄……而钓鱼岛则是颈椎部分"①。对美国而言，失去这一环节无疑是在链条上打开了一个缺口。尤其需注意的是，钓鱼岛处于中国大陆与日本冲绳之中，东西各相距200海里，而冲绳是美军西太平洋军事"岛屿链"的中心环节之一。因此，钓鱼岛所处的前沿位置可对中国东南沿海方向构成威胁。另外，宫古海峡是中国从东海进入太平洋的一条重要海上航道，而钓鱼岛就在这条海峡的附近。对此，有学者指出："钓鱼岛是中国能否拥有顺畅进出大洋的关键水道的战略性问题。如果钓鱼岛被日本军事化，不仅中国海军的纵深会被压缩，而且舰队进出大洋也容易遭到南北夹击。"②

其次，中日钓鱼岛争端的不断激化，使美国针对中国的军事部署出现了新的动态。2012年7月24日，美国国防部发言人利特尔宣布："国防部长帕内塔已经批准在日本嘉手纳空军基地部署一个中队的F-22'猛禽'战斗机。"③2012年8月1日，美国副国防部长卡特提道："国防部正在关岛投资，将其打造成西太平洋的战略中枢。部署BAMS系统，提高搜集情报、监测和侦察的范围和能力。"④8月3日，帕内塔在与到访的日本防卫大臣森本敏会谈后提到："两国政府讨论了就部署在关岛上的无人侦察机加强合作的事宜"⑤，加强对日本附近海域的侦察活动。截至10月6日，美国已向冲绳基地部署12架"鱼鹰"战机，美国强调，"此次部署针对的是不断增强军备的中国，有助于抗衡

① 张文木：《变动中的世界政治与日本问题》，《中国软科学》2006年第5期。
② 孙兴杰：《钓鱼岛、宫古海峡与中国海权》，《南风窗》2012年第10期。
③ Pentagon Press Secretary George Little, "DOD News Briefing with George Little from the Pentagon" July 24, 2012, http://www.defense.gov/transcripts/transcript.aspx? transcriptid = 5085（上网时间，2012年11月15日）。
④ Deputy Secretary of Defense Ashton B. Carter, "The U. S. Strategic Rebalance to Asia: A Defense Perspective", New York City, August 01, 2012, http://www.defense.gov/speeches/speech.aspx? speechid =1715（上网时间，2012年11月16日）。
⑤ U. S. Department of Defense, "Joint Press Conference with Secretary Panetta and Japanese Minister of Defense Morimoto from the Pentagon", August 03, 2012, http://www.defense.gov/transcripts/transcript.aspx? transcriptid =5097（上网时间，2012年11月16日）。

海洋活动日趋活跃的中国"。①

再次，美国欲借中日钓鱼岛争端，在人民币汇率等问题上向中国施压，维护美元霸权。2008 年美国爆发金融危机以来，经济复苏乏力。美国认为中美贸易不平衡阻碍了其经济回升。特别是伴随着美国的中期选举和总统大选，美国对人民币汇率的指责又甚嚣尘上。美国为此在政治上采取了一系列措施逼迫人民币升值，包括领导人频繁表态，强调人民币被严重低估，应该大幅升值；美国国会于 2011 年 10 月通过"美国人民币汇率法案"，以立法方式对中国施加压力；通过插手南海问题等中国周边事务，对中国形成重压之势，力图使我国在人民币汇率问题上让步。而中日钓鱼岛争端也成为美国就汇率问题向中国施压的一步重要棋子。

二　亚太再平衡战略背景下美国在中日钓鱼岛争端中的角色

综观中日撞船事件以来，美国在中日钓鱼岛争端中的做法，可以发现美国的政策具有很强的灵活性，其在危机发生发展的不同阶段分别扮演了助推者和斡旋者角色。而其实质是要在钓鱼岛争端中扮演操控者角色，使中日关系陷入纠纷，以便于美国插手东亚事务，落实亚太再平衡战略，但美国不会允许中、日两国之间的紧张升级为重大的军事冲突。

（一）助推者：美国与中日钓鱼岛争端的再次爆发

首先，美国亚太再平衡战略是导致日本在中日钓鱼岛争端中做出误判的一个重要因素。2009 年 11 月 14 日，美国总统奥巴马在其亚洲之行的首站日本东京发表演讲，明确表示："作为美国首位心系太平洋的总统，我向你们承诺，这个太平洋国家将增强并持续保持我们在世界这一极其重要地区的主导地位……我们在亚太地区进行努力的过程中，与日本的友谊将永远处于中心

---

① 《"鱼鹰"抵日将使美陆战队抗衡中国实力大增》，环球网，2012 年 7 月 23 日，http：// mil. huanqiu. com/paper/2012－07/2939467. html（上网时间，2012 年 11 月 16 日）。

地位。"① 而就在中日撞船事件发生前不到一个月，美国国务院发言人克劳利在回答记者提问时还讲道："尖阁列岛（钓鱼岛）处于日本政府的行政管辖下，《美日安保条约》第五条适用于日本施政下的领土。如果你问我《美日安保条约》是否适用于钓鱼岛，我的回答是'是的'"。② 美国高调重返亚洲的战略姿态，以及在钓鱼岛问题上对日本的力挺，促使日本右翼势力认为可以借机提升本国在中日钓鱼岛争端中的地位和实力。于是我们看到日本改变了游戏规则、主动挑衅中国。先是在中日撞船事件中，以"恶劣"妨碍执行公务为由逮捕中国船长詹其雄，对其非法拘押，并准备起诉。后又不顾中方强烈反对，宣布"购买"钓鱼岛及其部分附属岛屿，将其"收归国有"。

其次，在中日撞船事件发生后，美国的一系列做法推动中日钓鱼岛争端急剧升温。2010 年 9 月 23 日，美国白宫国家安全委员会亚洲事务高级主任贝德，表述了美国在钓鱼岛争端中的立场。他强调："自 1972 年，美国将冲绳归还给日本后，尖阁列岛一直处于日本管辖下，所以《美日安保条约》适用于尖阁列岛。"③ 同一天，国防部长盖茨在回答美国保护伞是否适用于钓鱼岛这一问题时，也强调："我们将会履行我们的条约义务。"④ 同年 10 月 27 日，希拉里在与来访的日本外相前原诚司举行的联合新闻发布会上，再一次清楚地表述道"尖阁列岛适用于《美日安保条约》第五条。这是美国对日本的安全做出的更大承诺的一部分"⑤。

---

① The White House, "Remarks by President Barack Obama at Suntory Hall", November14, 2009, Tokyo, Japan, http://www. whitehouse. gov/the-press-office/remarks-president-barack-obama-suntory-hall（上网时间，2012 年 11 月 17 日）。

② Philip J. Crowley, "Daily Press Briefing", Washington, DC, August 16, 2010, http://www. state. gov/r/pa/prs/dpb/2010/08/146001. htm（上网时间，2012 年 11 月 17 日）。

③ The White House, "Press Briefing by Press Secretary Robert Gibbs, Special Assistant to the President and Senior Director for Asian Affairs Jeff Bader, and Deputy National Security Advisor for Strategic Communications Ben Rhodes", New York, September 23, 2010, http://www. whitehouse. gov/the-press-office/2010/09/23/press-briefing-press-secretary-robert-gibbs-special-assistant-president-（上网时间，2012 年 11 月 18 日）。

④ U. S. Department of Defense, "DOD News Briefing with Secretary Gates and Adm. Mullen from the Pentagon" september 23, 2010, http://www. defense. gov/transcripts/transcript. aspx? transcriptid = 4690（上网时间，2012 年 11 月 18 日）。

⑤ The US Department of State, "Joint Press Availability with Japanese Foreign Minister Seiji Maehara", October 27, 2010, http://www. state. gov/secretary/rm/2010/10/150110. htm（上网时间，2012 年 11 月 19 日）。

前原外相听到希拉里的表态后，表示"这非常令人鼓舞"①。2012 年 4 月 17 日，日本东京都知事石原慎太郎抛出"购岛"论后，日本共同社报道称，美国国务院高官 7 月 9 日向日本媒体记者表示，钓鱼岛"属于《美日安保条约》第五条的适用范围"。② 7 月 11 日，又有记者就尖阁列岛是否属于《美日安保条约》范围向美国国务院发言人帕特里克·文特尔求证，他回应称"属于"③。虽然美国表示对钓鱼岛主权问题不持特定立场，但在钓鱼岛争端爆发初期，美国政策的侧重点放在了强调《美日安保条约》第五条适用于钓鱼岛。美国这种做法对中国构成了威慑，企图吓阻中国以武力收回钓鱼岛，而为日本单方面改变钓鱼岛现状则提供了武力后盾。美国这种明显偏袒日本的做法，对中日钓鱼岛争端无异于火上浇油。

（二）斡旋者：美国与激化后的中日钓鱼岛争端

2012 年 8 月 15 日，香港保钓人士成功登上钓鱼岛。8 月 19 日，日本地方议员等 10 人登上钓鱼岛。9 月 10 日，日本政府正式决定买下钓鱼岛中的 3 个岛屿，将其"国有化"。同一天，中国政府宣布了钓鱼岛及其附属岛屿的领海基点基线，并随后对钓鱼岛及其附属岛屿附近海域开展维权巡航执法。中日双方围绕钓鱼岛的争端不断激化。在这种背景下，我们看到美国的角色发生了转变。

一方面，美国对中日钓鱼岛争端的表态开始发生变化。首先，在《美日安保条约》是否用于钓鱼问题上，美国要么不提，要么表示不回答假设性问题。2012 年 8 月 29 日，当有记者问美国国务院高级官员钓鱼岛是否适用于《美日安保条约》时，其并不做正面回答，反而努力强调："我们希望双方避免挑衅，我们不想看到导致冲突的行为。"④ 第二天，国务院副发言人文特尔

① The U. S. Department of State, "Joint Press Availability with Japanese Foreign Minister Seiji Maehara", October 27, 2010, http://www.state.gov/secretary/rm/2010/10/150110.htm（上网时间，2012 年 11 月 19 日）。

② "美高官称美国不会在中日钓鱼岛争端中选边站"，环球网，2012 年 7 月 10 日，http://mil.huanqiu.com/Observation/2012-07/2900271.html（上网时间，2012 年 11 月 19 日）。

③ Patrick Ventrell, "Daily Press Briefing", Washington, DC, July 11, 2012, http://www.state.gov/r/pa/prs/dpb/2012/07/194883.htm（上网时间，2012 年 11 月 19 日）。

④ The U. S. Department of State, "Background Briefing on Secretary Clinton's Travel to the Cook Islands, Indonesia, China, Timor-Leste, Brunei, and Russia", August 29, 2012, http://www.state.gov/p/eap/rls/rm/2012/08/197070.htm（上网时间，2012 年 11 月 20 日）。

针对钓鱼岛问题则只强调了两点，即"美国对钓鱼岛的主权归属不采取立场，我们期望双方通过和平手段解决问题"。① 而未提及钓鱼岛是否适用于《美日安保条约》。10月31日，有记者问美国国务院副发言人唐纳，"如果中日就钓鱼岛爆发军事冲突，美国是否会保卫日本"，他只回答道："我不做此假设"②。其次，美国强烈担忧中日钓鱼岛争端升级为冲突，强调应和平解决争端。9月20日，美国负责东亚和太平洋事务的助理国务卿坎贝尔在国会提供证词时讲道："争端各方应和平解决分歧，冲突升级不符合美国的利益。"③ 9月29日，希拉里在纽约与日本外相玄叶光一郎举行会谈。她一反常态地提醒日本谨慎处理对华外交，希望日本采取"小心、慎重且有效的"行动④。10月16日，美国太平洋舰队司令韩奈在东京都表示"最希望通过外交途径解决问题"，"我们反对动用武力，避免实际执行第五条规定才符合美国的国家利益"。⑤ 11月17日，美国海军作战部长格林纳特在华盛顿称，担忧中日双方"因误解发生冲突导致事态升级"⑥。20日美国国务院副助理国务卿罗斯在金边透露，奥巴马在日美首脑会谈中表示希望野田首相慎重对待钓鱼岛争端。⑦

另一方面，美国多名高官纷纷来到中、日两国，开展穿梭外交，希望缓解激化的钓鱼岛紧张局势。9月5日希拉里与中国国家主席胡锦涛举行会谈，传达了美方对领土问题"不采取特定立场"的观点。同日，在与国务院总理温家宝举行的会谈中，她希望"通过强调促进美中间的积极合作关系来使事态

① Patrick Ventrell, "Daily Press Briefing", August 30, 2012, http://www.state.gov/r/pa/prs/dpb/2012/08/197078.htm（上网时间，2012年11月20日）。

② Mark C. Toner, "Daily Press Briefing" October 31, 2012. http://www.state.gov/r/pa/prs/dpb/2012/10/199884.htm#JAPAN（上网时间，2012年11月20日）。

③ Kurt M. Campbell, "Maritime Territorial Disputes and Sovereignty Issues in Asia Testimony", September 20, 2012, http://www.state.gov/p/eap/rls/rm/2012/09/197982.htm（上网时间，2012年11月20日）。

④ 《美国务卿希望日本谨慎处理日中关系》，日本共同社，2012年9月29日，http://china.kyodonews.jp/news/2012/09/38481.html（上网时间，2012年11月21日）。

⑤ 《美军高官呼吁日中通过外交解决尖阁问题》，日本共同社，2012年10月16日，http://china.kyodonews.jp/news/2012/10/39560.html（上网时间，2012年11月21日）。

⑥ 《美海军高官担忧日中冲突导致事态升级》，日本共同社，2012年11月17日，http://china.kyodonews.jp/news/2012/11/41545.html（上网时间，2012年11月21日）。

⑦ 《奥巴马希望野田慎重对待尖阁问题》，日本共同社，2012年11月20日，http://china.kyodonews.jp/news/2012/11/41747.html（上网时间，2012年11月22日）。

趋于平息"①。9月17日、18日，帕内塔先后来到日本和中国。他在东京会晤日本防卫相森本敏后表示："美国担忧中日钓鱼岛冲突，呼吁两国保持冷静和克制。"并再次强调"有关两国间的领土主权争端，不会偏袒任何一方"。② 在北京帕内塔会晤了中国国防部长梁光烈，并在记者会上强调了通过外交渠道解决问题的重要性。他坦言："继日本之后，希望中方也能冷静下来。"③ 10月15日、17日，美国副国务卿伯恩斯又先后访问日本和中国，并在日本"强调中日双方在钓鱼岛问题上采取冷静、慎重的措施，把注意力放在对话和外交上，避免使用强制、威胁或其他非和平手段"。④ 为打破中日僵局，希拉里还派出了由前国家安全事务助理哈德利、前副国务卿阿米蒂奇、斯坦伯格与前助理国防部长约瑟夫·奈组成的美方代表团出访日、中两国，旨在对钓鱼岛争端进行斡旋。10月22日，代表团会晤了日本外相玄叶光一郎，要求日方冷静应对，以平息事态。⑤

（三）操控者：美国在中日钓鱼岛争端中的角色实质

美国在中日钓鱼岛争端中的立场看似模糊，但正如美国副国务卿伯恩斯在东京所说的"美国在钓鱼岛问题上的立场是明确的、一贯的和长期不变的"。⑥2012年9月25日美国国务院公布的国会研究报告《尖阁列岛（钓鱼岛、钓鱼台）纠纷：美国条约的义务》⑦ 明确说明了美国在中日钓鱼岛争端中的立

① 《美国务卿表示在领土问题上不持特定立场》，日本共同社，2012年9月5日，http://china. kyodonews. jp/news/2012/09/36987. html（上网时间，2012年11月22日）。
② U. S. Department of Defense, "Joint Press Conference with Secretary Panetta and Japanese Minister of Defense Morimoto from Tokyo", Japan 2012年9月17日, http://www. defense. gov/transcripts/transcript. aspx? transcriptid =5114（上网时间，2012年11月23日）。
③ 《美方对日中关系不稳定抱有危机感》，日本共同社，2012年9月18日，http://china. kyodonews. jp/news/2012/09/37795. html（上网时间，2012年11月23日）。
④ William J. Burns, "Media Roundtable in Tokyo", Japan, October 15, 2012, http://www. state. gov/s/d/2012/199122. htm（上网时间，2012年11月23日）。
⑤ 《美国前高官率团访日要求冷静处理尖阁问题》，日本共同社，2012年10月22日，http://china. kyodonews. jp/news/2012/10/39899. html（上网时间，2012年11月24日）。
⑥ William J. Burns, Media Roundtable in Tokyo, Japan, October 15, 2012, http://www. state. gov/s/d/2012/199122. htm（上网时间，2012年11月23日）。
⑦ Mark E. Manyin, "Senkaku (Diaoyu/Diaoyutai) Islands Dispute：U. S. Treaty Obligations", September 25, 2012, http://www. fas. org/sgp/crs/row/R42761. pdf（上网时间，2012年10月8日）。

场。归纳起来，共有三点：第一，美国不承认日本对钓鱼岛拥有主权，在中日台对钓鱼岛的主权争议中保持中立立场。第二，美国认定《冲绳返还协定》中阐明的经纬度边界将钓鱼岛包括在内，承认日本对钓鱼岛拥有行政权。第三，1960年签订的《美日安保条约》适用于该岛。此外，美国参议院全体会议也决定，在2013财年"国防授权法案"中加入补充条款，明确规定尖阁诸岛（中国称钓鱼岛）是规定美国对日防卫义务的《日美安保条约》第五条的适用对象。[①]

虽然美国在中日钓鱼岛争端中的立场是明确的，但它会根据其对中日关系的掌控及钓鱼岛的具体形势，而调整政策的重点。如果美国想挑拨中日关系，希望将钓鱼岛事态扩大，它对外强调的政策重点就是承认日本对钓鱼岛拥有行政管辖权，《美日安保条约》第五条适用于钓鱼岛。而如果美国认为钓鱼岛争端过于激化，紧张局势需要缓和，它的政策重点就开始转为强调其对钓鱼岛的主权不持立场，呼吁中日双方保持冷静、克制，通过谈判途径解决争端，对于钓鱼岛争端是否适用于《美日安保条约》则予以回避。因此可以判断，美国在中日钓鱼岛争端中扮演的是操控者角色。这一角色的目的是，使中国与日本处于困难和麻烦之中，以便于美国插手东亚事务，服务于其亚太再平衡战略，但美国不会允许两国之间的紧张升级为重大的军事冲突。因为，"在全球经济普遍衰退的大背景下，亚太地区是唯一的经济持续增长、资本继续维持累积的地区，大家其实都希望看见亚太地区的繁荣持续下去"。[②] 而且，一旦中日之间爆发军事冲突，美国将面临一个两难处境：如果其不履行对日本的安全承诺，美国不仅在美日同盟中的信誉将受到极大损害，而且其引发的"多米诺骨牌"效应，极有可能使处于观望中的亚洲国家不再信任美国，亚太再平衡只能成为一个口号；如果美国履行对日本的安全承诺，不仅会导致美国被日本"捆绑"，为钓鱼岛这一非核心利益在海外打仗，而且对美国很重要的美中关系、美台关系都将受到极大伤害。

---

① 《美国将把尖阁防卫义务写入国防授权法案补充条款》，日本共同社，2012年11月30日，http://china.kyodonews.jp/news/2012/11/42310.html（上网时间，2012年12月3日）。

② 《欧美学者：欧美也为钓鱼岛急》，《环球时报》，2012年10月10日，http://world.huanqiu.com/interview/2012-10/3177330.html（上网时间，2012年11月26日）。

由于美国是作为一个操控者存在，其在中日钓鱼岛不能扮演调停者角色。因此，在希拉里提议就钓鱼岛争端组织中美日三边官方对话后①，中国外交部发言人马朝旭即回应道："这只是美方的想法。中日关于钓鱼岛的领土争端是中日两国之间的事。美方多次声称《美日安保条约》适用于钓鱼岛，这是极其错误的。"② 在遭到中国拒绝后，美国也意识到其不具备调停者资格。于是我们看到，2012 年 9 月 28 日希拉里会晤日韩外长时，强调："我们无意扮演一个调停者角色。"③

三 美国介入中日钓鱼岛争端的政策效用评估

对美国介入中日钓鱼岛争端的政策效用开展评估，可以从其对钓鱼岛危机今后的走向、美国自身的亚太再平衡战略及东亚地区形势等三个方面的影响进行判断。

（一）美国介入中日钓鱼岛争端与钓鱼岛危机的走向

中日钓鱼岛争端事关国家主权，中国要求日本承认钓鱼岛主权存在争议，而日本则坚称钓鱼岛不存在主权争议，双方的立场都难以后退。对中国而言，日本的所谓钓鱼岛"国有化"单方面打破了中日之前的默契，引发了中国人民的强烈愤慨，中国政府已无后退空间。而且中国在钓鱼岛危机中的表现还会影响我们与一些东盟国家在南海争端中的谈判。对日本来说，自民党右翼领袖安倍晋三在刚结束的众议院选举中获得压倒性胜利，右翼分子石原在选举前才刚成立的"日本维新会"，在众议院一举跃居第三大党，这足以说明日本社会已向右转，这种民意也迫使日本在钓鱼岛争端中保持强硬。2013 年 1 月 11

---

① Hillary Rodham Clinton，"Remarks With Vietnamese Foreign Minister Pham Gia Khiem" October 30，2010，http：//www. state. gov/secretary/rm/2010/10/150189. htm（上网时间，2012 年 12 月 1 日）。

② 《外交部发言人马朝旭答记者问》，外交部网站，2010 年 11 月 2 日，http：//www. fmprc. gov. cn/chn/gxh/tyb/fyrbt/dhdw/t765887. htm。

③ The US Department of State，"Background Briefing：Readout of the Secretary's Meeting With Japanese Foreign Mininster Koichiro Gemba and Korean Foreign Minister Kim Sung-hwa"，September28，2012 http：//www. state. gov/r/pa/prs/ps/2012/09/198464. htm（上网时间，2012 年 12 月 2 日）。

日，安倍首相召开记者会，强硬表态钓鱼岛问题没有谈判余地。另外，日本在钓鱼岛争端中的表现也会对其解决与俄罗斯和韩国之间的领土纠纷产生重要影响。因此，中日在钓鱼岛已陷入僵局，在判断钓鱼岛危机今后的走向时，美国的态度就显得十分关键。

我们可从以下三方面判断今后美国在钓鱼岛争端中的立场。第一，如前所述，美国在中日钓鱼岛争端中扮演的是一个操控者角色。其目的是要维持中、日两国斗而不破的局面，借此插手东亚事务，保证其亚太再平衡战略的顺利实施。钓鱼岛并非美国的核心利益，面对中国在钓鱼岛争端中的一系列反制措施，美国并不想使中日钓鱼岛争端呈现持续激化的局面，导致最终面临选择的困境。第二，从全球视野看，伊朗核问题事关美国的核心利益。美国参议院情报委员会认为 2015 年之前，伊朗很有可能会拥有核武器。以色列情报部门"摩萨德"的调查结果与美国类似，认为伊朗拥有核武的时间约为 2014 年。① 这意味着未来一两年将是关键性的，美国在伊朗核问题上到了必须做出决断的时候。美国阻止伊朗拥核的办法是在伊朗跨过"核门槛"前将其核设施摧毁，而对伊核设施动武事关重大，这又要求美国必须先解决叙利亚巴沙尔政权更迭问题，然后才能将动武矛头指向伊朗。在这种情况下，"美国自然希望东北亚地区维持稳定。否则，这势必牵扯其处理伊核问题的计划和操作"。② 第三，刚刚结束的美国领导人大选中，奥巴马与罗姆尼辩论的重点是经济政策及就业等国内问题。当前美国经济发展迟缓、失业率居高不下、"财政悬崖"和债务危机远未解除，连任后的奥巴马不可能对内政掉以轻心，他需要进一步与中国合作，分享中国经济快速发展带来的机遇。

鉴于以上原因，美国并不想看到中日因钓鱼岛争端爆发军事冲突而拖累自己。虽然不能排除中日在钓鱼岛"擦枪走火"的危险，但未来几年中日在钓鱼岛争端中很有可能还会保持一种斗而不破的局面。

---

① 《美国国家情报总监：2013 年前伊朗无法造出核武》，国际在线，http：//gb.cri.cn/27824/2009/08/10/2585s2588148.htm（上网时间，2012 年 12 月 2 日）。
② 薛理泰：《钓岛争端浮现 三国四方较劲》，《联合早报》2012 年 12 月 22 日，http：//www.zaobao.com/special/forum/pages8/forum_zp121222ma.shtml（上网时间，2012 年 12 月 23 日）。

（二）美国介入中日钓鱼岛争端对其亚太"再平衡"战略的影响

首先，美国通过介入中日钓鱼岛争端，使日本对美国的倚重性增强，美日同盟在军事和经济两个层面都得到进一步强化。2012 年 12 月 18 日，赢得大选的安倍与奥巴马通电话，确认将强化日美同盟关系①。而且，中国和日本作为东亚地区两个最大的经济体，两个国家联手推动东亚地区经济合作是东亚自贸区建成的关键，中日关系的恶化也使美国达到了阻滞东亚地区内部建立经济合作机制的目的。因此，美国介入中日钓鱼岛争端，在一定程度上助其实现了强化美日同盟、离间中日关系、阻滞东亚地区内部经济合作等亚太再平衡战略的初衷。

但是，美国没有达到利用钓鱼岛危机牵制中国和平发展的目的。美国介入中日钓鱼岛争端的本意是通过挑起中国与邻国的海洋领土争端，给中国和平发展制造麻烦，扰乱中国崛起进程。但出乎美国意料的是中国在钓鱼岛争端中采取了一系列强力反制措施，如公布钓鱼岛及其附属岛屿的领海基点、基线，对钓鱼岛开展立体式巡航等，迫使钓鱼岛争端回到了事实上的"争议"状态。而且中国政府比较恰当地处理了钓鱼岛危机引发的国内民族主义情绪，这样一来，美国不仅没有实现利用钓鱼岛争端干扰中国和平发展的图谋，反而要承担因钓鱼岛争端卷入冲突的风险。钓鱼岛危机升级后，美国的一系列表态使其亚太再平衡战略露出原形，即美国怂恿日本和中国对抗，只是想做幕后"推手"，从中渔利，其并不想与中国开战。而这无疑也加剧了东亚国家对其亚太再平衡战略的疑虑。

美国卷入中日钓鱼岛争端，也在相当程度上凸显了其亚太再平衡战略的失衡。美国的亚太再平衡更多的是将安全议题引入东亚，其过于依赖军事手段。此举虽然有助于刺激亚洲国家购买美制武器，促进美国军工集团的利益，但是东亚地区的安全议题多属传统安全问题范畴，如地区各国间的岛屿争端、海洋划界纠纷等。此类议题不同于区域合作式的正和博弈，而是零和博弈，即一方

① 《详讯：安倍与奥巴马通电话 确认强化日美同盟关系》，日本共同社，2012 年 12 月 18 日，http://china. kyodonews. jp/news/2012/12/43390. html（上网时间，2012 年 12 月 19 日）。

所得为另一方之所失。美国亚太再平衡战略导致东亚地区的战略竞争乃至对抗的因素大大增加了。对美国而言，这种战略的失衡加深了中国对美国的战略疑虑，美国卷入东亚地区冲突的风险也大大增加。依笔者判断，在奥巴马第二任期，虽然美国亚太再平衡这一根本战略方向不大可能发生改变，但美国有可能对其亚太再平衡战略的手段做出一定程度的修正，即改变过分倚重军事的方式，使平衡的手段更加多元化。

（三）美国介入中日钓鱼岛争端对东亚地区形势的影响

美国介入中日钓鱼岛争端后，钓鱼岛危机迅速升级，中日关系面临两国邦交正常化以来最严峻的状况，东亚地区形势严重恶化。

首先，钓鱼岛争端已成为东亚地区安全最大的不确定因素之一，中、日两国不排除出现严重的军事对峙甚至发生擦枪走火事件的可能性。2012 年 12 月 13 日，中国首次派出海监飞机对钓鱼岛开展海空立体巡航，而日本则紧急出动多架战机以及一架预警机，中日对峙出现明显升级。此后，日本战机多次拦截中国海监飞机。2013 年 1 月 5 日，日本首相安倍晋三指示，研究加强对钓鱼岛附近区域的警备措施，包括：对侵入日本领空的他国飞机，可以使用曳光弹进行警告射击。此举一旦实施，中日将离擦枪走火不远。1 月 10 日，中国起飞 2 架歼 10 战机对实施抵近侦察的日本战机进行查证和监视，中国战机首次接近钓鱼岛附近海域。而日本则称当天 10 余架中国战机飞近日本的所谓"防空识别圈"。中、日两国在钓鱼岛的对峙进一步升级。

其次，钓鱼岛争端激化引发中、日两国的民族主义情绪高涨，对两国政府的决策施加了很大压力。两国政府在钓鱼岛争端中的立场，甚至成为检验两国政府是否具有执政合法性的重要因素。在中国，一些城市出现"反日大游行"，民间开始大规模抵制日货，赴日本旅游的中国游客大幅削减。而在日本，政府在钓鱼岛问题上采取强硬立场成为维持政权的关键，如果政府妥协，就意味着下台。在这种氛围中，日本保守派领袖安倍晋三组成的右翼内阁上台。上任伊始，安倍即放言，欲修改承认日本军队性奴役的"河野谈话"，以及表达日本应汲取教训深刻反省和谢罪的"村山谈话"。而在 2013 年 1 月 7 日自民党新年的首次会议上，安倍则带领党内高层高唱曾是军国主义象征的

《君之代》。特别是行使集体自卫权，修改《和平宪法》等一系列突破"二战"体制的做法也已被提上日程。

再次，东亚地区安全格局有滑向两极化的危险。主张强化日美同盟的安倍上任伊始，便绕着中国开展所谓"价值观外交"。希望推动与日本共享民主制度的国家开展外交，对华包围施压。2012 年 12 月 28 日，安倍先后与印度尼西亚、俄罗斯、英国、澳大利亚、越南及印度等六国首脑通话，明确日本希望与这些国家增强双边关系的姿态，以牵制正日益强化海洋存在的中国。2013 年 1 月 2 日，日本副首相麻生太郎访问缅甸，意在挑战中国的传统利益，压缩中国的战略空间。1 月 4 日，安倍派遣前财务相额贺福志郎前往首尔，希望从韩国找到突破口，解除日本的外交困境。9～14 日，日本外相先后访问菲律宾、新加坡、文莱及澳大利亚四国。10 日其与菲律宾就加强海上安保合作达成一致。在遭到美国"婉拒"后，安倍将首访的国家定为东南亚的印度、越南和泰国。安倍政府的外交行为暴露了其牵制、孤立甚至包围中国的战略意图，加剧了东亚地区安全局势的对立。

结　论

综观美国亚太再平衡战略对中日钓鱼岛争端的影响，我们可以看到，一方面，美国强调《美日安保条约》第五条适用于钓鱼岛，对钓鱼岛争端起到了助推作用。另一方面，美国强调和平解决争端，其不希望看到中日因钓鱼岛开战，导致自己引火上身。当前中日双方在钓鱼岛争端中已陷入僵局，双方均无妥协余地，如果任由事态发展，局势很可能会失控。在这种背景下，我们可考虑利用美国在中日钓鱼岛争端中积极性的一面，发挥美国对日本的影响力，推动美国对日本施压，避免钓鱼岛危机继续升级。为此，中国应在钓鱼岛争端中充分显示维护国家领土主权的战略意志力，继续对日本采取强有力的反制措施，做好战备，增强军事威慑力，使美国充分感受到局势的严重性，唯有此才能推动美国出面要求日本保持克制。

专题篇
（中国与东北亚安全）

Special Topics（China and Regional Security in
Northeast Asia）

Ｙ.14

现实评估美对华新战略，
中国需“灵巧”应对

陈雅莉*

摘　要：

　　2008～2009年以来，美国遭遇20世纪30年代以来最严重的全球金融危机，欧洲深陷于主权债务危机，相比较而言，中国虽然也面临经济结构转型和政治社会模式改革进程缓慢等各种问题，但是整体上讲经济一枝独秀，军事现代化进程也进一步加快。中国崛起之后的外交困境被老子之言“福兮祸所伏”准确地概括。随着中国综合国力不断上升，中国拓展利益边疆的内在驱动力愈发加强，却对自己在国际地缘政治中缺乏清晰的战略定

* 陈雅莉，美国约翰·霍普金斯大学中国研究系，美国世界安全研究所中国项目研究员，美国《华盛顿观察》周刊主编，美国全球零核倡议中国部主任。

位。中国的外交困境在美国 2011 年"再平衡战略"高调出台后更为凸显，2012 年，中国的"两海之困"越发严重。认真分析美国"再平衡"战略的缘起与释义，对美国"再平衡"战略出台的"需求—供给分析"，审视美国"再平衡"战略同中国的撞击，探讨中国的应对策略具有重要意义。

关键词：

美国　亚太再平衡战略　需求—供给分析　灵巧应对

自 2008 年开始，中国在国际环境尤其是周边环境中不断遭遇严重的排斥和挑战，而中国的这一外交困境在美国 2011 年"再平衡战略"高调出台后更为凸显。同中国有海洋领土争议的国家希望借美国对亚太地区关注的"一边倒"的战略机遇，更进一步加快突破现状的步伐。2012 年，中国的"两海之困"越发严重，中国同时在南海和东海面对越来越尖锐的安全挑战。中、日两国关系因为钓鱼岛问题倒退到如此一个危险的边缘，让人不禁怀疑"擦枪走火"将会是这一矛盾发展的必然结果。

一　美国"再平衡"战略的缘起与释义

"再平衡（rebalancing）"战略是美国自 2010 年底至 2011 年开始，尤其是以 2011 年 11 月奥巴马总统的亚洲之行作为契机开始全面推动的新亚洲战略。[①] 通过各种政治磨合，"再平衡"战略正在演变为一个全面完整的政策框架，涵盖外交、军事、经济以及文化、意识形态等各方面。从美国的官方宣言中，"再平衡"战略的最终目的是"通过塑造亚太地区的行为和游戏规则、保证国际法和惯例得以尊重、商业和航行的自由不被违背、新兴大国同邻国树立信任感以及保障分歧通过和平手段而不是威胁或胁迫得以解决来促进美国的利益"。[②] 如果

---

① 奥巴马总统在 2011 年 11 月和 12 月的所谓"奥巴马的亚洲月"中赴亚太先后参加了二十国集团（G20）、亚太经济合作组织（APEC）和东亚峰会。

② Tom Donilon, "America Is Back in the Pacific and Will Uphold the Rules," *Financial Times*, November 27, 2011.

更直白一点说，"再平衡"战略的目标是以一种积极方式将美国插入并由此主导亚太地区的"游戏"，让美国在亚洲发挥不可或缺的领导作用。[①] "再平衡"战略是美国自冷战结束以来国家安全战略最重要的一次重新定向。

"再平衡"战略可以最早追溯到小布什总统任内。[②] 当时，美国相当一部分政策精英意识到挑战美国全球霸主地位的国家必然来自作为世界经济发动机的亚太地区。[③] 在布什总统任内，美国也注重加强同亚洲盟国的同盟合作关系，同韩国完成了自由贸易协定的拟订，同印度和越南进一步靠近，并且致力于加强在亚太驻军的灵活反应能力。同时，2005 年罗伯特·佐利克（Robert B. Zoellick）提出中国应该成为国际体系中的一个"利益相关的参与者"也是在同类逻辑下的产物。当然，美国将战略重心放在亚洲，这意味着美国将不可避免地加强同亚太国家的"接触"以及追求这一地区的主导权，而这必然要求美国增强其对亚太多边组织的参与和领导。这正是当时布什政府难以贯彻这一战略的一个主要原因。布什本人不愿触碰带有任何"多边"色彩的政策安排或者承诺，因此虽然有对于将美国战略重心向亚洲倾斜的思考，但是并没有"落地"。

这一思潮最终在小布什任内没有真正在政策上付诸实施的另一个原因就是美国新保守主义的兴起。[④] 新保守派在美国外交政策中的影响主要集中在中

---

① 这一目的可以从美国国务卿希拉里·克林顿（Hillary Rodham Clinton）2011 年 11 月在夏威夷大学的东西方中心发表的《21 世纪是"美国的太平洋世纪"》演讲中可以看出。她说："美国必须留下，也能够留下。未来几年将在亚洲发生的一切对美国的未来有巨大的影响。我们无法支付待在外围坐视不管的代价，听任别国决定我们的未来。"出自 http：//fpc. state. gov/176998. htm。

② Evan A. Feigenbaum, "Strengthening the U. S. Role in Asia," November 16, 2011, http：//www. cfr. org/asia/strengthening-us-role-asia/p26520. 齐妮娅·多曼迪（Xenia Dormandy）甚至认为这一政策的战略思想最早开始于老布什总统，由克林顿和小布什总统传承了这一思想。参见 Xenia Dormandy, "Prepared for Future Threats？U. S. Defence Partnerships in the Asia-Pacific Region," June 2012, http：//www. chathamhouse. org/usdefencepartnerships。

③ 根据笔者 2012 年 8 月同美国布鲁金斯学会高级研究员迈克尔·欧汉伦（Michael O'Hanlon）的访谈，2004～2005 年，美国助理国务卿库尔特·坎贝尔（Kurt Campbell）当时就明确地批评布什政府将注意力过度集中于包括伊拉克在内的中东事务，而对于亚太地区缺乏战略性的关注。

④ 新保守主义派的主要政策主张是：在国内，强烈要求增加国防预算，部署国家导弹防御系统（NMD），实现所谓的"绝对安全"；在外交政策上，强调以美国的军事力量实现其称霸世界的目标，要求美国"充当世界警察"，以赤裸裸的军事干涉推进美国的国家利益，而不顾及其他国家的利益和反应。布什政府上台后，新保守主义派在政府中得势，其国家安全战略被"鹰派人物"，如副总统切尼、国防部长拉姆斯菲尔德、国防部副部长沃尔福威茨所把持。更多详见陈雅莉《小布什主义是"美帝国主义"吗？》，载《华盛顿观察》周刊 2002 年第 3 期。

东政策领域，他们在情感上完全投入到中东事务上。其政策主要体现在对以色列的"一边倒"，对于牵扯美国重要利益的"问题"国家比较倾向用军事手段解决问题，因此新保守主义者对于中东地区投入战略性关注而相对忽视了美国在亚太地区的势力延伸和巩固。① 这致使美国后来深陷中东的泥潭，因此"再平衡"的思想虽然萌发，但是并没有贯彻在具体的政策实践中。

20世纪90年代，美国几乎没有怎么修改"冷战"时代遗留下来的看待国际战略的整体角度。2001年"9·11"恐怖袭击之后，从武装入侵阿富汗到陷入伊拉克战争的泥潭，美国耗费了巨大的经济、军事和外交资本，把自己绑在反恐战车上，而其实当时美国真正需要做的只是"宰掉一堆藏匿于巴基斯坦的'激进的牧羊人'而已"。这尤其是2008年美国陷入自20世纪30年代经济大萧条以来最为深重的经济危机之后，美国精英阶层在痛定思痛之后逐渐统一了共识，也是"再平衡"战略最终得以出台的社会背景。

关于美国对亚洲新战略，美国国家安全委员会提出的说法是"重新平衡"或者"再平衡"，美国国务院提出的是"转向亚洲（pivot to Asia）"。对于美国国家安全顾问汤姆·多尼伦（Tom Donilon）来说，"pivot听起来有过于突然（abrupt）的嫌疑"。② 国防部更倾向于国家安全委员会的说法。中国学者经常提到的"重返亚洲"战略是华盛顿最不愿使用的名称，原因是"美国从未离开亚太"，何谈"重返"亚太？国务卿希拉里·克林顿本人的确有过"我们回到亚洲"的提法。希拉里·克林顿说："我不认为有任何疑问……我们又回到了亚洲……我们回来是要留下来。"③但是，克林顿的提法一经公布就受到美国政府内外部很多人士的诟病。④

美国政府和国安会对于新亚洲战略的名称之争其实只是他们分歧的表层。政府和国安会强调新亚洲战略的重点是全面接触中国，同时全面参与亚太地区

① 陈雅莉：《美国"新保派"定国家安全思想乾坤》，载《华盛顿观察》周刊2003年第20期。
② 笔者于2011年9月同美国战略与国际问题研究中心葛莱仪（Bonnie Glaser）的访谈。
③ 详见 Hillary Rodham Clinton, "Remarks on Regional Architecture in Asia: Principles and Priorities," Hawaii, Honolulu, January 12, 2010.
④ 美国前副国务卿理查德·阿米蒂奇（Richard Lee Armitage）在美国陆军战争学院战略会议上发表题为"紧缩时代的美国大战略中的未来：机遇与挑战"的讲话，2012年4月10~12日。

的活力发展，两者相辅相成。美国政府和国安会的初衷是避免同中国的全面对抗，其对华态度更为柔和也更为真诚。然而，美国国务院版的新亚洲战略却暗藏针对中国的"刀锋"：虽然提出同中国保持接触，但是更倾向于抵制中国在本地区的主动倡议和积极影响，不忘在同中国接触的同时不断提醒亚太地区其他国家"中国（狼）来了"。这将中国推入更为窘困的地区周边环境，使得中国在亚太"不想犯错也不容易"。

虽然战略设计本意并非如此，但是美国"再平衡"战略最具体、最被外界注意的正是这一战略的军事层面。

首先，在军事上，虽然美国国防预算整体被削减，[①]但是奥巴马总统保证不减少任何亚太地区的军事部署，这显示了白宫要重新设定美国国防部的政策重点和优先点。

其次，奥巴马政府的一个新动作是加快对美国军队在亚洲的军事部署，使其在更大范围内分布（more broadly distributed）。其中一个表现是，美国宣布加强在亚太一些国家尤其是西太平洋的南部边缘，包括澳大利亚、新加坡和菲律宾，进行美军的轮换部署，显示了美国在更广范围的亚太地区增强其军事力量存在。而在强调扩大军事存在范围的同时，美国在亚洲的军事姿态强调更灵活、快速以及具有持续性的反应。

再次，美国国防部在 2012 年 1 月发表的《国防战略指针》（Defense Strategic Guidance）文件清晰地显示美军将对海军的压缩推到最小化，把军费裁减的重点放在陆军和海军陆战队的陆地部分。[②] 2012 年 6 月，美国国防部长莱昂·帕内塔（Leon Panetta）在香格里拉论坛上宣布，美国到 2020 年将把部署到太平洋地区的战舰比例从目前的大约 50% 提高到 60%。

最后，在军事层面上一个容易被外界忽视的事实是美国对于南亚及印度洋的关注。南亚的海洋部分、马六甲海峡以及亚太其他重要海上通道部分是被归入这一战略的管辖区域。虽然目前美国将军事部分的注意力更多地放在南海领域，但是美国非常清醒而自觉地意识到美国的下一个战略挑战就是在操作层面

---

① 美国的国防开支在十年内至少要削减 4500 亿美元，除非国会干预，这一数字甚至可能增加到 9000 亿美元。

② 除了朝鲜半岛，亚洲绝大部分在美军的军事部署中都是被看作是美国海军的行动地区。

将印度洋和太平洋连接起来。① 奥巴马总统在2010年就指出：我们想要印度"向东看"，我们想要印度"接触东方"，美国和印度可以在这里成为伙伴。② 所谓的"印—太平洋"概念（Indo-Pacific vision）已经屡次在2010年和2011年奥巴马总统以及美国国务院和国防部高级官员的讲话中出现，③ 但仍是一个在演变发展的概念，目前主要包括以下内容：同印度海军加强合作，④ 将印度海军塑造为"印—太平洋"海洋通道（包括南海、马六甲海峡以及更大范围的太平洋⑤）的"管理人（steward）"；⑥ 加强美印在东亚海洋安全事务上的政策立场协调；⑦ 将澳大利亚的西北海岸线打造成美国"印—太平洋"纽带上朝西太平洋和东印度洋的力量投送点。

从外交上来说，"再平衡"战略的核心目标是让美国在亚太地区发挥主要

① Kurt Campbell, "Campbell Joins Bloomfield at Stimson's Chairman's Forum," January 20, 2012, http://www.stimson.org/spotlight/asst-secretary-for-east-asian-affairs-kurt-campbell-speaks-at-stimsonschairmans-forum/.

② Barack Obama, Remarks by the President to the Joint Session of the Indian Parliament in New Delhi, India November 9, 2010, http://www.whitehouse.gov/the-press-office/2010/11/08/remarks-president-joint-session-indian-parliament-new-delhi-india; Manjeet Pardesi, "India, U.S. in East Asia: Emerging Strategic Partnership," Commentary (RSIS), No. 54, April 8, 2011; Sourabh Gupta, "The US Pivot and India's Look East," East Asia Forum, June 20, 2012, http://www.eastasiaforum.org/2012/06/20/the-us-pivot-and-india-s-look-east/.

③ 美国常务副国务卿威廉·伯恩斯（William Burns）称赞印度在印度洋和太平洋的强势存在对美国是一个"安慰剂"，而且可能是海上一个纯粹的安全提供方。参见 William J. Burns, "U.S.-India Partnership in an Asia-Pacific Century," December 16, 2011, http://www.state.gov/s/d/2011/178934.htm。

④ 美国国务卿希拉里·克林顿称："（美国）正在扩展同印度海军在太平洋的工作，因为我们理解'印—太平洋'盆地的重要性。"参见：Hillary Rodham Clinton, "America's Engagement in the Asia-Pacific," October 28, 2010, http://www.state.gov/secretary/rm/2010/10/150141.htm；美国国防部长帕内塔也在公开的讲话中说："在从西太平洋和东亚到印度洋和南亚的弧形地带，我们将扩展（同其他国家的）军事伙伴关系以及我们自身的存在。我们同印度的防卫合作是这一战略不可或缺的关键一环。"参见 Leon E. Panetta, "The U.S. and India: Partners in the 21st Century," June 6, 2012, http://www.defense.gov//speeches/speech.aspx?speechid=1682。

⑤ Sandeep Dikshit, "Hillary's Leadership Call to India not Aimed at Pakistan," The Hindu, August 9, 2011.

⑥ Hillary Rodham Clinton, "A Vision for the 21st Century," July 20, 2011, http://www.state.gov/secretary/rm/2011/07/168840.htm.

⑦ 2011年12月，印度和美国都提倡在东亚峰会中讨论海洋安全议题。另外，美印都支持用国际法来仲裁南海争议，明显违背中国的主张。

的领导作用。从 2009 年开始，美国就有意识地增强其在东亚的外交存在，其国务卿也多次在东亚高调亮相。国务卿希拉里·克林顿在任期间对于亚太的出访要远远多于她的三位前任。美国也更积极地参与亚洲的多边组织会议，如囊括 27 个国家的东盟地区论坛。美国更多地参与东盟系列的外交平台有两个原因：一是东盟国家更希望美国通过参与亚太多边组织来加强对亚太的接触，因为双边同盟或者准同盟关系必然孤立中国。东盟国家希望看到的是它们不完全倒向一方，不管是美国还是中国。二是美国一直有担忧，害怕新兴的亚洲组织会排斥美国的领导作用和参与。而美国的顾虑也同过去十年里一直积极致力于地区组织发展，从而成功同周边邻国不断加强贸易经济纽带的中国息息相关。

美国最可能选择倚重的外交平台是奥巴马在 2011 年年底第一次参加的东亚峰会（East Asia Summit）。[①] 无论美国最终选择哪一个平台，美国不希望像过去那样只是参加某个论坛并发挥重要而非"领头羊"作用，或是其扮演"领头羊"的论坛对亚太地区总体不具有极端重要性和具体的影响力。

自奥巴马总统上台宣示其新亚洲政策以来，美国的亚太政经战略一改小布什政府时的消极被动，转而积极争取美国在亚太地区的议题主导地位。《跨太平洋战略经济伙伴关系协定》（Trans-Pacific Strategic Economic Partnership，即 TPP）将是区域内美国越来越看重的处理多边经济和贸易事务的平台。美国希望 2012 年完成谈判并宣布全面加入。

美国强调《跨太平洋战略经济伙伴关系协定》的原因有以下几点。

第一，《跨太平洋战略经济伙伴关系协定》是美国决定自己在亚太国家经济一体化的进程中不会被排斥在外的一个机制性安排。

美国前国务卿詹姆斯·贝克尔（James Baker）在 20 年前曾发出了一个著名的警告。贝克尔说，如果美国允许（其他国家）"在太平洋中央画一条线，把美国同亚洲其他国家分离开，那将是一个错误"。贝克尔的话颇具代表性，美国一直担心东亚经济大国在深化区域经济一体化同时"方便地"将美国排

---

① 笔者同美国战略与国际问题研究中心葛莱仪的访谈。

除在外。①

第二，在奥巴马誓言达成扩大美国出口倍增的目标下，TPP 是强调高品质的自由贸易协定，是美国把握亚太区域经济整合路线之领导权，主导与巩固美国在亚太区域经贸利益的工具。TPP 可能将推动亚洲经济一体化进程走向不同的路径，在这一路径中既不会是东盟，也不会是中国和日本成为这一进程的驱动器，美国将由此成为其中的中心参与者。②

TPP 谈判有一个功能，即作为美国主导亚太自由贸易区（FTAAP）的工具。美国在 TPP 的谈判策略与奥巴马的整体经济战略密切相关。TPP 谈判的第四回合包括法规一致性与相容性的谈判，这是美国欲借这一谈判扫除亚太地区国家间的法规障碍，来深化美国物流业在供应链联结上之优势，以达成扩展美国中小企业商品到亚太区域贸易流通的目的，这最终将有助于奥巴马对国内选民许诺的出口倍增的目标达成。鉴于中小企业是美国创造就业的主力，拓展中小企业在亚太地区的贸易机会，亦将对增加就业人口大有裨益。因此，奥巴马政府史无前例地设立了创业家日（Entrepreneur's Day），鼓励创新及提振美国出口竞争力，进而达成持续的经济成长与创造有品质工作之目标。

在美国通过 TPP 来整合亚太经济谈判的进程中，中国将受到莫大的压力，因为这可能确立以美国为主导的 TPP 模式，从而超越"10 + 3"成为达到亚太自由贸易区的主要路径。这将使得以中国为首的先前未能加入 TPP 协商的 APEC 会员将被迫接受由美国利益所主导而制定的 TPP 规范。

对于《跨太平洋战略经济伙伴关系协定》，美国推动这一机制的政治意愿似乎十分坚定。美国不仅希望日本加入，也希望中国最终成为其中一员。中国一些专家对泛太平洋战略经济伙伴关系协定看法负面，他们认为美国是在通过

① Jeffrey Bader, Special Assistant to the President, National Security Council, Address at the Brookings Institution, Obama Goes to Asia: Understanding the President's Trip, 47（Nov. 6, 2009）（transcript available at http://www.brookings.edu/~/media/Files/events/2009/1106_obama_asia/20091106_obama_asia_trip.pdf.

② Meredith Kolsky Lewis, "The Trans-Pacific Partnership: New Paradigm or Wolf in Sheep's Clothing?", Boston College International and Comparative Law Review, Volume 34 ｜ Issue 1, p. 27 - 52, January 1, 2011.

推行泛太平洋战略经济伙伴关系协定来排斥中国，替代 APEC，将"10＋3"的机制边缘化。——为"保险"起见，这句话怕是要删掉美国认为，中国需要意识到中美双方都将是亚太地区很长时间里的"超大玩家（huge players）"，中美需要寻求合作来让双方利益最大化。另外，美国首先推动其盟国（如日本）加入，原因是其盟国的经济体制和运作模式同美国自身体系更为接近，但是更大的考虑是在经济层面拉近同盟关系。

最后，虽然民主和人权不是奥巴马政府外交政策的重点，但是"阿拉伯之春"的发生以及美国在伊拉克和阿富汗的存在，再加上偶尔的紧急外交情况，使得人权和民主问题时不时挤入政策重点。这体现在"再平衡"战略上，就是由于对缅甸的开放问题以及对中国民主和人权问题的关注，从而不得不把民主和人权纳入这一战略。

如果从美国"再平衡"战略的缘起分析，这一政策更多地体现了美国在2008 年之后，尤其是对自己的经济竞争力乃至整体国家实力开始不自信之后产生的一种保护性的自然反应。在世界上以中国为代表的几个新兴大国群雄逐鹿，美国正在走向没落的起点时——即使这可能是一个极为漫长的，甚至有起伏的没落过程——开始不自信的美国在地缘政治上的第一个本能反应是加强维护在战略性地区中的影响力，避免自己的"友国"和盟国选择追随（bandwagon）正在崛起中的中国。一言以蔽之，"再平衡"战略最终也是一场对于亚太主导权归属的"认知之争（battle of perceptions）"，[①] 即争夺亚太国家对于谁执亚太牛耳的观念和看法上支持。

二　美国"再平衡"战略出台的
　　"需求—供给分析"

自奥巴马上台后，"再平衡"战略重新雄起的一大动因是亚太地区"需求"层面的拉动。亚太国家普遍要求美国将更多的注意力放到亚洲。一方面，中国的崛起让同中国有主权争议的东盟国家感到岌岌可危，因为时间优势明显

在中国一方，① 因此这些国家便向美国不断抱怨中国在 2007～2008 年之后的"强硬"姿态；另一方面，因为"在（南海）捕鱼和能源开发问题上，冲突事件戏剧性地增长，这导致美国担心紧张局势的升级可能威胁地区整体的和平和稳定"。②

而亚洲国家则希望，具体的做法应是建立多边组织机构以及确立美国对这些机构的实际领导权。奥巴马上任不到一年，新加坡前总理李光耀访美时就重提了这一要求。"21 世纪将是一场太平洋至高权力的竞争，因为这里将是（世界）增长发生之地。如果你们（美国）不在太平洋守住阵地，你们就不可能是世界的领导。"③ "中国的规模使得亚洲其他国家，包括日本和印度，都不可能在未来 20～30 年在影响力和能量上与之匹敌。所以，我们需要美国来与之平衡。"④

至此，亚太国家要美国与亚洲加强"接触"（engaged）的"边鼓"从未停止过，有的时候更加激烈。2009～2011 年，除了朝鲜和中国，所有其他亚太国家的领导都表达了类似的要求。⑤

当美国的整体国家实力受到中国崛起的客观挑战时，亚太一些国家在某种程度上也在挑战美国。这些国家一方面明白时间在中国一方，所以晚动手不如早动手，另外也要将美国一军，推动美国做些什么来证明其在亚太还是一个主导力量。新亚洲战略在很大层面上是美国在对盟国和友国做出回应：别担心，美国不仅不会离开亚太，反而会积极巩固对亚太的领导权。正如奥巴马总统和助理国务卿坎贝尔所言："让我们毫无疑问地说，在 21 世纪的亚太，美利坚

① 美国对于中国在南海引起周边国家担忧的理解可参考 Robert Sutter and Chin-hao Huang, "China Muscles Opponents on South China Sea," *Comparative Connections*, http://csis.org/files/publication/1202qchina_ seasia.pdf, September, 2012; James Kitfield, "Is Obama's 'Pivot to Asia' Really a Hedge Against China?" http://www.theatlantic.com/international/archive/2012/06/is-obamas-pivot-to-asia-really-a-hedge-against-china/258279/, June 2012。

② 源自美国 CSIS 会议 "South China Sea: A Key Indicator for Asian Security Cooperation for the 21st Century," http://csis.org/event/south-china-sea-key-indicator-asian-security-cooperation-21st-century。

③ Peter S. Green, "Singapore's Lee Says China, India to Rival U.S. in This Century," http://www.bloomberg.com/apps/news? pid = newsarchive&sid = ar_ qG0k1oALI, October 23, 2009.

④ Frank Ching, "U.S. Making SE Asia a Major Priority in Sign of China's Rise," *China Post*, http://www.chinapost.com.tw/commentary/the-china-post/frank-ching/2009/11/11/232280/US-making.htm.

⑤ 笔者同美国战略与国际问题研究中心葛莱仪的访谈。

合众国会全盘进入……美国是一个太平洋国家，会在此驻守。"① "在未来30~50年，美国将（在亚太）发挥主导作用。"② 美国的新亚洲战略是一个开始不自信的美国试图重塑其领导权的尝试。虽然美国反复辩称其本意并非要孤立和遏制中国，③ 但是对于中国的考虑在这一战略制定的过程中如影随形。

2011年，美国削减本国政府预算的决定是"供给"方面的原因。《华盛顿邮报》曾发表社论称21世纪最初的十年是美国"失去的十年（a lost decade）"。④ 美国的经济产出的增长是自20世纪30年代以来前所未有的最慢的，就业增长率为零。素有水晶球组织之称的美国国家情报委员会（National Intelligence Council）在2004年发表的《2020年全球趋势》中还称美国将是"唯一的超级大国"，⑤ 到了2008年发表的《2025年全球趋势》，就已经将未来国际局势描述为"群雄崛起"。⑥ 另外，亚洲的成功让美国的困难更为凸显。无论乐观者如何嘲笑"美国衰落论"是多次"狼来了"的再版，美国自1991年苏联崩溃到2008年金融危机这17年里在全球地缘政治中所享受的"一超独霸"的主导地位已经终结。后美国时代正站在地平线上。

因为这两年美国经济走下坡路，美国要大幅削减政府预算赤字。奥巴马政府认为美国目前必须分清楚任务孰轻孰重，以保证美国还能有所作为。虽然奥巴马承诺绝不会削减在亚太地区的军事力量，但是毕竟美国陆军将萎缩13%，海军陆战队将减少20000人，6个空军战斗机中队将被停用，美国海军只能得

---

① Barack Obama, "Remarks by President Obama to the Australian Parliament," http://www. whitehouse. gov/the-press-office/2011/11/17/remarks-president-obama-australian-parliament, November 17, 2011.

② Kurt Campbell's Speech in CSIS Schieffer Series Dialogue on South China Sea, September 28, 2010.

③ 美国高级官员在多个场合反复阐述其再平衡战略并非为了遏制中国。比如，美国防长帕内塔在2012年年初的香格里拉论坛上一再强调美国亚太军事"再平衡"战略不是为了遏制中国。帕内塔在2012年9月19日在中国人民解放军装甲兵工程学院发表演说，谈话主旨也是向解放军解释美国重返亚太的战略并非为了遏制中国。美国参谋长联席会议主席邓普西也明确说，"我们的亚洲'再平衡'的新战略并非是要遏制中国。"参见 James Kitfield, "Is Obama's 'Pivot to Asia' Really a Hedge Against China?" http://www. theatlantic. com/international/archive/2012/06/is-obamas-pivot-to-asia-really-a-hedge-against-china/258279/, June 2012。

④ "The Lost Decade for the Economy," *Washington Post*, January 1, 2010.

⑤ "Mapping the Global Future: Report of the National Intelligence Council's 2020 Project," United States National Intelligence Council, 2004.

⑥ "Global Trends 2025: A Transformed World," United States National Intelligence Council, 2008.

到更少的舰船，美国内部以及亚太一些国家怀疑美国是否还能实现对本地区的安全承诺。

美国国防部认为自己在亚太地区一直需要扮演两种角色：一类是"警察"，发挥这种作用的渠道是保持其军事存在；另一类是"消防队"，想发挥这种作用就必须有作战能力。而美国历年来一直增强作为"警察"的能力，代价是作为"消防员"能力的削弱。作为鲜明对照的是，中国在不到十年时间里即将成为世界最大的经济体，中国的军费连续多年大幅度增长，大力发展歼－20以及航母等军事利器以及由此带来的"反介入"军事能力的增强给美国军队带来了信心危机。这在相当程度上加剧了其他亚太国家对于"美国在安全方面供给不上"的恐慌，这使得它们在极力推动美国保持在亚太军事存在的同时，加紧巩固自身的军事能力。韩国领导人对于美国的国防预算削减表示"很深、很深的担忧，不知道这对（韩国）意味着什么"，"不知道朝鲜对此将如何反应"。[1] 韩国和澳大利亚正在加紧购买各种高端军事设备，如"宙斯盾"弹道导弹防御驱逐舰和还没有出炉的F－35隐形战斗机。20年前，菲律宾将美军扫地出门，现在本质上在邀请美军回来，同意未来几年接纳更多的驻菲美军。新加坡也计划让美国海军在岛上部署濒海战斗舰，澳大利亚将在达尔文接纳2500名美国陆战队员。即使是日本，也已经开始慢慢地履行2006年签署的在冲绳岛内搬迁美国海军陆战队空军基地的协议。[2]

美国在亚太地区正在通过尽力提高其规格和卷入程度来应对本地区其他国家对于美国脱离亚太的认知。这一认知的后果是本地区日益增长的焦虑不安和对于美国在亚洲未来的地位和作用的不确定性。随着中国日渐同亚太地区水乳

① Peter Singer, "Separating Sequestration Facts from Fiction: Sequestration and What It Would Do for American Military Power, Asia, and the Flashpoint of Korea," http://www.brookings.edu/research/articles/2012/09/23-sequestration-defense-singer；同类的阐述可参见 Brad Glosserman and David Santoro, "'The Lynchpin' Grapples with Frustration and Distrust: The Fourth US-ROK Strategic Dialogue," February 2012, http://www.nps.edu/Academics/Centers/CCC/PASCC/Publications/2012/2012_006_Pacific_Forum_US-ROK_Dialogue.pdf。

② Michael Auslin, "Defense Cuts Sap Obama's Asia Pivot," http://online.wsj.com/article/SB10001424052970204136404577206661536500538.html, February 17, 2012.

交融，中国大大加强了其政治和经济影响力以及在中国周边地域尤其是海上的军事存在。这使得美国认识到未来的中国无疑会对地区的发展有重大的影响。美国被迫"重新全面地回归亚洲"，这不仅可以破解本地区国家对美国脱离亚洲的担心，也可以强化美国的全球战略利益。

三 美国"再平衡"战略同中国的撞击

随着美国"再平衡"的政策"轮轴"逐渐旋转启动，中国同有关国家在钓鱼岛以及南海等"两海"问题上的摩擦逐渐激烈化。中国的周边不再是20世纪90年代中国对外睦邻友好的"样板间"，反而成为中国面临的主要矛盾的发源地。这些摩擦由于两个原因而显得尤其危险，一个是在中国自身的政策制定过程中民意的力量越来越重要，中国的内部政治因素逐渐绑架政府的政策，使得过去的维持现状战略和一些理性的让步在2008年之后尤其艰难。另外，这些紧张局势，除了朝鲜半岛问题，主要是中国同邻国对于领土的争议，而领土争议一向是各种紧张局势中最容易引起直接军事冲突因而是最为危险的一种摩擦。

除了中国对于美韩黄海联合军演的抗议，美国并不是中国面对的任何一场纷争的直接对手，然而，一个不可否认的事实是美国的影子出现在任何一场游戏中，并且起着矛盾放大器的作用。

如果更细致地研究中美对于双方日益激烈的摩擦和"影子拳"的解读，一个有趣的现象是双方列出的"大事件"或者对于事情发展的前因后果的解读是不同的。由于篇幅所囿，笔者在下文将着重叙述美国一方的解读，在此只想指出中国对整个过程的阐述主要是从2010年7月美韩在黄海的系列军演开始的。对于"天安舰"事件，笔者采访的中国学者中大部分人[1]认为"没有足够的证据证明是朝鲜所为"，不接受美韩的调查结论，认为"有很多疑点"。既然不接受美韩对于"天安舰"事件的结论，因此中国自然不接受美韩为了惩罚和威慑朝鲜而随后进行的黄海军演。不少中国专家同意朝鲜的观点，即

---

[1] 笔者与军队、中联部以及外交部系统的学者的访谈。

"美国是朝鲜（'天安舰'事件）所有'挑衅'行径最大的受益者"，① 认为美国借势直逼中国北大门，② 因为"山东半岛加上华北的一大块都在（美国的）这个作战半径内"。③

从美国一方的观点来看，中美在亚太地区的矛盾尖锐化开始于 2009 年 5 月，此时中国向联合国大陆架界限委员会提交"九段线"地图，这最早踏到了美国对于南海问题的警戒线，触发了美国政府加紧考虑准备如何对此进行反应。国务卿希拉里·克林顿称自己在参加"中美战略与经济对话"时，首次听到中方（其实是中国外交部亚洲司一个相对低阶的官员提出的个人意见——这么说是否合适或者说是否被允许④）提到"南中国海问题是中国的核心利益问题"时，立即对此予以了反对。⑤ 希拉里·克林顿还表示美国必须维持太平洋地区的军力，继续在该地区扮演安全平衡力量的角色。

2010 年 3 月 26 日晚，韩国"天安"号警戒舰在西部海域值勤时因发生爆炸而沉没，舰上 104 名官兵中仅有 58 人生还。2010 年 11 月 23 日，朝鲜向正在进行美韩联合军事演习的延坪岛倾泻了 200 多枚炮弹，造成 4 死 18 伤。而后，韩国也回击了 80 多枚炮弹。"天安舰"事件引起了美国在朝鲜

---

① 邱震海：《天安舰事件，美国是最大的赢家》，http：//phtv. ifeng. com/program/sskj/detail_ 2010_ 06/11/1611028_ 1. shtml，2010 年 6 月 11 日；中国国际问题研究所研究员晋林波 2010 年 7 月 7 日接受《环球时报》采访说，"'天安舰'事件给了美国军方进入黄海的借口"。

② 张文木：《"天安舰事件"后东亚战略形势与中国选择》，载《太平洋学报》2010 年第 11 期。

③ 《专家称美航母进黄海威胁我京津门户及军事基地》，央视《环球视线》，http：//mil. news. sina. com. cn/2010 - 06 - 22/0852597550. html，2010 年 6 月 22 日。

④ 根据笔者 2012 年 8 月同中国社会科学院一位研究中美关系的学者所做的访谈。

⑤ 根据笔者 2010 年 9 月同美国匿名政府官员的谈话。古原俊井和詹姆斯·霍尔姆斯，在他们的文章也提到类似的观点，详见 Toshi Yoshihara and James R. Holmes，"Can China Defend a 'Core Interest' in the South China Sea?" *The Washington Quarterly*，34：2，Spring 2011，pp. 45 - 59；《纽约时报》报道美国对华政策的高级官员贝德和詹姆斯·B. 斯坦伯格说，他们在 2010 年 3 月在北京的会面中第一次听到中国官员指称南海为中国主权的"核心利益"。美国官员说，中国将南海贴上了核心利益的标签，等同于台湾地区和西藏地区，这是第一次。参见 Edward Wong，"Chinese Military Seeks to Extend Its Naval Power，" *New York Times*，April 23，2010，http：//www. nytimes. com/2010/04/24/world/asia/24navy. html；美国务卿希拉里·克林顿也透露，她于 2010 年 5 月在北京举行的第二届"中美战略与经济对话"上听到北京方面做出类似的提法。详见 U. S. State Department，"Remarks by Secretary Clinton：Interview with Greg Sheridan of the Australian，" Melbourne，Australia，November 8，2010，http：//www. state. gov/secretary/rm/2010/11/150671. htm。

半岛问题上对于中国的不信任，认为中国对于朝鲜的"挑衅"一直采取默许态度，并且拒绝接受"朝鲜炸沉'天安'号这一事件的清楚、有说服力而且全面的证据"，强调这只能鼓励朝鲜走上更为好战的道路。因此，美国主流的意见认为，"这显示了中国逐渐成为朝鲜问题本身而非问题解决的一部分"。①

2010 年，中国对于美国对台军售做出"二次惩罚"，② 至少在口头上以从未有过的力度提出对美国的惩罚性措施。2010 年春夏，中国军方、外交部以及媒体对于美韩黄海联合军事演习做出了从未有过的强烈反弹。这之后，中日撞船事件发生，中国对日本使用了经济上的反制措施迫使日本就范。这一系列事件加深了美国对中国的不信任，更加怀疑中国对以下具体问题的真实看法。这包括：中国对领土争端将如何处理；中国将如何对待美国在西太平洋的军事存在，例如，在南中国海问题的争端中美国的参与以及处理同美国保持友邦合作的东盟国家包括越南的关系；如何对待美国在黄海以及中国周边海域的联合军事演习。

从美国的视角来看，亚太地区日益增长的焦虑不安和对于美国在亚洲未来的地位和作用的不确定性推动美国必须做出政策回应，而中美、中日和中韩的一系列紧张互动更加推动了美国的政策制定流程，凝聚了美国政策精英对于美国在亚太地区应该尽力提高其规格和卷入程度以应对本地区其他国家对于美国脱离亚太的认知的共识。

2010 年 7 月，美国国务卿希拉里·克林顿在东盟地区论坛上重申了美国在南海问题上的中立立场及希望和平解决的愿望。这是老调重弹。希拉里·克林顿在东盟地区论坛的发言中有两点与以往迥然不同：首先，如有需要，美国愿意为推动南海问题的解决提供调停或扮演某种更积极的角色。其次，美国反对使用或威胁使用武力，希望各当事方以多边对话的形式解决争端。换句话

---

① 笔者同美国传统基金会的朝鲜半岛问题专家布鲁斯·克林格纳的访谈。

② 2010 年美国对台军售是执行 2001 年小布什总统做出的对台军售决定，当时中国已经动用了冻结中美军事交流等惩罚性措施，因此 2010 年中国做出的反应是对于 2001 年小布什决定的"二次惩罚"。根据笔者同军队决策人的交流，军队高层是理解 2010 年的反应是大陆做出的"二次惩罚"。

说，美国对于南海领土争议具体怎么解决并没有特别的利益，但是南海争端的处理方式以及其对于地区和平与稳定有什么样的后果，对美国是至关重要的国家利益。这两点新的内容确实提高了美国在南海争议上的参与程度。美国下了决心在南中国海争议问题上更加明确其立场，也更外露，这也是服务于目的在于以积极方式将美国插入并主导亚太地区的"游戏"的"再平衡"战略。

虽然美国外交政策制定的各种细节外界无法得知，但是美国的一些精英认为希拉里·克林顿在东盟论坛的发言从一定程度上讲是处置失当。美国给中国造成了一种要干涉的错误印象，虽然这并不是美国国务院有意为之。① 美国在河内东盟论坛中对国务卿希拉里·克林顿讲话的准备工作包括安排同论坛的不同成员举行私下里的会见，而中国或是被排除在外，或是连这些私下里会见的举行都没有被提前告知，或是没有表示主动的意愿同美国也举行私底下的会谈。无论如何，美国都给人一个印象，那就是美国在同其他国家合作，再加上美国的一系列有关亚太地区的其他声明，这加在一起给人一种印象就是美国在这一过程中把中国排斥在外。中国人难免有这个印象，那就是美国说这些话、做这些事，无非就是想故意同中国对抗。这是中国外长杨洁篪在东盟论坛上对其他各国关于南中国海问题的发言如此动怒的原因。

熟悉美国国务院想法的专家对此的看法是，中国如果事先知道美国要同这些东盟国家谈什么，就会尽力"破坏"美国的整个努力。美国国务院的官员觉得，如果把中国纳入到这个协商过程当中，中国会觉得美国要做的这些都是针对自己，于是会加强对其他更小国家的压力让它们三缄其口或者不做让中国不悦的事。这一担心在美国国务院的确存在。美国希望东盟这些小国可以在东盟论坛中挺身而出为自己说话。话虽这么说，美国这么做难免已经给中国造成以美国为首联合其他东盟国家一起制衡中国的印象，虽然这并非美国的初衷或者计划。美国这一战略转向在2010年成形也好，还是2011年推出也好，都是不打算将枪口对准中国的。可以有争议地说，至今执行这一战略的美国决策者仍然没有下决心打算孤立遏制中国，也不愿意同中国走向对抗。

虽然美国的"再平衡"战略的初衷并非遏制中国，然而，这一战略的结

---

① 笔者同卡内基和平基金会高级研究员史文的访谈，2010年10月。

果导致中国的"两海之困"——同时在南海和东海面对越来越尖锐的挑战。同中国有海洋领土争议的国家出于各自的国内政治原因的推动，希望借美国增加对亚太地区安全进行战略关注的机遇，更加紧一步突破现状。2012年4月10日，因为菲律宾海军企图在南海黄岩岛附近抓扣中国渔民，中国海监船前往制止，随后中菲双方发生对峙事件。2012年4月开始，日本对钓鱼岛的购岛风波又将中、日两国推到更具危险性的对抗境地。美国意识到，2012年中日之间的紧张局势源于日本国内因素驱动的一个错误举措。但是，美国同日本有安全同盟关系，无法采取一个客观的中立的立场。这正是日本国内的右翼势力理解和利用的一点，美国对此虽然恼怒，但是被同盟义务绑定，难下虎背。美国极为担心中日面对的不稳定的局面，害怕被拖入中日的争端中，被迫做出动作来履行其同盟义务，而最终使中美为敌。虽然是日本政策失误在先，美国很多官员和分析家也意识到中国借日本的错误推动自己的议程，在做出反应的同时也在改变现状。中国多次试图接近日本领海的海域巡逻，甚至突入日本的12海里。日本的海岸自卫队在极为高度的警戒状态行动，尽量推回来自中国的压力。这从美国的看法蕴涵了太多的"擦枪走火"的可能性。

在对待钓鱼岛争端美国是否介入和如何介入的问题上，五角大楼存在分歧。一方面，美国海军内部绝大部分的职业军人有一个广泛的共识，认为"我们不会为那块儿只有山羊才爬的石头（goat-climbing rocks）同中国开战""这块石头"根本不值得美国介入。但是，五角大楼内部以国防部副部长卡特（Ashton Carter）为代表的具有鹰派思想的文官团体和与其联系紧密的思想库，比如，美国战略与国际中心的原美国总统特别助理、现美国战略与国际关系研究所资深顾问迈克尔·格林（Michael Green）、或者美国新保守主义思想代表人物罗伯特·卡根（Robert Kagan）都认为钓鱼岛是美国为了守住第一岛链的地缘战略斗争的重要的一步棋。这部分人认为中国的整体应对战略自相矛盾，认为中国过去十几年实行的是反干涉战略，即增加美国军事干预的成本。但是，现在中国执行的战略似乎是反遏制战略，中国在钓鱼岛问题争夺的核心并非只是捕鱼和能源利益，而是也看到其对第一岛链的意义，因此极力防止别国联手遏华。只是中国至今的政策结果同战略初衷南辕北辙，中国是越反遏制，越遭遏制。

在这一战略的操作层面，中国政府和学者一般不太强调的一点是：美国这一战略在寻求增强美国在亚太地区的领导权以反对中国任何寻求地区霸权倾向的同时，其实也包括更加积极地同中国保持沟通和协调的层面。这一点尤其在中国新的最高领导人习近平同美国副总统拜登以及王岐山和美国前财长盖特纳的个人化交往体现出来。然而，因为中、美两国最高领导人以及高级政策制定者的私人关系和沟通交往而不容易被外界了解和肯定，毕竟这一层面的沟通细节是不对外宣布的，其有效性和质量的评价也更具主观性，但是也不能因此而忽略它的重要意义。

四　美国"再平衡"战略下的中国"灵巧"应对

只有透彻理解美国新亚洲战略从何而来，中国才能更客观地评价这一战略对自己的影响，才能更清醒也更灵巧地制定反应措施。

美国新亚洲战略是否真的能成功贯彻，美国国内精英对此仍然是有很多分歧和质疑。质疑虽然是结果，但是对于不同精英团体，质疑的原因不同。

美国前助理国防部长傅立民（Chas Freeman）就怀疑这一战略具有逻辑错误因而缺乏"可持续性"。傅立民说："'再平衡'战略并不代表一个经过深思熟虑和可持续的美国政策。增强美国在亚太地区的承诺，只是挑动那些同中国有领土之争的国家采取更咄咄逼人、更冒险的立场，即使这会挑衅中国，让中国进一步加快其国防建设，而这本来正是美国通过'再平衡'战略想抗衡的目标。""美国宣布'转向'来抗衡中国实在不必要，因为这使得中美关系被推入越来越互相怀疑的恶性循环，更不用说它们之间的敌对互动。而美国对于中国和其邻国之间发生的摩擦自动的反应是将这些事件都归咎于中国。"①

美国国防部的高层人士在内部的讨论中也承认这一战略至少在安全层面还没有"想好"，因此还不够成熟。他们的另一个质疑是美国在中东地区紧张局势不断以及国防预算会只减不增的情况下能否履行对于亚太地区盟友的安全保证。②

---

① 傅立民在 2010 年 2 月接受笔者的访谈时说的这两段话。
② 美国海军方面的担忧可参见 J. Randy Forbes, "Rebalancing the Rhetoric," *Proceedings*, 138/10/1, 316, 2012, http://www.usni.org/magazines/proceedings/2012－10/rebalancing-rhetoric。

美国国内精英对于其亚洲盟国是否有能力追随这一战略也有众多质疑。在整体国防预算被削减的情况下，美国不可避免地希望日、韩、澳等盟国加大财力贡献，分担美国在亚太地区的防卫负担。但是，"'再平衡'战略制定的着眼点是美国资源可能枯竭，同盟国应拾起资源供给的'接力棒'，但是这一点能否全面实现还未可知"，因为"日本政府更迭频繁，经济疲软不振，能否按照美国政策指定人的策划为分担美国的重负而提供重要的资源支持，仍是一个悬而未决的问题"。① 而且，韩国是否会在中国—美国—朝鲜的复杂三角关系中一定选择追随美国也要打一个问号。②

中国对于美国的"再平衡"战略需要聪明地理解，灵巧应对，没有必要对这一战略过度恐惧而慌了阵脚。对这个战略带给中国的军事威胁要客观看待，因为如果慌了阵脚就可能做出过度反应或者错误反应。有一点也许值得我们反思：在2010年，中国可能是过于激烈的反应在一定程度上使得新亚洲战略迅速凝聚了美国精英阶层的共识，在亚太地区创造了支持性的语境，从而得以顺利推出。

无论成功与否，这一战略都将是指导美国至少未来10～15年全面对外姿态的核心思想。中国如果处理不当，或者将走上同美国对抗的道路（如美国国防部所想），或者被挤入遭受本地区其他国家不断挑衅、排斥和提防的窘境（如美国国务院部分人的设想）。美国的新亚洲政策中的确有一个锋利的边缘，但是目前其消极层面更大程度上是等中国犯错。

在制定具体应对措施方面，中国需要考虑以下几个问题。

（1）中国需要不断理解美国官僚政治博弈的动态和过程，以分辨同谁合作，同谁斗争，有的放矢。中国选择同谁对话，或者释放重要信息，将有助于这一管道在美国国内政治博弈中被重视，这在美国将中国定性为敌人之前尤其会发挥作用。

中国需要理解美国看似强硬的一派是否坚不可摧。第一个例子是，国务卿克林顿在即兴发言中偏于强硬的姿态是系统政策还是个人性格或者当时的发挥

---

① David M. Lampton, "China and the United States: Beyond Balance," *Asia Policy*, Vol. 14, No. 2, 2012, pp. 40 – 44.

② David M. Lampton, "China and the United States: Beyond Balance," pp. 40 – 44.

使然，而由此该如何应对。

第二个例子是，美国在 2012 年 8 月 3 日发表的南海声明中，批评中国提升三沙市的行政级别以及设立涵盖南中国海受争议海域的新警备区可能加剧该地区的紧张局势。虽然中国一般将这一声明解读为美国有意针对自己，但事实上这项声明是美国白宫、国务院和国防部的跨部门会议决定的，其真正起源是美国对于东盟团结的担忧。在 2012 年 7 月 11 日的金边东盟外长会议上，与会各国在联合声明有关南海问题的措辞上发生争执，未能达成一致，使得拥有 10 个成员国的东盟成立 45 年来首次未能发表一项联合声明。①

第三个例子是，2013 年 1 月 3 日，美国总统奥巴马签署了《2013 财年国防授权法案》，其中含有《美日安保条约》适用于钓鱼岛问题等内容。很多中方的专家对此的解读极为负面，认为这一法案更进一步绑定美国为日本保卫钓鱼岛。其实，国防授权法案是美国国会用来要求五角大楼就其关心的问题进行报告的途径，也是国会对政府提要求的工具。每年的国防授权法案重要性各不相同，其重要性主要取决于其内容是具有法律约束力的，还是仅仅属于表达美国国会参众两院共识的"意向性"条款（the sense of the Congress），因此不具有法律约束力。比如，历次国防授权法案中对中国最为重要的是 2000 年的国防授权法案，其中对于限制美国军队同中国合作的 12 个领域的条款具有法律约束力，至今仍然阻碍中美军与军交流的发展。2013 年由国会议员 Jim Webb 及其助手一起撰写的国防授权法案相比而言就不那么重要。奥巴马总统对此或者全盘接受或者全盘否定，无法走中间路线。既然它只是代表国会的想法（Sense），即国会在说"这是我们现在所想的问题"，并不要求政府做任何事情，另外，在预算以及新阁员批准方面，奥巴马要花很多政治资本，那奥巴马当然选择签署这一并不重要的法案，并不代表美国政府对于钓鱼岛问题上日美安保合作有任何新的动作或承诺。

（2）推动美国"再平衡"战略的中心定位于经济贸易层面，加入 TPP 从

① 东盟原定在 2012 年 7 月 9 日的外长会议之后拟订联合声明，但各国在有关南海问题的表述上发生严重分歧。菲律宾和越南要求明确写入海洋纠纷问题，在声明中对中国的行为表示"担忧"，但柬埔寨一再予以拒绝。东盟于 7 月 11 日召开外长特别会议，试图通过联合声明，但为期约两小时的会议未能达成一致。

长远来讲也许不是对中国经济最完美的选择，但是从战略角度来讲却是最理性的选择。新加坡就已经多次通过各种渠道批评美国目前的战略太注重安全和军事，太少强调经济和贸易因素。

（3）敌人的敌人一定是朋友，但是敌人的朋友有可能也是朋友。美国更易倾听盟国和朋友的批评。一个例子是美国要在新加坡轮流部署对于南海事务具有快速反应能力的濒海战斗舰，这对中国是有实际的军事威胁的。[①] 如何加强同新加坡的沟通合作以影响其行动及姿态就成为中国应对美国军事威胁的关键所在。因此，中国真正要下工夫研究的问题是如何通过影响美国的盟国和友国来影响美国的这一战略。美国运作这一战略的核心是以地区抑制中国。如果中国能反其道而行之，让地区更加依赖中国以抑制美国，那将有效阻碍这一战略的实施。

（4）中国应该加强对美国的信心保障（reassurance）。傅立民大使曾说，一个不强大的中国对于美国反而是一个麻烦。套用他的逻辑，一个不自信的美国对于中国意味着更大的危险。[②] 过去30年来，中国一直是美国信心注入的接受方，现在应该意识到中国开始给美国注入信心的时代已经来临。中国可以通过加强自身的"战略灵活性"来达到这一目的，[③] 这可以包括：不寻求在亚太地区有意排除美国的影响和参与，在官方层面公开承认和欢迎美国在亚太地区发挥建设性的作用，虽然"建设性"如何定义是中美可以通过对话和沟通来商榷的；同时，在任何涉华的海上争议的事务中，中国应该明确"切割"对于争议领海主权的宣示和对于海上通道自由的承认与保护。

从一个更深的战略制定层次上来讲，中国需要认真思考两个问题：一是安全战略哲学以及决策体制改革的问题，二是在国家战略思考中坚持实事求是的原则。

美国在亚太地区是一个无法回避的力量。中国是一个上升的力量，而中国上升的速度之快极为惊人，可能连自己都没有估计到。这带来一个实际的问

---

① 笔者感谢姚云竹将军和朱成虎将军在这一观点上的睿智看法。
② 傅立民在2006年10月美国世界安全研究所中国项目和中国军控与裁军协会在华盛顿联合举办的1.5轨会议上的发言。
③ 笔者同美国世界安全研究所中国项目主任孔哲文的访谈。

题，那就是中国的外交哲学和政策制定机制赶不上内部和外部利益的急剧发展，也赶不上国际和地区安全环境机遇和挑战的变化。中国习惯中庸的做法，以不变应万变，这貌似大智若愚，但是在国际风云变幻莫测而中国自身发展正在"瓶颈"中艰苦挣扎的情况下就暴露出了严重的缺陷。中国外交面临的主要问题包括决策僵化刻板、从上至下，缺乏横向协调和吸取外部咨询讨论以及顶层设计的官僚决策体制；害怕独立思考而且体制上不鼓励独立思考的体系外人员参与到决策建议和制定的过程中来，决策官员因循守旧、畏惧创新和承担责任，这些因素导致中国在外交和安全问题上"头痛医头，脚痛医脚"，该果断出头的时候畏手畏脚、瞻前顾后，该放软身段时又亢奋强硬，使得很多外交和安全政策反应不适应中国目前的实力和地位。

　　但是，这还不是中国面对的决策体制中最大的危险。中国面临的最大危险是受激进民意所挟，由内虚而外厉，犯冒进主义，不客观评估自己的核心国家利益、自身利益的轻重缓急以及本身的实力和影响力，导致在一个关键的时机犯了一个关键的战略性错误。在微博时代，中国的安全和外交战略要有平衡理性的发展，在未来几十年，政府需要学会以柔性手段教育引导民意，外交和军队部门对民众也需要进行有效的政策公关，而不是让自己为"网民"所绑架。

　　中国在未来一个中期发展阶段，国内问题的重要性仍然大于国际问题，民生、法治、社会公平和政府治理体制改革问题大于外交和对外安全问题。但是，因为中国客观的经济总量和国际地位，中国又无法保持内向性的战略姿态。对此，中国需要关注以下三点：第一，中国需要通过固定而科学的机制来不断跟踪报告以及测量中国发展变化中的国家利益以及外部环境的变迁趋势，由此使政府在政策的优先和重点的选序上有既科学又有一致性的指导。第二，中国也迫切需要改革国家安全政策制定体制。虽然很多调研显示中国建立类似美国国家安全委员会这样的体制看起来时机还不成熟，但是至少可以加强军队在既有的外交安全体制中的有效代表性，同时增强外交系统在军队对外关系以及研究国际战略的队伍中的参与和影响，这可以通过设置一种相互安插的定期轮换机制构成，同时也可以设置一定机制化的平台使得外交、经贸和军事方面的中高级官员能够进行沟通和合作。第三，及时了解美国以及亚太地区重要国家的思想看法以及政策制定和落实过程极为重要。这是一个耗时、微妙而且昂

贵的投入过程，但是对于同中国战略利益攸关的国家，如果中国对其真实想法没有准确客观的判断和把握，误判的代价可以小到出台政策不合时宜，越想灭火越是火上浇油，大到打起一场本来可以避免的战争。另外，吸纳真正了解不断变化的外部世界的体制外学者进入到政策咨询甚至制定的机制中去，让决策体制更加开放化、透明化，这是做出缜密、全面而理性的外交和安全决策的必要条件。

另外，在中国外交和安全战略制定中，实事求是的原则应该提到一个战略层面。在应对美国的新亚洲战略上，中国在意图和具体政策上不必忧心忡忡，想方设法排斥美国的影响力。美国的影响是一个客观存在，这在将来很长一段时间都如此，中国不如理性积极地接受，只是中国也需要"管理"美国。美国白宫同国务院在"再平衡"战略上就有分歧。中国要及时了解美国的内部政治脉动，强化（empower）同美国政策体系中对华更温和的力量的直接沟通与合作，支持他们在美国内部对华政策制定中发挥更大作用。有时候，中国也需要通过"管理"直接的当事方来达到"管理"美国的效果，比如，近年台海关系大大改善，就很大程度上消除了中美为台湾问题而"擦枪走火"的危险性。

从美国视角来看，有一个深层次的战略忧虑，那就是西太平洋的安全问题，换言之，中国在强大之后是否继续容忍和接受美国在西太平洋的军事存在？美国的假设是，为了维护这里的和平与稳定，美国需要在西太平洋地区继续扮演一个绝对统治地位的海上强国的角色，这种海上绝对统治地位主要表现在海军的航行和作战能力上，包括出没的频率、能否提供保护利益需要的手段等。美国一直在这一海域的稳定中起到关键的作用，维护了本地区国家的共同利益，包括保证海洋通道畅通，保证商业航运安全，安抚这一地区的国家（如日本），一旦发生问题美国会保护它们。美国在这一海域的存在不仅是提供"公共产品"，也是安抚这一地区的同盟伙伴和友邦，保证没有任何特别的国家做出对于这些盟友利益构成威胁的负面或不利行为，所以美国的所作所为的确有两边下注、以防万一的考虑。美国在此的权力布置也是为了保证中国一旦变得更咄咄逼人和具有挑战竞争性，美国能够站在最有利的位置来对付这种挑战。这是一个非常基本的考虑。

从中国的角度来说，西太平洋在未来十年并非中国必争不可的战略利益。

如果这不是中国目前的核心战略利益，中国军方和外交部门同美国对此进行明确的解释和沟通会有助于从根源上减少摩擦。如果仅仅是因为美国无论如何无法停止的对台军售以及近岸侦察，就放弃军事上建立互信和合作的机会，放弃双方本来可以做的海上救援救灾、海上共同巡逻甚至非战争行动合作的机会，这是为自己的发展自设路障。

随着中国扩展军事力量，会越来越多地"碰到"美国，这是中国崛起过程中一个不可避免的部分，美国对此是有心理准备的。中国需要理解自身和美国最为看重的目标有别，因此在非核心利益（至少是五年内的视角）的问题上可以适时适度地妥协和隐忍。对于核心利益，中国自己要先搞清楚是什么，确定之后在提法上可以从"二轨"和"1.5轨"开始试探逐渐进入官方的明确解释和阐述。美国希望同中国建立行路规则，希望中国更清楚地解释自己的期望，加强中国行为的可预期性。一个迅速崛起而方向和意图不明的大国从外界看来可能是一个可怕的巨人怪物，这就是中国虽然在很长一段时间内在发展上以内部问题为主，但是在战略姿态上却无法内向性的原因。

Ⅴ.15

重塑地区安全秩序：美国战略东移与中国的应对

陈寒溪*

摘 要：

美国战略东移行动加强了对东亚安全事务的介入程度，改变了东亚国家间的安全关系，美国与盟国和伙伴国之间的合作加强，中国和周边部分国家的冲突增多，中美竞争趋于激烈。在安全环境发生变化的情况下，中国维护主权利益的决心明显增强，对海权的重视程度逐渐增加，但仍然坚持对外政策的基本原则，继续寻求与美国合作。由于美国战略东移的目标不是遏制中国，中国也没有在政治和军事上挑战美国的意图，中美安全关系还没有发生本质变化，如果中美能够控制竞争的范围和程度，就有可能共同塑造新的东亚安全秩序。

关键词：

战略东移 重返亚洲 转向亚洲 东亚安全

奥巴马总统第一任期内（2009～2012年），美国的东亚政策表现出三个明显变化：积极参与和主导地区多边合作、强化与盟国和伙伴国的军事合作、增强在东亚的军事存在。2011年底至2012年初，美国的东亚政策趋于完整和系统化。奥巴马（Barack Obama）总统、希拉里（Hillary Clinton）国务卿以及其他政府高级官员，把这种政策称为"重返亚洲"（return to Asia）、"转向亚洲"（pivot to Asia）、"再平衡"（rebalance）。然而，奥巴马政府改变的不仅仅只是东亚政策，而是对美国全球战略的重大调整。战略东移，即将美国全球战略的

---

* 陈寒溪，广东外语外贸大学国际政治系教授，广东国际战略研究院研究员。

重心转向东亚地区，构成了奥巴马政府对外政策的重要变化。这个重大调整深刻地改变了美国的对外政策和国防政策，也对中国的安全环境和东亚安全形势造成了深远影响。

一　从"重返亚洲"到"转向亚洲"：
美国战略东移的决心增强

在四年任期里，奥巴马政府不断释放战略东移的信号，在政治、军事、经济等领域采取大量行动，展示战略调整的目标和决心，但一个重要的区别在于，奥巴马政府在最初的两年多里强调"重返亚洲"，2011年底至2012年初开始提出"转向亚洲"概念。这是两个意义不同的概念。前者的意思是过去对东亚的重视程度不够，现在要重新给予关注；后者的意思是，美国不但要关注东亚，而且将以东亚作为美国全球战略的枢轴和中心。事实上，美国"重返亚洲"的构想和行动，早在克林顿（Bill Clinton）总统时期就已经开始，但"转向亚洲"却是奥巴马政府的新构想、新政策，意味着真正的战略东移，对全球和地区形势的影响必然是深远的。"转向亚洲"政策包含着一个基本战略判断：今后几十年，亚太地区事务将决定全球形势的发展。[①] 由此看来，在美国的全球战略布局中，东亚的战略价值已经被提到史无前例的高度，构成了美国全球战略的重大调整。[②] 虽然这个战略调整的发展趋势还存在不确定性，但奥巴马政府进行战略调整的决心越来越明确。

（一）战略东移的政治决心

2011年底，希拉里国务卿在一次演说中把美国战略重心东移的构想概括

---

①　Richard Bush Ⅲ, "The Response of China's Neighbors to the U. S. 'Pivot' to Asia," a remark at Brookings, January 31, 2012, http：//www. brookings. edu/research/speeches/2012/01/31-us-pivot-bush.

②　朱锋：《奥巴马政府'转向亚洲'战略与中美关系》，《现代国际关系》2012年第4期。在地缘政治意义上，美国战略东移就是把全球战略的重心向亚太地区转移，但奥巴马政府对"亚太"的界定超越了传统含义，把印度洋和太平洋都纳入进来，这样包括了南亚、东亚、大洋洲等各个地区。参见 Hillary Clinton, "America's Pacific Century," *Foreign Policy*, November 2011。这一地理范畴有时也被美国官方和民间称为"亚洲""东亚"。显而易见的是，东亚是美国新战略关注的真正重心。

为"转向亚洲"。她指出,"随着伊拉克战争接近尾声以及美国开始从阿富汗撤军,美国现在处于一个转折点。……今后10年美国外交方略的最重要的使命之一将是把大幅增加的投入——在外交、经济、战略和其他方面——锁定于亚太地区"。①

2011年11月,奥巴马总统访问澳大利亚时发表了重要演讲,明确提出美国政府将把战略重心转移到亚太地区,将长期在亚太地区承担领导责任,为塑造地区秩序发挥更大的作用。他列举了美国在亚太地区秩序构建中将要采取的六个步骤:①确保亚太地区安全,维护地区规范和规则,确保商业和航行自由,确保和平解决国际争端;②维持美国强大的军事存在,加强与日、韩、澳、菲、泰等五个盟国的关系,拓展与印度尼西亚、印度、新加坡、越南等国的伙伴关系,使美国的军事存在范围更广、更灵活、更可持续;③参与地区多边机制,加入东亚峰会;④与中国建立合作关系;⑤建设跨太平洋伙伴关系(TPP),打造新型贸易模式;⑥拓展民主和人权。②

奥巴马政府战略东移的政治决心,在外交层面的一个重要体现,就是总统和其他高级官员对亚太国家史无前例的访问活动。这体现在以下五个方面。第一,奥巴马政府打破了外交出访的传统和惯例,不再以欧洲、中东为优先,而是以东亚为优先。2009年2月希拉里国务卿首次出国访问,访问对象依次为日本、印度尼西亚、韩国、中国四个东亚国家;2012年11月,刚赢得连任的奥巴马总统就宣布,连任后首次出访安排将是泰国、缅甸和柬埔寨三国。总统和国务卿颠覆了美国传统的"访问外交",体现了美国政府"重返亚洲"的政治决心。第二,外交访问的覆盖范围是前所未有的。例如,缅甸和柬埔寨这些传统上受到美国政府敌视或者忽略的国家,也成为重要的访问对象。2011年11月,希拉里国务卿成为战后五十年里第一位访问缅甸的美国国务卿;2013年1月,奥巴马总统访问缅甸和柬埔寨,是历史上美国总统第一次到访这两个

① Hillary Rodham Clinton, "America's Pacific Century," *Foreign Policy*, October 11, 2011. http://www.foreignpolicy.com/articles/2011/10/11/americas_ pacific_ century.

② President Barack Obama, "Remarks by President Obama to the Australian Parliament," November 17, 2011, http://www.whitehouse.gov/the-press-office/2011/11/17/remarks-president-obama-australian-parliament.

国家。这些外交活动引起国际舆论的高度关注。① 第三，外交访问的密集程度是罕见的。奥巴马政府第一任期内，总统访问了 11 个"亚洲国家"，希拉里国务卿出访了 77 个"亚洲国家"。② 希拉里国务卿在前三年任期里，对东亚与太平洋地区国家的访问占她全部访问的 19.7%。赖斯（Condoleezza Rice）国务卿的这个数据是 9.8%，鲍威尔（Colin Luther Powel）国务卿是 13.5%，奥尔布赖特（Madeleine Albright）国务卿是 13.2%。③ 奥巴马政府对东亚和亚太地区的关注，明显超过了往届政府。第四，奥巴马政府打破美国的传统，正式加入东亚多边合作机制，积极参与并试图主导东亚多边外交，以期通过多边外交来塑造地区合作规范，改变了东亚地区合作的原有格局。④ 第五，一个值得关注的外交变化，是奥巴马政府重新划定了亚太地区的地理范围。传统上，美国政府界定的亚太地区并不包括南亚次大陆和印度洋，但由于印度洋和马六甲海峡是通向东亚的战略通道，奥巴马政府把南亚和印度洋地区纳入战略转向的地理范围之内。⑤ 对亚太地区的地理范围重新划定，必然要求美国政府的战略资源的调配跟着发生变化，加大对亚太地区的投入。这体现了奥巴马政府"转向亚洲"的一个重要战略构思。

（二）战略东移的军事构想

如果说外交访问的变化还属于表层的政治行动的话，军事部署的调整则在实质意义上体现了奥巴马政府战略东移的决心。奥巴马政府战略东移的决心，也体现在军事战略的变革上。2012 年 1 月，奥巴马总统与国防部长共同发布题为《维持美国的全球领导地位：21 世纪国防的优先任务》的军事战略报告，

---

① 《奥巴马连任后首访亚洲引关注》，新华网，2013 年 1 月 18 日，http：//news. xinhuanet. com/world/2012 - 11/18/c_ 123965737. htm。

② 韦宗友：《美国战略重心东移及其对东亚秩序的影响》，《国际观察》2012 年第 6 期。

③ Mark Manyin, Stephen Daggett, Ben Dolven, Susan Lawrence, Michael Martin, Ronald O'Rourke, Bruce Vaughn, "Pivot to the Pacific? The Obama Administration's 'Rebalancing' Toward Asia," CRS report for Congress, March 28, 2012, p. 17.

④ 陈寒溪：《美国'重返亚洲'对东亚合作的影响》，《国际关系学院学报》2012 年第 4 期。

⑤ Mark Manyin, Stephen Daggett, Ben Dolven, Susan Lawrence, Michael Martin, Ronald O'Rourke, Bruce Vaughn, "Pivot to the Pacific? The Obama Administration's 'Rebalancing' Toward Asia," CRS report for Congress, March 28, 2012, pp. 4 - 5.

宣布美国的军事重心转向亚太地区。①

这份新的军事战略指南使用"再平衡"这个术语，从军事维度解释了奥巴马政府的"转向亚洲"政策。该文件首先强调了亚太地区的战略价值：由于美国的经济和安全利益已经与从西太平洋和东亚到印度洋及南亚的广大地区紧密相连，美国的军事力量必须向亚太地区"再平衡"，增强在亚太地区的军事存在，因为维护亚太地区的和平、稳定、商业的自由流动以及美国在该地区的影响力，很大部分取决于美国的军事优势和军事存在。至于军事"再平衡"的途径，该文件强调"将重视既有军事同盟，它提供了亚太安全的重要基石。同时将拓展我们与亚太地区新兴伙伴的合作网络，以确保维护共同利益的集体能力"。该文件还强调了军事意义上的假想敌——中国，认为从长远来看，中国崛起为一个地区大国将有可能以多种方式对美国的经济与安全造成影响，美国必须继续进行必要的投资，以确保美国能够维持地区进入和不受约束地履行条约义务和国际法。针对中国日益增长的军事实力，该战略提出"空海一体战概念"（Air-Sea Battle Concept），专门对付中国军队的"区域阻断/反介入（Area Denial / Anti-Access）（简称 A2/AD）战略"。②

在美国缩减国防开支的大背景下，强调亚太地区"再平衡"必然存在资源投入问题。这份军事战略文件强调，美国国防开支缩减的同时不减少对亚太地区的投入，表明亚太地区的军事优先地位。文件还强调亚太军事"再平衡"的核心是突出海军的地位，国防开支优先缩减的是陆军和地面部队的投入，海军的缩减要降低到最低程度。在美国亚太地区军事部署中，除了朝鲜半岛，亚太地区主要被看作是海军的作战区域。2012 年 6 月，美国国防部长帕内塔（Leon Panetta）在香格里拉对话会上提出，到 2020 年，美国海军在太平洋的部署占全球的比重，将由此前的 50% 上升到 60%。③ 由此可见，海军优先是为了配合亚太优先。

① 《美军公布新军事战略，美国总统奥巴马讲话》，新华网，2012 年 1 月 5 日，http：//news. xinhuanet. com/world/2012 – 01/06/c_ 111384582. htm。

② "Sustaining U. S. Global Leadership：Priorities for 21st Century Defense," Department of Defense, January 2012, http：//www. defense. gov/news/defense_ strategic_ guidance. pdf.

③ Speech by Secretary of Defense Leon Panetta at the Shangri-La Security Dialogue, Singapore, June 02, 2012, http：//www. defense. gov/speeches/speech. aspx？ speechid =1681.

二 美国加强同盟和军事存在的行动

尽管奥巴马政府战略东移和"转向亚洲"包含了政治、经济、军事等各个领域的政策内容，但同盟合作和军事部署的变化，是美国亚太和东亚政策中变化最大、最引人注目的部分。

（一）美国的同盟外交及其影响

双边同盟体系一直是美国东亚霸权的首要政策工具，美国战略东移仍然以巩固同盟体系为优先选择。除了加强与日本、韩国、澳大利亚、菲律宾、泰国等五个传统盟国的关系，奥巴马政府还试图发展和强化与新加坡、越南、印度的军事合作伙伴关系，构筑从东北亚、东南亚延伸至印度洋的军事同盟及伙伴关系网络。①

同盟关系和军事合作能够存在和发展，重要的前提条件是国家之间对外部威胁有共同感知。东亚国家安全关系中的裂痕依然严重，其根源主要在于历史仇恨和领土争端，例如，南北朝鲜问题、中日东海划界和钓鱼岛问题，中国与越南、菲律宾之间的南海问题，等等。这些问题长期得不到解决，成为潜在的地区安全隐患，不时引发地区危机，导致东亚国家相互猜忌和对立，扩大了部分国家对美国的战略需求，为美国加强同盟和发展军事伙伴关系提供了有利的条件。为了实现本国利益，美国的政策是维持这些安全问题继续存在并不断发展，而不是帮助东亚国家解决这些问题。

在东北亚地区，美国借助韩朝矛盾和中日矛盾来加强美日同盟、美韩同盟。2010 年东北亚发生了三次危机事件，即 3 月的天安舰事件、9 月的闽晋渔事件、11 月的延坪岛事件。危机事件渲染了朝鲜威胁和中国威胁，美国借机与韩国、日本分别举行了史无前例的大规模联合军事演习。闽晋渔事件发生

---

① 2012 年 6 月，美国国防部长帕内塔在香格里拉对话会上提出，美国积极发展与印度、新加波、印度尼西亚等国的伙伴关系，和后者建立类似于在澳大利亚的部队轮流部署的合作性军事安排。参见 Speech by Secretary of Defense Leon Panetta at the Shangri-La Security Dialogue, Singapore, June 02, 2012, http：//www. defense. gov/speeches/speech. aspx？speechid = 1681。

后，美国国务卿希拉里、国防部长盖茨（Robert Gates）、参谋长联席会议主席马伦（Michael Mullen）先后在不同场合表达对美日同盟条约的承诺，为日本提供外交支持。① 2012 年 9 月，日本政府宣布购买钓鱼岛，中国政府强烈谴责和反对，引发中日建交以来最严重的外交冲突。2012 年 9 月至 2013 年 1 月，在中日钓鱼岛危机不断激化的过程中，美国国务院多次表达日美安保条约适用于钓鱼岛的观点。2013 年 1 月，由美国国会通过、奥巴马总统签署生效的 2013 年度《国防授权法》也表达了这种政治观点。②

在东南亚地区，奥巴马政府可以利用的地区裂痕是南海争端。长期以来，美国利用南海争端来加强与越南、菲律宾、新加坡、印度尼西亚、马来西亚等国的军事合作。③ 不过，相比往届政府，奥巴马政府更加明确地主张南海问题多边化、国际化，更加积极地表达外交介入的意愿，愿意主持有关南海问题的多边国际会议。2010 年 7 月，在东盟地区论坛外长会上，希拉里国务卿不顾中国外长杨洁篪的劝告，就南海问题发表评论，表示美国支持南海争端各方开展多边谈判。④ 这是美国国务卿历史上第一次在东盟地区论坛外长会议上就南海问题发表评论，打破了东盟地区论坛外长会议不讨论南海问题的规则，满足了越南、菲律宾等国的利益和需求。2010 年 9 月，奥巴马总统在第二次美国—东盟首脑会晤时再次提到南海问题，鼓励东盟国家在联合声明中呼吁以和平方式解决南海争端。⑤

就像在东北亚一样，在东南亚地区，奥巴马政府的策略也是渲染"中国威胁"。来自中国的"威胁"越严重，东南亚国家就越容易依赖美国的安全保障。从 2009 年开始，奥巴马政府就不断批评中国在南海问题上的表现，认为中国政府在领土争端问题上越来越强硬。2010 年 3 月，在接受美国媒体采访

① 《美在中日撞船事件后首次高调宣称支持日本》，凤凰网，2010 年 9 月 24 日，http：//news. ifeng. com/mainland/special/zrczdydxz/content-2/detail_ 2010_ 09/24/2614292_ 0. shtml。
② 《奥巴马签涉华国防授权法，承认日对钓鱼岛管辖》，环球网，2013 年 1 月 4 日，http：//mil. huanqiu. com/world/2013 - 01/3441891. html。
③ 张明亮：《美国与地区秩序的构建——以南中国海问题为例》，吴金平、陈奕平、秦珊主编《美国与东亚合作》：世界知识出版社，2006，第 217～231 页。
④ 《新华国际时评：警惕外来势力插手南海问题》，新华网，2010 年 7 月 27 日，http：//news. xinhuanet. com/world/2010 - 07/27/c_ 12379898. htm。
⑤ 《美国高调插手南海制衡中国》，新华网，2010 年 9 月 26 日，http：//news. xinhuanet. com/world/2010 - 09/26/c_ 12606618. htm。

时，希拉里国务卿和斯坦伯格（James Steinberg）副国务卿透露说，中国高官声称南海是中国的核心利益。这个说法引起了媒体的高度关注，因为它意味着中国对外政策的一个重要变化。然而，中国政府从未正式发表过这种言论，也没有对两位国务卿的言论进行过评论。① 这个事件表明，为了渲染"中国威胁"，奥巴马政府试图直接代替中国政府表达强硬立场，以便增加东盟国家的安全担忧，为拉近东盟国家和美国的安全合作创造政治条件。

（二）军事部署和军事演习

同盟体系的加强不仅仅体现在政治和外交层面，军事部署方面的变化更具有实质性意义。在东北亚地区，美军常驻部队规模不变，主要是武器部署的变化，例如，美国在日本部署"鱼鹰"运输机和"猛禽"战斗机，以及导弹防御体系的开发和部署。以"再平衡"为名的新军事部署主要发生在东南亚和大洋洲地区，以便在东亚地区实现北部和南部的平衡。最大的变化是美国和澳大利亚、新加坡、菲律宾三国的军事合作，即在澳大利亚和新加坡增加新的军事部署，同时与菲律宾进行谈判，争取在菲律宾也增加新的军事部署。② 新的军事部署特点是规模较小，成本较低，灵活性强。没有增加新的永久性、大规模的军事基地，主要采取轮换防守。

2011 年 11 月，奥巴马总统访问澳大利亚，两国签署协议，美国获得在达尔文军事基地永久驻军的权利。根据协议，从 2012 年开始，美国 250 名海军陆战队入驻达尔文基地，6 年内增加到 2500 人。③ 2012 年 4 月，美国海军陆战队 200 人进驻达尔文基地，这是历史上美国首次在南太平洋驻军。在新加坡，美国计划部署 4 艘濒海战斗舰。④ 这种新型战斗舰适用于浅海近岸作战，是美

① Toshi Yoshihara, James R. Holmes, "Can China Defend a 'Core Interest' in the South China Sea?" *The Washington Quarterly*. Spring 2011, pp. 45 – 59.

② 《菲律宾与美军事合作，拉越南联合军演以图南海》，环球网，2012 年 3 月 31 日，http://mil. huanqiu. com/Exclusive/2012 – 04/2579580. html。

③ 《奥巴马宣布向澳大利亚增兵 2500 人》，新华网，2011 年 11 月 17 日，http://news. xinhuanet. com/world/2011 – 11/17/c_ 122293595. htm。

④ 《美国明年将在新加坡部署 4 艘濒海战斗舰》，新华网，2012 年 6 月 3 日，http://news. xinhuanet. com/mil/2012 – 06/03/c_ 123228178. htm。

国最近十年大力发展的舰种，体现了美国海军作战思想和军事技术的革命。[①]
2013 春，美军"自由号"濒海战斗舰将抵达新加坡驻防。这是美国海军第一艘
濒海战斗舰，它部署在新加坡的行动既有象征意义，也具有实质意义。如果未来
5~10 年美国继续增加在东亚地区部署濒海战斗舰，实质性意义就更为突出。

除了增加新的驻防部队，增加新的武器装备，美国还大幅增加与盟国和伙伴
国的联合军事演习的数量和规模，目的是增加对盟国、伙伴国的军事培训，增强盟
国和伙伴国的能力。美国与日本、韩国的军事演习规模在最近两年里不断创造新的
纪录。2011 年，美国在亚太地区共举行 172 次军事演习，几乎每两天一次。[②] 2012
年美国在亚太地区的双边和多边演习的规模和数量都有所扩大。环太平洋联合军演
达到了历史最高水平，超过 42 艘战舰和来自 20 多个国家的 2.5 万人参加。[③]

三 美国战略东移对东亚安全形势的影响

（一）美国战略东移政策的性质

按照美国分析家们的看法，奥巴马政府战略东移和"转向亚洲"的原因
是四点：对美国的经济发展而言，亚太地区（特别是中国）的重要性不断上
升；中国军事实力持续增长、在领海问题上越来越强硬，影响到美国在亚太地
区的航行自由和权力投放能力；美国在伊拉克和阿富汗的军事行动逐渐完成；
美国政府在削减财政支出，特别是国防支出，这容易使亚太国家以为，美国对
该地区的承诺在减少。[④] 观察这些原因可以发现，后两条原因是偶然性的、临

---

① 徐志红：《从远洋走向近海：美国海军大力发展"濒海战斗舰"》，《现代兵器》2005 年第 6
  期。
② 《美国的亚太"棋局"》，新华网，2012 年 8 月 26 日，http：//news. xinhuanet. com/world/2012 -
  08/26/c_ 123630895. htm。
③ 《美防长：美亚太再平衡战略非"针对中国"》，新华网，2013 年 1 月 9 日，http：//news.
  xinhuanet. com/world/2013 - 01/09/c_ 124205112. htm。
④ Mark Manyin, Stephen Daggett, Ben Dolven, Susan Lawrence, Michael Martin, Ronald O'Rourke,
  Bruce Vaughn, "Pivot to the Pacific? The Obama Administration's 'Rebalancing' Toward Asia," CRS
  report for Congress, March 28, 2012, p. 2. 陶文钊：《如何看待美国的战略调整？》，《国际关系学
  院学报》2012 年第 4 期。

时性的原因，而前两条原因，即对经济利益和霸权地位的长期需求，是最根本的原因。不过，观察奥巴马政府的战略东移行动可以发现，军事和安全领域的措施力度最大，效果最显著，对地区形势的影响最大。这很容易使分析家们认为，过去四年，奥巴马政府战略东移的根本原因，与其说是在谋求经济利益，不如说是出于对霸权地位的担忧。换言之，防范中国挑战美国东亚霸权，才是奥巴马政府战略东移最紧迫的任务。奥巴马政府大力推行战略东移，被看作是应对中国崛起的重要战略调整。① 美国战略东移，可能既打算重塑亚太地区安全秩序，也试图重建亚太地区经济秩序，但过去四年里，第一个目标显然处于优先地位。

总体看来，在地区权力结构变迁过程中，美国战略东移就是致力于在政治、经济、军事、外交等各领域争夺主导和优势地位，以西方价值观为合法性依据，以同盟体系和军事存在为实力基础，积极开展双边和多边外交活动，主导地区规范和规则的制定权，抵消中国的影响力，限制中国的选择范围，塑造一个美国主导的地区秩序。

（二）美国战略东移政策的影响

奥巴马政府第一任期内的战略东移政策，不管是前期的"重返亚洲"，还是后期的"转向亚洲"，都是以政治安全领域的政策调整为重点，以加强同盟体系和军事存在为先导。四年以来，美国的政策调整显然受到了部分东亚国家的欢迎，因此获得了较为明显的成效。然而，加强同盟和军事存在的行动改变了东亚安全形势和中国的周边安全环境，导致中国和周边部分国家的领土争端升级，客观上威胁到东亚的和平稳定与繁荣。

1. 中国与部分周边国家关系趋于紧张

美国重新进行战略部署，加强对中国的防范，对东亚安全形势和中国的安全环境造成明显影响。由于同盟关系具有军事性、外向性、对抗性特征，结盟行为是导致国家间战略关系发生本质变化的标志性事件。当盟国之间的安全关

---

① 中国学者这方面的分析，参加陶文钊：《如何看待美国的战略调整?》，楚树龙：《美国全球和亚太战略调整及对中国的影响》，《国际关系学学院学报》2012 年第 4 期。

系走向紧密时，盟国与潜在敌对国之间的安全关系必然走向紧张。美国加强东亚东盟体系的行动并没有改变东亚权力分配，也没有从根本上改变东亚国家间的战略关系，但却导致美国及其盟国和军事伙伴国与中国之间的紧张，尤其是日本、菲律宾、越南等与中国有领土争端的国家。日、菲、越等国公开表达对美国"重返亚洲""转向亚洲"的欢迎态度，同时表达对中国实力增长的担忧，并在领土争端问题上表现得更具有攻击性。2012 年 4 月的中菲黄岩岛危机，9 月开始的中日钓鱼岛危机，构成了"冷战"后东亚地区最严重的领土争端，中国长期奉行的睦邻友好政策、"搁置争议，共同开发"政策，都走到了历史的低谷。

2. 中美竞争趋于激烈

1997 年亚洲金融危机以后，中国在地区经济秩序中的作用和影响越来越大，逐渐成为周边多个国家的重要贸易伙伴。到 2012 年初，中国已经是 11 个周边国家的最大贸易伙伴。当中国在东亚经济秩序中的影响力不断上升时，美国在东亚安全秩序中的地位和影响越来越稳固，与五个盟国的安全合作持续加强，与其他军事伙伴的合作也在增强。在东亚地区，中国的经济影响力增强，美国的安全影响力增强，中、美两国分别在经济领域和安全领域占据优势，形成了二元格局。[①] 东亚地区的经济优势和安全优势逐渐由中国和美国分享，很容易导致两国之间的战略互疑和竞争。美国担心中国的经济优势转化为军事优势和安全优势，对美国的霸权地位形成实质性挑战，中国则担心美国包围和遏制中国，阻止中国成长为地区大国。美国战略东移行动激化了中、美两国的战略担心，使中美竞争趋于激烈。[②]

美国战略东移的措施，几乎每一项都是在增强美国的影响力，削弱中国的影响力。在安全领域，美国增加新的驻军，部署新型武器，加强与传统盟国和新伙伴的军事合作，促使领土争端升温，增加中国执行"自足亚太、稳定周边"政策的成本，降低中国使用武力和武力威胁的效用。在政治领域，美国

---

① 周方银：《中国崛起、东亚格局变迁与东亚秩序的发展方向》，《当代亚太》2012 年第 5 期。
② 《对中美两国战略互疑的深入分析》，参见 Kenneth Lieberthal, Wang Jisi, *Addressing U. S. -China Strategic Distrust*, John Thornton China Center Monograph Series, No. 4, Washington D. C., Brookings Institution, March 2012。

积极发展与缅甸、柬埔寨等中国传统友好邻国的关系，推销西方民主价值观，推动这些国家的民主化进程，降低中国模式的吸引力，减少中国的政治、军事合作伙伴；另外还试图主导东亚峰会，支持增加政治和安全议题，迫使中国在多边框架中讨论重大安全问题。在经济领域，美国加强与东亚国家的经济合作，主导、倡导TPP谈判，试图在国际经济领域建立新的合作规范，抵消中国在亚太地区的经济影响力。①

如果中美竞争的重点是在政治和经济领域，则这种竞争比较容易控制在良性竞争的范围之内。如果中美竞争的重点是安全领域，这种竞争就比较容易成为恶性竞争。中美安全竞争是风险最高、最危险的领域。当前，这种危险的直接来源是美国介入中国与邻国的领土争端，尤其是中国与日本的钓鱼岛争端。由于美国对日本承担同盟义务，一旦钓鱼岛危机升级为中日武力冲突，中美就不得不直接对抗。随着中国实力不断上升和美国战略东移力度的加强，中美竞争很可能逐渐向全面和深入的方向发展，在政治、军事、经济、文化等各个领域展开。中美两国如果不能很好地控制竞争的范围和强度，就可能从良性竞争走向恶性竞争。

四　中国的应对

奥巴马政府的战略东移行动对中国对外政策构成了巨大的挑战。美国对东亚安全事务的主导作用增强，介入程度增大，对中国的安全环境造成了不利影响，中国如何应对？如何判断美国战略东移的性质？如何应对美国以及周边国家的政策调整？中国是否应该做出重要的对外政策调整？是否应该继续坚持"韬光养晦"？美国战略东移行动的确给中国决策者和分析家们制造了战略思考方面的困惑。中国学术界和媒体上出现了很多针锋相对的观点。

---

① 国家安全事务助理多尼隆（Tom Donilon）指出，美国的作用是帮助制定亚太地区的规范和规则，确保"国际法和国际规范受到尊重，商业和航行自由不受阻碍，新兴大国与邻国相互信任，争议能够和平解决而不是使用威胁和强制。"参见 Tom Donilon，"America is Back in the Pacific and will Uphold the Rules," *Financial Times*, November 27, 2011。

（一）中国对外政策的稳定性

20 世纪 80 年代初到 90 年代初，中国对外政策形成了新的传统——韬光养晦政策。这种政策包括几个核心原则：不结盟、不干涉、不当头、防御性国防、对美合作。2009 年以来，尽管美国战略东移行动在不断恶化中国的安全环境，中国政府仍然坚持了这些核心原则。决策精英最重要的战略判断是：国际形势稳定具备更多有利条件，国际形势会朝着更有利的方向发展。[①] 对比十七大报告和十八大报告可以看出，与 2007 年相比，2012 年中国决策精英对中国外交和国际形势的判断更加乐观，中国对外政策做出重大调整的可能性很小。

然而，民间学界有很多不同的观点，特别是关于不结盟的问题。有些学者主张中国放弃不结盟原则，为周边国家或者友好国家提供安全保障，提高中国的战略信誉和国际影响。这种观点遭到一些学者的反对，他们认为中国放弃不结盟是不明智的，因为中国很难找到合适的结盟对象，也无法承担与美国对抗的成本。[②]

（二）中国对外政策的变化

尽管中国对外政策的基本原则和基本特征没有发生变化，但周边外交和国防政策明显出现了一些调整。

首先，在领土争端问题上，中国对部分邻国的政策明显趋于强硬。[③] 在

---

① 胡锦涛："坚定不移沿着中国特色社会主义道路前进，为全面建成小康社会而奋斗——在中国共产党第十八次全国代表大会上的报告"，2012 年 11 月 8 日，http://www.xj.xinhuanet.com/2012－11/19/c_ 113722546. htm。

② 《对中国的结盟政策以及中国学者的不同观点的分析》，参见 Feng Zhang, "China's New Thinking on Alliances," *Survival*, 54, 5, October-November 2012, pp. 129－148。

③ 在美国政府和分析界看来，随着实力的增长和影响力的扩大，中国对外政策变得越来越"过分自信"（assertive），特别是在领土争端问题上，中国越来越倾向于展示外交和军事实力，如实弹军事演习、海洋巡航、阻挠越南的石油探测船、抓捕越南和菲律宾的渔船等。参见 Thomas Christensen, "The Advantage of an Assertive China: Responding to Beijing's Abrasive Diplomacy," *Foreign Affairs*, 90, 2, March/April 2011; Aaron Friedberg, "The New Era of U. S. - China Rivalry," *Wall Street Journal*, January 17, 2011, http://online.wsj.com/article/SB10001424052748704323204576085013620618774. html。

2010 年 9 月"闽晋渔"事件、2012 年 4 月黄岩岛危机、2012 年 9 月钓鱼岛危机这三次领土争端事件中，中国政府都前所未有地展示了维护主权利益的强硬姿态，超出了日本和菲律宾两国决策者的预期。2013 年 1 月，习近平总书记阐明了坚持走和平发展道路的原则底线，这是中国最高决策层首次公开表达对外政策的底线。习近平总书记指出，"我们要坚持走和平发展道路，但决不能放弃我们的正当权益，决不能牺牲国家核心利益……任何外国不要指望我们会拿自己的核心利益做交易，不要指望我们会吞下损害我国主权、安全、发展利益的苦果"。他还强调，中国走和平发展道路，其他国家也都要走和平发展道路，只有各国都走和平发展道路，各国才能共同发展，国与国才能和平相处。① 习近平总书记的讲话实际上传达了威慑信息——如果其他国家要在领土争端问题上损害中国利益，中国就可能使用武力。

其次，中国的国防战略和政策出现调整，主要体现在对海权的重视程度明显增强，海军活动越来越频繁。② 中国海军开始创造一些历史纪录。从 2008 年开始，中国海军舰艇编队轮流前往亚丁湾巡航，创造了中国海军远航的历史纪录。2011 年 2 月，"徐州号"护卫舰穿过苏伊士运河进入地中海，为利比亚撤侨行动提供支持和保护，是中国军舰首次参与海外撤侨行动，也是中国舰艇首次进入地中海。从 2010 年 4 月开始，中国海军舰艇编队每年都要穿越第一岛链进入太平洋进行训练活动，这打破了中国海军的传统。2012 年 11 月的十八大报告体现了中国发展海权的决心，强调中国要"建设与我国国际地位相称、与国家安全和发展利益相适应的巩固国防和强大军队"，要"高度关注海

① 《习近平阐明中国和平发展原则底线》，新华网，2013 年 1 月 30 日，http：//news. xinhuanet. com/politics/2013 – 01/30/c_ 114560069. htm。

② 《美国学者对中国海权战略和海军政策的分析》，参见 Robert Ross，"China's Naval Nationalism：Sources，Prospects，and the U. S. Response，" *International Security*，34，2，Fall 2009，pp. 46 – 81；Michael Glosny，Phillip Saunders，Robert Ross，" Correspondence：Debating China's Naval Nationalism，" *International Security*，35，2，Fall 2010，pp. 161 – 175；Phillip Saunders，Christopher Yung，Michael Swaine，Andrew Nien-Dzu YANG，*The Chinese Navy：Expanding Capabilities，Evolving Roles*，National Defense University Press，Washington，D. C. ，2011；Ronald O'Rourke，"China Naval Modernization：Implications for U. S. Navy Capabilities，" CRS Report for Congress，December 10，2012。

洋、太空、网络空间安全"。①

在中国安全环境发生变化，对外政策面临调整压力的背景下，学术界的讨论也趋于活跃和激烈。有的学者积极支持中国政府加强海权的海军政策调整，认为美国战略东移会对中国安全带来很大的负面影响，中国应该加强海军建设，增强海权，突破第一岛链，破解美国的战略包围。② 有的学者反对这种观点，认为美国再平衡战略是要发挥其海权优势压制中国的陆权优势、经济优势，如果中国在海权方面采取针锋相对的策略，会得不偿失，陷入战略被动。③ 有的学者主张，面对美国在东亚地区的积极扩张，中国应该避其锋芒，注重对西亚、中亚、南亚的战略投入，实现对美国战略东移的"平衡"。④ 学界的分歧和讨论表明，中国对外政策的确存在较大的调整压力，发展方向存在一定的不确定性。

（三）中美关系的走向

1. 中美关系面临的风险

中国已经明确界定了核心利益的范围。⑤ 如果美国加大支持分离主义（台独、藏独、疆独）的力度，中国将不得不采取针锋相对的报复措施，引发中美冲突。中国也越来越明确对海权的重视，中国海军的活动也越来越活跃，如果美国强硬限制中国海军的活动空间，也很容易引发中美海上冲突。最后，中国在领土争端问题上已经表达了明确和强硬的立场，如果美国改变相对中立的立场，或者不能控制盟国的激进政策，中美就会从间接冲突走向直接冲突。

中美安全关系中的风险也会来自中国的选择。如果美国进一步加强对

---

① 胡锦涛："坚定不移沿着中国特色社会主义道路前进，为全面建成小康社会而奋斗——在中国共产党第十八次全国代表大会上的报告"，2012 年 11 月 8 日，http://www.xj.xinhuanet.com/2012-11/19/c_113722546.htm。
② 刘胜湘、李明月：《美国战略重心的东移与中国的应对之策》，《国际观察》2012 年第 6 期。
③ 黄仁伟：《美国亚洲战略的再平衡与中国战略优势再评估》，《现代国际关系》2012 年第 8 期。
④ 王缉思：《"西进"：中国地缘战略的再平衡》，北京大学《国际战略研究简报》第 73 期，2012 年 10 月。
⑤ 中华人民共和国国务院新闻办公室：《中国的和平发展》白皮书，2011 年 9 月。

中国的防范，中国对外政策将面临更大的调整压力。中国的政策调整如果沿着以下方面发展，就可能引发中美冲突。第一，如果中国海军试图排挤美国的军事存在，限制美国海军的"航行自由"，则中美冲突的可能性增大。2010年夏，中美就"华盛顿号"航母黄海军演问题展开了一轮竞争，最后以中国的妥协结束。如果中国今后在类似问题上打算采取更为强硬的政策，中美海上冲突可能性就会增大。第二，如果中国改变不结盟政策和不干涉原则，谋求势力范围，中美安全竞争就可能会加剧，中美冲突的可能性增大。美国加强同盟和军事合作伙伴的行动，显然是在增加对中国的军事防范，很容易刺激中国采取针锋相对的对抗性措施。结盟关系的变化是国际安全关系中最具有对抗性的变化，中国采取结盟政策会获得同样的政治结果。

2. 中美存在加强合作的可能性

虽然美国战略东移的重要动因是应对中国崛起，但美国的对华政策并不是遏制中国，而是试图将中国融入美国主导的地区秩序。[①] 中国也没有在政治和军事上挑战美国的意图，中、美两国发生尖锐对抗的可能性很小。虽然东亚安全形势发生了一些动荡，但中、美两国却不断表达合作的意愿，相互克制和表

① 中、美两国学者都提出这样的观点。中国学者的观点，参见齐琳：《"美国战略重心东移与中国国家安全"研讨会综述》，《现代国际关系》2012年第7期。美国学者托马斯·克里斯坦森认为，美国的对华政策并不是致力于遏制中国的权力增长，而是混合了以下两个方面的内容：一方面，美国要在东亚维持强大的地区存在；另一方面，美国要创造性地使用外交手段鼓励中国获取影响力，但要确保中国获取影响力的手段是外交和经济手段，而不是强制手段；要确保中国使用其影响力的手段能够促进全球和地区的稳定与经济繁荣。参见 Thomas Christensen, "Shaping the Choices of a Rising China: Recent Lessons for the Obama Administration," *Washington Quarterly*, 2009, p. 89. 李侃如认为，奥巴马政府并不是在寻求与中国对抗，而是采取一种"两面"（two-pronged approach）政策，一方面加强与中国合作；另一方面，加强美国在亚洲的存在和信誉，以便鼓励中国采取建设性行为，同时让其他国家相信它们不必向中国的地区霸权投降。参见 Kenneth Lieberthal, "The American Pivot to Asia," *Foreign Policy*, December 21, 2011, http://www.foreignpolicy.com/articles/2011/12/21/the_american_pivot_to_asia. 理查德·布什认为，美国维持在东亚的存在，目的是为中国的行为设定边界，并利用中美共同利益创造的机遇，来积极塑造中国的未来，美国对华政策不是要阻止中国成长为大国，而是致力于使中国成为建设性大国。参见 Richard Bush Ⅲ, "The Response of China's Neighbors to the U.S. 'Pivot' to Asia," a remark at Brookings, January 31, 2012, http://www.brookings.edu/research/speeches/2012/01/31-us-pivot-bush。

达尊重，表达发展新型大国关系的意愿。①

如果中国保持综合实力不断上升的态势，中美在政治、经济、军事等各个领域的竞争不可避免，但最激烈的竞争可能是经济领域，而不是政治和军事领域。中国不打算在军事上挑战美国，中美竞争主要还是经济竞争。② 经济领域的竞争总体来说是良性竞争，中美双方都没有采取旨在阻止对方经济增长的措施。在政治领域，美国加入东亚峰会，主导地区多边合作，阻止了东亚一体化进程，但这并没有对中国的核心利益造成损害，中国也没有采取任何对抗性措施。

安全竞争对中美关系的损害最大，美国加强同盟体系和军事存在的措施，是日本、越南、菲律宾等国积极谋求改变领土争端现状的主要原因，破坏了中国与这些国家之间的关系，制造了地区紧张局势，对中国外交造成较大的压力。然而，为履行同盟义务而卷入与中国直接冲突，这严重背离美国的核心利益。制造危机但避免危机升级为战争，可能是美国的政策底线。美国加强同盟体系和军事存在的行动并未超越"二战"结束以来东亚安全秩序的既定框架，中国也没有针对美国的调整采取鲜明的对抗措施，只要中美这种竞争模式不变，东亚安全形势不会有本质变化。

结　　论

中国实力增长在改变东亚地区的权力分配，由此可能影响东亚地区的政治和经济规则。主要出于对这种发展趋势的担忧，奥巴马政府大力推行战略东移行动，试图重新建立以美国为主导的地区秩序。2011 年底至 2012 年初，奥巴马政府战略东移的力度加大，以"转向亚洲"和"再平衡"为口号，逐渐加强对东亚安全和军事领域的战略投入。美国东亚政策的总体目标是维护霸权地位、维持地区稳定与和平、确保地区经济繁荣。然而，战略东移行动并没有同时实现以上三个目标。美国的霸权地位虽然有所加固，但却恶化了中国与周边

---

① 袁鹏：《关于构建中美新型大国关系的战略思考》，《现代国际关系》2012 年第 5 期；陈健：《试论新型大国关系》，《国际问题研究》2012 年第 6 期。

② 周方银：《美国的亚太战略调整与中国的应对》，《当代世界》2011 年第 12 期。

国家之间的关系，并可能引发更为激烈的中美安全竞争。2012 年下半年到 2013 年初，中日钓鱼岛危机成了检验美国东亚政策成功与否的试金石。随着奥巴马总统第二任期的开始，美国东亚政策面临的难题，是如何在加强美国东亚霸权的同时，避免中国和邻国的安全竞争恶化，避免中美关系直接对抗。中美对抗和冲突既不符合中美两国的核心利益，也不符合东亚其他国家的核心利益。美国是东亚霸权国，中国是崛起的地区大国，权力转移的客观事实，必然要求东亚国家重塑地区安全秩序。在地区安全秩序的再造过程中，中国、美国以及其他东亚国家难以承担中美冲突的致命成本。认识到这一点，中、美两国政治家正在致力于为建构新型大国关系创造条件。

Ÿ.16
中国东北亚安全利益：
环境、挑战与对策

金 新 黄凤志[*]

摘　要：

　　2012 年，东北亚地区安全形势出现一系列新动态，但地区安全结构的基本特性并未发生质变。美国在亚太"再平衡"战略之下继续实施战略重心东移，是中国东北亚安全利益面临的根本挑战。持续升温的中日钓鱼岛争端，对中国东北亚安全利益构成直接挑战。依旧严峻的朝鲜半岛局势，则是中国东北亚安全利益的间接挑战。面对复杂的现实威胁和挑战，今后中国东北亚安全利益的维护与实现，亟须有效可行的战略方案。具体对策可分为三个方面：坚持和平发展道路，秉持积极防御方针；广泛参与多边合作，积极增进共同安全；构建地区安全机制，创设有效制度保障。

关键词：

　　中国　东北亚　安全利益　安全环境

　　东北亚是一个对中国国家安全利益极其重要的地区，也是当前国际社会安全形势最为严峻的地区之一。东北亚是美、俄、中、日四大国战略利益交会与碰撞的地带，是诸多战略矛盾相互作用的地区，错综复杂的利益关系与动态演化的权力结构，使得东北亚地区形成了复杂而独特的安全秩序。进入 2012 年以后，东北亚地区安全形势出现一系列新动向。地区形势新动向对中国安全利益的影响亟须系统梳理与深入研究。本文试从安全利益的外在环境、现实挑战与对策建议三个方面，对当前中国东北亚安全利益进行简要分析。

＊ 金新，吉林大学行政学院国际政治系博士研究生；黄凤志，吉林大学行政学院国际政治系教授。

一 中国东北亚安全利益外在环境：变化与恒常

东北亚复杂的地缘政治背景形成了独特的区域安全形势。中国作为区域大国，在这种特殊的安全环境中，生成了自身的东北亚安全利益。2012 年，东北亚地区安全形势出现一系列新动态，探讨当前中国东北亚安全利益，需厘清中国在东北亚地区面临的安全环境变化。同时，东北亚安全环境也存在稳定和恒常的一面，地区安全结构的基本特性并未发生质变，对其亦应有明晰的审视。

1. 变化的环境：东北亚安全形势当前动态

第一，美国在亚太"再平衡"战略之下继续实施战略重心东移，深刻影响中国周边安全。2012 年 1 月 5 日，美国公布新军事战略报告——《可持续的美国全球领导：21 世纪国防战略重点》，提出在亚太地区进一步巩固现有联盟，扩大与新兴国家的合作，加强在亚太地区的军事存在。① 6 月 3 日，美国国防部长帕内塔正式提出"亚太再平衡战略"。"'再平衡'战略的目标是以一种积极方式将美国插入并由此主导亚太地区的'游戏'，让美国在亚洲发挥不可或缺的领导作用。"② "再平衡"战略成为美国"重返亚太"战略的新版本，它通过强化美国在亚太的军事部署，实现美国对亚太地区的霸权护持。在此战略理念之下，2012 年美国在精简国防预算并从欧洲和中东进行战略收缩的同时，不断加强在亚太地区包括东北亚的战略部署，强化与日本、韩国等亚洲盟友的联盟关系。美国战略重心的东移业已并仍将对中国国家安全利益造成深刻的负面影响。

第二，东北亚海洋领土争端升温，地区安全形势趋于恶化。首先，钓鱼岛之争升温引起中日关系日趋紧张。2012 年，日本在钓鱼岛问题上一再挑起事端，4 月 16 日，东京都知事石原慎太郎宣布将"购买"钓鱼岛；7 月 24 日，

---

① U. S. Department of Defense, "Sustaining U. S. Global Leadership: Priorities for 21st Century Defense," January 2012, http: / / www. defense. gov /news /Defense_ Strategic_ Guidance. pdf.

② 陈雅莉：《美国的"再平衡"战略：现实评估和中国的应对》，《世界经济与政治》2012 年第 11 期。

日本首相野田佳彦表示日政府将正式启动钓鱼岛国有化的程序；8 月 21 日，美日进行为期 37 天的岛屿作战演习；9 月 10 日，日本政府正式对钓鱼岛及其附属的南小岛和北小岛实施"国有化"。此后，中国公务船只和飞机多次赴钓鱼岛巡航，宣示领土主权，以应对日本对钓鱼岛的高调侵占。其次，独岛之争升级亦导致韩日矛盾有所激化。2012 年 8 月 10 日，韩国总统李明博登上日韩存在争议的独岛（日称竹岛）宣示主权。8 月 21 日，日本政府决定中断同韩国政府的所有对话，并向韩国提交有关两国向国际法院提出独岛主权诉讼的提案。领土争端使得日韩安全合作进程放缓，双边关系淡化。再次，俄日岛屿争端亦一度升温。2012 年 7 月 3 日，俄罗斯总理梅德韦杰夫继 2010 年 11 月之后再次登上俄日之间存在争议的南千岛群岛（日称北方四岛）视察。此后俄多次表示将在近两年内强化南千岛群岛军事部署。

第三，朝鲜半岛局势变数不断，对东北亚整体安全形势造成消极影响。金正恩执掌朝鲜政权之初，曾采取一些缓和措施试图改善与美日韩的关系。2012 年 2 月，美朝在北京举行第三次高级别对话并达成若干共识，包括朝鲜将在会谈期间暂停核试验以及美国将向朝鲜提供 24 万吨营养食品援助等。[①] 但 3 月 16 日，朝鲜宣布将于次月发射"光明星 3 号"卫星以迎接金日成诞辰 100 周年，半岛局势再次趋于紧张。4 月 13 日朝鲜卫星火箭发射失败后，又于 12 月 12 日发射第二颗"光明星 3 号"卫星并取得成功。为应对朝鲜卫星发射，美国着力帮助韩国加强导弹能力建设，增加了导弹射程，可覆盖朝鲜全境，这严重加剧了朝鲜半岛的军事对抗形势。更为严峻地是美韩方面放出风声要在韩国重新部署战术核武器，这可能使长期以来推动半岛无核化的努力付之一炬。[②] 朝鲜半岛局势的紧张，强化了东北亚地区安全困境，增加了朝核问题解决的难度，不利于各国安全利益的维护与实现。

第四，东北亚多国集中完成最高领导人选举或换届，各国安全政策走向不确定性增加。2011 年 12 月朝鲜最高领导人金正日去世之后，金正恩被推举为

---

① 《朝美对话突破僵局 专家称重启六方会谈仍有阻力》，中国新闻网，http：//www. chinanews. com/gj/2012/03 - 02/3714762. shtml。

② Wang Fan and Ling Shengli, " Building a peaceful environment", China Daily, http：//www. chinadaily. com. cn/world/2012 - 12/25/content_ 16054506. htm。

劳动党总书记和最高司令官，朝鲜政权内部实现权力交接。2012 年，朝鲜政局实现平稳过渡，金正恩体制稳定运行。2012 年 3 月 5 日，普京在俄罗斯总统选举中以 63.6% 的支持率成功当选，第三次入主克里姆林宫。11 月 6 日，美国现任总统奥巴马在总统大选中击败共和党候选人罗姆尼，成功连任。12 月 17 日，日本自民党在国会众议院选举中胜出，12 月 26 日，自民党总裁安倍晋三顺利当选日本首相。12 月 19 日，韩国新国家党候选人朴槿惠在韩国总统选举中胜出。随着新一届政府的上台，东北亚各国对外政策亦有不同程度的调整，各国东北亚安全政策在延续中亦有所变动，这增加了东北亚未来安全局势的不确定性。

2. 恒常的环境：东北亚安全结构基本特性

虽然东北亚地区安全形势每年均有新变化，但地区安全结构的基本特征是演化缓慢、较为恒定的。从现实主义的权力政治理论角度看，霸权安全模式和均势安全模式皆是理想的安全结构模式。但当前东北亚的区域安全结构既不属于单极霸权，也不属于多极均势，稳定的霸权安全秩序与均衡的均势安全秩序在东北亚均未生成。在这种不稳定的安全结构模式下，维护地区安全与实现中国安全利益实属不易。

一方面，东北亚的地区安全结构并非稳定的霸权结构模式。"后冷战"时代国际社会形成了以美国为主导的全球单极霸权安全结构，但地区秩序并不是全球秩序的完全映射。"在全球范围内的优势并不意味着美国在地区政治中拥有霸权，地区结构可能与全球结构并不一致。"① 目前，尽管美国在东北亚处于优势地位，但其尚不能完全操控地区事务，并未获取完整的地区霸权。虽然美国是东北亚海权联盟体系的建构者与主导者，但其对东北亚大陆的操控能力有限，势力范围仅限于半岛南部。东北亚区域内中、俄、朝大陆权势与美、日、韩的海洋权势的隐形对抗和美、日、中、俄间的大国战略互动，使得地区未能形成完整稳定的霸权安全模式。居于美国联盟体系范围之外的中、俄，通过"战略协作伙伴关系"的建立与发展，实现了基于共同利益的潜在战略联

---

① Robert S. Ross. "The Geography of the Peace：East Asia in the Twenty-first Century". International Security，1999，Volume 23．No. 4，p. 83.

合，遏制了美国单极霸权势力对东北亚大陆的渗透。

另一方面，东北亚的地区安全结构并非理想的均势结构模式。区域内海洋势力与大陆势力的潜在对立，形成了一种均势格局，但由于两股势力的实力悬殊，这种格局并不是均衡的结构。美国作为唯一的全球性超级大国，其全球单极霸权在东北亚地区有着对应的映射与延伸。相对于地区内国家而言，美国凭借雄厚的软硬实力占据绝对优势地位，其不可小觑的前沿军事部署与无可比拟的盟友资源，使其在东北亚的地区性事务中扮演着重要角色。以至于国外学界有学者认为，当前的地区安全，更多的是依靠美国这样的外部力量，而非本土力量。① 与此同时，东北亚利益交错、错综复杂的各种双边与多边关系，使得东北亚地区安全体系中很难形成区域内国家共同制衡区域外霸权的地区性均势结构。

东北亚安全体系结构维度和进程维度的双重不稳定性，使得中国在东北亚的安全利益处于地区性的安全困境之中。首先，美、日、中、俄大国利益在东北亚交会，大国间战略利益的结构性冲突，导致了他们在安全战略选择上的冲突性。其次，东北亚区域缺少保障地区合作与维护地区安全的长期有效的、机制性的制度安排，分散的权力结构模式，使利益冲突的协调和控制极为困难。再次，由于深受意识形态和历史恩怨的影响，东北亚地区内国家彼此间猜疑，普遍视对方为潜在威胁。地区内诸如中美、中日、朝韩、俄美等多对双边战略关系中缺乏互信，加剧了整个地区安全形势的对抗局势，阻碍了地区安全合作的进程。地区性的安全困境加剧了地区安全形势的不确定性（甚至无法排除爆发大规模战争的可能性），导致中国处于不安全的地区环境之中。中国的东北亚地区安全利益，衍生于这样复杂的外部环境之中，只能也必须基于这样的现实进行维护。

二 中国东北亚安全利益现实挑战：态势与走向

东北亚特殊的外部安全环境影响着中国地区安全利益，导致中国东北亚地

---

① 〔日〕浦野起央：《21 世纪亚洲的选择》，中国社会科学出版社，2003，第 10 页。

区安全利益面临着严峻的现实威胁与挑战。准确判断和评估目前中国东北亚安全利益所面临的威胁与挑战，分析维护和实现中国东北亚安全利益所面对的现实危险源，对于制定和实施中国东北亚安全战略有着重要的现实意义。这里从安全利益的根本挑战、直接挑战和间接挑战三个维度，探讨当前中国东北亚安全利益现实挑战的态势及其走向。

1. 安全利益的根本挑战：美国战略重心继续东移

实现安全状态的主要标准，是客观威胁的消除。中国在东北亚地区战略上的客观威胁尚未消除。美国在东北亚的前沿部署及其主导双边联盟体系，对中国的东北亚安全构成现实挑战。美国通过亚太盟友国家与台湾，形成"岛屿锁链"，在地缘空间上对中国进行封锁与遏制。尤其是美国的东北亚战区导弹防御系统（TMD）的部署，将台湾一并纳入防御范围，更加剧了对中国安全的威胁。美国战略重心东移，增加了对华的战略压力。这种外部地缘形势，压缩了中国的战略空间，不利于中国的和平崛起。美国战略重心东移对中国东北亚安全利益构成严重的负面影响，从根本上威胁了中国的国家安全。

随着中国以及亚太地区的崛起，美国着手调整全球战略，将战略重心向亚太地区转移。而东北亚地区则首当其冲，亚太军事部署主要集中于此。"9·11"事件及美国战略重点向反恐的转移一度打断了美国的战略东移计划，[1] 但奥巴马执政以来，"重返亚太"成为美国全球战略的重要组成部分。奥巴马政府将中国视为国家安全的潜在威胁，认为从长期来看，中国作为一个地区大国的兴起将以多种方式影响美国安全。[2] 奥巴马政府曾明确提出要"关注中国的军事现代化，并做好准备，以确保美国及其地区和全球性盟友的利益不会受到负面影响"。[3] 奥巴马政府在裁减驻欧洲和中东地区美军，进行全球战略收缩的同时，却不断加强在亚太地区包括东北亚区域的前沿军事部署，持续推进与东北亚军事同盟的合作，以美韩、美日安保条约为基础，强化遏制中

① Jim Garamone, "Panetta Describes U. S. Shift in Asia-Pacific", Washington File, June 5, 2012, p. 3.

② U. S. Department of Defense, "Sustaining U. S. Global Leadership: Priorities for 21st Century Defense", January 2012, http: / / www. defense. gov /news /Defense_ Strategic_ Guidance. pdf.

③ The White House, "National Security Strategy", May 2010, http: / / www. whitehouse. gov /sites/ default/files/rss_ viewer/national_ security_ strategy. pdf.

国的地缘政治军事链条。还在中国领海附近频繁举行大规模军事演习，保持对中国的战略防范与遏制。同时经济上大力推进跨太平洋伙伴关系协定（TPP），拉紧同中国周边邻国的战略关系。

就未来走向而言，美国战略重心东移的趋势将继续多年，其对中国东北亚安全利益构成的挑战将有增无减。中国崛起的进程难以遏制，美国维护霸权地位的战略也不会转变。美国不会允许在东北亚内部出现一个对地区事务起主导作用的大国。美国认为这将削弱它在东北亚的绝对优势并严重威胁其安全利益。因此美国实施"离岸平衡手"战略，利用与控制盟国，积极实施维护霸权的策略，防范东北亚地区任何一国实力坐大。在亚太"再平衡"战略的指导下，美国操纵东北亚联盟体系，以图整体达到控制日韩，遏制中俄，威慑朝鲜，维持域内势力均衡等多重战略效果。事实上，2012年帕内塔已多次明确表示，美国将在2020年前继续向亚太地区转移海军战舰，将把60%的海军装备部署在太平洋地区，并在该地区举行更多军事演习。

2. 安全利益的直接挑战：中日钓鱼岛争端持续升温

妥善处理与周边国家现存的领土和海洋权益争端，维护国家主权领土安全，进而消除地区不安全因素，是中国东北亚安全利益的重要内涵。在东北亚，中国与日本之间的海洋领土争端，威胁了中国领土主权的完整性，影响着中国和东北亚地区的安全。日本同中国在钓鱼岛群岛主权和东海大陆架划界问题上分歧严重。中日海洋岛礁和海域划分问题上的矛盾，以及日本对这些问题所持的顽固立场，不利于中国捍卫主权领土完整。日本重新调整军事政策，增加军费开支，扩充军事力量，实施军事强国战略。鉴于中日之间严重的领土争议，日本的军事强国战略，对中国的安全利益形成现实挑战。中日钓鱼岛争端持续升温，直接威胁着中国的领土完整和国家安全。

日本一方面加强对钓鱼岛的实际占有和有效管理，否认领土争议的存在，拒绝同中国通过外交途径解决钓鱼岛争端；另一方面，借助美国力量威慑中国，谋求对中国维护主权领土完整的意图与行为的战略遏止。特别是2012年以来，日本再度打破中日之间在钓鱼岛问题上"搁置争议"的共识，对钓鱼岛及其两个附属岛屿实施"国有化"，严重侵犯中国领土主权，使钓鱼岛问题迅速升温。随着中国公务船只和飞机钓鱼岛巡航的常态化，中日钓鱼岛争端仍在持续发酵。领土争端对国家安全构成直接而严重的威胁，其导致的摩擦很容易酿成直接军事冲突。虽然武装冲突不符合中、日两国的现实利益，钓鱼岛争端双方导致爆发大规模战争的可能性亦不大，但不能排除中日之间会出现低烈度、小规模的军事冲突。

就未来走向而言，中日钓鱼岛之争在可预见的时间内很难得到彻底的、一劳永逸的解决，而是很可能出现两国摩擦的常态化。一方面，2012年底自民党上台后，日本政坛的右倾化趋势更加明显，右翼势力的影响将进一步上升，其强硬的对华政策主张若更多地付诸实践，必将导致钓鱼岛争端的继续升温，加剧中日之间的紧张关系，恶化东北亚地区局势。另一方面，随着中国的进一步崛起，包括日本在内的周边国家对中国更为担忧。"担心中国强大起来后将'取回'争议岛礁和海域，因而危机感和紧迫感空前增强，主动'争权、扩权'意识抬头。"① 因而日本在钓鱼岛问题上很可能采取更加强硬的立场和更具进攻性的行动。中日钓鱼岛争端，将成为中日关系的死结，长期挑战中国东北亚安全利益。

3. 安全利益的间接挑战：朝鲜半岛局势依旧严峻

朝鲜半岛稳定的安全局势，对维护中国的东北亚安全利益有着重要的意义。"维护周边地区的稳定是中国预防性的战略利益。因为周边地区的政治不稳定，或是发生军事冲突，有导致城门失火殃及池鱼的后果。"② 当前东北亚地区特别是朝鲜半岛军备控制成效甚微，在核军控领域，已然陷入困境。大规模杀伤性武器尤其是核武器在东北亚地区的扩散，将破坏区域军事格局的平衡和区域安全局势的稳定，甚至使我国面临东北亚核武器军备竞赛的安全威胁。有效防止核扩散，构建和平的周边安全环境，避免出现地区性军备竞赛和爆发军事对抗，也是中国地区安全利益的重要诉求。当前朝鲜半岛安全态势依然严峻，对中国安全而言不容乐观。朝鲜半岛安全局势的紧张，对中国东北亚安全利益构成间接但严峻的挑战。

2012年一年之内，朝鲜于4月与12月两次进行卫星试射，朝鲜半岛

---

① 张学刚：《中国边海形势与政策选择》，《现代国际关系》2012年第8期。
② 阎学通：《中国国家利益分析》，天津人民出版社，1996，第163页。

局势一再紧张。美日韩除力推安理会谴责与制裁外，更注重加强自我防御能力。① 美国借此强化了在东北亚的介入，连续与韩、日等盟国举行联合军演，使得地区安全态势更趋严峻。奥巴马首次到访"三八线"非军事区，而在延坪岛炮击事件以及"天安号"事件纪念日等敏感节点，朝韩军方均剑拔弩张。② 虽在东北亚地区，目前中国不面临直接军事入侵的危险，但朝鲜半岛局势动荡不稳，存在爆发地区性冲突的可能性，这使中国的安全系数大大降低，面临被迫卷入地区战争的威胁。

就未来走向而言，朝鲜半岛局势一时难以得到根本解决，仍将是影响地区安全秩序与中国安全利益的一个突出问题。依据朝鲜半岛形势，不难预见朝鲜仍会坚持拥核自保政策，通过发展核武器来谋求自身的安全利益，以危机边缘战略和非对称威慑迫使美国对话，以实现获取国际援助的经济目的和朝美关系正常化的政治目标。在朝鲜看来，以拥核获取美国关注和谈判，以弃核承诺换得安全保障和经济援助，是实用有效的战略手段。朝核问题已然长期化，除非以美国为首的相关国家调整策略，使东北亚安全形势出现利于实现朝鲜安全利益诉求的新变化，否则朝鲜不会放弃作为重量级筹码的拥核政策。若不能妥善解决朝鲜半岛问题，将对地区安全环境产生长期不利的影响，甚至会将东北亚拖入核竞赛的危险之中。

三 中国东北亚安全利益有效护持：对策与建议

面对错综复杂的现实威胁与挑战，欲维护地区安全、实现中国东北亚安全利益，亟待行之有效的战略方案。谋求和平发展和实施积极防御，是维护中国在东北亚地区安全利益的有效战略。多边合作与共同安全，亦是实现中国东北亚地区安全利益的现实要求。地区安全机制的建立，对中国东北亚安全利益护持亦深具积极意义。

---

① Wang Fan and Ling Shengli, "Building a peaceful environment", China Daily, http://www.chinadaily.com.cn/world/2012－12/25/content_ 16054506.htm.
② 《2012 年四大焦点拉开 2013 年帷幕》，新华网，http://news.xinhuanet.com/world/2012－12/31/c_ 124157888_ 5.htm.

1. 坚持和平发展道路，秉持积极防御方针

良好的外部环境是一国安全利益维护与实现的重要条件之一。和平稳定的周边环境和平等互信、合作共赢的周边关系，是中国东北亚安全利益的内在需求。继续走和平发展之路，对中国仍有着积极的现实意义。东北亚局势紧张与稳定并存，中国应立足于"互信、互利、平等、协作"的新安全观，以"以邻为伴、与邻为善"的外交方针和"睦邻、安邻、富邻"周边政策为指导，通过睦邻外交营造有利的周边环境。中国需将自身安全与繁荣和地区的和平与发展联系起来，建设和确保东北亚全区域的持久和平、稳定与繁荣。

中国国防政策的基本方针是积极防御，这也是东北亚地区安全利益的有效军事战略手段。在地区军事安全方面，中国应坚持积极防御战略，在加强自身军事实力的同时，坚持防御、自卫、后发制人的原则，坚持发展不结盟、不对抗、不针对第三方的军事合作关系。[①] 此外，维护中国东北亚安全利益，一方面需要可行性的国防战略和厚实的军事力量为后盾以维护国土安全，另一方面需要积极有效的战略行为以避免地区冲突与战争，营造稳定的周边环境，缓和东北亚区域的安全局势。中国不可一味妥协克制、消极容忍，而应在涉及中国主权领土的热点问题上保持刚柔并济。

2. 广泛参与多边合作，积极增进共同安全

在地区内存在结构性安全困境的局势下，实施对抗性的博弈战略，只会不断恶化东北亚地区安全形势，加剧国家安全的威胁，这不符合中国的东北亚安全利益。积极推行多边合作，成为维护与实现中国地区安全利益的理想选择。多边合作可能会促使中国与东北亚各国通过频繁的战略互动，增信释疑，消除敌意，建构互信，化解矛盾，减少纷争与冲突。它"促使军事同盟框架和多边安全对话框架并存于东亚，形成二元安全结构"，[②] 进而缓解地区安全困境，加强中国的安全系数和东北亚区域的和平稳定。发展多边关系，推行多边合作有利于维护和实现中国东北亚安全利益。一方面，它通过推进多边合作，使地区内国家彼此增进了解，建立互信，消除敌意，同时对遏制地区外国家的强权

---

① 李大光：《中国的东北亚安全政策》，http：//arm. cpst. net. cn/gfjy/2009_ 09/253496934. html。

② 门洪华：《中国崛起与东亚安全秩序的变革》，《国际观察》2008 年第 2 期。

政治及其强化联盟体系的战略措施起到一定的作用；另一方面，它通过多边合作机制的建立与运行，妥善推动朝鲜核问题的有效解决和军控机制的构建，防范地区性纷争和对抗。

安全问题的区域化，使得任何一国不能脱离地区安全的大背景单向谋求本国自身安全。中国只有将本国安全与东北亚地区安全相结合，整体谋划、统筹协调，才能切实维护中国东北亚安全利益。基于这一理念，共同安全战略成为维护国家安全利益的可行选择。中国应积极参与和推动东北亚地区一体化进程，推进东北亚由目前的安全复合体逐步演变为安全共同体，为中国的持久安全和东北亚地区的长期稳定奠定坚实基础。构建共同安全体对维护和实现中国东北亚安全利益具有现实效应。一方面，它通过构建地区认同和增进广泛交往，改变东北亚各国的利益认知，缓解邻国与中国之间的争端与对抗；另一方面，它使美国对中国的战略遏制与围堵在东北亚地区逐步失去政治基石，缓解中国在该地区的战略压力，拓展中国的战略空间。

3. 构建地区安全机制，创设有效制度保障

东北亚地区缺少区域合作和地区安全的、有效的和常设性的制度性安排，分散的权力结构使既有的利益冲突难以得到有效协调和控制。[①] 推进区域安全合作，构建地区安全机制，成为东北亚各国不可回避的现实需要。在东北亚地区安全机制建设中，中国应当成为坚定的支持者和积极的参与者。东北亚地区安全机制的建设符合中国的现实利益与现行政策。东北亚的和平与安全，能够为中国自身发展提供一个稳定的周边环境。同时以合作共赢为原则的东北亚地区安全机制，也符合中国一贯的对外政策主张。积极参与东北亚地区安全机制建构，有利于中国国家安全利益的实现。

东北亚区域安全机制建构离不开中国的积极参与。中国应以一个负责任大国的姿态，在区域安全机制建构中充分发挥积极作用。首先需要消除东北亚国家对"中国威胁"的担忧，建构国家间信任。地区安全合作离不开东北亚各国的战略互信。中国如果不能消除他国对自身的疑虑，将很难有效地推动东北亚地区安全机制建设。中国应在应对地区安全问题与提供地区公共物品方面，

---

① 黄凤志、金新：《中国东北亚安全利益的多维审视》，《东北亚论坛》2011 年第 2 期。

发挥积极作用，树立负责任的形象，以实际行动消除东北亚邻国对中国的疑虑，消除误解、增进互信。

在信任建构的基础上，中国可以与地区各国共同推动东北亚地区安全机制的建设。现阶段中国的努力方向，一方面应是加强东北亚经济合作，推动自由贸易区建设和地区一体化发展，以经济促进政治，推动地区合作机制的功能性外溢；另一方面，应是通过积极的外交方式说服相关各方重返"六方会谈"，使六方会谈机制再次有效运行，进而在各方合作与共识的基础上，提升六方会谈机制的制度化程度。在中国和其他各国的共识与努力之下，东北亚地区安全机制将不断完善，从而为推动地区安全合作和实现东北亚各国共同安全创造制度条件。

结　　论

2012 年以来，东北亚地区安全形势稍显紧张，中国东北亚安全利益面临着种种来自区域层次的现实威胁与挑战。随着中国自身的进一步崛起，周边国家对中国的疑虑与防范将有所增加，中国东北亚周边安全将继续面临严峻挑战。这需要中国坚持和平发展道路不动摇，在国际交往与区域合作中不断增信释疑，逐步化解东北亚外交困境。对话合作、求同存异、协商一致是中国东北亚安全利益护持的有效战略原则；发展多边外交，积极开展同地区各国的安全合作，推动东北亚地区安全机制建设是维护中国东北亚安全利益可行战略措施。

Y.17
钓鱼岛主权争端与中国
国家主权利益护持

姚　璐*

摘　要:

2012 年时值中日恢复邦交正常化四十周年, 而两国关系却几乎一整年都笼罩在由日本"购岛风波"所引发的中日对抗阴影中, 围绕钓鱼岛中、日两国展开了全方位的频繁"过招", 争端不断升级, 国际社会时刻担心两国的"擦枪起火"。究其原因, 日本挑起钓鱼岛争端主要源于国内政治需要和国际环境生变, 而钓鱼岛问题又关系到中国的国家安全利益, 从而引起中国的强烈对抗。为了护持中国在钓鱼岛的国家安全利益, 中国必须从军事、外交和社会动员三个方面共同着手, 捍卫中国在钓鱼岛主权的尊严。然而, 同为东北亚核心大国, 中日之间的冲突势必影响地区局势的稳定, 面对争端, 中国在实现对钓鱼岛主权利益护持的同时, 也要从长远眼光出发继续推动主旋律的中日关系良性发展。

关键词:

钓鱼岛争端　搁置争议　国家安全利益　护持

2012 年东北亚地区最引人注目的一对大国双边关系, 便是中日之间围绕钓鱼岛问题所产生的持续争端。自 1979 年邓小平就钓鱼岛领土纠纷定下"搁置争议, 共同开发"的准则, 中日之间在钓鱼岛问题上一直保持着某种意义上的默契。即使 2010 年中日撞船事件所引发的危机, 中日双方也都采取了相对冷静地处理方式。2012 年中日钓鱼岛争端"新发酵", 4 月 16 日, 日本

---

* 姚璐, 吉林大学行政学院讲师, 博士。

右翼代表——东京都知事石原慎太郎在美国智库"传统基金会"演讲时扬言将收购钓鱼岛。日本的"购岛闹剧"拉开帷幕,中日之间围绕钓鱼岛的争夺风波再起。7月7日,日本首相野田佳彦明确表态对钓鱼岛的"国有化"方针,这使一直以来围绕钓鱼岛仅存在于个人、民间团体、企业、地方政府层面的冲突直接上升到两国政府的层面。随后,野田又表示将以自卫队应对钓鱼岛争端,与美国联合进行岛屿作战练习。日本的严重挑衅引起了中国政府的强烈对抗,多次发表钓鱼岛主权不可侵犯的宣言,并前所未有地派出海监船、海监飞机在争议海域巡航。中国国内反日情绪高涨,爆发了前所未有的大规模反日游行。中日在钓鱼岛的全方位对抗,以及一直未见降温的冲突势头,使国际社会对于中日频繁过招中可能出现的"擦枪走火"尤为担心。这次由日本挑衅所引发的危机,正如北京大学国际关系学院朱锋教授所言,"自1945年日本投降之后,今天的中国从来没有遭遇过如此严峻的'日本威胁'"。[①]

一 日本政府"国有化"钓鱼岛的动因

钓鱼岛作为中日关系中最严峻的领土纠纷,在中日邦交正常化的40年中,虽然一直不时为两国关系蒙上阴影,却从未像今天对中日关系产生如此大的负面影响。野田政府明确提上议程的"国有化"钓鱼岛方案,使原本双方潜在默契的关于主权的"搁置争议"失效,争议不仅明确化,还使两国政府的外交陷入僵局。日本政府为何突然会将一直存在争议的钓鱼岛问题推向白热化,主要归因于国内政治、国际环境两个方面。

(一)日本国内政治的需要

1. 挽救民主党执政颓势

2009年,成立仅13年的日本民主党成为众议院第一大党,结束了战后自民党一党独大的政治体系,民主党党首鸠山由纪夫任首相,但这却没有预示着

---

① 朱锋:《"三合一"保钓》,《财经》2012年第23期。

民主党在日本的执政一路坦途。直到 2012 年的三年间，民主党连换三位首相，日本政坛陷入动荡，从鸠山由纪夫、菅直人到野田佳彦的三位首相其任期之短，以及各自外交理念和政策的相异，使日本的对外政策近三年来一直处于动荡期。2011 年 9 月上任的野田，上任之初曾被日本国内寄予厚望，支持率高达 60%，而到 2012 年中，其支持率迅速跌至 25%。① 面临即将到来的大选，新晋的民主党希望在有限的任期内挽回三年来执政的颓势，继续赢得民众的选票，而钓鱼岛问题迎合了野田挽救民主党的需要。

（1）面对日本国内长期经济低迷，执政难题重生，野田政府需要新的外部问题转移民众对其执政能力的质疑。民主党不仅是一个年轻的政党，同时又是由四个党派联合组成的政党，党派内部的派系林立，无论执政理念或是执政手段都存在差别。这一点不仅体现在民主党三位首相的执政差异，同时也体现在野田内阁内部关于是否关于提高消费税、是否弃用核电站、是否加入"跨太平洋战略经济伙伴协定"（TPP）等问题上的重大分歧，这无疑造成了野田内阁执政基础的脆弱。加之 2008 年金融危机给持续不景气的日本经济雪上加霜，政府刺激经济的手段却一直未能带领日本经济走出低迷的疲态，加剧了民众对民主党的质疑。在国内民众支持率持续下滑的情况下，重新提出钓鱼岛问题使民众面对国内政治经济困境所产生的悲观情绪找到新的"宣泄点"，转移民众对民主党执政能力的抨击。

（2）应对来自于自民党的挑战。民主党的上台虽然代表着日本政治的新气象，但是对比将日本一手从战败废墟带向重新辉煌的自民党，民主党的执政经验并不成熟。面对石原挑起的"购岛风波"，自民党一改长期与中国达成默契的"搁置争议，共同开发"态度，"在为参加下次众议院大选拟制的规约上明确规定'将尖阁诸岛国有化''谋求岛屿的有人化和海域的有效利用'，将此作为煽动民众批评民主党对外软弱的政治牌加以利用"。② 野田为了防止钓鱼岛"国有化"成为大选议题被自民党抢占先机，一手推动了钓鱼岛争端的恶化。

---

① 朝日新闻调查：《众议院选举后希望民主党、自民党组成联合政府占 36%》，〔日〕《朝日新闻》，2012 年 7 月 8 日。

② 翟新：《日本民主党政权"国有化"钓鱼岛的动因》，《国际问题研究》2012 年第 5 期。

（3）迎合国内民意。民主党在2009年成功组阁的制胜法宝便是它比长期居功自傲，忽略民意的自民党更善于汇聚民意。"选择强硬论之所以能成为民主党政权应对外交危机的有效自保捷径，是因为民主党政权制定钓鱼岛事件对策时必须凭借的国内政治生态即民意的归趋已发生结构性变化。"虽然钓鱼岛的领土纠纷一直是中、日两国的结构性矛盾，但日本民调显示的日本国民对中国的亲善比例曾一直保持在约70%，直到2010年撞船事件，这一比例降约30%，并且约80%的受访民众认为中国是日本的威胁。①菅直人内阁对撞船事件的处理被日本国内舆论斥责民主党外交过于"软弱"，在野田内阁支持率持续走低的情势下，石原发起的"购岛倡议"却得到了高达92%的民众支持率。②野田内阁希望借钓鱼岛"东风"，改善民主党在民众心中的"软弱"形象，迎合日本国内"日渐强硬"的民意。

2. 使钓鱼岛争端保持在中央政府可控范围

钓鱼岛的群岛中，除了赤尾屿被日本定为"国有"，其他岛屿一直"私人所有"。虽然日本一直坚持其对钓鱼岛的归属权，但之前长期中日政府之间的默契，使日方不仅不允许中国人登岛，同样禁止日本人登岛。而石原发起的"购岛倡议"却对这种相对稳定的现状造成了巨大的威胁，石原曾公开批评政府在钓鱼岛的毫无作为，宣称东京都完成购岛后，"将针对这些岛屿采取各种各样的措施"③，包括修建灯塔、微波通信中转站等设施建筑，并在"适当的时候"建立军事设施。野田政府深知，如果按照石原提出的东京都购岛计划成功，大量日本人将事实上违反禁令频繁登岛，这也彻底打破了中日在钓鱼岛相对稳定的现状。如果放任石原购岛，其不顾外交后果、不可预知的作为势必引发中国政府的强烈反抗，使中日钓鱼岛的领土纠纷超出日本中央政府的可控范围，很有可能使中日之间的外交困局一发不可收。因此，面对国内民众无法抑制的"购岛"热情，野田政府提出了"国家购岛"的计划。正如日本外务省官员所言，"让国家而不是东京都知事方面购岛，就对华关系而言虽不是最

---

① 翟新：《日本政府钓鱼岛事件对策的演变及其原因》，《社会科学》2012年第4期。

② 朱锋：《"三合一"保钓》，《财经》2012年第23期。

③ 《石原的言论不负责任》，〔日〕《朝日新闻》，2012年4月18日。

善，但也许是除此以外最好的"。① 美国东亚事务顾问葛莱仪（Bonnis Glaser）在接受采访时也谈到，"国有化，是日本政府避免失控钓鱼岛的方案，为两国政府的外交斡旋留下了一定空间"。②

（二）国际环境的变化

1. 中日力量结构对比位移引起的日本社会心理失衡

中日虽一衣带水，但两国关系却几乎集结了所有国家之间冲突的要素：历史问题、领土纠纷、地缘冲突、民族情绪、制度差异……同为东北亚地区的大国，中日关系一直属于"一山不容二虎"，处于竞争的状态。

"二战"的完败使日本的国际地位一落千丈，同时经济也受到了摧毁性的打击。战后美国出于"冷战"的需要对日本的大力扶植，以及日本经济发展模式的得力，使日本在非常短的时间内实现了经济的再次腾飞，一跃成为全球第二大经济体，同时也成为东亚经济发展的"领头雁"。伴随着经济的成功，日本一直努力摆脱"战败国"的阴影，积极在国际问题上有所作为，展示与其经济实力相称的政治形象，谋求其在东北亚地区，乃至全球的领导地位。而过于骄傲的日本在 20 世纪 90 年代开始受到美国的"打压"，贸易摩擦频发，币值斗争激烈，经济发展速度陡然减缓，直到 1997 年东南亚金融危机使日本的经济泡沫破裂，经济首次出现负增长。之后，日本的经济发展一蹶不振，持续低迷。"日本 1994 年时的国内生产总值（GDP）大约相当于美国的 80%，而到现在则只有美国的约 35%"，③ 日本进入了"和平衰落"时期。与日本"和平衰落"相对应的却是中国的"和平崛起"。2000 年时，中国的 GDP 还位居全球第 6 位，2010 年，中国的 GDP 便首次超越日本，成为全球第二大经济体。伴随着中国经济的发展，作为联合国常任理事国，中国越来越多地在国际政治舞台上发出自己的声音，实施自己的影响力。

---

① 《"尖阁国有化方针"，应对中国的次善之策》，〔日〕《每日新闻》，2012 年 7 月 8 日，转引自：翟新：《日本民主党政权"国有化"钓鱼岛的动因》，《国际问题研究》2012 年第 5 期。

② 丘昭琪、徐安：《交锋钓鱼岛》，《财经》2012 年第 23 期。

③ 刘江永：《钓鱼岛争议与中日关系面临的挑战》，《日本学刊》，2012。

在东北亚地区中日之间力量对比的逆转，使一个多世纪以来日本社会固有的优势心态变异失衡，钓鱼岛只是一个"着火点"。2010年钓鱼岛撞船事件触动了本已脆弱的日本民族神经，面对中国对自身海洋权益的合理维护，日本部分右翼势力将它解读为日益强大的中国对周边地区的强硬态度，强调中国对日本的威胁论，煽动日本国内的民众情绪，对华强硬，以换取所谓的"日本复兴"。这场由右翼煽动引发的争端反映出"在经济低迷、政治疲软的双重打击下，日本社会迫切需要新的精神支柱和意志动力的病态现实"。① 近年来，日本经济社会发展的困境使日本的右翼势力出现快速抬头的趋向，强调强硬作风，以"中国威胁"转移其国内矛盾的做派可能使中日的钓鱼岛争端持续升温，并且极有可能在中日其他矛盾领域出现新的纠纷。中国一再强调将走"和平发展"之路，而日本是否能实现"和平衰落"，这不仅关系到东北亚地区的整体安全，同时也关乎整个世界格局的稳定。

2. 美国的"亚太再平衡"

美国虽然是东北亚地区的"域外大国"，但美日同盟的存在使美国的全球战略对日本具有重要的影响力，美国在钓鱼岛问题上的态度也是中日双方关注的焦点。

奥巴马上任后，逐渐从中亚地区开始撤军，美国的战略基轴重新转到亚太地区。2011年11月，时任美国国务卿希拉里在《外交政策》期刊上发文《美国的太平洋世纪》指出，亚洲地区将是未来全球政治的中心，未来十年中，美国将在亚太地区投入更多的战略资源，而其与日本的美日同盟关系将是保障亚太地区和平与稳定的基石。② 美国"重返亚太"首先修复了鸠山内阁时期被弱化的同盟关系，进一步强化了美日同盟，并且对美日、美韩同盟进行了整合。作为日本的安全保护，美国将战略重心重新转向亚太，紧随其后一系列积极的战略布局增强了日本遏制中国的信心，日本将美国的"亚太再平衡战略"视为对中国崛起"威胁"的有效制衡。

---

① 朱锋：《"三合一"保钓》，《财经》2012年第23期。
② Hillary Clinton，"America's Pacific Century"，Foreign Policy，November 2011，http：//www. foreignpolicy. com/articles/2011/10/11/americas_ pacific_ century? page＝0，1.

在钓鱼岛问题上，虽然美国将钓鱼岛的"施政权"归还日本，但在钓鱼岛的主权归属问题上一直坚持"不持特定立场"。在钓鱼岛是否适用《美日安保条约》第五条方面，"冷战"期间，美国处于联合中国共同对抗苏联的意图，从不公开明确态度。"冷战"结束后，中国实力逐渐上升，美国开始清晰态度，20 世纪 90 年代中期克林顿代理国务卿坎贝尔第一次明确表示钓鱼岛适用于《美日安保条约》；在 2012 年不断升级的钓鱼岛争端中，美国包括国务卿希拉里在内的高官频繁表态钓鱼岛属于《美日安保条约》第五条适用范围。美国虽然在主权问题上"不持立场"，但明确钓鱼岛适用《美日安保条约》客观上为日本的挑衅行为"壮胆"。

在中日钓鱼岛争端问题上，一方面，日本需要美国的支持以对抗中国，因此日本高官频繁要求美国表明在钓鱼岛问题上的态度，而美国为了配合亚太战略中加强日美同盟的需要，某种意义上纵容了日本的挑衅；另一方面，美国"亚太再平衡战略"的推行过程中与中国在周边地区所产生的矛盾，尤其在东海和南海上的摩擦，使美国需要调动钓鱼岛这颗"棋子"，利用日本"遏制"中国。因此，在美国"亚太再平衡战略"的大背景下，日本再次挑起钓鱼岛争端，"钓鱼岛只不过是这个大棋盘上的一个棋子、一个撬动国际关系格局的支点"。①

二 中国在钓鱼岛的国家安全利益分析

日本政府"购岛闹剧"引发的钓鱼岛争端之所以不断升温，不仅在中国国民间引起轩然大波，同时也激发了中国政府的强烈反击，源于钓鱼岛问题直接危及中国最为敏感的国家安全利益。安全利益是国家利益最重要的构成部分，关于何为中国的国家安全利益，学者们从自身研究视角出发，根据不同的划分标准，提出不同见解，它们大概涉及主权、领土、军事、政治、经济、文化、民族、生态等多个方面。本文针对中国在钓鱼岛的国家安全利益，划分政治安全与战略安全两个方面进行论述。

---

① 刘江永：《钓鱼岛争议与中日关系面临的挑战》，《日本学刊》2012 年第 6 期。

（一）政治安全利益

政治安全的主要内涵包括主权独立和领土完整。主权是民族国家最主要的标识，它也是国家存在的基础，主权安全是政治安全的最主要表现；同时，主权与领土是密不可分的概念，只有明确一片领土之上的主权，才能确定这片领土的归属问题。邓小平的国家安全战略思想便强调，"国家的主权、国家的安全要始终放在第一位……关于主权问题，中国在这个问题上没有回旋余地。坦率地讲，主权问题不是一个可以讨论的问题"[1]，而钓鱼岛的主权和领土便涉及中国政治安全的核心。

无论从历史上或是法理上讲，钓鱼岛自古以来都是中国领土不可分割的部分，其主权属于中国无可争议。钓鱼岛实际上由一组群岛组成，它们分别是钓鱼岛、赤尾屿、黄尾屿、北小岛、南小岛等岛礁。地处中国东海大陆架南侧边缘地带，福建正东方向约170海里，台湾基隆港东北约100海里处，总面积约6.3平方公里。早在1403年明朝永乐年间完成的《顺风相送》中，便已经有关于钓鱼岛的相关文字记载，从15世纪开始，钓鱼岛便被纳入福建海防区域内。1894年中日甲午战争爆发，日本借战争之机利用《马关条约》窃取了钓鱼岛领土，直到"二战"曙光初现，中、英、美三国首脑联合发表的，旨在协同对日作战，以及战后对日安排的《开罗宣言》中，声明日本必须归还其侵占的台湾、澎湖及其附属岛屿，其中便包含了钓鱼岛。但"二战"结束后，美国"托管"冲绳，随后，根据1951年的《旧金山和约》将钓鱼岛划入冲绳，钓鱼岛成为美军靶场。但中国方面当时就强烈反对，并不承认《旧金山和约》关于钓鱼岛划分的有效性。1971年，时值"冷战"，美日签署了归还冲绳协定，钓鱼岛被作为冲绳的一部分划到"归还区域"，日本在钓鱼岛被赋予"施政权"。中国政府在钓鱼岛的主权问题上一直据理力争，从日本获得钓鱼岛的"施政权"后，中国民众自发的"保钓"运动就一直未停息。中日建交之初，中国领导人本着改善两国关系的大局出发，提出关于钓鱼岛"搁置争议，共同开发"的原则，作为主权所有者，中方从未违反原则，而日本却逐

---

① 邓小平：《邓小平文选（3）》，人民出版社，1989，第62页。

渐开始否认钓鱼岛存在领土争议，否认中国对钓鱼岛的主权。如今，即使日本政府想通过"购岛"实现钓鱼岛的国有化，以论证日本在钓鱼岛的主权，但这在法理上也是无法成立的，日本无权随意买卖属于中国的领土。

钓鱼岛的主权和领土完整是中国政治安全的体现，只有对钓鱼岛主权和领土的捍卫才能有效地维护中国的国家安全利益。

（二）战略安全利益

1. 钓鱼岛是中国发展海洋战略的重要环节

从地缘政治上来讲，钓鱼岛位于中国台湾岛和日本冲绳之间，属于西太平洋的"第一岛链"，是中国控制东海制海权的关键。它不仅是外海进入中国的跳板，同时"钓鱼岛附近海域是中国海军走向远洋的必经通道，犹如中国东南海域的一处'雄关隘口'"。[①] 如果中国有效控制钓鱼岛，便掌握了打开远洋大门的钥匙，反之，如果日本完全控制钓鱼岛，中国海军将如同被扼住了咽喉。同时，如果日本完全控制钓鱼岛，日本本土狭窄的战略纵深将大大得到提升，日本的防卫范围将从冲绳向西推进约300公里，而与之相对的是中国面对日本的战略纵深缩短约300公里。若日本控制钓鱼岛，便可能在岛上设置电子监控，甚至是武器装备，即使日本不在岛上配置，中国战略纵深的缩短也将使东南沿海及台湾岛近距离地暴露在对手海空近距离侦查和打击的危险范围内。鉴于日美同盟的存在，这种危险对中国和平发展的战略势必造成巨大的威胁。

2. 钓鱼岛是保障台湾战略安全的重要环节

（1）钓鱼岛是台湾安全的关键。

北京航空航天大学大学张文木教授曾指出，"今天日本在中国钓鱼列屿，进而在春晓油田与中国的争夺，本质上是为了逼近台湾。今天中国如果在此海域失去起码的原则，那日本的下一个目标就是台湾，接踵而来的必然是19世纪70~90年代历史的重演，即中国东海制海权的丧失"。钓鱼岛地处台湾以北，而1895年日本便是在此海域击败中国舰队掠走了台湾，至今这片海域仍然是中国东海安全链条中最薄弱的环节。因此，钓鱼岛若被日本占据，台湾将

---

① 庞中鹏：《日本觊觎钓鱼岛意在争夺东亚制海权》，《学习月刊》2012年第10期。

再次处于在日本威胁之下。

（2）钓鱼岛是遏制"台独"的重点。

"钓鱼岛列屿是台湾与日本之间的接榫点，也是'台独'势力信心的支撑点。"①面对"台独"势力与日本部分势力勾结可能对中国国家统一所造成的不利影响，"钓鱼岛问题的要害在于，在地缘政治上它是可能出现的日台联盟关系的'七寸所在'。而实现中国在钓鱼岛的主权，则是打断日台联系的关键"。②

三 中国对钓鱼岛主权利益护持的思考

2012年，进入"四十不惑"的中日关系却面临了邦交正常化以来最严峻的考验。在钓鱼岛问题上面对着来自日本最无理、蛮横的挑衅，中国必须采取军事、外交、社会动员等各方面措施护持中国在钓鱼岛的国家主权利益。正如朱锋教授所谈到的，"成功'保钓'，说到底，是充分的军事准备、成功的危机外交和中国政府与社会共同努力的'三合一'"。③

（一）适度的军事"亮剑"

中国一直以来奉行和平发展的国家战略，但正如习近平总书记2013年1月28日在中央政治局第三次集体学习时的讲话指出，"我们要坚持走和平发展道路，但决不能放弃我们的正当权益，决不能牺牲国家核心利益。任何外国不要指望我们会拿自己的核心利益做交易，不要指望我们会吞下损害我国主权、安全、发展利益的苦果。中国走和平发展道路，其他国家也都要走和平发展道路，只有各国都走和平发展道路，各国才能共同发展，国与国才能和平相处"。日本挑起的钓鱼岛争端危及了中国的国家利益，日本否认钓鱼岛领土的争议，也就放弃了中日之间"搁置争议，共同开发"的默认准则，中国有理

---

① 思源：《张文木访谈：钓鱼岛争端背后的台湾问题》，《海洋世界》2012年第9期。
② 张文木："世界地缘政治体系中的中国国家安全利益"，载高全喜《大国（第一期）》，北京大学出版社，2004，第27页。
③ 朱锋：《"三合一"保钓》，《财经》2012年第23期。

由采取强硬的反制措施。

1. 加强海上执法部门的执法能力

当今世界，国家间在争议海域通过海上执法部门进行较量，已经成为避免冲突升级的有效对抗方式。在 2010 年的钓鱼岛撞船事件之后，中国意识到自身海上执法部门执法能力的薄弱，加大了对提升海上执法能力的投入，渔政和海监开始了众多新的船舶、飞机的建造项目，但是相比日本海上保安厅的装备，仍处落后境地，中国应该继续对渔政海监加大投入，提升其装备质量，以维护中国海上的合法权益。2012 年 9 月 14 日开始，中国的海监船已经陆续进入钓鱼岛海域巡航，11 月 29 日，中国最新锐的海监 137 船进入钓鱼岛毗连区海域巡航，12 月 13 日，中国海监 B-3837 飞机抵达钓鱼岛领空。至今，中国的船只、飞机在钓鱼岛的巡航已经形成常态化。同时，我们不仅要使海监船、海监飞机常态化的巡航持续下去，还要对日常的渔业及海洋科学勘察提供必要的保护，以宣誓中国在钓鱼岛的主权归属。

我们应当看到，长时间以来，中国一直奉行"搁置争议"的原则，政府顾全大局，从不进入有争议的领土及海域。日本的挑衅不守信在先，最后反而自食苦果，客观上推动了中国在钓鱼岛地区主权的实践。

2. 推动海洋战略实施，维护海上合法权益

中国虽然是典型意义上的海陆复合型国家，但历史上，"中国由于远离世界贸易航道，海洋对中国却是更多的起到了地理隔绝的屏障作用，因此中国未能发挥海洋大国的优势"。[①] 中国更加侧重于自身的大陆属性，因此，对主体大陆以外散落在大洋中的零星岛屿没有给予足够的重视，从而也缺乏在领海、岛屿领土争端中的处理经验。随着中国经济的腾飞，首先，庞大的海洋资源将是未来可持续发展的保证；其次，来自太平洋的美日韩海洋联盟的压力使中国不得不开始放眼大海；最后，中国的经济发展需要海外权益得到有力地维护。

推行海洋战略，需要加强海军军事力量，2012 年"辽宁号"航空母舰下水便是中国海洋战略迈出的重要一步。虽然在这次的钓鱼岛争端中，中国可预见的不会投入军事冲突，但面对近年来频繁地来自"海疆"的威胁，未雨绸

---

① 刘雪莲、许琳：《中国东北亚地缘战略研究》，吉林人民出版社，2006，第 35 页。

缪，做好军事上的准备，无论是在钓鱼岛主权的护持中，或是其他的突发事件中，海军力量的加强都将起到"威慑"的作用。

（二）积极的危机外交努力

适度的军事"亮剑"是"实力求和平"哲学的体现，而即使中日关于钓鱼岛问题所引发的争端如何升级，无论中、日两国任何一方，都不想将争端引向战火，双方都希望通过外交的途径限制冲突的无限升级。对比战争，外交才是一门高超的艺术，"在今天的时代，危机外交不仅是一个国家和一个政府处置争议问题的能力的展示，更是宣示善意与合作意愿、争取在争议问题上取得国际理解和支持的必要举措"。[①]

在护持中国在钓鱼岛争端中的国家主权利益时，我们需要把握"一个大局，两个现实"。"一个大局"是指中日友好的大局不能破。虽然中日之间有诸多的结构性矛盾，但不能因为钓鱼岛争端一时的矛盾，就全盘否定中日关系发展的意义。第一，中日是"近邻"，一个友好的邻居远比一个敌对的邻居给中国带来的"边际收益"更高；第二，中日关系是否和睦，将是整个东北亚地区和平的保证；第三，没有中日共同的努力，东亚一体化以及东北亚安全机制的建立便无从谈起。"两个现实"是指美国因素和日本国内政治因素的两个方面：美国方面，虽然美国明确钓鱼岛适用于《美日安保条约》第五条，但美国也明确表示不会介入国家间的领土纠纷。2012 年 1 月 19 日，希拉里在会见日本外务大臣岸田文雄时虽然也表示钓鱼岛适用《美日安保条约》，但同时她也强调日本政府必须冷静应对，防止事态恶化，寻求与中国和谈。对美国而言，通过钓鱼岛问题在中、日两国"两边下注"才是它最大的利益所在，而美国却绝不会为这片小岛投入无谓的战争；日本国内政治方面，正如前面所分析的，这次钓鱼岛争端的恶化很大程度上归因于民主党执政经验的缺乏，而安倍晋三的上台又使日本外交回到了成熟老到的自民党手中。并且，即使安倍属于鹰派人物，上台前表态强硬，但从他执政后对钓鱼岛争端的处理方式不难看到他专业政客的务实作风，维持中日关系稳定依然是主导，但在短期内，钓鱼

---

① 朱锋：《"三合一"保钓》，《财经》2012 年第 23 期。

岛争端即使缓和也无法彻底解决。因此，长期的外交途径将是中国护持主权利益的关键。

1. 加强中日高官之间的对话，及时进行信息沟通

虽然，在钓鱼岛争端上日本的挑衅着实激怒了中国，但在经历了事件初发阶段双方"互扔狠话"，"强掰手腕"的强硬对决阶段，双方从2012年8月底开始了共同控制危机的外交沟通。8月28～30日，日本外务省副外务大臣山口壮赴京向戴秉国国务委员转交了日本首相野田佳彦致胡锦涛主席的亲笔信，双方进行了会晤。据日本内阁官房长藤村修透露，亲笔信大意希望双方从大局出发，促进日中关系稳定发展。随后，虽然野田政府依然明确了"国家购岛"，引发了中国更多的海监船进入钓鱼岛领海，以及中国国内更大范围的民众示威，但"由中日有关专家和高级智囊扮演的'密使'也在暗中展开密集的穿梭对话"。[①] 中国派出了中国社会科学院对日外交智囊冯昭奎，上海日本学会会长吴寄南。紧随其后，选前呼声最高的自民党新总裁安倍晋三派出了"知华派"的宫本雄二和谷野作太郎作为密使，前往中国沟通寻求危机的解决途径。安倍晋三上任之后，委派一直以来主张中日友好的公明党党首山口那津男转交习近平总书记亲笔信，而这次中方也由习近平总书记亲自接待并会谈。虽然围绕钓鱼岛，中日仍不时有新的矛盾，但可以看到，通过中日双方频繁的危机外交穿梭，使中日冲突一直保持在可控范围内。

2. 以中日之间紧密的经济联系遏制日本

在全球经济紧密相互依赖的今天，中国庞大的市场不仅是最具诱惑的战利品，同时又是两国外交博弈中的有力武器。2011年，中、日两国贸易总额已经达到3499亿美元，自2007年至今，中国一直是日本的第一大贸易伙伴，最大出口市场和进口来源国，而日本却只是中国的第四大贸易伙伴。[②] 中日之间经济上的这种非对称相互依赖使中方占有了更多的权力，因此"经济牌"也成为制约日本的有效外交资源。虽然钓鱼岛争端后，中国官方未对日进行过经济制裁，但中国国内自发的抵制日货使日本经济蒙受了巨大的损失。"2012年

---

① 《中日密使穿梭避免钓鱼岛战争》，《亚洲周刊》2012年11月25日。

② 数据来源：中华人民共和国商务部统计数据，http：//www.mofcom.gov.cn/article/tongjiziliao/（上网时间，2012年2月17日）。

8月，日本六大汽车厂家在华生产量环比减少8.4%，同期，德国、美国、韩国品牌汽车销量则同比增加25%、19%和12%。"① 旅游业方面，2012年"十一"黄金周期间，约10万中国游客取消赴日旅行，9~11月约2万人取消了预定赴日航班，直接导致几架中国飞日本航班的停飞。

3. 收集翔实的钓鱼岛主权证据，在国际上寻求认同

在钓鱼岛争端中，无论是作为当事人的中国人或日本人，有不少人在"保钓"的过程中只是盲目地追随民族主义情绪，却不了解钓鱼岛在历史和法理上主权归属的溯源，更不用说国际社会其他国家的了解程度。而在历史和法理证据的掌握程度上，我国恰巧比日本更具有优势，日本则只是强调钓鱼岛领土不存在争议，却拿不出属于自己的确凿证据。2012年9月25日，国务院新闻办发表了有关钓鱼岛归属证据的《钓鱼岛是中国的固有领土》白皮书，向世界宣传了论证钓鱼岛属于中国的系统证据。我们在护持主权利益的外交过程中，需要进一步收集和整理有关钓鱼岛的历史资料和法理证据，让国际社会更多的人通过严谨地论证认识到事件本身的是非曲直，以在国际上争取对中国有利的舆论环境，从而对日本施压。

（三）社会力量的动员

护持中国在钓鱼岛的国家主权利益不仅仅是军队的责任，外交部的工作，它更需要动员整个中国社会的各种力量。2012年8月15日，大陆保钓者方晓松乘"启丰二号"冲破日方阻碍，登上钓鱼岛；商人陈光标2012年8月31日在《纽约时报》刊登"钓鱼岛自古以来就是中国领土"的广告；民众自发的"抵制日货"运动使中国在无须官方制裁的情况下便使日本的经济受到打击；自2012年8月19日，日本右翼分子登上钓鱼岛，中国内地、香港、台湾的群众走上街头游行抗议……这次钓鱼岛争端引发的中国前所未有大规模的"保钓"运动的开展，直接动员了全国上下最广大范围的社会力量，使中国在钓鱼岛国家主权利益的护持上得到了更大范围的支持和动员，中国社会各种力量在"保钓"中展示出的爱国热情向日本、向世界展示了中国护持钓鱼岛主权

① 刘江永：《钓鱼岛正义与中日关系面临的挑战》，《日本学刊》2012年第6期。

的决心。

另一方面,我们需要区分爱国热情与狭隘的民族主义。2012年9月16日开始,西安、长沙等地爆发了新一轮的抗议日本购岛游行,却最终演化为"打、砸、抢"的暴力行为。正如新加坡国立大学东亚研究所所长郑永年所言,民族主义作为一种强烈的国家认同感,在凝聚国民、对付外敌、国家独立等方面扮演了关键的角色,同时民族主义也曾带来无尽的冲突和战争,健康的民族主义需要法治和法制的疏导。如果我们放任狭隘的民族主义滋长,便可能导致后果与最初设定的目标背道而驰。无论中国或日本,我们都要抵制这种不健康的民族主义情绪的抬头,因为一旦政府被狭隘的民意"绑架",便无法理智地从国家长远利益出发,维护中、日两国的友好大局。

结　　语

中日钓鱼岛争端注定不会在2012年画上句号,它将在未来相当长的一段时间里作为中日关系中的历史遗留问题继续存在,目前来讲,重新回到"搁置争议,共同开发"才是争端最可行的解决方式。这一次由日本"购岛"所引发的危机虽然使中日关系降到"最冰点",但中日关系作为维护东北亚和平与稳定最重要的双边关系之一,越是在中日之间面对严峻考验时,中、日两国越需要付出更大的努力,探索更多的智慧去解决矛盾和困难,而目前已经可见的是中日双方逐渐重归理智的外交互动。2013年,中日都已迎来新的领导人,各自不同于前任的外交理念可能使钓鱼岛争端出现新的发展,或是呈现新的希望,我们将拭目以待。

Ｙ.18
美韩同盟强化与中国的外交应对

黄凤志　刘勃然*

摘　要：

美韩同盟缘起于朝鲜战争，维系在"冷战"环境中，是朝鲜半岛局势紧张、东北亚安全困境的症结之一。21世纪初美国出于护持东北亚地区主导地位和应对中国崛起的战略需要，采取了同步强化美日、美韩同盟的政策。近年中国东南海疆困局与美国重返亚太的重合性令人疑虑美国正在推行新的遏制中国崛起政策。2010年3月以来朝鲜半岛事态的发展具有超越韩朝争端剑指中国的特点，令中国周边外交与安全开始步入困局。美韩同盟强化是美国在东亚为遏制中国崛起谋篇布局的组成部分，韩美日同盟发展的东北亚小北约走向对中国东亚地缘安全利益产生巨大影响。如何应对美韩同盟强化所带来的东亚地缘安全挑战，护持中国在东亚地区的安全利益，值得我们高度关注和认真研究。

关键词：

美韩同盟　"天安"号事件　东亚地缘安全　重返东亚　中国崛起

美韩同盟是朝鲜战争以来美韩两国东北亚乃至亚太战略的重要支柱之一。21世纪以来，随着中国崛起为世界第二大经济实体，东亚地缘政治格局的战略力量结构关系正在发生变化，美韩同盟的战略价值再度凸显。"天安"号事件后，不仅美韩关系"一帆风顺"①，美日韩三边关系也在不断整合，美

＊　黄凤志，吉林大学行政学院国际政治系教授；刘勃然，吉林大学行政学院国际政治系博士研究生。

①　Victor Cha and Ellen Kim，"US-Korea Relations：Smooth Sailing in the Wake of the Cheonan"，October 12，2010，Center for Strategic and International Studies（CSIS），http：//csis. org/publication/comparative-connections-v12-n3-us-korea（上网时间，2012年6月8日）。

国"重返东亚"战略的序幕由此揭开。近年来，东亚安全局势的变化迷雾重重，但剑指中国的战略意图非常明显，中国东亚地缘安全利益正面临严峻挑战。

一 "天安"号事件后美韩同盟关系的强化

2010年3月发生的"天安"号事件至今已2年有余，尽管韩方宣称"天安"号沉没系朝鲜潜艇所为，但事件调查过程与结果一直颇具争议，并未获得国际社会的广泛认可。人们怀疑"天安"号事件存在着某种"神秘力量"导演的可能性。无论"天安"号事件真相如何，美、韩两国以"天安"号事件为契机，大肆渲染"朝鲜威胁"、强化同盟关系已成为"不争之事实"。"天安"号事件和延坪岛炮击事件后，美韩同盟关系已步入新阶段，东北亚地区安全局势发生了新的变化，中国在东北亚地区的安全环境出现了新的挑战。

（一）"天安"号事件后美韩同盟关系的新变化

1. 美韩政治与外交立场的高度协调

2010年5月韩国总统李明博就"天安"号事件调查结果向国民发表讲话，称"天安"号警戒舰是受到朝鲜小型潜水艇发射的鱼雷突袭而沉没，朝鲜将为此付出代价。此后不久，美国政府即做出积极响应。6月美国总统奥巴马在美韩双边会谈之后表示，"我代表所有美国人就'天安'号事件的悲剧向李明博总统表示哀悼，并完全支持他的做法"。[①]与此同时，"天安"号事件为美国延长对朝制裁提供了充分理由。6月15日奥巴马总统发表声明，称朝鲜半岛现存在可用于制造核武器的裂变材料且有扩散风险，这将继续对美国国家安全与外交政策构成"异乎寻常的和特别的"威胁。美国政府有必要将针对朝鲜

---

① The White House, "Remarks by President Obama and President Lee Myung-Bak of the Republic of Korea After Bilateral Meeting", Office of the Press Secretary, June 26, 2010, http://www.whitehouse.gov/the-press-office/remarks-president-obama-and-president-lee-myung-bak-republic-korea-after-bilateral- （上网时间，2012年6月10日）。

的"全国紧急状态"及相应措施从 26 日起延长一年。①美、韩两国在朝鲜问题的应对上形成了高度默契，韩国也越发依赖于"美国主导下的"同盟间的战略协调。

2. 美韩军事安全领域的高调合作规模空前

"天安"号事件后，美韩两国在军事安全领域的合作显著增强。2010 年 6 月美国总统奥巴马接受韩国总统李明博的提议，将战时作战指挥权的移交时间由 2012 年 4 月推迟至 2015 年 12 月。2010 年 7 月，美韩外长、防长在首尔首次举行"2 + 2"会议，对双方外交和军事合作进行部署。随后，频繁的军演接踵而至，从 2010 年 7 月美韩两国举行的"不屈的意志"联合军演到同年 10 月美韩"最响雷鸣"常规空军演练，彰显出规模之大、历时之久、密度之高、影响之广的特点，令世界瞩目。2010 年 11 月突发的延坪岛炮击事件是韩、朝两国自"冷战"以降首次直接炮击对方岛屿和陆地目标的军事冲突，该事件后半岛局势越发紧张，美韩军演更是变本加厉。从 2010 年 11 月至 2011 年 9 月，两国联合军演几乎每月一次，其频度之高实属历史罕见。美、韩两国如此高调的军事合作既是一种武力威慑，也是其同盟关系强化的重要表现。"这一系列行动是对朝鲜的一次强势打压，但最终是奥巴马政府在此背景下对亚洲战略的关注。即奥巴马政府通过加强美国在此地区与其传统同盟国及后方国之间的军事同盟关系，从而强化确保美国在亚洲地区领导地位的目标。"②近期，美、韩两国在军事安全合作领域又迈出重要一步，2012 年 10 月美、韩两国达成协议，将韩国弹道导弹射程上限由目前的 300 公里延长至 800 公里。美国抛开此前"可能引发地区军备竞赛"的顾虑③，大肆增强韩国弹道导弹威力的举动进一步强化了美韩同盟的军事纽带，同时也令东北亚安全局势陷入深度阴霾。

① 蒋国鹏、冉维：《美国延长对朝鲜制裁》，新华网，2010 年 6 月 16 日，http：//news. xinhuanet. com/world/2010 – 06/16/c_ 12225673. htm（上网时间，2012 年 6 月 12 日）。

② 김재철，"21세기 한미 전략동맹'의 안보적 과제와 대비방향"，대한정치학회보，17집 2호，2009 년 10월 ,373 ~ 394.（中文：金载哲：《21 世纪韩美战略同盟的安保课题以及应对方向》，《大韩政治学会报》2009 年第 17 集 2 号）。

③ BBC News，"South Korea expands ballistic missile system range"，October 7, 2012, http：// www. bbc. co. uk/news/world-asia-19861583（上网时间，2012 年 10 月 10 日）。

表 1 "天安"号事件后美韩联合军演统计

时 间	地 点	事 件
2010 年 7 月	日本海	美韩"不屈的意志"联合军演
2010 年 8 月	日本海与黄海	美韩"乙支自由卫士"联合军演
2010 年 9 月	黄海	美韩联合反潜演习
2010 年 10 月	釜山附近海域	包括美韩在内的多国防扩散联合演习
2010 年 10 月	朝鲜半岛西部空域	美韩"最响雷鸣"常规空军演练
2010 年 11 月	黄海	美韩联合军演
2011 年 1 月	黄海	美韩联合军演
2011 年 2 月~4 月	龙山沃克中心	美韩"关键决心/秃鹫"例行联合军演
2011 年 5 月	朝鲜半岛西部空域	美韩空军综合战斗演习
2011 年 6 月	韩朝边境	美韩联合军演
2011 年 7 月	白翎岛	美韩联合军演
2011 年 8 月	日本海与黄海	美韩"乙支自由卫士"联合军演
2011 年 9 月	韩国抱川	美韩联合军演
2012 年 2 月~4 月	龙山沃克中心	美韩"关键决心/秃鹫"例行联合军演
2012 年 5 月	朝鲜半岛西部空域	美韩空军联合军演
2012 年 8 月	韩国本土	美韩"乙支自由卫士"联合军演

3. 美韩自由贸易协定（FTA）应运而生

美韩自由贸易协定谈判启动于 2006 年 6 月，正式签署于 2007 年 6 月，但因汽车与牛肉等产品的进出口问题遭到各自国内的强烈反对而一直处于修订之中。"天安"号事件后，美、韩两国皆希望在经济领域促成 FTA 的最终实施，以巩固美韩同盟的经济基础，实现两国同盟关系的全方位强化。2010 年 6 月，奥巴马与李明博在加拿大多伦多举行美韩首脑会谈时商定重新开启美韩自由贸易协定谈判，新协议于 12 月浮出水面，两国政府的政治意志使该协定充满了妥协色彩，最终于 2012 年 3 月 15 日正式生效。美韩自由贸易协定的生效正值韩朝双方"剑拔弩张"以及美国"重返东亚"的敏感时期，这一协定对美韩两国甚至是整个东亚地区的政治效能格外引人注目。正如李明博政府所宣扬的，FTA 的应运而生不仅有利于韩国企业占据美国市场，更有助于韩美"军事同盟和经济同盟"的进一步强化，"韩美自由贸易协定超过了经济因素本身，成为一项重要的政治考量"。①

---

① 王少喆、洪俊杰：《美韩 FTA：政治考量大于经济》，《解放日报》2012 年 3 月 15 日第 6 版。

（二）"天安"号事件后美国在东北亚地区主导地位的强化

在美韩同盟强化的同时，美日同盟、美日韩三边关系及美国与东南亚国家间的关系均有不同程度的进展，反之中韩关系、中日关系、中美关系及中国与东南亚部分国家间关系则举步维艰，中国的东亚地缘政治安全环境已出现恶化的征兆。

美韩同盟强化与美日同盟的发展具有鲜明的同步性，东北亚地区出现了以美国为轴心、美韩与美日同盟双轮驱动、共同剑指中国的迹象。"天安"号事件、中日钓鱼岛撞船事件和延坪岛炮击事件的发生正中美国下怀，美国因势利导，将韩、日两国就朝鲜和中国问题捆绑到一起，美日韩三边关系得到迅猛发展。"'天安'号的沉没和延坪岛炮击事件提醒我们朝鲜半岛存在着根深蒂固的危机，但它也创造了美日韩之间双边和三边合作的局面。"[①]李明博政府抛开"慰安妇"和"教科书"等历史问题的纠结，不顾本国民众的强烈反对，加强同日本在安全领域的合作。"2011 年 11 月美日韩就朝鲜无核化问题进行磋商，2012 年 1 月三方就其东北亚与全球共同利益及朝鲜半岛局势问题交换意见，这反映出三方在亚太及全球利益上的合作日臻默契。"[②]由此，美国成为"天安"号事件后东北亚地区大国博弈的最大赢家：在美韩同盟强化的基础上，美日韩三边政治关系飞速发展，韩、日两国对美日益增强的依附性强化了美国在东北亚地区的主导权。

在美日韩政治关系一帆风顺的局面下，美韩、美日联合军演又伴随着美国与东南亚多国联合军演的趁势跟进，在东亚地区形成了"南北呼应"之势，中国周边海域顿时"硝烟弥漫"。2010 年东亚国际关系的重心在东北亚，乱局的目标指向是围堵中国崛起，2011 年以来东亚乱局则由东北亚扩展至东南亚，美国通过强化其与菲律宾、泰国、新加坡、澳大利亚和新西兰的军事同盟关

---

① Ryo Sahashi, "North Korea: Why is Seoul and Tokyo Cooperation Necessary?", February 9, 2011, East Asia Forum, http://www.eastasiaforum.org/2011/02/09/north-korea-why-seoul-tokyo-cooperation-is-necessary/（上网时间，2012 年 6 月 21 日）。

② Media Note, Office of the Spokesperson, "U. S. -Japan-Republic of Korea Trilateral", January 12, 2012, http://www.state.gov/r/pa/prs/ps/2012/01/180515.htm（上网时间，2012 年 6 月 22 日）。

系，利用越南、菲律宾、马来西亚、印度尼西亚和文莱等五个与中国存在领海纠纷的国家无力单独抗衡中国的现实，或明或暗地鼓励、支持他们抗衡中国，将南海主权纷争视为联合东盟遏制中国的战略机遇。奥巴马政府高调重返东亚，通过对与中国有领海争端的国家进行军售、军援、军演的方式强化了美菲、美越等国的军事联系与合作，在南海争端中陷中国于东亚外交困局；以维护南海航行自由为借口介入南海争议，增强了美国在东亚地区的军事存在和影响力，导致中国南海问题复杂化。

总之，美国在东北亚地区成功对美韩、美日关系的整合，鼓舞了奥巴马政府强化美国东南亚主导地位的信心，成为美国"重返东亚"的"助推器"，从而揭开了美国进行亚太战略棋盘布局、遏制中国崛起、防范中国强大挑战美国霸权的序幕。

二　美韩同盟强化的双边战略意图解析

2010 年朝鲜半岛突发事件是美韩同盟强化的重要推力，但朝鲜半岛事态的发展却超越了韩朝争端而剑指中国，其背后的深层动因与美韩双方的国家战略意图密切相关。21 世纪初，中国崛起的发展趋势不断改变着东亚地缘政治格局的力量结构关系，"随着中国的迅速崛起，亚洲的势力均衡开始发生变化"。① 对美韩同盟进行调整势在必行。"天安"号事件后美韩同盟关系的强化并非两国对此事件简单的应急性反应，而是东北亚国际格局渐变的产物和美、韩两国的战略应对与选择，这一论断源于对美韩两国各自战略意图的分析与考量。

（一）美国强化美韩同盟的动因

1. 强化美韩同盟是美国加强东北亚主导地位的战略需要

保持和加强传统盟国关系是战后美国谋求全球霸权的重要战略依托力量，

---

① 최우선，"중국의 부상과 미국주도의 대중국 안보협력"，발간등록번호 11 - 1260101 - 000077 - 03，IFANS，2012년1월30일.（中文：崔宇善：《中国的崛起及美国主导的对中安全合作问题》，外交安全研究院（IFANS）专刊，刊行注册号：11 - 1260101 - 000077 - 03，2012 年 1 月 30 日）。

盟国体系建构于"冷战"时期，是瓦解苏联的锐器，"冷战"后盟国体系的维系是美国全球霸权的战略基石。进入 21 世纪，美国的盟国资源正成为其"重返东亚"、应对中国崛起的强大武器。"在重返（东亚）的战略上，美国已经采取具体步骤，首先就是强化与重要盟友——韩国、日本和澳大利亚的关系。"①美国国务院亚太事务助理国务卿科特·坎贝尔（Kurt Campbell）在对美国参议院外交关系委员会所作的发言中也指出，"美国在亚太地区的主要战略目标是促进和平稳定的地区安全环境，以实现美国、美国的盟友以及合作伙伴在该地区的利益，而实现这一战略目标的关键是我们与日本、韩国、澳大利亚、泰国及菲律宾等国的同盟关系所提供的安全与稳定"。②稳定美韩、美日同盟关系是美国"重返东亚"的战略根基之所在，作为东方的"巴尔干"、亚洲的"火药库"，朝鲜半岛的地缘政治意义不言而喻，强化美韩同盟，掌控半岛局势，进而主导东北亚地区话语权是美国"重返东亚"的必然选择。

2. 以韩国为支点，遏制中国崛起的势头

中国崛起是 21 世纪前期东亚地缘政治出现的重大变化，对东亚地缘政治格局产生了极强的冲击。2008 年的全球金融海啸令美国经济陷入困境，这导致东亚国家对中国经济的依存度不断提高，在东北亚中韩、中日间的经济联系日益密切，在东南亚"中国的投资已川流不息地涌入缅甸、印度尼西亚、柬埔寨、老挝等国，帮助他们进行公路、铁路、桥梁等基础设施建设，所有这些都使北京在该地区比华盛顿更为显眼，美国开始落伍了"。③中国影响力的不断增长引起美国对中国战略疑虑的日益加深，美中之间霸权国与崛起国的结构性矛盾日益凸显。美国国防情报局局长罗纳德·伯吉斯（Ronald Burgess）曾指出，对美国而言，中国是其最大威胁。目前，中国仍聚焦于台湾问题，但

---

① Minh Hien，"2011 highlights U. S. Return to Asia strategy"，December 29，2011，http：// vovworld. vn/en-US/Current-Affairs/2011-highlights-US-Return-to-Asia-strategy/63188. vov（上网时间，2012 年 6 月 22 日）。

② Kurt M. Campbell，"U. S. Policy Toward North Korea"，U. S. Department of State，March 1，2011，http：//www. state. gov/p/eap/rls/rm/2011/03/157472. htm（上网时间，2012 年 6 月 26 日）。

③ Tom Wright，"U. S.，China Vie for Dominance in Southeast Asia"，The Wall Street Journal，November 12，2009，http：//online. wsj. com/article/SB125796879203943985. html（上网时间，2011 年 6 月 22 日）。

2020年中国将把基本目标由地区扩展到全球。①抓紧一切时机采取遏制战略应对中国崛起，是美国"重返东亚"的重要战略目标。美韩同盟曾是"冷战"时期美国制衡苏联、中国的重要手段，如今，美国利用朝鲜半岛突发事件故伎重施，以韩国为支点"名为遏朝，实为抑华"的战略意图已显露无遗。

3. 维持半岛现状，强化对韩管控能力，争得对半岛事务的战略主导权

在东北亚地区大国关系格局和美韩关系的历史演变中美国意识到：维持朝鲜半岛"不战、不和、不统"的状态对美国最为有利，朝鲜半岛"危机偶发"和"适度紧张"为美国保持东北亚军事存在、不断强化美日与美韩同盟提供了不竭的动力。韩国经济的飞速发展及其国际地位的不断提升令其主体意识日益增强，韩国在卢武铉总统执政期间曾做出过摆脱美国的束缚与控制、甩掉"傀儡"的形象、实现韩国自主独立、争取半岛南北统一、建立更为强大国家的外交尝试。奥巴马政府不愿看到韩国在卢武铉设定的道路上继续行进，迫切希望将韩国纳入美国的东北亚战略轨道，将李明博政府拉入美国"遏制"中国崛起的阵营，让韩国成为美国围堵中国崛起链条的重要环节。美国借助2010年以来朝鲜半岛出现的乱局从中渔利，成功地令韩国在安全方面完全倒向美国，实现了强化美韩同盟的战略目标。

（二）李明博政府与韩美同盟的强化

1. 以美国为依托，实现对自身国家安全利益的护持

东北亚地区安全格局存在着"冷战"遗留的严重历史对抗，朝鲜半岛南北双方的对峙，大国关系中美、中两国的潜在抗衡，地缘政治格局中存在着美日韩海洋力量与中俄朝陆路力量的安全博弈。在东北亚地缘政治力量的分野中韩国选择的是"依附"美国的战略，力图借助美国的军事力量，以较少的投入获得较为安全的国家环境。韩美同盟是朝鲜战争的历史产物，韩国经济与政治崛起受益于韩美同盟。美国是世界军事超级大国，在全球140多个国家拥有800多个军事基地，海外驻军超过23万人，与美国为伍可获得国家安全保障。

---

① Eli Lake, "China deemed biggest threat to U. S. ", The Washington Times, March 10, 2011, http: // www. washingtontimes. com/news/2011/mar/10/china-deemed-biggest-threat-to-us/? page = all （上网时间，2011年10月10日）。

对于韩国而言，韩美同盟的军事价值远非坚船利炮所能比拟。"二战"后美国向韩提供的军事"福利"对其国家政权的稳定起到了决定性作用；同时，"由于驻韩美军的存在，韩国的国防经费减少了一半"①，使其得以将更多精力投入经济建设之中。李明博执政后，韩国政府对朝政策转而强硬，"后冷战"阴霾下的朝鲜半岛形势日益严峻，"天安"号事件和延坪岛炮击事件后，南北关系越发紧张，韩国出于自身国家安全利益的考量寻求美韩同盟的强化，不仅是历史的延续，也是现实国家利益的需要。

2. 借助美国的强势压制解决朝核问题

金大中时期，韩国政府曾积极推行"阳光政策"，希望通过南北双方的和解与合作"用阳光驱散核阴云"，实现朝鲜半岛的和平稳定。然而，2002年第二次朝核危机的爆发，使朝鲜1994年签署的《核框架协议》成为一纸空文，朝鲜政府解除核冻结并退出《核不扩散条约》之举令韩国上下再度陷入核恐慌之中。尽管卢武铉政府未放弃推行"阳光政策"、推进"和平与繁荣"政策，并积极参加朝核"六方会谈"，但收效甚微。"在朝鲜那里，除了失信（broken promises）之外，韩国的'阳光政策'一无所获。"②《2010统一白皮书》亦认为，韩国政府的10年"阳光政策"最终归于失败。自李明博上台以来，韩国明显将解决朝核问题的焦点从"六方会谈"转向美国，希望凭借美国的军事威慑遏制朝鲜核进程，在美国对朝的强势压制中找到朝核危机的解决路径。"在考虑仍需解决的朝核问题和朝鲜半岛安全环境时，再怎么强调韩美军事关系的重要性也不过分。"③李明博政府外交战略的转轨是朝鲜半岛南北对峙长期无法解决"失信"的产物，但从长远的观点看，李明博政府紧紧依托韩美同盟的战略诉求也注定难以解决韩国安全问题，其负面结果是推动了朝鲜政府更加坚定地奉行先军政策和拥核战略，从而加剧了朝鲜半岛的紧张

---

① 안광찬, "한미군사동맹을 생각한다", 권두칼럼, 2002년, 7/8월호 (中文：安光赞：《关于韩美军事同盟的思考》，《卷头专刊》2002年第7~8月号）。

② Aymenn Jawad Al-Tamimi, "Rethinking North Korea", March 7, 2011, http://www.stonegateinstitute.org/1934/rethinking-north-korea (上网时间，2012年2月22日）。

③ 李章源, "동아시아의 미.중 갈등과 한.중 관계：세력전이론적 시각에서", 中苏研究제35권제2호 2011여름, pp.43~76 (中文：李章源：《东北亚美中矛盾以及韩中关系：以势力战理论的视觉》，载《中苏研究》2011年第35卷第2号）。

局势。韩国完全倒向美国一边也会造成朝中战略依托关系的不断强化。东北亚地缘政治安全环境的恶化，将最终对韩国的安全与经济繁荣带来负面影响。

3. 借重美国平衡中国崛起带来的地缘政治压力

中国崛起改变了东亚地缘政治力量结构，韩国在分享中国崛起市场红利的同时，也视中国崛起为地缘政治压力。近年来，包括韩国在内的中国周边国家在应对中国崛起问题上存在一种明显倾向，即希望引入美国的力量以实现对中国的制衡。美国"重返东亚"进程的加速与东亚国家对华的战略意图"不谋而合"，使美国动辄以东亚突发事件为借口，"冠冕堂皇"地介入东亚事务，扮演着"仲裁国"与"制衡者"的角色，并得到诸多东亚国家的支持与拥护。"天安"号事件后，韩国积极谋求韩美同盟强化的着眼点不仅在于威慑朝鲜，也有"遏制"中国的战略蕴涵。借助霸权国与崛起国间不可调和的结构性矛盾，韩国巧妙运用自身的地缘战略优势和"反驾驭"能力，联合美国争得了朝鲜半岛的主动权，实现着东亚地缘政治权力的"新平衡"。

三　美韩同盟强化对中国东亚地缘安全利益的影响与应对

"天安"号事件后美韩同盟强化具有显著的国际政治效能，如何正确认识美韩同盟强化对中国东亚地缘安全利益带来的影响，采取有效措施予以应对，事关中国经济与社会发展稳定的长远大计，需要我们予以充分重视。

（一）美韩同盟强化对中国东亚地缘安全利益的主要影响

从地缘安全战略上看，美韩同盟强化是美国对华"围堵"战略升级的重要环节和表现。美韩与美日同盟的强化系美国"重返东亚"战略基石之重要延伸与扩展，美国"重返东亚"的战略意图之一即是应对中国崛起对其霸主地位的潜在与现实挑战。"随着美国准备从阿富汗和伊拉克脱身而出，它正试图与其亚洲的伙伴——从北部的日本和韩国到中国台湾，从东部的菲律宾、越南、印度尼西亚和澳大利亚到西南的印度——共同围堵中国。"①近年来，美国正与其亚太盟友共同构筑旨在防范中国崛起的战略遏制链。其中，韩日是美国制衡中国的重要"桥头堡"，只有从战略层面布局强化美韩、美日同盟，美国对华战略"围堵"成效才能事半功倍。美国利用黄海、东海问题将韩日两国的矛头引向中国，并以"中国威胁"为轴心，利用南海问题将其东北亚与东南亚盟友的战略指向完美链接，逐渐丰实了"遏制"中国的东亚战略体系。中国在东亚国际舞台上正面临美国主导下的"多国孤立"，这对中国的政治崛起与经济腾飞极为不利，中国东亚地缘安全利益在此番国际政治权力博弈中面临多重挑战。

从地缘安全环境上看，美韩同盟强化使中国周边，尤其是朝鲜半岛安全局势趋于紧张。2010年3月的"天安"号事件、9月的中日钓鱼岛撞船事件及11月的延坪岛炮击事件后，中国周边地缘安全环境出现了明显的恶化趋向。在朝鲜半岛，美韩同盟的强化使韩国在对朝问题上"底气十足"，态度十分强硬；而针对美、韩两国的联合军演，朝鲜政府丝毫无退让之意，并扬言"利用强大的核威慑来合理回击规模空前的核战争演习"。② 韩、朝两国厉兵秣马，营造临战态势，双方不经意的"擦枪走火"皆可能将半岛局势引向战争的泥潭。2011年12月金正日辞世，这一事件成为半岛局势严峻的新增变量。该消息发布后，李明博政府随即召开国家安全委员会紧急会议与国务会议，对韩国军队下达了紧急戒备和紧急备战命令，并指使韩国极右保守团体散发反朝传单，上述一系列举动激怒了朝鲜当局，这对业已激化的韩朝矛盾火上浇油，韩朝关系的未来前景不容乐观。作为朝鲜半岛的近邻，韩、朝两国的紧张对峙使中国东北地区安全利益面临极大挑战，双方一旦兵戎相见，边境安全、朝鲜难民等一系列问题将扑面而来，极不利于中国东北地区的繁荣与稳定。

① Balaji Chandramohan, "The Eagle is Back in Asia", October 28, 2011, http：//atlanticsentinel. com/ 2011/10/the-eagle-is-back-in-asia/（上网时间，2012年5月6日）。

② Bossip Staff, "End of Days? North Korea Threatens 'Nuclear War' over US Military Exercises", July 24, 2010, http：//bossip. com/270011/end-of-days-north-korea-threatens-nuclear-war-over-us-military-exercises/（上网时间，2011年9月9日）

（二）中国的外交应对

美韩同盟强化使中国国家安全面临日益深化的美国战略"围堵"局面，中国东亚地缘安全战略陷入困境，如何突破困境，护持中国东亚地缘安全利益是我们亟待解决的问题。"东北亚和东南亚的和平，在很大程度上仍然取决于美中关系的状况。"①美国是近年来东亚地区局部矛盾不断升级之幕后"推手"。处理好中美关系，对东亚地区的和平与稳定无疑具有极为重要的战略意义。然而，作为当前国际体系主导者的美国绝不会放弃对崛起国——中国的战略防范和遏制，这种结构性矛盾令中美两国的潜在较量难以得到根本解决。由此，我国政府在寻求对美外交"平衡点"的基础上，也应考虑通过其他路径来突破美国政府营造的对华战略"围堵"。马汉在《海权论》中曾指出，"一根链条的强度实际是由其最薄弱环节的强度决定的"。②在美国政府营造的"围堵"链条中，韩国可被视作马汉所谓的"薄弱环节"，是我们突破这一"围堵"链条的一种选择。面对美韩同盟的蓄意强化，中国应采取以下战略予以应对。

首先，以"互惠双赢"为原则推动中韩经贸发展，同时应将中国强大的经济资源有效转化为外交资源。近年来，中国经济的飞速发展带动了韩国经济的稳定增长，韩国对华经济依赖度不断提升，这为中国利用"经济外溢"效应促进两国政治领域局部矛盾的缓解提供了可能。巴里·布赞也认为，"许多政治对抗、领土争端和历史敌对，都可以通过使它们让位于共同的经济事业而得到克服，或至少得到搁置"，③然而，我们不能单纯地为实现政治目的而全然割舍经济利益。中、韩两国的经贸发展应建立在"互惠双赢"原则的基础上，中国在发挥自身资源与劳动力优势之时，也应积极吸纳韩国 IT 产业与汽车产业的先进技术与管理经验，提升中国企业的市场竞争力。此外，我国近年对韩强大的经济资源并未能有效转化为外交资源，致使韩国在经济发展上依赖中

---

① Zbignew Brzezinski, "The Geostrategic Triad: Living With China, Europe, and Russia", The Center for Strategic and International Studies, Washington, D. C., 2001, p. 2.

② 〔美〕马汉著《海权论》，萧伟中、梅然译，中国言实出版社，1997，第 240~241 页。

③ 〔英〕巴里·布赞、〔丹〕奥利·维夫著《地区安全复合体与国际安全结构》，潘忠岐、孙霞、胡勇、郑力译，上海世纪出版集团，2010，第 152 页。

国，政治、安全和外交上却反对中国，参与美国遏制中国的战略布局。对此，中国一方面应加强中韩双边经贸合作关系；另一方面则应对其进行适度的经济制裁和战略惩罚，遏制其联美抑华的战略走向，改变其既从中国崛起中捞取经济实惠，又在国际关系诸多领域损害中国利益的"不良行为"，使中韩关系步入健康发展的轨道上来。

其次，中韩应通过在对日历史问题方面的合作，增进双方的政治互信。中韩两国皆为"二战"时期日本"军国主义"的受害国，"二战"结束以来，日本政府非但未能对其战争罪行进行深刻反省，也缺乏联邦德国前总理维利·勃兰特在波兰犹太人殉难纪念碑之前"惊人一跪"的勇气。"冷战"结束以来，日本政府多届首相公开参拜奉有"二战"甲级战犯的靖国神社，拒不承认"慰安妇"的史实，甚至厚颜篡改历史教科书，这一系列卑劣行径引起了中韩等亚洲受害国政府和民众的极大愤慨。"2007年1月，亚洲受害国慰安妇对日求偿问题国际会议在台北举行，来自中国、韩国、朝鲜、菲律宾等国家和地区的代表共同商讨实现日本清偿的策略。"[①] 2012年2月，因日本名古屋市市长河村隆之公然否认"南京大屠杀"的罪行，南京市郑重宣布与名古屋市断交。2012年3月，李明博总统再次敦促日方"尽快解决慰安妇问题"，上述事件均表明，对日历史问题的一致立场成为中、韩两国在政治领域展开合作的良好契机。

再次，遵循国际规则，通过平等协商和平解决中韩海洋争端。中国是国际社会中的一员，在与周边国家处理海洋争端问题时必然要塑造"负责任大国"的形象，遵循国际社会公认的行为准则。近年来，中、韩两国关于东海大陆架划界与苏岩礁归属问题的纷争不断涌现，且一直未能得以有效解决，这主要源于两国在各自依据的划分原则上存在差异性。以苏岩礁为例，韩国媒体认为，该礁距中国最东端的童岛287公里，而距韩国最南端的马罗岛仅149公里，若以中间线为划界标准，该礁在地理上更接近于韩国，理应归属韩方。而中国依据的则是大陆架延伸原则，这也是国际惯例大多采用的分界原则。在中、韩两

---

① 陶光雄：《对日求偿 亚洲受害国代表齐聚台北共商行动策略》，中国新闻网，2007年1月21日，http://www.chinanews.com/gj/yt/news/2007/01-21/858193.shtml（上网时间，2012年6月6日）。

国政府各执一词的情况下，我们应通过平等协商的方式，冷静、客观地寻求解决途径，必要时可通过国际仲裁解决争端，并将最终方案通过条约或协议的形式予以确定。鉴于海洋争端对中韩双方国家关系具有极大破坏力，上述争端应尽快得以解决。

最后，中国政府应坚持推行对韩文化战略，进一步促进两国的文化合作，让韩国了解中国，并消除对"中国崛起"的误解。在文化宣传领域，我们应继续加大对韩文化宣传力度，扩大中、韩两国的互信与理解，使韩国政府和民众感受到"中国崛起"是一种"和平崛起"，并非一种威胁，进而消除其对"中国崛起"的误解。中国政府应促进中韩文化产品的出版合作，通过资金支持和政策鼓励，扩大中国文化产品在韩国的出版发行，对售韩文化产品进行价格补贴，进而扩大中国文化产品的销售规模。不仅如此，我国政府还应加强同韩国教育机构的文化合作，并扩大孔子学院发展规模，提升其文化教育水平，同时，提高孔子学院奖学金的申请概率并加大其奖励力度，进而提升韩国学生对我国文化的学习兴趣。此外，政府还应提升中国文化出版物的总体质量，这有助于增加中国文化的魅力，唯有极具吸引力的文化才能更加促进中、韩两国的文化交流，从而增进双边的国家关系。

Ɏ.19
中国海权争端危机应对机制转变探析

杨 勉*

摘 要：

进入 21 世纪第二个十年，围绕中国海洋权益的地缘政治生态急剧恶化，危机频发，争端升级。如要掌控事态发展的主动权，就要建立有效的应对机制，实现危机管理的前置化。没有政策就没有对策。只有有了明确的战略目地，才能设计针对具体对手的战术手段。近年来，领土安全作为中国国家安全的重要影响因素再次凸显，事关中国战略机遇期的得失和中国海洋大国战略的成败，形势要求中国的海洋维权政策与时俱进。在今年黄岩岛和钓鱼岛问题的处置中，中国海洋权益保卫战略由被动防御转向主动反击，打出系列"组合拳"。而在"组合拳"中，以强大的国力军力为后盾，中国海监与中国渔政开创了一种独特的维权模式，因此，保持其非武装公务机构面目和符号，对于我国海洋维权具有长远的积极作用。

关键词：

领土争端 海洋维权 危机管理 应对机制 钓鱼岛 黄岩岛

中国将 21 世纪初期的 20 年作为战略机遇期。出于稳定周边和化解"中国威胁论"的考量，对与邻国的海岛归属和海洋划界问题，原本希望尽可能长地维持现状，以便充分利用战略机遇期，完成中国崛起的战略目标。但是，树

---

* 杨勉，中国传媒大学政法学院国际关系研究所教授。长期从事有关国际问题的研究与教学工作，主要研究方向为国际关系与边界领土争端问题。曾在国内外大学访学。主持和参与了多项科研项目，主笔和与人合作完成多部著作与教材的写作和编著工作，在学术期刊与报刊上发表相关论文和文章数十篇。

欲静而风不止，进入第二个 10 年，围绕中国海洋权益的地缘生态环境急剧恶化，似乎到了不得不出手的地步。如何应对和解决与周边邻国的海洋权益和岛屿之争，成为中国外交与国防的严峻课题。

一 明确战略目地，更新维权战术，各个击破对手

由于边界与领土争端大都是历史上遗留下来的问题，具有复杂性、敏感性、长期性、反复性和转移性，难于做到快刀斩乱麻，而是一个长期博弈的过程。如想妥善处置这个过程，掌握事态发展的主动权，就需要建立有效的危机应对管理机制。特别是当争端对方花样翻新地玩弄手段改变现状的情况下，犹有必要。

1. 前置危机管理，配套维权措施

"约瑟夫·奈指出，危机管理指的是应付已经发生的危机的措施。"① "国际危机管理是决策理论中的一个特殊领域，它指的是一种在有限时间内制定正确对策、防止危机扩大化的过程。"② 边界领土争端，事关国家主权与尊严。制止对方声索和收复失地，毫无疑问是最终目标。但这在实践中往往并不是可以一蹴而就的。边界领土争端长期没有解决的原因多种多样，一般来说：或者是对手强大，国力不够；或者是国际政治生态和地区安全生态严峻，总体环境微妙；或者是国家内政外交国防面临其他重大任务，另有战略重点。陆地边界领土争议地区较之海洋争议地区特点有所不同，但是基本原则相同。只有有了明确的战略目地，才能设计针对具体对象的战术手段。"在现代国际政治中，由于国际危机的突发性和危险性，危机管理显得越来越重要，其过程也越来越复杂和困难。国家利益是危机发生的根本原因，也是影响危机管理的关键因素。建立完善的危机决策机制、制定正确的决策原则和程序是时代的要求，也是保护国家利益的有效途径。"③

"搁置争议，共同开发"战略原本是邓小平同志为解决争端设想的新思

---

① 郭学堂：《国际危机管理与决策模式分析》，《现代国际关系》2003 年第 8 期。
② 郭学堂：《国际危机管理与决策模式分析》，《现代国际关系》2003 年第 8 期。
③ 郭学堂：《国际危机管理与决策模式分析》，《现代国际关系》2003 年第 8 期。

路。"从稳定周边、推行睦邻外交的角度来看，这一原则自然具有合理性与必要性。"①但是在现实中却并没有被真正落实，变成了中方的一厢情愿。从维护地区稳定的大局出发，为了避免地区局势的激化和恶化，我国政府"主要的着眼点都放在了搁置争议和维持现状层面，而在开发问题上却没有任何实质性的行动和步骤。与此形成鲜明对比的是，周边国家在继续加强主权攻势的同时，却纷纷开始了各种掠夺性的开发行为"。②出现争端既搁置不起来，也没人肯与我共同开发的状态。面对周边声索国不断强化实际控制和单方开发的既成事实，我方只是停留在口头上的主权宣示，没有提出明确的处置战略和采取强力的维权行动，导致了舆论和民意的质疑。"危机管理决策通常需要可行性和科学性，如果危机处理的目标不明确，或者实现的目标与手段不一致，危机管理就有失败的可能。"③"国际危机管理对于现代国家的重大意义和国内外形势的发展变化都表明：完善国际危机管理机制对崛起中的中国至关重要，改进国际危机管理决策机制是完成这项工作的核心。"④事实证明，只有"全面系统地研究如何打政治、经济、文化、舆论、外交、法律、军事等'组合拳'，才能保证高效、有力地维护海洋权益和应对海上危机"。⑤

　　2012年的海洋权益危机实际上是几年来危机发酵的结果。联合国规定1999年5月13日之前批准或加入《联合国海洋法公约》的国家，最迟应在2009年5月13日之前完成外大陆架划界案的有关法律和程序工作。对此，周边声索国肯定要提出自己的划分方案并涉及立法，这必然会严重侵犯我国领土主权，导致中国与邻国的海洋权益争端直线升级，冲击"搁置争议"的局面，但有关部门显然事先对此估计不足。日本政府于2008年11月针对7个海域正式向联合国大陆架界限委员会提交了大陆架延伸申请，总面积约达74万平方公里。印度尼西亚、菲律宾也单独提交了划界案；越南、马来西亚提交了联合划界案，5月7日，越南又单独向大陆架界限委员会提交南海"外大陆架

① 周伟：《推进南海整体性开发的现实思考》，《社会主义研究》2012年第3期。
② 周伟：《推进南海整体性开发的现实思考》，《社会主义研究》2012年第3期。
③ 郭学堂：《国际危机管理与决策模式分析》，《现代国际关系》2003年第8期。
④ 王昶：《美国外交的危机管理决策机制——兼论其对中国的参鉴意义》，外交学院硕士学位论文。
⑤ 苏志荣：《尽快成立海洋维权研究中心》，《环球时报》2012年9月27日第14版国际论坛。

划界案"，声称其拥有 3260 公里长的海岸线并对中国的西沙和南沙群岛享有主权。这些申请全部侵犯了中国权益。2009 年 2 月 17 日菲律宾议会院通过法案，将其侵占的中国的马欢岛、南钥岛、中业岛、西月岛、北子岛、费信岛、草沙洲、司令礁和黄岩岛列为菲律宾所属岛屿。2010 年钓鱼岛发生中日撞船事件，船长詹其雄被日本无理扣留，在我国强大的压力下，以日本放人了结。但日本方面并未停止玩弄新花招，今年就上演了购岛双簧戏。"我国一直没有明确表述维护海洋国土权益的指导思想和原则。"① 没有政策就没有对策。对于领土争端的处置，首先要确定战略目地，然后选择战术手段。打有打的步骤，谈有谈的机制，摩擦有摩擦的计谋，维持现状有维持现状的标准，搁置争议有搁置争议的红线，共同开发有共同开发的具体措施。总之要有明确的行动脚本，分步骤一步步地去实现目标。而不能总是笼统宣示，问题出现后才临时处置，导致外交处于紧急灭火状态。王逸舟指出："我们的外交和国际战略仍然缺少系统性，缺少长期、中期、短期目标的系列，许多外交表态和行动虽然谈不上错误，却带有'撞击反射式'的应急特点。"② 在中国海洋权益争端问题上，最重要的是要确定战略目标，是继续搁置，还是限期收回，是摩擦挤压，还是武力威慑。如果动武，是惩戒性质的，还是收复性质的；如果收复，是局部收复，还是全部收复。对于对方的声索行为，不能走一步看一步，缺乏全局规划。对海洋维权战略与策略"是否有效和可行，必须经过充分的论证，包括严密的理论推证、历史考证、实践验证和民众辩证，来不得半点虚假和不实，要经得起历史的检验。比如，若提出'建立海上警备队'方案，要回答建立'什么样'的海上警备队，包括其宗旨、使命、编成、领导体现和指挥体系，以及与现存海上执法的'五龙'协同关系和与军队的配合关系等"。③

通过对 2012 年南海与东海危机的处置，中国实现了危机应对指导思想的战略转变和危机处置战术手段的更新，打出了一系列"组合拳"，有了很大的

---

① 苏志荣：《尽快成立海洋维权研究中心》，《环球时报》，2012 年 9 月 27 日第 14 版国际论坛。
② 转引自王巧荣《新时期中国外交战略研究述评》，《国史研究中的重点难点问题研究述评：第七届国史学术年会论文集》2007 年 9 月 1 日。
③ 苏志荣：《尽快成立海洋维权研究中心》，《环球时报》2012 年 9 月 27 日第 14 版国际论坛。

作为。针对越南 2012 年 6 月 21 日通过包括对西沙和南沙领土声索的海洋法，中国立即于当天宣布批准成立酝酿多年的三沙市；2012 年 4 月 10 日起在黄岩岛制止菲律宾对中国渔民的侵扰之后，中国渔业部门颁布休渔令，按往年惯例宣布 5 月 16 日至 8 月 1 日在北纬 12 度以北至"闽粤海域交界线"的中华人民共和国管辖的南海海域实施休渔，黄岩岛海域位于北纬 15 度以北，属于此次休渔制度的控制范围，两艘中国渔政公务船 5 月 15 日开赴休渔区海域巡逻执法；日本当局 2012 年 3 月 2 日公布了包括中国钓鱼群岛中的四个岛屿在内的 39 个岛屿的名称，中国针锋相对于第二天公布了包括钓鱼岛四个附属岛屿在内的 71 个中国海岛的标准名称、汉语拼音和位置描述。在日本 9 月 10 日宣布已经决定由政府"购买"钓鱼岛、北小岛和南小岛，将这三个岛"收归国有"之时，中国政府当日发表声明，宣布了中国钓鱼岛及其附属岛屿的领海基线。中国国家海洋局 15 日公布了中国钓鱼岛及其部分附属岛屿的地理坐标和钓鱼岛及其附属岛屿位置图、示意图、三维效果图等。中国外交部 16 日表示，中国政府决定向《联合国海洋法公约》设立的大陆架界限委员会提交东海部分海域 200 海里以外大陆架划界案。当日本首相野田佳彦计划于 9 月 26 日在联大会议发表演说，阐述日本对岛屿争端问题的立场时，中国于 25 日发表《钓鱼岛是中国的固有领土》白皮书，"以无可辩驳的历史史实来全面论证钓鱼岛属于中国"，① 上述这些措施，从时间上看是后发制人，但实际上都是预先准备好的备案，是危机管理前置的结果，为中国海洋权益争端应对战略的改变和处置战术的更新提供了新的平台和手段。

随着中国执法力量在黄岩岛和钓鱼岛维权的初步成果，中国渔民在附近海域的捕鱼权得到保障。但是，对争议地区仍然不应简单地以自己的领土为什么不能去为由，对出入不加引导和管理。否则容易出现不易控制的局面，导致突发事件发生，使国家外交处于被动应付，乃至影响维权总体战略部署。鼓励渔民前往争议地区捕鱼，要把渔民生命安全第一作为首要原则。渔民参与维权斗争必须要有保护措施，任何进入都应有配套措施，使之成为宣示主权的系列战术行动。

---

① 唐淳风：《钓鱼岛白皮书发布正当其时》，《环球时报》2012 年 9 月 26 日第 14 版国际论坛。

2. 摸清对方底牌，分化瓦解，各个击破

日本把钓鱼岛问题提上联合国大会和威胁提交国际法院裁决；南海周边声索国想联合起来使南海问题"国际化"，目的都是想引进外部势力共同对付中国。我们要破除对方计谋，实现我方战略步骤，就需要尽快着手一对一的解决进程。而这样做的关键是要摸清对方的"底牌"。现在争端对手们都知道中国对"战略机遇期"的估计，判断中国不想轻易动武，而我们不知对手的最后底线是什么。中国海洋权益问题现在被形势所迫，不得不着手解决了。可以先从问题相对较小的开始。中国与印度尼西亚、文莱、朝鲜和韩国的海域划分争端，基本没有岛屿争端或者岛屿因素不占主要地位，应争取及早把大陆架和专属经济区划定。这样解决一个，因为害怕被孤立，对手就会产生慌张情绪。

二 建立军警管"三位一体"的海权维护体制

中国海洋管理与执法政出多门，被形容为五龙治海甚至九龙治海。建立海岸警卫队，实行统一治理的呼声很高。许多国家都有海岸警卫队，中国建立海岸警卫队在理论上不是问题。但是，必须看到，海岸警卫队并不能完全取代海上行政执法机构的作用。

1. 非武装海洋行政执法管理队伍具有特殊作用

在宣示主权，展现国家权力在争议海域实际存在问题上，行政执法机关的作用有时是准军事部队不能替代的。它可以展示国家主权管辖的全面性、系统性和多样性。在谈判和司法解决中，都是进行了和平有效管辖的有力证据。而且，即使拥有海岸警卫队的国家，也做不到只有海军和海岸警卫队下海执法。今年黄岩岛和钓鱼岛事件处置中，以强大的军力为后盾，中国海监与中国渔政发挥了独特的作用，开创了一种独特的维权模式，因此，保持其非武装公务机构面目和符号，对于我国海洋维权具有非常积极的作用。有西方军事学者评论说："海上领土争端中动用非海军资源体现出中国确保海上领土要求的战略老到且有条不紊。动用非军事工具避免了冲突升级，同时又确保了争端的局部化。特别是，它使美国和其他外部势力没有理由介入干预"，"与此同时，动用非作战舰只，北京则可以对南中国海的其他主权声索方施加级别不高、却是不懈的压力"。① "人民解放军海军现代化进程的速度与规模超出西方的许多预测。但是海上力量不仅指的是海军，而是一个赋予北京一系列选择手段的连续统一体。非海军和非军事的平台与体系是中国海上力量的重要组成部分。"② "中国海监执法行动的增加同样令人印象深刻。中国海上力量的民用组成部分使北京可以派遣非军事船只在南中国海对付菲律宾，在东中国海对抗日本。甚至连民用船只都可以组建海上民兵，为中国的海上目标服务。总之，北京拥有多样化的海上力量，来捍卫自己的海上权利。"③

2. 提升边防海警部队的维权作用，统合行政执法机构为"海管"

中国海监和中国渔政不拥有警察权，其公务船也没有舰炮。从国家机构设置来看，拥有警察权和拥有武装部队的部门以少而精为宜。如果在国防和公安部门外，再授予海洋管理部门指挥准军事部队的权力和警察权，反而形成新的政出多门。在目前体制下，既然海洋管理与执法机构一时统合不起来，就不用舍近求远，再成立另外的准军事部队，直接提升公安边防海警部队的地位和管辖权限即可。现有的公安边防海警既拥有警察权，又是属于武警序列的准军事部队。海南省边防警察海上"110"对保护渔民防止被声索国抓扣起了作用，三沙市的"110"今后主要内容也是海上"110"。

对中国海上行政执法管理服务队伍，可以整合成"海管"机构。随着三沙市的成立，三沙市"城管"大队的建立提上日程，而三沙市的"城管"大队主要任务显然就是进行"海管"。改革开放后，对陆地边界管理体系的不断改革，形成了现在军队、边防警察、海关"三位一体"的体制。海洋边防管

---

① 美国海军军事学院教授吉原俊井：《其他方式的战争：中国对海上力量的政治运用》，原载日本《外交学者》网站9月26日，题：海上力量多样化。《参考消息》2012年9月27日，第14版海外视角转载，题：争端保持局部化，中国维护领海主权战略"老到成熟"。

② 美国海军军事学院教授吉原俊井：《其他方式的战争：中国对海上力量的政治运用》，原载日本《外交学者》杂志网站9月26日，题：海上力量多样化。《参考消息》2012年9月27日，第14版海外视角转载，题：争端保持局部化，中国维护领海主权战略"老到成熟"。

③ 美国海军军事学院教授吉原俊井：《其他方式的战争：中国对海上力量的政治运用》，原载日本《外交学者》杂志网站9月26日，题：海上力量多样化，《参考消息》2012年9月27日，第14版海外视角转载，题：争端保持局部化，中国维护领海主权战略"老到成熟"。

理与陆地边防管理相比，虽然有其特殊性，但是，建立海军、海警、海管"三位一体"的管理体制是完全可行的。关键是应在国家层面建立统一的协调调动机构和机制，做到情报共享，行动配套。

三 以"法理外交"理念统领解决海洋争端的王道

海洋争端实际上可分为两个部分。一是岛屿归属问题，二是海洋划界问题，两者既有联系又有区别。目前中国海洋划界立场的法理依据表达，存在一些模糊之处，影响社会各界和舆论对海洋划界问题的认知，从而影响解决思路的共识。

1. 统一法理阐述，排除第三者搅局的借口

中国维护海洋权益的法理根据应当一致，外交和军方的立场表达应该一致。正式地图与官方解释应当一致。无论是在南海还是东海，黄海还是渤海，标准都应是一样的。但现在学界和媒体在论证时，对不同海域的相同情况，判定标准相左。这会让声索国家趁机"钻空子"，第三者也以此为借口插手。学术可以争鸣，但法理不能不清。对外交涉必须有明确和准确的说法。这关系到我国海洋权益论据的法理基础和对海洋法的理解力。如果法理含混，易让人"抓辫子，搅浑水"。譬如，美国和日本要求所谓"航行自由"；一些学者一方面论证"九段线"内是"历史权利"形成的领海，一方面又表示"中国从未阻止和干扰外国船只在南海航行"。但是根据中国领海通过规定，如果"九段线"内海域是领海，就不能允许外国军舰"自由航行"，外国民用船只也只能是"无害通过"；但从不对外国军用船舶"自由航行"进行管理的领海，又如何能确保"历史权利"的续存？我们不能在法理上自设陷阱。

就海洋争议而言，"其解决需要处理好领土归属争议与合理划分海洋权益两个方面"。[①] 目前需要明确的法理问题包括：西沙领海基线与"九段线"的关系；"历史权利"与"自由航行"的关系；水下暗礁的主权归属问题；礁石

---

① 鞠海龙：《和平解决南海问题的现实思考》，《东南亚研究》2006 年第 5 期。

在海域划分中的地位；领海与专属经济区航行原则的解读，主权和主权权利的异同，已定界与未定界的标示区别；等等。中国作为海洋法的签署国，法理上的模糊，会让别有用心的人"钻空子"，也不利于争取国际理解和支持。在海洋权益争端中要充分体现"法理外交"的理念。"法理外交"，是指以法律和道理为特征的外交理念，以合法为行为准则，以事实为判断标准，以道理为说服方式，以沟通为认知路径，以护法为道义旗帜，以执法为维权手段。"法理外交"将理想与现实，建构与科学行为的国际关系理论有机地结合起来。这是实现和谐世界的基础，是中国外交再出发的平台。中国解决边界领土争端的过程与结果，不仅要收复领土，而且还应为世界彰显负责任大国践行国际法的示范样式。中国早已经宣布了西沙群岛的领海基线，今年又宣布了钓鱼岛的领海基线，现在应该着手南沙群岛的领海基线。这样，在日益严峻的海洋领土与划界博弈中，中国不仅始终占据着法理和道义的高地，而且在解决方案上处于先手的主动地位。

2. 以法为据，以理服人，攻守兼备，后发制人，敢于"亮剑"

近年来，中国周边三海同时出事，领土安全作为中国国家安全的重要影响因素再次凸显。事关中国战略机遇期的得失和中国海洋大国战略的成败。形势要求中国的海洋维权政策在坚持原则的基础上与时俱进。这不仅需要决心和毅力，更考验智慧和耐力。中国解决海洋权益争端问题的总体战略，应由长期目标、中期目标和近期目标构成。

"中国的国家大战略有三种基本需求，即发展需求、主权需求和责任需求。发展需求即中国经济与社会全面发展的战略需求，此需求的满足既需要经济与社会的全面发展保持强劲活力，同时更需要国际和国内较长时期相对稳定的发展环境；主权需求即保障领土、边界的不受侵犯，并最终全面实现国家统一以及与周边国家领土和权益争端的妥善解决；责任需求，即中国作为一个发展中的大国，应该成为在亚太地区乃至全球范围内有相当影响力、发挥建设性作用的国家，塑造负责任的地区和国际大国形象。从长远讲，三种需求的满足是互利的，但在局部的时间和空间内又会产生重大矛盾，甚至在同一需求自身内部也存在一定的矛盾。中国国家大战略要满足多重战略需求这一基本现实，要求中国海洋大战略的构建要服务于国家大战略的多重战略需求，并实现彼此

需求的平衡和互补，有效弥合或减缓不同战略需求之间的矛盾张力，进而服务于中国大战略多重战略需求的实现和满足。"① 中国处理任何涉外问题都须不忘中国的国际战略目标："维护中国发展的重要战略机遇期，争取和平稳定的国际环境、睦邻友好的周边环境、平等互利的合作环境和客观友善的舆论环境，为全面建设小康社会服务";② 在与邻国关系上要"坚持与邻为善、以邻为伴的方针，加强与周边国家的友好合作关系，深化区域合作"。③ 以法为据、以理服人、据理力争、是非分明；攻守兼备、有备无患、后发制人，敢于亮剑；炫而不飙、对而不抗、合而不伙，深谋远虑的方针，可以为中国国际行动的战术提供思考。

---

① 刘中民：《国际海洋形势变革背景下的中国海洋安全战略——一种框架性的研究》，《国际观察》2011 年第 3 期，第 5 页。
② 佚名：《共和国外交风云》，http：//wenku.baidu.com/view/537750eb19e8b8f67c1cb9f7.html（上网时间，2013 年 1 月 29 日）。
③ 佚名：《共和国外交风云》，http：//wenku.baidu.com/view/537750eb19e8b8f67c1cb9f7.html（上网时间，2013 年 1 月 29 日）。

Ⅵ.20
后　记

《东北亚政治与安全报告》（2013）一书是吉林大学行政学院国际政治系、吉林大学东北亚研究院和国内外其他高校与研究机构的教师与研究人员集体合作的结晶，一些作者曾经受到 2009 年度教育部哲学社会科学重大课题攻关项目"中国东北亚战略与政策"（09JZD0037）、2009 年国家社会科学基金项目"当代韩国民族主义对中韩关系的影响及我国的对策研究"（09BGJ009）、2012 年国家社会科学基金青年项目"朝鲜战争遗留问题研究"（项目编号：12CGJ004）、2010 年教育部人文社会科学重点研究基地重点项目"东北亚地缘政治新动向与中国的战略选择"（10JJDGJW005）、2010 年度教育部哲学社会科学一般项目"21 世纪初中国东北亚安全利益与战略研究"（10YJA810012）、"中央高校基本科研业务费专项资金资助"项目（中国周边安全战略研究）（supported by "the Fundamental Research Funds for the Central Universities"）、北京师范大学俄罗斯研究中心专项项目《美国"再平衡"背景下中国东亚周边环境中的俄罗斯因素》、吉林大学研究生核心课程建设项目"当代国际关系研究课程建设"（201022082）、吉林大学 2010 年度杰出青年基金项目（青年科研骨干培育计划）"中国特色外交理论研究"、吉林大学繁荣发展哲学社会科学行动计划（2011～2020）青年学术骨干支持计划项目"东亚安全风险管理与中国的区域安全战略"（编号：2012FRGG15）、吉林大学基础科研基金项目"安全机制缺失状态下东北亚安全趋势及我国的对策研究"（2008ZZ026）、吉林大学 2011 年度基本科研业务费哲学社会科学研究种子基金项目"中国海外利益研究"资助，是各类项目的阶段性研究成果之一，吉林大学社会科学处与行政学院对本书的出版予以了大力支持，特此说明。

皮书数据库

SSDB 皮书数据库
中国社会科学院 社会科学文献出版社

首页　数据库检索　学术资源群　我的文献库　皮书全动态　有奖调查　皮书报道　皮书研究　联系我们　读者咨询　　搜索报告

报告　图书

搜索报告

权威报告　热点资讯　海量资源

当代中国与世界发展的高端智库平台

皮书数据库 www.pishu.com.cn

皮书数据库是专业的人文社会科学综合学术资源总库，以大型连续性图书——皮书系列为基础，整合国内外相关资讯构建而成。包含七大子库，涵盖两百多个主题，囊括了近十几年间中国与世界经济社会发展报告，覆盖经济、社会、政治、文化、教育、国际问题等多个领域。

皮书数据库以篇章为基本单位，方便用户对皮书内容的阅读需求。用户可进行全文检索，也可对文献题目、内容提要、作者名称、作者单位、关键字等基本信息进行检索，还可对检索到的篇章再作二次筛选，进行在线阅读或下载阅读。智能多维度导航，可使用户根据自己熟知的分类标准进行分类导航筛选，使查找和检索更高效、便捷。

权威的研究报告，独特的调研数据，前沿的热点资讯，皮书数据库已发展成为国内最具影响力的关于中国与世界现实问题研究的成果库和资讯库。

皮书俱乐部会员服务指南

1. 谁能成为皮书俱乐部会员？

- 皮书作者自动成为皮书俱乐部会员；
- 购买皮书产品（纸质图书、电子书、皮书数据库充值卡）的个人用户。

2. 会员可享受的增值服务：

- 免费获赠该纸质图书的电子书；
- 免费获赠皮书数据库100元充值卡；
- 免费定期获赠皮书电子期刊；
- 优先参与各类皮书学术活动；
- 优先享受皮书产品的最新优惠。

社会科学文献出版社 皮书系列
SOCIAL SCIENCES ACADEMIC PRESS (CHINA)

卡号：4485610097560313

密码：

（本卡为图书内容的一部分，不购书刮卡，视为盗书）

3. 如何享受皮书俱乐部会员服务？

（1）如何免费获得整本电子书？

购买纸质图书后，将购书信息特别是书后附赠的卡号和密码通过邮件形式发送到pishu@188.com，我们将验证您的信息，通过验证并成功注册后即可获得该本皮书的电子书。

（2）如何获赠皮书数据库100元充值卡？

第1步：刮开附赠卡的密码涂层（左下）；

第2步：登录皮书数据库网站（www.pishu.com.cn），注册成为皮书数据库用户，注册时请提供您的真实信息，以便您获得皮书俱乐部会员服务；

第3步：注册成功后登录，点击进入"会员中心"；

第4步：点击"在线充值"，输入正确的卡号和密码即可使用。

皮书俱乐部会员可享受社会科学文献出版社其他相关免费增值服务
您有任何疑问，均可拨打服务电话：010-59367227　QQ:1924151860
欢迎登录社会科学文献出版社官网(www.ssap.com.cn)和中国皮书网（www.pishu.cn）了解更多信息

社会科学文献出版社

皮书系列

"皮书"起源于十七、十八世纪的英国，主要指官方或社会组织正式发表的重要文件或报告，多以"白皮书"命名。在中国，"皮书"这一概念被社会广泛接受，并被成功运作、发展成为一种全新的出版形态，则源于中国社会科学院社会科学文献出版社。

皮书是对中国与世界发展状况和热点问题进行年度监测，以专家和学术的视角，针对某一领域或区域现状与发展态势展开分析和预测，具备权威性、前沿性、原创性、实证性、时效性等特点的连续性公开出版物，由一系列权威研究报告组成。皮书系列是社会科学文献出版社编辑出版的蓝皮书、绿皮书、黄皮书等的统称。

皮书系列的作者以中国社会科学院、著名高校、地方社会科学院的研究人员为主，多为国内一流研究机构的权威专家学者，他们的看法和观点代表了学界对中国与世界的现实和未来最高水平的解读与分析。

自 20 世纪 90 年代末推出以经济蓝皮书为开端的皮书系列以来，至今已出版皮书近 800 部，内容涵盖经济、社会、政法、文化传媒、行业、地方发展、国际形势等领域。皮书系列已成为社会科学文献出版社的著名图书品牌和中国社会科学院的知名学术品牌。

皮书系列在数字出版和国际出版方面成就斐然。皮书数据库被评为"2008~2009 年度数字出版知名品牌"；经济蓝皮书、社会蓝皮书等十几种皮书每年还由国外知名学术出版机构出版英文版、俄文版、韩文版和日文版，面向全球发行。

2011 年，皮书系列正式列入"十二五"国家重点出版规划项目；2012 年，部分重点皮书列入中国社会科学院承担的国家哲学社会科学创新工程项目；一年一度的皮书年会升格由中国社会科学院主办。

法 律 声 明

　　"皮书系列"(含蓝皮书、绿皮书、黄皮书)由社会科学文献出版社最早使用并对外推广,现已成为中国图书市场上流行的品牌,是社会科学文献出版社的品牌图书。社会科学文献出版社拥有该系列图书的专有出版权和网络传播权,其LOGO(　)与"经济蓝皮书"、"社会蓝皮书"等皮书名称已在中华人民共和国工商行政管理总局商标局登记注册,社会科学文献出版社合法拥有其商标专用权。

　　未经社会科学文献出版社的授权和许可,任何复制、模仿或以其他方式侵害"皮书系列"和LOGO(　)、"经济蓝皮书"、"社会蓝皮书"等皮书名称商标专用权的行为均属于侵权行为,社会科学文献出版社将采取法律手段追究其法律责任,维护合法权益。

　　欢迎社会各界人士对侵犯社会科学文献出版社上述权利的违法行为进行举报。电话:010-59367121,电子邮箱:fawubu@ssap.cn。

社会科学文献出版社